BIBLIOTHÈQUE
DE PHILOSOPHIE CONTEMPORAINE

PHILOSOPHIE
DE
LA RELIGION

PAR

HARALD HÖFFDING

Professeur à l'Université de Copenhague,
Correspondant de l'Institut de France.

TRADUIT D'APRÈS L'ÉDITION ANGLAISE

PAR J. SCHLEGEL

AVEC CORRECTIONS ET NOTES NOUVELLES DE L'AUTEUR

PARIS
FÉLIX ALCAN, ÉDITEUR
LIBRAIRIES FÉLIX ALCAN ET GUILLAUMIN RÉUNIES
108, BOULEVARD SAINT-GERMAIN, 108

1908

PHILOSOPHIE
DE
LA RELIGION

FÉLIX ALCAN, ÉDITEUR

OUVRAGES DE M. H. HÖFFDING

BIBLIOTHÈQUE DE PHILOSOPHIE CONTEMPORAINE

Histoire de la philosophie moderne. Traduit par P. BORDIER, avec corrections et notes nouvelles de l'auteur. Préface de M. V. DELBOS, professeur adjoint à la Sorbonne. 2 vol. in-8º. . . . . 20 fr.

On vend séparément :

TOME I. — *La philosophie de la Renaissance. — La Science nouvelle. — Les grands systèmes. — La Philosophie anglaise de l'expérience. — La Philosophie française du XVIIIᵉ siècle et Jean-Jacques-Rousseau.* Préface de M. DELBOS, 2ᵉ édit. 1 vol. in 8º. . . . . 10 fr.

TOME II. — *La philosophie des lumières en Allemagne et Lessing. — Emmanuel Kant et la philosophie critique. — La philosophie du Romantisme. — Le positivisme. — La philosophie en Allemagne.* 2ᵉ édit. 1 vol. in-8º. 10 fr.

Philosophes contemporains. *Wundt, Ardigo, Bradley, Taine, Renan, Fouillée, Renouvier, Boutroux, Maxwell, Mach, Hertz, Oswald, Avenarius, Guyau, Nietzsche, Eucken, James.* Traduit par A. TREMESAYGUES. 2ᵉ édit. 1 vol. in-8º. . . . . 3 fr. 75

Esquisse d'une psychologie fondée sur l'expérience. Traduit par Léon POITEVIN. Préface de M. Pierre JANET, professeur au Collège de France. 3ᵉ édit, 1 vol. in-8º. . . . . 7 fr. 50

Morale. *Essai sur les principes théoriques et leur application aux circonstances particulières de la vie.* Traduit par Léon POITEVIN. 2ᵉ édit. 1 vol. in-8º. . . . . 10 fr.

Philosophie de la religion. Traduit par . SCHLEGEL J. 1 vol. in-8º. 7 fr. 50

PHILOSOPHIE
DE
LA RELIGION

PAR

HARALD HÖFFDING

Professeur à l'Université de Copenhague,
Correspondant de l'Institut de France

TRADUIT D'APRÈS L'ÉDITION ANGLAISE

PAR J. SCHLEGEL

AVEC CORRECTIONS ET NOTES NOUVELLES DE L'AUTEUR

PARIS
FÉLIX ALCAN, ÉDITEUR
LIBRAIRIES FÉLIX ALCAN ET GUILLAUMIN RÉUNIES
108, BOULEVARD SAINT-GERMAIN, 108

1908
Tous droits de reproduction réservés.

A M. GEORGES PERROT
Secrétaire perpétuel
de l'Académie des Inscriptions et Belles-Lettres.

A MES MAITRES

Je dédie cette traduction.

J. L. S.

PRÉFACE

Un examen du problème religieux, non seulement dans ses rapports avec les sciences, mais encore dans ses rapports avec la vie personnelle, doit nécessairement porter la marque de la personnalité de l'auteur. C'est ce que j'ai expressément souligné dans mon exposé de la philosophie de la religion. L'élément personnel peut aussi bien avoir, sur la clarté et la profondeur avec lesquelles on traitera le problème, une heureuse qu'une funeste influence. Je ne peux pas moi-même décider de ce qui en est, à cet égard, de ma tentative. Mais je peux peut-être, par un coup d'œil rétrospectif sur mon évolution personnelle et scientifique, contribuer quelque peu à la solution de la question.

J'ai quelquefois lu cette remarque, que ma position actuelle vis-à-vis de la question religieuse s'expliquait par le fait que j'ai étudié la théologie dans ma jeunesse ; il me resterait de ce temps-là dans le sang, quelque chose qui me donnerait, à l'égard de cette question, une attitude autre que celle des autres libres penseurs. Voici ce qui en est pour moi : quoique je trouve très aigu le contraste existant entre ma philosophie actuelle et celle qui a nourri ma jeunesse, c'est cependant la continuité de mon évolution qui me frappe. J'ai la conviction d'avoir, au cours des années, donné plus complètement et plus pleinement satisfaction à un besoin personnel, que, dans ma jeunesse, je cherchais à contenter tout autrement. Ce que je crois avoir conservé de ces jours passés, c'est le sens de l'importance de la vie intérieure, et le besoin de trouver des expressions pour les efforts et les dispositions de l'âme pendant le combat de la vie, le besoin de voir exprimée en images ou en pensées de grande portée la valeur de la vie et de la destinée. Ce besoin m'amena à m'en tenir aussi longtemps que possible aux hypothèses de la religion positive, et à ne les abandonner que l'une après l'autre. Je voyais alors dans le christianisme tel qu'il est exposé par l'Église, la seule croyance qui permît de satisfaire un semblable besoin.

L'étude des écrits de Sören Kierkegaard m'amena à douter de la justesse de cette opinion. Elle me fit voir que l'Église se leurrait singulièrement elle-même lorsqu'elle croyait avoir mis en harmonie la vie de l'esprit telle que la réclame le christianisme primitif (« le christianisme du Nouveau Testament »), et la vie actuelle dans la famille, l'État, l'art et la science. La théologie avait essayé ici de jeter un pont entre ces deux sortes de vies, mais cet essai reposait sur un grand malentendu.

Des années dures et pénibles suivirent. En y repensant, je ne considère pas ma jeunesse comme une période heureuse de ma vie. Je me demandais où m'adresser, avec mon besoin de clarté, et je me demandais en outre si je trouverais jamais un champ d'action. Mon travail ne pouvait me donner satisfaction que s'il présentait, pour ma personnalité, une importance vitale. Aussi ma rupture avec la théologie me conduisit-elle à un dualisme de ma vie intérieure et de ma vie extérieure, dualisme qui, à la longue, devint insupportable. Ce fut la vie elle-même qui me fit dépasser ce dédoublement, en m'apprenant à connaître, par ma propre expérience, la valeur des relations purement humaines. De même que, sous l'influence des problèmes posés par Kierkegaard, j'avais repoussé loin de moi mes livres de théologie, mécontent de leurs alliages impurs, de même alors je repoussai les livres de Kierkegaard, parce que je ne pouvais mettre leur contenu d'accord avec ce que la vie m'enseignait. Sortant de ma cellule, j'entrai en relation vivante avec la vie. La voie une fois ouverte, un pas entraîna l'autre. Bientôt, la science devint, elle aussi, pour moi, une réalité qui réclama sa place à elle dans chaque bilan. L'étude de la pensée grecque acquit, pendant ces années-là, une grande importance pour moi ; j'y appris à comprendre la possibilité et la valeur d'une conception et d'une direction humaines et libres de la vie. Et ce fut alors dans la vie et dans l'expérience de la réalité que put se contenter ce besoin qui m'avait d'abord conduit à la théologie, puis au dualisme de Kierkegaard. Je compris aussi que le chemin serait long, et, dès le commencement, je ne crus pas bien solidement que j'avancerais très loin sur ce chemin ; mais je restai fermement attaché à cette conviction, qu'il y avait là un problème impossible à négliger.

En 1870, je soutins mon doctorat en philosophie (avec une étude sur « la conception antique de la volonté humaine »), et dans la courte autobiographie qui, à cette occasion, fut imprimée dans un programme d'Université, je m'exprimai de la façon suivante sur mon évolution et sur le but que je poursuivais :

« J'avais, étant écolier, choisi, comme étude future, la philologie, à cause de mon intérêt pour les langues anciennes et l'histoire ; cependant le besoin que j'avais de développer et de purifier mon sens religieux, alors naissant, l'emporta, de telle sorte que je me mis à étudier la théologie avec zèle et plaisir, et dans l'intention d'entrer au service de l'Église. Mais, bientôt le doute surgit, doute qui ne permit pas au contentement intérieur que j'avais attendu de cette étude, aussi bien au point de vue religieux qu'au point de vue scientifique, de régner dans mon âme. Bien loin de m'éclairer et de me satisfaire, cette étude me démoralisa et me paralysa. L'étude des écrits de Kierkegaard et de la philosophie légitima, de plus en plus, à mes yeux, les critiques qui, du haut des chaires de l'Université, s'adressaient avec grande vigueur à la théologie. Je mis fin à mes études de théologie dans l'été de 1865, convaincu que je devais chercher dans d'autres voies la vérité que je n'y avais pas trouvée. J'avais renoncé à l'idée d'entrer au service de l'Église ; je m'occupai alors surtout d'histoire, de littérature et des langues anciennes et ce furent ces matières que j'enseignai aussi. L'antiquité classique, précisément à cause du contraste qu'elle présentait avec la période scolastique que j'avais traversée, brillait à mes yeux d'une lumière plus franche et plus claire ; ce fut pour moi une vraie joie d'en étudier les historiens, les poètes et, bientôt après, tout particulièrement les philosophes. J'en tirai la conviction profonde de l'importance et de l'autonomie de la science et de la vie humaine — et cependant je trouvais encore la véritable expression de ma foi religieuse dans les dogmes de l'Église — : aussi crus-je trouver une issue dans une conception qui était alors chaleureusement défendue et d'après laquelle religion et science forment deux territoires parfaitement séparées et peuvent, par ce fait, exister l'un à côté de l'autre. (Cette conception fut défendue par le professeur Rasmus Nielsen[1]). Pour ma part, j'ai toujours pris davantage cette conception par son côté sceptique et négatif, la considérant plus comme un moyen propre à donner une solution personnelle que comme une véritable doctrine positive... Ce qui m'en détacha plus tard fut, d'une part, la critique très poussée qui en fut faite (par le professeur Hans Bröchner[2]) et, d'autre part, le caractère de plus en plus dogmatique que son fondateur lui donna peu à peu. Il s'ajoute encore à cela l'étude que je fis de la philosophie, d'une manière de plus en plus indépendante. Le besoin que j'avais, d'unité et d'harmonie dans ma conception du monde crut avec la confiance que j'accordais au pouvoir de l'esprit humain pour les acquérir. Tout ceci ne fait que poser un idéal, mais un idéal qui pousse l'esprit à des recherches toujours renouvelées. »

*
* *

Plus tard, l'étude de la philosophie anglaise eut pour moi une grande importance. Les deux pôles entre lesquels s'est déroulée mon évolution sont la doctrine de la personnalité de Kierkegaard et le positivisme anglais et français. Bröchner, que je connus très bien dans les dernières années de sa vie, avait dirigé mon attention vers Spinoza et je me rappelle quelle forte impression me fit l'étude des lettres de Spinoza pendant un voyage à pied que je fis dans le Jutland en 1872, en été ; et cela me donna un point de vue central auquel, je suis, plus tard, resté toujours attaché.

Qu'après mes années d'étude, j'aie réussi à trouver un nouveau

---

1. Né en 1809, professeur à Copenhague de 1840 à 1883. Mort en 1884.
2. Né en 1820, professeur à Copenhague de 1857 à 1875. Mort en 1875.

point de vue, c'est ce que je n'ose pas affirmer. Mais j'ai trouvé un point de vue auquel je peux moi-même me tenir et duquel je peux peut-être aider autrui à trouver celui qui lui convient. Je me suis convaincu que même ce qu'il y a de plus haut et de plus noble dans le monde de l'esprit est soumis aux lois du déterminisme de la nature, lois que la science a le devoir de découvrir; j'ai aussi la conviction que, pour ce qui a vraiment de la valeur, ce n'est pas un abaissement mais bien plutôt un anoblissement d'avoir de solides racines dans le vaste système de la réalité. Les mélodies les plus belles ne sont pas trop élevées pour être exprimées par des notes. Mais ma partition n'est pas finie — et ne sera, sans doute, jamais finie. Je peux entendre des sons plus nombreux et plus beaux que ceux que je puis exprimer par ma notation musicale, et, dans l'expérience, je trouve beaucoup de signes auxquels je ne peux donner une expression et qui sont peut-être une notation musicale pour des sons que je ne puis entendre. Ceci n'ébranle pas ma conviction, et surtout n'infirme pas ma méthode. Les problèmes ont pris pour moi, pendant mon voyage dans le monde de la pensée, plus d'importance et un dessin plus net. C'est ce que quelques-uns appellent mon scepticisme ou mon négativisme. Quant à moi, je trouve naturel que le ciel s'élève de plus en plus, à mesure qu'on avance dans l'ascension de la montagne.

.*.

L'effort que j'ai fait pour exposer la psychologie et la morale sur le terrain de l'expérience, en faisant abstraction des hypothèses spéculatives et religieuses, a été d'une importance vitale pour ma conception du problème religieux. J'ai reconnu par là d'une manière plus pressante la nécessité d'équivalents psychiques, c'est-à-dire la nécessité de formes nouvelles de la vie de l'esprit, destinées à remplacer celles qui disparaissent, afin que la vie, dans la suite de son évolution, ne perde rien de sa valeur, peut-être même de son énergie. De plus, j'ai, dans les études que je fis avant la publication de mon *Histoire de la Philosophie Moderne*, trouvé que presque tous les philosophes célèbres, depuis la grande percée critique et révolutionnaire de la fin de xviii° siècle, ont été attentifs à ce point. Dans une conférence que je fis à Christiana (et qui fut publiée dans l'*International Journal of Ethics*, 1896), je montrai comment le problème des équivalents psychiques a été agité par les penseurs du siècle dernier. Dans un discours universitaire prononcé en 1897, sur le Problème religieux (et qui parut en 1898 dans *Die ethische Kultur*), je soulignai ce fait, que l'avenir du problème repose sur la réponse à la question suivante : la conception que l'on peut se faire de la vie peut-elle et doit-elle se bâtir exclusivement sur les résultats de la science ? Ou, dans les réflexions dernières sur la valeur de la vie, des tendances et des éléments ne doivent-ils pas réclamer leur place légitime, tendances et éléments qui ne peuvent avoir de fondement scientifique, et qui, cependant, ne vont pas contre les résultats de la science ?

Ces études et ces réflexions m'ont amené à la conception que j'ai exposée dans ma *Philosophie de la Religion*, parue en 1901.

La philosophie de la religion n'a pas à sa disposition d'autres méthodes que les méthodes générales de la philosophie. Elles consistent dans une étude portant à la fois sur la théorie de la connaissance, sur la psychologie et sur la morale. La critique de la théorie de la connaissance montre de plus en plus nettement que la religion n'est pas le fait de motifs purement intellectuels, et que des représentations religieuses ne peuvent être ni produites, ni conservées dans un domaine purement intellectuel. Si des représentations religieuses doivent avoir une valeur durable, elles doivent alors être les expressions imagées d'une expérience de la vie plus spéciale et plus personnelle que celle sur laquelle travaille la science. — Dans la partie psychologique, il est montré comment le sentiment religieux prend sa place naturelle dans la vie de la conscience, quand il est considéré comme un effet des expériences portant sur le rapport de la valeur de la vie avec la réalité. Ce problème est sans cesse posé à nouveau par les rapports qui existent entre la valeur et la réalité : et cela resterait ainsi, même si le temps des religions positives était passé, même si on ne voulait plus employer le mot de religion. Un examen historique des motifs les plus profonds auxquels fait appel la conscience religieuse, permet d'établir ce principe, que le besoin religieux naît d'une impulsion à affirmer la conservation de la valeur. — Enfin, dans une partie morale, la valeur de la religion en elle-même est examinée. Il y est montré que la valeur du besoin religieux consiste en ce fait qu'il peut servir à la découverte de valeurs nouvelles et au maintien des anciennes. La religion n'est pas vraiment une hypothèse nécessaire à la direction de la vie morale, mais elle peut augmenter la valeur et la force de cette vie. Voici le résultat final : la religion est une forme de la vie spirituelle qui — si l'on ne veut pas diminuer la force de la vie — ne doit pas disparaître, sans que se développe, à sa place, une forme de vie nouvelle et équivalente. La question essentielle est de savoir si une telle forme est possible. Mes considérations se retournent d'une part contre les dogmatiques pleins d'assurance, et d'autre part contre les libres penseurs contents d'eux. « Prophètes à droite, prophètes à gauche ! » Le problème est entre les deux partis, et tous deux ils le craignent, chacun à sa manière.

*
* *

Chez les penseurs qui ont un passé théologique, celui-ci peut avoir des conséquences diverses, par contre-coup. — Il peut agir comme simple souvenir, souvenir mélancolique, mais faible, et tous les jours plus faible, assez fort cependant pour empêcher de tirer certaines conséquences, par ailleurs inévitables. — Ou bien, il peut produire un effet de contraste, qui s'exprime par le fait que, plus tard, on ne trouve pas de termes assez forts pour exprimer le sentiment d'opposition, l'antipathie, presque la répulsion qu'inspire ce passé. Ce type fait, parfois, penser aux écoliers qui jouissent de leur liberté en tournant en ridicule l'école dont ils ont suivi les cours, pas toujours consciencieusement. Il y a là de la prévention, comme dans le souvenir. Un troisième type est celui de la continuité critique. Derrière une contradiction très marquée, il trouve une relation plus profonde, et cela le ramène à ce qui, sous des aspects différents, forme et a toujours formé le fondement de toute conception sérieuse de la vie et de la destinée. Quoique les représentations par lesquelles les hommes des temps anciens ont exprimé cette conception ne puissent avoir, pour nous vivants, qu'une valeur poétique tout au plus (et encore!), il peut y avoir là une parenté intime, et c'est en tout cas le devoir de la philosophie de la religion, d'examiner ce qui en est sous ce rapport.

Il est difficile pour chacun de décider auquel de ces types il appartient lui-même. Mais, à ce point de vue, je ne suis nullement en peine de savoir lequel de ces types est le plus fécond et le mieux justifié. Ce doit être celui qui, sans être arrêté par le souvenir ou par l'effet de contraste, utilise l'expérience que la vie lui a fait acquérir dans un domaine opposé, pour éclairer de tous les côtés le grand problème.

Selon moi, le problème religieux présente une analogie significative avec les autres grands problèmes qui ont toujours occupé la pensée humaine. Il est, d'ailleurs, probable aussi, que tout ce qui est, dans des territoires différents, un problème de la pensée, présente toujours des traits analogues. C'est à ce point de vue que j'ai étudié le problème religieux dans ses rapports avec d'autres problèmes dans mon travail intitulé *Problèmes philosophiques* (traduction allemande, 1903, traduction anglaise, avec préface de William James, 1905).

Qu'un parti ou un autre tire bénéfice de mon travail, peu m'importe. En tout cas, c'est faire preuve d'un grand contentement de soi ou d'un calcul naïf, que d'avoir, même du côté catholique, considéré mon livre comme un heureux signe des temps. Moi-même, je considère que le pont qui me reliait à la religion positive est brisé, plus irrémédiablement que jamais. Mais dans le parti théologique, on est peut-être si habitué à voir traiter les questions religieuses avec mépris et raillerie, ou avec des arguments d'écolier, que quand le problème est examiné avec un certain sérieux, cela donne déjà l'idée d'un rapprochement effectué entre les deux partis adverses. Mais cependant, tous les théologiens n'ont pas compris ainsi mon exposé. Dans le *Journal Chrétien* (Kristeligt Dagblad) de Copenhague, il y avait, il y a quelques années, une critique pénétrante, mais fort courtoise, de mes opinions. L'auteur de cette critique témoignait, en terminant, de son estime personnelle pour son adversaire. Le président d'alors de la « mission intérieure » lui fit un reproche d'avoir ainsi donné ce témoignage, en expliquant que j'étais un homme pour lequel un chrétien ne pouvait avoir d'estime, et la rédaction du *Journal Chrétien* donna, dans une note, son approbation à cette explication. Voilà qui vous rassure, lorsque, parfois, l'on s'inquiète de voir d'un certain côté, des gens se prévaloir de vous !

* *
*

J'ai essayé de résumer en un seul principe la nature et la valeur de la religion, en l'appuyant de raisons psychologiques et historiques : le principe de la conservation de la valeur. De différents côtés des objections ont été soulevées contre cette hypothèse (car je n'ai donné ce principe pour rien de plus qu'une hypothèse).

On a dit qu'une proposition générale de ce genre ne pouvait exprimer la substance de la religion, parce que celle-ci est quelque chose de vivant et de concret. Cette objection m'a toujours paru un peu puérile. Toute proposition générale ne peut être qu'une expression condensée de quelque chose qui, dans la réalité, a des formes multiples et concrètes. Aucune de ces formes multiples ne peut être exprimée immédiatement dans une proposition générale. L'importance d'une telle proposition doit être cherchée en ceci, qu'elle fournit un fil conducteur pour trouver ce par quoi les phénomènes particuliers, malgré leurs différences, sont semblables. La proposition générale par laquelle nous définissons le vertébré peut ne pas mentionner le rugissement du lion ou la parole de l'homme ; et cependant elle peut, malgré cela, convenir parfaitement au lion aussi bien qu'à l'homme. Ce principe de la philosophie de la religion ne soutient naturellement pas que les religions elles-mêmes mentionnent expressivement des valeurs et la conservation de ces valeurs ; il indique seulement que, dans chaque religion, un besoin se fait jour — car dans notre langage psychologique c'est ainsi qu'il faut l'appeler ; — c'est un besoin d'accepter la conservation de la valeur que connaît l'homme, placé à un degré donné de l'évolution. Je ne veux pas réduire la religion à une métaphysique abstraite : mais j'ai parlé en philosophe de ce qui est autre et mieux qu'une philosophie. On pourrait aussi bien faire au physiologiste le reproche de mettre une théorie abstraite à la place de la respiration véritable !

On a trouvé l'essentiel de la religion dans d'autres points que celui que j'ai mis en lumière. A un point de vue théologique — ou tout au moins théiste, — on a trouvé l'essentiel de la religion dans ce fait, que l'homme se sent en rapport avec un ou plusieurs êtres personnels supérieurs : la religion consiste dans un rapport entre « moi » et « toi ». En face de cette affirmation, je demande (et j'ai déjà demandé dans mon livre) : Qu'est-ce qui rend les dieux divins ? Et quel besoin conduit à croire en eux ? Si les dieux n'étaient pas connus comme des êtres sous la protection desquels se trouve ce que les hommes considèrent comme bon et grand, seraient-ils vénérés des hommes ? Même quand les dieux ne sont honorés qu'à cause de leur puissance, il y a au fond de ce sentiment le besoin de maintenir la valeur de ce qui est juste et bon, quel qu'il soit. Si la religion a été jusqu'à maintenant et avant tout la croyance à des êtres personnels, cela est dû en partie à l'influence de l'animisme, c'est-à-dire à la tendance à expliquer les événements du monde par des actions d'êtres personnels. Les représentations religieuses sont très souvent la transformation de représentations qui se sont développées à l'aide de tout autres motifs que des motifs religieux. La croyance à une transmigration de l'âme est un exemple de cette assertion ; un autre exemple en est la manière dont la philosophie grecque fut utilisée par la théologie chrétienne. La question est de savoir si, dans de telles représentations, nous avons l'essentiel de la religion, ou si cet essentiel ne doit pas être recherché dans le besoin de l'âme grâce auquel ces représentations sont acceptées et formées — besoin qui, en toutes autres circonstances, aurait pu conduire à de tout autres constructions spirituelles.

En se plaçant au point de vue de l'histoire de la religion, on a trouvé l'essence de la religion dans ce fait qu'elle est une magie, une magie indirecte qui naît quand l'homme a renoncé à l'espoir de pouvoir changer immédiatement l'ordre de la nature par ses souhaits. Il pense alors, par des prières et des sacrifices, pouvoir déterminer des êtres plus puissants (que ceux-ci soient considérés comme des êtres personnels ou non), à intervenir, et à faire fléchir l'ordre de la nature, de telle sorte qu'il puisse, lui homme, atteindre l'objet de ses désirs. Placé en face de cette conception, je demande comme tout à l'heure : pourquoi donc l'homme veut-il posséder sur la nature une puissance qu'il ne peut acquérir par sa seule action? N'est-ce pas parce qu'il sent les limites de ses propres forces, et qu'il a cependant le besoin de se sentir en sûreté, à l'égard de ce qui lui tient le plus à cœur, quoi que ce soit? Ici encore, le besoin de l'âme apparaît décisif, et c'est pourquoi il faut revenir à lui quand on veut découvrir les forces les plus profondes de la vie religieuse. Alors seulement on a une base sur laquelle on peut discuter le problème religieux dans toute son étendue. Ce besoin peut continuer à exister, quoiqu'il se satisfasse de manières bien différentes ; et ni la magie ni l'animisme ne doivent être éternellement les signes caractéristiques de la religion. L'époque de la religion doit-elle être considérée comme passée, parce que l'on a expliqué que l'amour est meilleur que le sacrifice, ou parce qu'aucune image ne peut plus être pleinement satisfaisante? Aussi, naturellement, le contraste entre anciennes et nouvelles formes n'est-il pas sans importance. Il peut provoquer souvent dans le monde extérieur des combats à mort, et dans le monde de la vie intérieure, des mouvements singulièrement intenses et profonds. L'examen philosophique ne peut qu'indiquer la possibilité de nouvelles formes de la vie ; la création réelle de ces formes est l'œuvre de la vie elle-même.

PHILOSOPHIE
DE LA RELIGION

CHAPITRE PREMIER
LE PROBLÈME ET LA MÉTHODE

> Οὐκ ἔστι λύειν ἀγνοῦντα τὸν δεσμόν.
> (Aristote.)

1. — Par « philosophie de la religion » on peut entendre deux choses : soit la pensée qui, inspirée par la religion, la prend pour fondement ; soit la pensée qui fait de la religion un objet d'étude. Dans cet ouvrage, on emploiera l'expression dans son second sens. La pensée qui jaillit de la religion et interprète les phénomènes dans un sens religieux forme une partie de la matière qui s'offre à la philosophie de la religion ; mais elle ne doit pas elle-même porter ce nom.

Le mot de « religion » désigne essentiellement un état psychique dans lequel le sentiment et le besoin, la crainte et l'espérance, l'enthousiasme et l'abandon jouent un plus grand rôle que la méditation et la recherche, et dans lequel l'intuition et l'imagination ont le pas sur l'investigation et la réflexion. Il est vrai, bien entendu, qu'au sein de la vie religieuse elle-même, on voit augmenter sans cesse un besoin instinctif d'analyser le contenu de son propre état d'âme, de comprendre l'importance des mobiles et la valeur des idées qui s'y rattachent mais la pensée religieuse qui naît ainsi ne s'occupe pas, somme toute, du problème religieux proprement dit : car ceux dont elle s'occupe se posent à l'intérieur de la religion, la religion elle-même ne devient jamais un problème. Elle y est prise comme point de départ ; c'est une donnée dont l'acceptation ne fait pas de doute ; ou, du moins, par rapport au point de vue religieux, les autres points de vue sont subordonnés et n'offrent par eux-mêmes aucune solution des difficultés. Telle est la nature de la pensée religieuse pendant les périodes où, dans le domaine spirituel, rien n'existe hors de la religion. Les époques classiques de la religion sont, ou bien les grandes périodes de début, lorsqu'avec toute la puissance de l'originalité, elle attire à soi toutes les forces et tous les intérêts, ou bien les grandes périodes d'organisation, lorsque toute la civilisation existante est jetée dans le moule ou courbée sous le joug des idées religieuses les plus élevées. A ces époques classiques, une grande unité ou, tout au moins, une grande harmonie prévaut dans le monde spirituel. Le christianisme a connu la joie d'un semblable âge d'or, au temps de la communauté chrétienne primitive et une seconde fois encore, plus tard, dans l'épanouissement du moyen âge. Un problème religieux, au sens strict du mot, ne peut se poser que lorsque les autres aspects de la vie spirituelle — la science, l'art, la vie morale et sociale — commencent à s'émanciper et à réclamer, avec la liberté, une valeur indépendante. Alors, ils apprécient la religion de leur propre point de vue et selon leur propre modèle, tandis que la religion, aux époques classiques, les a, ou bien entièrement ignorés — comme dans les périodes de début — ou bien — comme dans les périodes d'organisation — estimés de son point de vue et selon ses modèles. C'est alors que la question se pose : deux évaluations différentes de cette nature pourront-elles jamais être amenées à s'harmoniser l'une avec l'autre ? Certaines conditions historiques définies doivent être présentes avant que le problème religieux puisse être définitivement soulevé. Nous pouvons dire, si nous voulons, que c'est seulement dans les périodes malheureuses que l'on peut affirmer l'existence d'un problème religieux : car un tel problème est toujours l'expression d'une discorde spirituelle. Les différents éléments de la vie spirituelle ne travaillent plus aussi intimement ensemble qu'autrefois ; ils tendent à des directions différentes entre lesquelles, peut-être, il faudra choisir. C'est alors que la nécessité aussi bien que la possibilité d'une recherche se font sentir.

L'idée que, d'une manière générale, la religion doive être traitée comme un problème, choque beaucoup de gens : mais, une fois éveillée, la pensée doit avoir le droit d'étendre ses recherches à tout, et ses limites ne peuvent être fixées que par elle-même : et qui donc, sinon elle, pourrait le faire ? Celui à qui le problème ne se présente pas n'a naturellement aucun motif pour penser, mais il n'a pas davantage de motif pour empêcher autrui de penser. Que celui qui a peur de perdre son port de refuge spirituel s'éloigne à bonne distance ; personne ne veut dérober au pauvre son unique agneau : mais qu'il se souvienne qu'il ne doit pas le mener le long de la grand'-route sans nécessité et demander alors que, pour la grâce de l'agneau, on y arrête la circulation. L'expérience, d'ailleurs, tend à montrer que ce sont les béliers, bien plutôt que les agneaux, qui, au bon et surtout au mauvais moment, ont l'habitude de faire savoir au monde qu'on les scandalise. Ce ne sont pas les véritables pauvres d'esprit, ce sont ces dogmatiques que vous savez, obstinés et bruyants, qui élèvent un concert de huées et de gémissements, quand la libre recherche demande le droit d'aller et venir dans le domaine religieux comme dans tous les autres.

La recherche dans laquelle je me propose ici de m'engager ne s'adresse, ni à ceux qui sont déjà satisfaits, ni aux âmes inquiètes. Les premiers, on les rencontre dans tous les camps, parmi les prétendus « libres penseurs » autant et plus qu'ailleurs ; c'est une classe d'hommes qu'à la manière de la classe des vers dans le système de Linné, on ne peut caractériser que par des attributs négatifs, tant elle doit contenir de formes différentes. Les esprits déjà satisfaits tiennent en réserve une solution définie, négative ou positive, du problème religieux : et par suite ils ont perdu toute espèce de goût pour penser plus avant sur ce sujet. Les âmes inquiètes redoutent d'y penser : ma recherche, par conséquent, s'adresse aux chercheurs. « Un être en devenir sera toujours reconnaissant » (Ein Werdender wird immer dankbar sein), en quelque direction où le mène sa recherche.

La philosophie, on le sait assez, est plus riche d'idées, de points de vue, et de discussions que de résultats définitifs, et le philosophe serait souvent dans un douloureux embarras, s'il n'était pas soutenu par la conviction que l'effort incessant vers la vérité constitue une part de ces valeurs spirituelles suprêmes, dont la conservation est l'affaire de toute religion véritable. Même si nous n'apprenons rien d'autre de notre étude de la philosophie de la religion, elle peut du moins servir à nous éclairer sur la nature de la lutte qui fait rage autour de la question religieuse, et à nous donner quelque aperçu sur la portée de cette lutte dans le développement de la vie spirituelle : et pendant ce temps, s'il est démontré que le problème religieux est insoluble, nous pourrons peut-être découvrir la raison qui fait qu'il ne peut pas comporter de solution.

2. — Une philosophie de la religion ne doit pas partir de quelque système philosophique tout fait. En un sens, toute œuvre de pensée doit être systématique, car le mot « système » signifie littéralement « ce qui tient ensemble », et nos pensées doivent être préparées de manière à satisfaire, à cet égard, à l'épreuve la plus rigoureuse. L'harmonie et la logique internes sont les indices de la vérité dans tous les domaines, et par conséquent on est en droit de les exiger dans le domaine de la philosophie de la religion. Mais l'œuvre de cette philosophie sera plus féconde, si la religion et ses manifestations ne sont pas mises en relation avec un système philosophique aux conclusions déjà arrêtées, mais sont éclairées par une méthode philosophique dont le principal soin est de décider si, oui ou non, nous pouvons nous attendre à arriver à une conclusion. Notre tâche est d'élucider le rapport de la religion avec la vie spirituelle ; or la religion est elle-même une modalité, une forme de la vie spirituelle, et on ne peut l'estimer avec justesse qu'en la considérant dans ses relations avec les autres modalités ou formes de cette même vie. Et le critérium que l'on applique ici à la religion n'a rien d'étrange. Car il est une fonction à laquelle aucun pouvoir spirituel, quelque grand nom qu'il porte, ne saurait se refuser : c'est de servir, en se développant, à l'approfondissement et à l'enrichissement de la vie spirituelle. Par conséquent, le premier devoir de la philosophie de la religion doit être de découvrir les moyens de juger dans quelle mesure la religion peut continuer à rendre un tel service dans les conditions présentes

et futures de notre culture spirituelle. Pour résoudre ce problème — ou pour le mieux examiner — la philosophie de la religion ne peut faire usage d'autres idées préconçues que de celles que toute autre science apporte à l'examen de sa propre matière. Nous pouvons nous attendre à la trouver souvent obligée d'avouer qu'il y a des questions auxquelles elle ne peut pas répondre, car dans le domaine spirituel les relations sont plus compliquées et plus variées que les dogmatiques, négatifs ou positifs, ne sont portés à le croire. Mais cela n'ôte pas sa valeur à la discussion des problèmes. Apercevoir avec pleine conscience l'impossibilité de toute solution (*docta ignorantia*) amène naturellement à se demander ensuite si, après tout, la découverte d'une solution est de première nécessité. De plus, notre regard, ainsi aiguisé, pénétrera mieux certaines relations qui dominent à présent notre culture spirituelle, mais dont nous n'avons pas de raison de penser qu'elles continueront à le faire, étant donné que, même aujourd'hui, elles n'exercent pas une égale influence sur toutes les personnalités.

Notre étude de la philosophie de la religion sera plus féconde si nous la divisons en trois parties : la première sera d'ordre épistémologique ; la seconde, psychologique ; la troisième, morale.

Pendant son âge d'or, la religion satisfait tous les besoins spirituels de l'homme, y compris sa soif de connaître ; dans de telles époques, les idées religieuses fournissent à l'homme une explication du réel dans son ensemble aussi bien que dans ses diverses parties. Mais là où une science indépendante s'est constituée, il existe une manière de comprendre et d'expliquer autre que la manière religieuse, et la question se pose alors de savoir si ces deux interprétations peuvent être en harmonie l'une avec l'autre. Il est possible que la nouvelle explication scientifique renverse peu à peu l'explication religieuse dans le détail, sans pour cela être applicable à la totalité de l'univers — à ce que l'on appelle d'ordinaire les questions « premières » ou « dernières ». En ce cas, nous devons nous disposer à rechercher dans quelle mesure la religion est en situation de résoudre les énigmes que la science ne peut résoudre. Et s'il était évident que les idées religieuses n'apportent, soit à l'égard du tout, soit à l'égard des parties, aucune contribution qui mérite le nom de connaissance ou d'explication, nous aurions encore à nous demander quelle peut être la signification de semblables idées.

Cette question nous conduit, par delà le problème épistémologique, à la partie psychologique de la philosophie religieuse. Car lorsque les idées religieuses ont perdu leur valeur en tant que connaissance, tout ce qu'elles peuvent posséder en tant que valeur doit résider dans la puissance qu'elles ont d'exprimer un côté de la vie spirituelle autre que le côté intellectuel. Par conséquent, ce que nous désirons maintenant, c'est une description de la vie religieuse de l'âme, et spécialement une étude de la relation qui unit ces idées à l'expérience religieuse et à l'état d'âme religieux. On verra alors que, dans son essence intime, la religion ne consiste pas à comprendre le réel, mais à en déterminer la valeur, et que les idées religieuses expriment la relation de l'existence actuelle, telle que nous la connaissons, avec ce qui, à nos yeux, confère à la vie sa valeur suprême. Car l'essentiel de la religion — du moins selon l'hypothèse que nous avons été amenés à adopter — consiste dans la conviction qu'aucune valeur ne se détruit et ne disparaît de l'univers. Cette croyance se manifeste dans toutes les religions populaires, mais surtout dans les formes les plus élevées, par des caractères appuyés et aisément reconnaissables. Et la même conviction peut animer le cœur de ceux qui restent en dehors de toutes ces religions, quoique, dans ce cas, ce soit alors sans avoir reçu une forme définie.

L'on est amené tout naturellement à passer de l'aspect psychologique de la philosophie religieuse à l'aspect moral par la question suivante, qui se pose nécessairement : quelle est l'importance morale de cette croyance dans la conservation de la valeur ? La morale est intéressée à la production de la valeur, et l'on ne saurait nier que le travail qui consiste à la produire peut ne laisser à l'homme ni le temps ni la force d'approfondir le problème de sa conservation. La philosophie de la religion offre un parallèle entre son aspect moral et son aspect épistémologique. Dans son âge d'or, la religion détermine, directement ou indirectement, l'estime qu'il faut faire de toutes les actions et de toutes les relations de la vie ; et ici, pour la seconde fois, le problème religieux se pose dès qu'une morale indépendante s'est développée, curieuse de rechercher pour son propre compte un fondement pour établir la conduite humaine et un critérium pour la juger. Et c'est à ce moment que le problème se trouve soulevé de la manière la plus claire et la plus pressante : car le critérium ultime qui décidera de la stabilité ou de la caducité de la religion, doit naître au sein de la sphère morale où se place la balance finale de notre comptabilité spirituelle.

Nous trouverons, dans le plan ainsi esquissé, place pour la discussion de tous les aspects essentiels du problème religieux. Je ne traiterai pas seulement ce problème avec l'intérêt intellectuel que ne peut manquer d'exciter une matière aussi vaste et aussi compréhensive ; mais je me placerai aussi dans l'état d'esprit que m'inspire la conscience d'avoir devant moi une forme de vie spirituelle dans laquelle, pendant des siècles, l'espèce humaine a accumulé ses expériences les plus profondes et les plus secrètes.

3. — Avant de passer à l'étude des différents chapitres de la philosophie religieuse, il vaut la peine de s'arrêter un moment et de définir d'un peu plus près le contenu du problème religieux.

L'on reconnaît pour ainsi dire, généralement dans le monde protestant, que la connaissance et la foi doivent être distinguées l'un de l'autre. L'Église catholique, cependant, n'admet pas cette distinction dans toute son étendue ; et par conséquent, elle ne reconnaît pas de problème religieux dans le domaine intellectuel. Elle soutient que l'existence de Dieu peut être démontrée de la manière qu'indique saint Thomas d'Aquin avec l'aide d'Aristote ; elle va même jusqu'à déclarer qu'accepter cette preuve comme suffisante est un article de *foi*. La tradition, transmise depuis la grande période du moyen âge où « les hommes ne doutaient pas et se trouvaient par conséquent plus près de la vérité » (pour emprunter une phrase à un biographe récent de saint Thomas d'Aquin), est encore tenue en honneur[1], et l'on n'admet pas qu'un véritable désaccord se soit produit à l'intérieur de la vie spirituelle. Distinguer la connaissance et la foi, c'est avouer l'existence d'un tel désaccord, c'est reconnaître que l'unité de la vie spirituelle a été brisée. Est-il possible que cette distinction ne soit elle-même qu'une étape sur la route de l'évolution, — que le résultat doive être de chasser de la vie spirituelle toute espèce de religion, parce que cela seul peut subsister, qui est capable d'entrer dans un rapport d'harmonie avec les autres éléments de cette vie ? Nous pouvons croire, soit que les grandes époques de la religion ne se répéteront jamais, soit que le temps de la religion est à tout jamais fini. Dans l'un et l'autre cas, nous sommes obligés de nous demander si, au cours de ce processus de dissolution, quelque valeur spirituelle a cessé d'exister ou si une nouvelle valeur peut être découverte, qui soit capable de compenser la perte de l'unité et de la perfection de la vie spirituelle. En soi-même, cette recherche suffit à montrer que le problème de la conservation des valeurs est un aspect essentiel du problème religieux, quelque solution que l'on puisse être amené à en adopter. C'est même principalement de ce côté que la philosophie d'il y a un siècle et demi (depuis Rousseau, Lessing et Kant) a abordé le problème religieux. Les romantiques aussi bien que les positivistes ont consacré leur attention à cet aspect de la question[2]. Même si l'on pouvait montrer d'une manière concluante que la dissolution de la religion n'entraîne aucune perte d'énergie, cela ne prouverait pas, souvenons-nous-en, que, dans les conditions nouvelles, cette énergie serait dépensée d'une manière aussi profitable qu'aux grands jours de la religion. Dans le domaine spirituel pas plus que dans le domaine matériel, on ne saurait affirmer que la conservation de l'énergie équivaille à la conservation de la valeur. L'énergie peut subsister sans que se continue la valeur, tandis que le contraire est parfaitement impensable, puisque, en elle-même et pour elle-même, l'énergie doit être une condition de la conservation et du développement de la valeur. Beaucoup de libres penseurs prennent pour accordé que la vie humaine recevrait des formes plus riches et plus fortes si la religion cessait d'exister : mais cette opinion est bien loin d'être évidente par soi-même, et repose sur ce postulat que l'on aura toujours à sa disposition des équivalents psychiques, équivalents en valeur aussi bien qu'en énergie. Dans ce cas on aurait à prouver l'existence de tels équivalents et, si cela était possible, l'on aurait prouvé la conservation de la valeur. Mais c'est une grande question, et un trait de caractère essentiel du problème religieux, que de savoir si l'on peut montrer l'existence de tels équivalents. Bien plus, le problème de la conservation de la valeur se soulève dans l'intérieur de l'Église elle-même, car la religion et la vie religieuse subissent sans cesse une transformation ; et par conséquent nous avons à nous demander si les valeurs présentes pendant l'âge d'or de la religion ont pu passer sans se perdre à travers ces transformations. Par exemple, le christianisme primitif, en langage de valeur et en langage d'énergie, s'est-il maintenu dans le christianisme d'aujourd'hui ? Ce problème, nous le trouvons posé sous sa forme la plus aiguë dans l'affirmation que « le christianisme du Nouveau Testament n'existe plus ».

Mais le problème religieux n'a pas affaire seulement à la conservation de la valeur dans le monde humain. Au delà de la question psychologique, une question cosmologique se pose. Quelle est la relation entre ce qui, à nous, hommes, nous semble la plus haute valeur, et le réel pris comme un tout ? Existe-t-il une liaison intime entre les valeurs et les lois qui régissent les forces de l'être ? Ces lois, ces forces elles-mêmes sont-elles finalement déterminées par les valeurs suprêmes ? Ou bien nous est-il interdit d'attribuer aucun sens à notre concept de valeur au delà de la sphère de la vie humaine ?

L'hypothèse que j'espère établir plus tard, dans ma discussion de l'aspect psychologique de la philosophie religieuse, est basée sur la proposition suivante : la conservation de la valeur est l'*axiome caractéristique de la religion;* et c'est ce que nous trouverons exprimée à des points de vue religieux différents, en différents sens. Dans quelle mesure faut-il attribuer force et réalité à cet axiome ? Cette question est une partie du problème religieux. En même temps cet axiome, dans la mesure où il exprime la pensée fondamentale de toute religion, peut servir de critérium pour juger la logique et la signification des religions particulières ou des points de vue religieux particuliers.

Enfin, comme je l'ai déjà remarqué, cet axiome nous permet d'exprimer très simplement la relation entre la morale et la religion, c'est-à-dire la relation entre la croyance à la conservation de la valeur et l'œuvre de découverte, de production et de conservation des valeurs.

Si nous voulions examiner l'axiome de la conservation de la valeur sous toutes ses faces, notre discussion n'aurait jamais de conclusion ; bien plus, tous les points de vue propres à diriger cette discussion nous feraient bientôt défaut. Aussi n'hésité-je point, dès le début, à limiter le domaine auquel j'ai l'intention de me restreindre, et je prie mes lecteurs de vouloir bien considérer ces limites d'un bout à l'autre de la discussion.

Dans la tentative que je ferai pour montrer que l'axiome mentionné plus haut est la pensée fondamentale de toute religion, je ne considérerai pas comme la marque d'un échec ce fait qu'aucune religion ne formule cet axiome avec clarté et logique. Il me suffira de pouvoir mettre en lumière une aspiration ou une tendance expresse à s'attacher à cet axiome ; et de la sorte nous pourrons prendre pour règle et pour mesure, dans notre évaluation des différentes religions l'une par rapport à l'autre, l'expression plus ou moins claire qu'elles en donnent, l'application plus ou moins constante qu'elles en font, chacune pour sa part. Quand je dis « conservation de la valeur », l'expression peut vouloir signifier que la valeur ne peut jamais disparaître, que l'être doit toujours contenir de la valeur, que celle-ci croisse ou décroisse, ou qu'elle croisse et décroisse alternativement. Mais j'emploie l'expression de « conservation de la valeur » par analogie avec l'expression de « conservation de l'énergie », si bien que l'axiome exprime la conservation continue de la valeur à travers toutes les transformations. Il est donc peut-être nécessaire de distinguer entre la valeur potentielle et la valeur actuelle, comme les physiciens distinguent entre l'énergie potentielle et l'énergie actuelle ; et l'une de ces distinctions est exactement aussi claire et aussi valable que l'autre. La conservation de la valeur à travers toutes les transformations, et en dépit de la différence entre la possibilité et la réalité, n'est, cependant, que le minimum. On peut soutenir que la pure et simple conservation de la valeur est insuffisante, et même qu'elle implique contradiction ; car, si la répétition détruit, la valeur ne peut véritablement être conservée que par l'augmentation ; tandis que, d'autre part, le changement lui-même ne peut avoir de valeur, que s'il amène à une augmentation. Qu'une augmentation de valeur ne s'oppose aucunement à la conservation de l'énergie, cela n'exige aucune preuve compliquée : car une telle augmentation suppose une nouvelle et meilleure application de l'énergie et non une plus grande quantité de celle-ci. Mais pour pour plus de simplicité, cependant, je limite mes recherches à la *conservation* de la valeur. Et nous verrons bientôt que la conscience religieuse s'y est aussi, en fait, limitée. La conservation de la valeur nous offrira bien assez de difficultés et de problèmes, même si nous n'entreprenons pas de suivre à la trace toutes les conséquences de ce postulat, que la valeur ne peut se conserver qu'en augmentant. Mais nous ne devons pas oublier qu'il y a à cela des conséquences. Finalement, on pourrait nous demander, quand nous parlons de la conservation de la valeur, de quelle valeur nous voulons parler, et de quelle grandeur elle est. Je n'essayerai d'examiner cette question que dans la mesure où la distinction entre les différentes religions et les différents points de vue religieux dépendent des différentes réponses qu'ils lui ont données. Il est évident que le fait d'accepter l'axiome de la conservation de la valeur ne dépend nullement de la nature de cette réponse. L'hypothèse que cette conservation est l'axiome fondamental de la religion ne sera pas ébranlée par le fait que les religions et les points de vue religieux divers diffèrent les uns des autres dans de très larges mesures, sur la nature et l'étendue de la valeur à la conservation de laquelle ils croient.

La valeur définit la propriété d'un objet, soit de procurer une satisfaction immédiate, soit de servir comme moyen pour se la procurer. La valeur, par conséquent, peut être médiate ou immédiate. Lorsqu'une valeur immédiate est donnée, nous cherchons à la conserver ; lorsqu'elle n'est pas donnée, à la produire ; nous en faisons, comme on dit, notre fin. Réciproquement, le fait que nous adoptons quelque chose comme une fin implique que nous avons une expérience ou une présomption de sa valeur immédiate. La valeur médiate est possédée par tout ce qui sert à atteindre une fin, c'est-à-dire une valeur immédiate. La valeur médiate n'est pas nécessairement une valeur potentielle ; car ce qui sert comme moyen pour se procurer une valeur immédiate acquiert soi-même à nos yeux une certaine valeur, encore que nous la sachions dérivée. Entre les valeurs médiates et les valeurs immédiates, il y a toutes sortes de transitions, et par une adaptation de motifs on passe des unes aux autres, de telle sorte que ce qui à l'origine n'avait de valeur que comme moyen devient finalement valable comme une fin. La valeur potentielle, d'autre part, n'indique souvent rien de plus que la possibilité pour une chose de posséder une valeur de moyen, la possibilité de devenir une valeur médiate. La nature des valeurs que l'on expérimente et par suite que l'on reconnaît des différents points de vue, dépend de la nature différente de ces points de vue. La nature d'un être détermine ses besoins, et ses besoins déterminent ce qui aura de la valeur pour lui. L'axiome religieux, par conséquent, montre que le caractère d'une religion doit nécessairement être déterminée par la nature et les besoins des hommes qui la professent. Car un homme ne saurait sérieusement croire à la conservation d'une valeur dont il n'a pas eu une expérience, même approchée.

C'est à la philosophie de Kant que nous devons la considération indépendante du problème de la valeur, à part de celui de la connaissance. Il nous a appris à distinguer entre l'évaluation et l'explication[3]. Mais cette distinction n'implique pas une opposition complète : c'est ce qui devient évident quand nous réfléchissons qu'il dépend des lois et des forces du réel, que quelque chose conserve sa valeur pour nous, et que nous puissions faire de l'objet valable une fin capable de réalisation. Le problème religieux, par conséquent, ne peut pas être séparé des autres problèmes philosophiques, quoiqu'il y ait avantage à le traiter à part. Il montre une frappante analogie avec les autres problèmes. Le problème fondamental de la philosophie est intéressé dans l'étude des rapports du réel dans sa totalité avec les formes individuelles et spéciales du réel. Et si nous trouvons des raisons profondes d'adopter l'hypothèse que l'axiome de la conservation de la valeur est l'axiome religieux *par excellence*, alors nous admettons que le problème religieux touche, lui aussi, à la question de la continuité de l'existence quoique d'un point de vue spécial, et qu'il rentre dans le problème fondamental, comme une de ses formes particulières [4].

CHAPITRE II

LE PROBLÈME ÉPISTÉMOLOGIQUE DE LA PHILOSOPHIE DE LA RELIGION

Ihm ziemt's die Welt im Innern zu bewegen.
(Goethe.)

A. — La connaissance

4. — Mon postulat, que l'essence de la religion consiste dans la conviction que la valeur sera conservée, peut sembler contredit par le fait que les motifs théoriques ont toujours joué un rôle important dans le développement des conceptions religieuses et continuent, chez beaucoup de gens, à en jouer encore un. Bien plus, ainsi que je l'ai déjà remarqué, la religion, qui dans les périodes classiques suffit absolument à l'homme, satisfait aussi à de pareilles époques sa soif de savoir, c'est-à-dire lui fournit les moyens et les formes nécessaires pour arriver à comprendre et à expliquer l'univers. Pendant cet âge d'or de la religion, l'homme n'éprouve pas plus un besoin autonome de connaître, qu'il n'existe des moyens et des formes spéciales propres à donner satisfaction à un semblable besoin.

Le divorce entre le savoir et la croyance, entre la connaissance et l'estimation des valeurs ne s'est pas produit avant les périodes critiques, c'est-à-dire les périodes où la religion elle-même est devenue un problème. On n'a commencé à l'accepter généralement, qu'après des collisions violentes et répétées entre la science et la religion. Ce n'est que contre leur volonté que les représentants de la religion ont admis peu à peu que ce n'était pas une partie de la tâche de la religion que de fournir une explication scientifique du monde. C'est aujourd'hui un lieu commun dans la bouche des théologiens qu'il ne faut pas demander à la Bible de nous enseigner la science de la nature : mais cette opinion n'aurait pu se faire entendre du temps de Giordano Bruno, de Galilée et de Spinoza. La persécution des hérétiques allait son train, et ce n'est que quand il était trop tard que les hommes commençaient à apercevoir la vérité de ce qu'avaient dit ces hérétiques. La même querelle se rencontre dans d'autres domaines : on la trouve aujourd'hui concentrée autour de l'indépendance de la science psychique.

Chaque grande religion est apparue dans l'histoire avec une conception du monde, dans laquelle elle entremêle, à sa façon particulière, toutes les idées de l'époque. Le christianisme, par exemple, attirait beaucoup de gens pendant les premiers siècles en raison de son contenu intellectuel. C'est ainsi que Tatien se convertit au christianisme, parce que cette « philosophie barbare », comme il l'appelait, lui semblait expliquer ce que jusque-là il n'avait pas été capable de comprendre, à savoir « l'origine du monde ». Le point de vue adopté par tous les apologistes primitifs était que le christianisme offrait la meilleure solution des difficultés intellectuelles. Et si Platon et les autres philosophes grecs semblaient tendre à des solutions analogues, Justin Martyr expliquait cela en disant, soit qu'ils devaient avoir été influencés par les prophètes d'Israël, soit plutôt que le verbe (λόγος) avait illuminé les âmes des hommes d'une lumière intérieure avant de s'incarner. Vis-à-vis des religions primitives, le christianisme — et c'est là toujours le cas d'une religion plus haute mise en face de religions inférieures — portait un certain caractère rationnel, et plus spécialement une simplicité, une majesté tranquille qui ne pouvaient manquer d'attirer beaucoup d'hommes familiarisés seulement auparavant avec les religions primitives et leurs multiples mythologies aux vives couleurs. Lorsque la description du monde fournie par les livres de la Bible était inadéquate, les Pères et les docteurs y suppléaient à l'aide de la science grecque.

De même que le christianisme s'adressait à l'humanité occidentale, de même le bouddhisme s'adressa aux Orientaux. Ce ne fut pas seulement une grande religion, mais encore une grande conception cosmologique ; ses idées constitutives comportaient un certain caractère rationnel, et ne pouvaient pas être comprises sans une certaine connaissance des penseurs hindous précédents.

Quand on parle de l'opposition entre l'interprétation religieuse et l'interprétation scientifique de l'univers, on a coutume d'attacher beaucoup d'importance au fait que la science — spécialement dans le domaine de l'astronomie, de la géologie et de la biologie — a conduit à des résultats qui contredisent les doctrines traditionnelles de la religion. Par suite, une portion, et non des moindres, de l'œuvre des apologistes modernes consiste à montrer que les concepts traditionnels de la religion peuvent se concilier avec ce qui est vraiment solidement établi en fait de résultats scientifiques. Avec plus ou moins de succès et plus ou moins de tact, ces apologistes modernes, attaqués de front par la science moderne, se servent du même procédé d'accommodation qu'employaient les anciens apologistes attaqués par la science grecque. Des discussions de ce genre, cependant, ne contribuent que bien peu à éclairer le problème religieux dans son ensemble ; pourtant, elles offrent, peut-être, des exemples caractéristiques de l'adaptation que les concepts de la vie religieuse — comme toutes les autres forces vivantes — subissent ou tendent à subir avec la transformation du milieu. Le point essentiel à noter, toutefois, est que nous trouvons ici deux sortes, deux types différents de « connaissance » s'opposant l'un à l'autre. Il y a deux manières de penser et d'expliquer les événements, deux routes qui s'écartent si largement l'une de l'autre, que quand une fois l'on s'est engagé sur l'une d'elles, on ne peut pas trouver de point à partir duquel on aurait le droit ou la possibilité de passer sur l'autre. L'attitude mentale tout entière est si profondément différente, que ce n'est pas trop de dire que le mot de « connaissance » est employé ici en deux sens absolument différents. Prenons un seul exemple. Une tempête soudaine, qui coïncide avec de hautes marées d'équinoxe, et qui détruit de nombreux bateaux de pêche au large, est expliquée scientifiquement par l'état de l'air et de la mer pendant les jours précédents. Le sermon prêché sur la tombe des victimes, cependant, explique l'événement en disant que Dieu voulait donner aux veuves et aux orphelins l'avertissement d'avoir à renoncer aux erreurs de leur manière de vivre⁵. A quel point de la série des causes naturelles devons-nous penser que l'intervention divine s'est placée ? Les causes naturelles forment une série consécutive, dont chaque terme est indispensable. Nous devons choisir entre les deux explications. L'une des deux sortes d'explications a pour principe de découvrir la série consécutive d'anneaux la plus longue possible, chaque anneau étant objet d'expérience. Plus l'état de l'air et de la mer au moment de la catastrophe peut être rapporté, sous forme de conséquences, aux conditions de ces éléments les jours précédents, plus — selon le premier type d'explication — nous « comprenons » l'événement. Selon l'autre type, l'événement se comprend par sa valeur à influencer le caractère des survivants, et l'on regarde cette valeur comme l'objet d'une intention, comme un but, comme la fin de l'intervention divine.

Le type scientifique d'explication, spécialement au cours des trois derniers siècles, est devenu merveilleusement clair et fécond. Il n'exclut pas une évaluation religieuse, mais il exclut une confusion entre cette évaluation et l'explication proprement dite. C'est l'œuvre de la théorie de la connaissance de rechercher les postulats et les catégories qui forment la base du savoir scientifique, et il ne sera pas sans intérêt pour la philosophie de la religion d'élucider ces postulats et ces catégories et de les comparer avec les bases de l'explication offerte par la religion. Cela nous donnera l'occasion de considérer dans quelle mesure la religion peut maintenir son importance comme moyen de satisfaire notre désir de savoir.

a) *L'explication causale.*

5. — Comprendre, c'est réduire ce qui n'est pas encore connu à ce qui l'est déjà. Comprendre une chose, ce n'est pas toujours la même opération que d'assigner ses causes ; nous pouvons comprendre ce qu'est une chose sans comprendre pourquoi elle est ainsi, ou pourquoi, absolument, il se trouve qu'elle existe. Et, à son tour, il peut y avoir plusieurs manières de comprendre pourquoi une chose est ce qu'elle est.

Comprendre, ce peut être reconnaître (percevoir). Je comprends un langage quand je connais ses sons, de manière à leur associer le sens correct. Je comprends ce qu'est cette blanche tache lumineuse derrière les arbres, quand je me suis convaincu que c'est la lune brillant à travers le brouillard. Je comprends une proposition, quand je reconnais l'association du prédicat et du sujet qu'a voulue l'orateur ou l'écrivain. Dans tous ces exemples ma compréhension repose sur la découverte de l'*identité*.

Mais on peut exiger quelque chose de plus pour comprendre une proposition. Je comprends la signification d'une affirmation individuelle : mais il ne s'ensuit pas nécessairement que je comprenne pourquoi l'assertion a été faite. Je ne puis arriver à cette seconde espèce de compréhension que lorsque je sais remonter de la proposition en question à d'autres propositions, jusqu'à ce qu'à la fin j'arrive à quelque proposition précédemment établie et admise. « Comprendre » en ce cas signifie établir. Je ne comprends pas (en ce sens du mot) la proposition « A est C » avant d'avoir vu qu'elle résulte de A = B, B = C. Ici la compréhension dépend de la *rationalité*.

Je comprends (au premier sens) un événement dans le monde psychique ou matériel quand je sais ce qui est arrivé, et je le comprends (au second sens) quand je sais pourquoi je crois qu'il s'est produit. Mais il y a place ici pour une troisième sorte de compréhension : comprendre un événement peut vouloir dire le déduire d'événements précédents, de telle sorte que, ceux-ci donnés, nous puissions inférer la production du premier. Ici compréhension signifie *explication causale* ; elle consiste à découvrir les causes.

L'identité, la rationalité et la causalité ont quelques rapports entre elles. La rationalité, c'est-à-dire la relation entre le principe (les prémisses) et la conséquence (la conclusion), présuppose l'identité ; la proposition « A est C » est, dans une certaine mesure, déjà contenue dans les deux propositions « A est B » et « B est C » ; ce n'est en réalité qu'une autre expression du contenu de ces deux propositions, expression à laquelle j'arrive en substituant à B dans la première proposition le prédicat de B, c'est-à-dire C, donné dans la seconde proposition : et c'est ce que j'ai le droit de faire en vertu de l'identité des deux B. La conclusion est le résultat de la combinaison des prémisses. La causalité, à son tour, suppose la rationalité logique. La relation de cause à effet est analogue à celle de principe à conséquence. Deux événements sont en relation causale, l'un par rapport à l'autre, non seulement lorsqu'ils se suivent dans le temps, mais encore lorsque le premier est rapporté au second comme un principe à sa conséquence. La causalité comprend la rationalité logique, mais outre cela et plus que cela, elle suppose qu'un changement, un passage dans le temps s'est produit d'un événement à l'autre. L'effet, peut-on dire, en un sens, réside dans la cause, mais il est quelque chose de plus que la pure transformation logique de la cause. Dans le passage de cause à effet, il n'y a pas seulement un passage de la pensée d'une forme à une autre, il y a, dans la réalité, un processus transitif. La grande question est de savoir si toutes les relations entre les événements actuels sont des relations causales.

Quand nous affirmons que tout événement a une cause — ce qui est l'axiome fondamental de la causation — nous posons par là en principe que la totalité de ce qui existe est intelligible au troisième sens du mot. Cet axiome ne pourra jamais être plus qu'hypothétique, parce que nous ne serons jamais en situation de comprendre tout, d'assigner des causes à tous les événements. Mais il renferme l'idée préconçue avec laquelle nous abordons instinctivement les événements qui excitent notre attention. En tout cas, c'est cette idée qui nous pousse à chercher autour de nous des antécédents lorsque s'est produit quelque phénomène particulier.

Nous pouvons nous permettre de négliger la question du fondement et de l'origine du principe de causalité, puisque les opinions opposées qui sont ici possibles n'ont certainement aucune importance pour la philosophie de la religion. Que l'acceptation de cet axiome soit due à l'habitude ou à une nécessité interne de notre nature, le besoin de découvrir les causes vit, plus ou moins, chez tous les hommes : c'est ce que met en évidence le point de vue religieux comme le point de vue scientifique. Et même, on peut dire que les idées religieuses possèdent un intérêt épistémologique précisément parce qu'elles prouvent quelles profondes racines pousse dans la nature humaine le besoin de déterminer les causes, puisqu'il s'exprime avant même qu'aucun intérêt scientifique indépendant ne se soit pour ainsi dire manifesté. L'opposition entre la religion et la science ne se révèle que lorsque l'homme commence à apprécier la *nature* différente$ des causes que l'une et l'autre reconnaissent comme vraies et réelles (*veræ causæ*). *La connaissance religieuse, aussi bien que la connaissance scientifique, est une réduction de l'inconnu au connu ; leur différence consiste dans la nature du connu.*

L'explication scientifique demande que les causes d'un événement soient réductibles à d'autres événements qui, ainsi que l'événement à expliquer, doivent être trouvés dans l'expérience. Son œuvre consiste à analyser la série des événements, de manière à trouver autant de termes de cette série, et, entre eux, une interdépendance aussi étroite que possible. Il s'agit d'expliquer la nature par la nature, tout de même qu'un passage d'un livre s'explique en se mettant en rapport avec d'autres passages du même livre. L'explication religieuse ne demande pas que la cause soit en relation continue avec l'effet, ou que, ainsi que l'événement à expliquer, elle soit donnée dans l'expérience. Elle n'examine pas ses causes de la manière critique qu'a adoptée la science. Elle n'explique pas la nature par la nature elle-même, mais par quelque chose de différent ou d'extérieur à la nature, qui lui donne, pour ainsi dire, une impulsion du dehors. C'est du moins ainsi que dans l'histoire du monde figure le plus ordinairement l'explication religieuse : qu'il soit inévitable qu'elle apparaisse sous cette forme, et par conséquent en opposition avec l'explication scientifique, c'est ce qui deviendra évident par la suite. Par opposition à l'explication religieuse, nous pouvons citer la forme spéciale que la science empirique, dans le domaine psychique comme dans le domaine matériel, donne à l'axiome de la causalité : le principe de la causation naturelle. Là où ce principe ne peut être appliqué, nous sentons que nous ne comprenons rien, du moins lorsque le type scientifique de connaissance et l'habitude intellectuelle qui y correspond prédominent en nous.

6. — Mais quel est le fondement du principe de la causation

naturelle ? C'est pour bien des raisons que ce principe s'est frayé un chemin jusqu'au premier plan, et que, de plus en plus, il détermine l'attitude adoptée par la conscience humaine en face des événements qu'elle cherche à *comprendre*.

Il ne suffit pas d'imaginer une explication causale ; il faut aussi pouvoir montrer que cette explication est confirmée par l'expérience. Cette confirmation (vérification) est obtenue lorsque nous voyons que, les mêmes relations étant données, le même événement se reproduit : il est par suite clair qu'une telle confirmation n'est possible que lorsque la cause est elle-même un événement qui puisse être donné dans l'expérience actuelle. Si, par exemple, l'explication donnée plus haut (§ 4) de la tempête et de la marée d'équinoxe est correcte, cet événement doit se reproduire toutes les fois que se présenteront les mêmes conditions de l'air et de la mer, et c'est ce qui doit être capable de démonstration. Mais, inversement, faire dériver les événements de la volonté divine n'est aucunement une explication scientifique, car on ne peut jamais montrer que de telles intentions soient présentes dans un cas particulier, et par conséquent l'explication n'est pas susceptible de preuves. C'est pour cette raison, et non par suite d'aucune désaffection pour la religion, que Galilée, Bacon et Descartes ont déclaré non scientifiques les causes dites finales.

Il suit de là que le principe de la causation naturelle est le seul qui puisse satisfaire notre besoin d'une explication spéciale d'événements particuliers et définis. C'est ainsi que Galilée a fait voir que, dans la dispute sur le conflit des hypothèses astronomiques, il était oiseux de faire appel à l'intervention de Dieu, car l'omnipotence divine pouvait tout aussi bien faire tourner le soleil autour de la terre que la terre autour du soleil. Par conséquent, cette cause ne peut pas nous aider à choisir entre des hypothèses opposées. C'est une clé qui ouvre toutes les serrures, et la science ne cherche pas un semblable passe-partout. La science se propose de rechercher les natures différentes des différentes serrures, aussi exige-t-elle une clé spéciale pour chaque serrure. Si un passe-partout suffisait, la différence des serrures n'aurait plus aucun sens, et présenterait par suite un problème sans solution. L'appel à la volonté de Dieu n'offre aucune explication scientifique ; on peut même dire qu'au point de vue scientifique c'est un aveu que l'on ne comprend pas l'événement,

Bien plus, dans les cas douteux, nous ne possédons qu'un critérium pour distinguer entre l'imagination et la réalité : c'est l'interdépendance constante et inaltérable existant entre le phénomène en question et la totalité du reste de notre expérience. Plus ce phénomène semble différent du reste de notre expérience, plus la lacune entre les maillons de la chaîne des événements est large, plus ces anneaux se distinguent les uns des autres, moins nous sommes certains d'être en présence d'une réalité. Dans le cas douteux, par conséquent, nous cherchons, dans l'expérience, des anneaux intermédiaires, jusqu'à ce que nous ayons constitué un enchaînement continu et inattaquable. Il est évident que l'application du critérium de réalité est équivalente à celle du principe de causalité naturelle.

A mon sens, le fondement le plus profond du principe de la causation naturelle est le besoin de continuité qui se trouve dans la nature intime de notre conscience, et qui s'exprime par l'impulsion générale à établir des causes. Notre conscience lutte instinctivement pour combiner et maintenir combinés ses éléments, et pour garder cette unité même contre le heurt d'un nouveau contenu : ce nouveau contenu, elle s'efforce alors de le tailler, de le modifier et de l'arranger jusqu'à ce qu'il ait l'air d'être une forme de l'ancien. La reconnaissance de son propre moi est alors possible en dépit du changement de contenu, et l'unité de la vie personnelle est reflétée dans la continuité ainsi obtenue. L'œuvre de la connaissance est ici en relation étroite avec celle du développement du caractère. On ne peut parler de caractère, en un sens précis, que lorsque, d'un bout à l'autre d'un effort continu, on peut découvrir unité et continuité, et non pas une série ininterrompue de bonds dans le nouveau. Par analogie, la connaissance cherche à découvrir le plus d'unité et de continuité possible ; elle essaye de montrer le nouveau comme une transformation ou une continuation de l'ancien, et ce n'est que lorsque ce travail a réussi, que ce nouveau est parfaitement assimilé et compris. Par suite, le principe de la causation naturelle, qui exige la formation de la série la plus longue et la plus continue possible, n'est pas un simple accident ; il est étroitement uni à l'essence intime de la personnalité. C'est donc une erreur de croire qu'il y a une opposition profonde entre la personnalité et la science. L'œuvre scientifique est une œuvre de personnalité, et mieux cette œuvre réussit, plus l'explication par les causes tend à s'établir et à se faire reconnaître. Les difficultés présentées par la nature sont réduites au minimum, lorsque d'un seul coup d'œil on peut considérer une grande partie de l'Univers « du point de vue de l'éternité ».

7. — L'explication religieuse, elle aussi, sous les formes mythiques et dogmatiques sous lesquelles elle apparaît le plus souvent dans l'histoire, ramène l'inconnu au connu. Mais le connu, en ce cas, est généralement la volonté d'un ou de plusieurs êtres personnels. La conscience religieuse croit connaître elle-même les intentions d'une volonté divine et retrouver dans les événements l'expression de cette volonté. Elle ne s'occupe pas de découvrir une connexion interne entre les événements, mais de regarder tous les événements (dans l'ensemble de la nature ou dans un domaine particulier) comme des expressions d'une seule et même puissance. Elle se place elle-même au centre, ou du moins croit le faire, et de là domine le cercle entier du réel.

Mais la difficulté qui embarrasse ici la conscience religieuse, est que le rayon avec lequel il faut décrire ce cercle, est inconnu. D'un même centre on peut tracer une infinité de cercles. Aussi, n'importe quel point de vue central (et cela n'est pas vrai seulement des hypothèses, mais aussi des différentes formes de spéculation philosophique sous lesquelles la même idée est apparue), est-il impuissant à fournir une explication des événements particuliers. Aussi, une théorie de la connaissance, religieuse ou spéculative, ne peut-elle jamais être élaborée. Nous n'avons pas même, en cela, de tentatives sérieuses ; notre seule théorie de la connaissance est celle qui a été développée par la philosophie critique sur les bases d'une histoire de la science empirique.

L'explication scientifique — pour continuer la métaphore du centre et du cercle — part du principe suivant : trouver entre les faits de l'univers un enchaînement tel, qu'ils puissent être présentés à notre connaissance comme une grande courbe. De quelle espèce de courbe il s'agit, c'est là le grand problème. Il n'y a pas de raison de supposer au début que ce doive être un cercle ; ce pourrait être une ellipse, une parabole, une hyperbole. Ce pourrait même ne pas être une courbe, mais une droite. Découvrir un centre dans ces circonstances, n'est pas toujours un problème également facile : mais cela ne nous donne pas le droit de nier l'existence d'un centre. Si la courbe était une ellipse, il y aurait deux centres, et le principe actif pourrait résider dans l'un des deux. Et même si la série des événements devait nous apparaître comme une ligne droite, la croyance en un centre ne serait nullement impossible, car on peut toujours considérer une droite comme une portion de cercle tracée avec un rayon infini.

Il est donc toujours possible, en dépit de la différence radicale entre l'« explication » de la religion et celle de la science, qu'elles se rencontrent et s'unissent. Les conditions nécessaires pour réaliser cette harmonie seraient, d'une part, que, dans la tentative faite pour déterminer du centre un point particulier de la courbe de l'être, la religion ne discute ni n'empiète sur le droit de la science à déterminer le même point au moyen de ses relations avec les autres points de la courbe ; et inversement, la science ne doit pas considérer le problème de l'être comme résolu parce que l'on a déterminé la position de points isolés en relation avec d'autres points. L'expérience montre que le point de vue central et le point de vue périphérique entrent souvent en conflit, non seulement parce que chacun considère l'autre comme dépourvu d'autorité, mais parce qu'ils conduisent à des résultats différents. La détermination d'un point dans la série des phénomènes, telle que la religion, avec son rayon indéterminé, se considère comme capable de l'établir de son point de vue central, ne concorde pas toujours avec celle qu'obtient la science au moyen de la relation avec d'autres points de la série ; et la détermination du centre que la science fonde sur le caractère empirique de la courbe n'est pas toujours en harmonie avec la détermination du centre qui sert de point de départ à la religion. Il n'y a donc pas seulement possibilité d'harmonie ; il y a aussi possibilité continuelle de lutte. D'autre part, il est improbable qu'à la longue, la religion et la science puissent se développer indépendamment l'une de l'autre, de telle sorte que la religion continue imperturbablement à décrire son cercle autour de son centre, sans s'inquiéter de la façon dont la science établit l'enchaînement entre les points qu'elle a découverts — ou que la science continue à se mouvoir à la périphérie de l'être sans songer qu'il y a peut-être un centre, et que ce centre, il n'est pas absurde de l'imaginer identique à celui qu'admet la religion. La religion, comme la science, suit dans son travail une évolution continue ; le centre religieux, cependant, ne se trouve pas toujours au même endroit ; différents centres luttent entre eux et se supplantent l'un l'autre ; et à chaque nouvelle détermination du centre, les points de vue et les résultats de la science sont de plus en plus pris en considération. Le bon droit et la valeur de l'explication scientifique sont reconnus d'une manière sans cesse plus large — non sans que la religion, il faut bien l'avouer, témoigne sans cesse son opposition et sa méfiance ; et même aujourd'hui encore, ils ne sont pas reconnus dans tous les domaines. D'ailleurs, il est évident que quand un nombre considérable de points de la courbe de l'être ont été déterminés, nous devons être en mesure de fixer la direction dans laquelle on doit chercher le centre ; et c'est ainsi que la croyance dans le fait central de l'univers reçoit, d'une manière graduelle mais continue, l'influence de la science empirique. D'un autre côté, la religion a exercé une influence considérable sur le développement de la science, et peut encore continuer à l'exercer, car son rôle est de maintenir devant l'esprit humain ces grands problèmes qui servent de limites, et d'entretenir la conviction, non seulement qu'un centre existe en fait, mais encore que sa découverte constitue, possible ou impossible à accomplir, la tâche la plus haute et la plus idéale de la pensée.

Mais, hélas, la métaphore que j'ai employée donne un tableau trop favorable. En réalité, la religion et la science n'ont pas entre elles les rapports de centre à circonférence ; car, s'il en était ainsi, elles seraient en état de se mieux comprendre, et formeraient vraiment chacune une partie essentielle d'une conception compréhensive. En fait, jusqu'à l'époque actuelle, chacune parle son propre langage. Leur conception de la cause n'est pas la même, et cela entraîne une différence entre leurs conceptions de la connaissance et de l'explication. C'est ne rien dire, par conséquent, que de dire que la religion doit pouvoir résoudre les énigmes dont la science ne peut pas trouver la clé. Puisqu'elles n'entendent pas la même chose sous le nom de « cause » et d' « explication », il s'ensuit qu'elles doivent entendre aussi des choses différentes lorsqu'elles parlent d' « énigmes » et de « problèmes ». Elles posent leurs questions de manières différentes, et par conséquent ne peuvent se satisfaire des mêmes réponses. Par suite, ce ne sont pas tant les résultats de la science, passés ou présents, qui amènent la querelle entre la science et la religion, et qui posent les conditions du problème religieux ; c'est plutôt l'inclination intellectuelle, l'habitude d'esprit tout entière que la science empirique a favorisée dans l'esprit de ceux qui se sont développés sous son influence. Les questions d'aujourd'hui ne sont pas celles d'hier. Nos problèmes sont autres. Ce changement dans la manière de poser les problèmes est exprimé dans le principe de la causation naturelle. Le pouvoir de ce principe s'étend sans cesse, et ce fait a plus d'importance que l'étendue même de notre connaissance de la nature par rapport à ce qu'elle était autrefois. De nouveaux besoins spirituels sont nés ; ils demandent satisfaction, et ne peuvent se contenter des concepts traditionnels qui, pour les générations précédentes, offraient une solution de tous les problèmes capables de se présenter à l'esprit humain.

8. — Toutes les fois que le type scientifique d'explication commence à prédominer dans les événements quotidiens, tout en demeurant strictement exclu d'un certain nombre de points choisis, que la religion réclame comme son bien propre, il se produit une conception bâtarde qu'on appelle le « merveilleux » ou « le miracle ». Les miracles n'existent que quand les deux types d'explication sont tous deux développés, et que l'on passe par bonds de l'un à l'autre. En l'absence d'un certain degré d'intelligence et de connaissances scientifiques, le

« merveilleux » ne saurait être chose qu'une simple déviation de l'habituel. Le primitif « s'émerveille » lorsqu'il voit se produire quelque chose qu'il n'a encore jamais vu ou jamais entendu. Mais le merveilleux, au sens propre du mot, implique une certaine connaissance des lois naturelles, une continuité qui s'interrompt, une règle qui subit une exception ; en ce sens, toutefois, les miracles doivent obéir à la loi d'économie, car s'ils devenaient assez fréquents pour passer à l'état de règle, ils formeraient un enchaînement continu, et ainsi le concept de « merveilleux » serait exclu.

Tant qu'on ne maintient pas comme un dogme le principe de la causalité naturelle, l'impossibilité des miracles ne peut être affirmée *a priori*. Ici encore, tout dépend de la méthode selon laquelle le problème est posé et de l'habitude d'esprit dominant dans les choses intellectuelles. Pour l'homme dont les recherches sont conçues, par qui les problèmes sont pris selon le type scientifique, le miracle est impossible. Cet homme peut être mis en présence de quelque chose qu'il n'est pas capable d'expliquer, parce que la cause (au sens où il prend ce mot) n'en peut être, ou du moins n'en a pas encore pu être assignée : mais il ne peut jamais découvrir qu'il n'y a pas de cause naturelle. Et la conscience religieuse, à moins de prétendre à l'omniscience, ne peut pas davantage affirmer qu'un événement ne peut pas être expliqué par des lois naturelles. Avant de pouvoir déclarer que quelque chose est en dehors de toute espèce de loi naturelle, il faut que nous connaissions une par une toutes celles-ci et toutes les applications spéciales qu'on en peut faire. Ce n'est qu'au moyen d'une révélation que nous pouvons apprendre si, dans un cas particulier, un miracle s'est produit. Le miracle ne confirme pas la révélation ; au contraire, c'est la révélation qui détermine ce qui est miracle. Aussi l'Église catholique, qui décide ce qui est révélation, est-elle logique en réclamant aussi le droit de décider ce qui est et ce qui n'est pas miraculeux : rien ne peut être regardé comme tel, qui n'a été sanctionné par « l'autorité apostolique et consacrée [6] ».

Dans le cas de miracles dont nous n'avons pas nous-mêmes été témoins oculaires, il faut se demander ensuite quel est le degré de crédibilité du récit ; le témoin oculaire était-il un observateur si exact, qu'il est plus raisonnable de croire à une déviation de la loi naturelle qu'à une erreur dans son récit et ses observations ? Un exposé fait par un observateur dépourvu d'une connaissance suffisante des conditions naturelles et des lois en question n'a pas de valeur scientifique.

Même si, en dépit de toutes ces considérations, nous étions amenés à croire, dans quelque cas particulier, que nous avons ici devant nous un véritable miracle, c'est-à-dire une déviation de l'ordre de la nature tel qu'il est fixé par ses lois, le concept de Dieu qui serait basé sur ce fait porterait nécessairement la marque de l'imperfection ; car un miracle est un expédient, un moyen de s'échapper, de combler un vide dans l'ordre de la nature. L'ordre de la nature n'a pas été arrangé en sorte qu'il permette d'atteindre toutes les fins divines ; Dieu rencontre un obstacle dans l'ordre qu'il a mis lui-même dans la nature. C'est comme s'il y avait deux dieux, un qui agirait dans le cours ordinaire des choses, et un autre qui, dans des cas particuliers, corrigerait l'œuvre du premier. Aussi, le concept de miracle est-il dangereux au point de vue religieux aussi bien qu'au point de vue scientifique. C'est un bâtard qu'aucun des deux parents ne peut prendre sur soi de reconnaître. L'Église est sage de ne pas céder à un désir renaissant de miracles. En réalité, pour un nombre toujours croissant d'hommes, les miracles, qui autrefois étaient une preuve et un appui de la religion, sont maintenant plutôt une pierre d'achoppement ; leurs apologistes ont à les défendre et au fond du cœur, ils doivent bien souvent souhaiter en être débarrassés. Moins nous considérons le rapport de Dieu au monde comme purement extérieur, analogue à celui d'un horloger à son horloge, moins il y a place pour le miracle, moins le miracle est possible. Les événements de l'univers diffèrent largement de valeur, et excitent notre admiration à des degrés très différents ; et ce n'est pas tous les jours que nous avons occasion d'arriver au plus haut degré. Mais rien n'empêche tous les événements d'être soumis à la même grande loi. Celle-ci est assez vaste pour embrasser un nombre illimité de choses et de problèmes. Ne pouvons-nous pas supposer que ce qui a la plus haute valeur est conciliable avec le principe de la causalité naturelle ? Le

concept de merveilleux naît en réalité de la réponse négative
à cette question : mais d'où vient ce droit à répondre négativement, voilà qui n'est pas aisé à découvrir. Le fait que quelque
chose a la valeur la plus haute n'exclut pas une origine purement naturelle. Le concept de merveilleux repose sur une
identification de l'explication avec la détermination de la
valeur — identification d'où provient en grande partie la confusion qui caractérise à présent le problème religieux.

9. — L'étonnement est l'alpha de la sagesse, et pour le vrai
philosophe il en est aussi l'oméga. Mais quand atteindrons-nous l'oméga ? Il y a beaucoup de points, au sein de notre
expérience, dont nous ne pouvons trouver une explication
complète, ou au sujet desquels nous ne pouvons montrer
une continuité parfaite entre les différents phénomènes.
C'est sur ces points que les chercheurs trahissent souvent
une tendance à regarder la causation surnaturelle comme
la seule explication possible. Pour Newton (ou du moins pour
ses successeurs immédiats), la gravitation était un phénomène
élémentaire qui ne pouvait être réduit à d'autres phénomènes,
et à partir duquel on pouvait immédiatement inférer la création
divine. Récemment, Clerk Maxwell a adopté une position
analogue à l'égard de l'invariabilité et de l'indissolubilité des
atomes. Il ne manque pas de phénomènes qui amènent les
savants à s'arrêter dans leur recherche d'une explication.
Parmi eux, nous pouvons mentionner — outre ceux sur lesquels
Newton et Maxwell ont si fortement mis l'accent — : la direction et la vitesse du mouvement à l'instant initial auquel notre
pensée peut nous ramener en arrière aussi loin que possible ;
la distribution actuelle de l'énergie au même instant ; les qualités nouvelles qui naissent dans une combinaison chimique,
dans la vie organique et dans la conscience[7]. Conduits par le
principe de la causalité naturelle, les savants doivent terminer
sur ces matières par des questions sans réponses et des problèmes sans solution ; il n'est ni nécessaire ni justifié d'accepter
des réponses et des explications qui contredisent notre propre
principe de recherche.

Il est possible que la relation entre notre savoir et la réalité
soit irrationnelle. Il est fort possible que la réalité présente des

différences que notre savoir ne pourra jamais réduire à l'identité et à la continuité ; il est possible qu'il y ait des différences de qualité qui ne puissent être résolues à des différences de quantité, et des individualités qui ne puissent être expliquées comme les maxima ou les points nodaux d'un développement continu. Car notre savoir lui-même est une partie du tout de la réalité, et supposer que la réalité dans son ensemble puisse être objet de connaissance pour nous, c'est supposer que le tout peut être parfaitement représenté par une partie donnée : supposition qu'en elle-même et pour elle-même, nous n'avons pas le droit de faire. Mais même s'il existe ainsi une relation irrationnelle, une cause « surnaturelle » ne nous aide pas à sortir de la difficulté : car elle n'est pas plus capable de produire la continuité souhaitée. Au contraire, elle ajoute une nouvelle différence et une opposition plus forte — celle de l'action surnaturelle et de l'action naturelle, — à celles contre lesquelles la pensée luttait déjà. Les énigmes restent, quand nous passons de la science à la religion même — si même elles ne deviennent pas plus difficiles !

Le réel nous est donné comme une multiplicité de phénomènes enchaînés, c'est-à-dire portant la marque de l'unité. Mais nous ne pouvons pas déduire la multiplicité de l'unité. La conclusion ne peut jamais contenir rien de plus que ce qui est dans les prémisses, et si nous faisons partir notre raisonnement du concept de l'unité absolue, il est impossible, pour la pensée la plus agile, d'en déduire le divers. L'unité de l'être semble, à notre connaissance, être la condition et la base de l'enchaînement des phénomènes ; elle apparaît toujours comme le principe qui détermine les connexions particulières, et n'est jamais donnée en elle-même et pour elle-même. On peut en dire autant de la multiplicité de l'être. D'une diversité d'éléments absolument isolés on ne peut pas déduire une unité. Cependant, l'expérience nous montre les éléments multiples de l'être non pas absolument isolés et indépendants, mais unis entre eux et se soutenant l'un l'autre — et cela d'autant plus que nous les connaissons mieux. Unité et multiplicité sont donc, chacune en soi, des abstractions : ce qui est donné réellement, c'est la totalité. Chaque expérience nous montre une totalité limitée, en relation avec d'autres totalités. Nous n'arriverons jamais à un concept parfaitement achevé du réel considéré comme une totalité absolue, car notre expérience est toujours incomplète.

Il y a en réalité un phénomène élémentaire, qui, quel que soit le sort des phénomènes jusqu'à présent irréductibles auxquels nous avons fait allusion, ne peut pas lui-même être analysé, car il est la condition de toute compréhension du réel : c'est l'enchaînement interne et régulier qui, de l'intérieur, tient le monde lié. Il est plus rationnel d'insister sur ce grand fait fondamental que sur les obstacles qui s'opposent à la réalisation de la continuité parfaite. Car ce fait se manifeste avec évidence partout où la science a acquis l'intelligence des événements, et il croît en importance avec chaque accroissement de l'explication scientifique, qui, d'ailleurs, le suppose. C'est une supposition à laquelle conduit nécessairement le fait que les choses et les événements du monde sont dans une liaison réciproque, car des choses isolées et entièrement indépendantes ne pourraient pas supporter entre elles des relations d'actions réciproques. Il y aurait une contradiction interne à attribuer une indépendance absolue aux éléments de l'être tout en acceptant la réalité d'une action réciproque. En vertu de la loi d'une action réciproque, la nature de chaque élément individuel, les modifications qu'il produit et celles qu'il subit, sont déterminées par ses relations avec les autres éléments. Il doit donc y avoir un principe d'unité qui rende possible l'action réciproque et la dépendance régulière[8].

Pour ces raisons, le monisme, qui prend pour points de départ l'action et l'enchaînement réciproques, et y trouve un principe d'unité, sera toujours, au point de vue épistémologique, préférable au pluralisme qui, d'une manière plus ou moins nette, met l'accent sur les éléments ou les choses particulières du monde, et trahit une tendance à concevoir chacun d'entre eux en lui-même comme une unité absolue (atomes, monades, individus). Conséquence de cette attitude : le pluralisme doit ou bien nier l'enchaînement et l'action réciproque, ou bien les regarder comme illusoires. Les deux thèses ont leurs difficultés particulières, et on ne peut obtenir une solution complète du problème de l'unité et de la multiplicité du réel. Chaque conception du réel sous une forme populaire, scientifique, religieuse ou philosophique, approche de l'une ou de l'autre de ces deux thèses, qui n'apparaissent dans leur opposition absolue que réduites à leur forme extrême. Mais, comme on l'a déjà dit, au point de vue épistémologique l'accent doit être mis sur l'unité : car c'est elle que suppose toute méthode de compréhension, identité, rationalité logique, causalité. Ce qui se présente comme donné à notre connaissance, c'est une totalité ; et nous l'analysons pour y trouver le lien qui unit et les éléments qui sont unis. Toutes les qualités et toutes les forces que nous attribuons aux éléments ou aux choses individuelles (atomes, monades, individus), nous les trouvons en cherchant l'enchaînement régulier et les relations réciproques de ces éléments entre eux. Il faut toujours découvrir la loi avant de pouvoir attribuer à ces éléments et à ces choses aucune faculté, aucun pouvoir d'agir d'une manière particulière[9]. La nature des éléments est déterminée par la place qu'ils occupent dans la totalité dont ils font partie. La théorie des atomes le montre clairement ; la science naturelle attribue aux atomes les qualités qu'elle est amenée à admettre par sa connaissance des lois qui règlent les rapports entre les phénomènes physiques et les phénomènes chimiques. Le concept de loi est le concept fondamental de notre savoir ; les concepts des choses particulières et des éléments en dérivent. Les « qualités » d'une chose ne sont en réalité rien de plus que les différentes formes et les différentes sortes d'influence que cet objet peut avoir sur cet autre et recevoir de lui. Ce sont les possibilités d'action et de passion d'une chose. Une chose absolument isolée et absolument indépendante ne serait capable ni de produire ni de subir une action et par suite ne pourrait être ni découverte ni connue.

Dans quelle mesure cette idée fondamentale que nous avons ainsi atteinte, et qui sert de base à l'enchaînement et par conséquent à la connaissance du réel, offre-t-elle une conclusion objective à la pensée ? N'est-ce pas plutôt un point d'arrêt au delà duquel, en fait, nous ne pouvons pas aller ? C'est là une question que je reprendrai plus loin. Je vais seulement amener ici une considération qui est étroitement en rapport avec l'argument, indiqué plus haut, selon lequel il serait impossible pour la pensée de tirer une conclusion objective.

10. — L'argument précédent est basé sur la conception scientifique de la cause, selon laquelle un événement est expliqué lorsque son enchaînement avec d'autres événements, soit comme leur continuation, soit comme la transformation de leur contenu sous une autre forme, peut être mis en évidence. Nous avons vu ensuite que l'hypothèse incluse dans toute explication causale est un certain principe d'unité qui rend possible l'interdépendance. Nous sommes arrivés à ce principe grâce à une analyse de concept du lien causal ou de l'action réciproque. C'est le lien qui tient réuni « le monde » et qui en fait une totalité, quelque chose de plus qu'un chaos d'éléments — quoique ce soit une totalité que nous ne pourrons jamais considérer dans sa plénitude.

Le principe d'unité ainsi obtenu nous fait penser à celui de Dieu. Cependant, le cours ordinaire de la pensée arrive au concept de Dieu par une route différente ; il ne remonte pas au postulat de toute série causale, au principe qui rend possible une telle série, mais ramène la série causale à une « cause première ». Cette manière de penser répond comme suit à la manière de penser suivie plus haut : « La religion, à l'exception d'un petit nombre d'événements surnaturels, s'accommode de laisser à la science la découverte des causes finies et le soin de tisser la série des causes remontant en arrière aussi loin que possible. Mais les causes que la science peut découvrir ne peuvent jamais être plus que subordonnées et dérivées (*causæ secundæ*). Ce que la religion affirme, c'est que le réel serait dépourvu de signification si nous ne pouvions pas finalement trouver l'origine de toute la série causale dans une cause première, absolue, capable de donner le repos à notre pensée, en face de laquelle toutes les questions ultérieures disparaissent, et d'où une claire et pleine lumière se répand sur toutes choses. »

Le plan de cet argument fut emprunté par saint Thomas d'Aquin à Aristote, et c'est en s'appuyant sur son autorité que es théologiens catholiques et beaucoup de théologiens protestants le soutiennent encore aujourd'hui[10] : nous avons ici devant nous la preuve dite « cosmologique », la plus importante de toutes les « preuves » de l'existence de Dieu.

Cette preuve est fondée sur le postulat que la série des mouvements ou changements ne peut pas se prolonger à l'infini, mais doit remonter à un premier moteur, lui-même immobile. Il faut remonter à une cause qui ne soit pas elle-même un effet. Tout être réel a son fondement dans une possibilité précédente, et celle-ci à son tour dans une réalité précédente ; cette série doit se terminer à une réalité absolue, qui ne soit pas seulement possible elle-même, mais qui soit encore la source de toutes les possibilités et de toutes les réalités. On déclare que la série des causes doit être limitée, en partant de ce principe que, s'il n'en était pas ainsi, on n'obtiendrait jamais une explication complète d'aucun terme de la série des événements. « Sans une cause première, dit Aristote, il n'y aurait pas d'autre cause. » Ici aussi, comme dans la conception précédente (§ 9), l'argument est basé sur la condition nécessaire de l'intelligence du réel. Sous l'argument théologique, nous pouvons découvrir une tendance rationaliste. L'être doit être intelligible : c'est le postulat sous-jacent. Aristote, cependant, n'affirme pas que la cause première a commencé à agir à un instant déterminé du temps, de telle sorte que le « monde » ait eu un commencement. Et saint Thomas d'Aquin admet aussi que ce n'est que par la foi que nous pouvons être conduits à accepter la doctrine que le monde a eu un commencement (*mundum incepisse, sola fide tenetur*).

Kant a soumis cette preuve à une critique, qui l'a amené à déclarer qu'elle reposait sur « une fausse satisfaction que la raison humaine se donne à elle-même ». Sur les points essentiels, sa critique demeure. Dans la suite, je me servirai de son argumentation, augmentée d'un certain nombre de considérations personnelles.

En soi-même ou par soi-même, c'est une méthode justifiable, que de partir de l'hypothèse que le réel doit être compréhensible ; si nous devions abandonner absolument cela, le terrain manquerait à notre connaissance pour faire un seul pas ; aucun événement, aucun changement, si grand qu'il fût, en nous ou hors de nous, ne mettrait notre pensée en mouvement. Nous ne poserions pas de problèmes ou de questions, nous ne ferions pas d'expériences. Mais il y a une différence entre une hypothèse et une vérité éternelle. La connaissance actuelle que nous possédons ne nous donne pas du tout le droit d'admettre la rationalité absolue de l'univers. A parler catégoriquement, il n'y a pas un seul événement qui ait jamais été expliqué. Il y a bien des vides dans nos séries causales, et elles se terminent complètement, bien avant que nous n'ayons atteint une cause que nous puissions supposer être « la première ». Par conséquent, la preuve qui est basée sur l'hypothèse qu'à moins d'admettre une cause première l'on n'a pas de causes du tout, tombe à terre, car elle présuppose l'existence d'événements dont on pourrait donner une explication causale complète. Même si nous pouvions construire une série causale continue, à quel moment faudrait-il arrêter notre recherche des causes finies, pour suspendre toute la chaîne à la « cause première », comme Zeus menaçait de suspendre l'Univers à un pic de l'Olympe? Quel signe nous indiquerait que nous sommes arrivés à la cause « prochaine » et que nous avons à faire maintenant le bond décisif? Et pourquoi la série causale ne pourrait-elle pas être infinie? Dire qu'une série infinie est impensable, est une affirmation dogmatique. Il peut y avoir des séries qui, en vertu de la loi qui gouverne la relation réciproque de leurs termes, peuvent toujours être poussées plus loin. Nous concevons de telles séries, non pas, bien entendu, en pensant successivement à tous leurs termes, ce qui en réalité serait impossible, mais en concevant la loi de leur enchaînement. La série causale est de cette espèce. Elle est fondée sur la valeur du principe de causalité, qui soutient que tout événement a une cause. Cet axiome, s'il doit être accepté, doit être considéré comme valable par tous les termes de la série, pour le « premier » auquel nous puissions atteindre aussi bien que pour tout le reste. Par suite, la supposition d'une cause première absolue se heurterait à l'axiome causal, quoique ce soit précisément par la rationalité absolue de l'univers — en d'autres termes, par le principe de causalité — que l'on s'imagine le justifier.

On a répondu à ce raisonnement, du côté des théologiens [11], que nous nous servons ici de la catégorie des causes finies, selon laquelle chaque chose dans le monde a une cause antécédente, tandis qu'il faut faire appel ici à une notion plus haute de la cause. Dieu comme cause première doit être cause de lui-même, à la fois son propre effet et sa propre cause. Mais on n'explique pas comment cela est concevable. Martensen affirme qu'en Dieu il ne faut pas séparer la possibilité de la réalité, de façon à placer la possibilité avant la réalité. « Dieu, dit-il, se produit comme son propre résultat ; mais le résultat est coéternel à la production de soi-même. » Mais un résultat qui a toujours existé ne peut pas être un résultat. Dire que quelque chose est sa propre cause, c'est à la fois appliquer et annihiler le concept de cause. Les scolastiques étaient plus logiques lorsqu'ils refusaient d'attribuer à Dieu le concept de possibilité; ils le concevaient comme une pure activité, dans laquelle il n'y avait pas trace de simple possibilité (*actus purus, non habens aliquid de potentialitate*). Mais la difficulté est alors de savoir comment nous pouvons concevoir une activité sans un passage continu de la possibilité à la réalité, de la puissance à l'acte. Une activité sans distinction temporelle entre la possibilité et la réalité est contradictoire, car ce serait une activité qui ne produirait rien, pas même une dépense de force. Mais cette contradiction n'est même pas aussi flagrante que celle qui est contenue dans la réalisation de possibles qui, de toute éternité, ont été des réalités. Nous ne pouvons attribuer de valeur aux concepts de possibilité, de temps, d'activité, attribués à Dieu, que si nous sommes disposés à admettre l'impossibilité de compléter le concept de Dieu. Je reviendrai plus loin à la discussion de cet aspect de la question.

Plutôt que de s'enfoncer dans ces spéculations, la théologie populaire préfère s'en tenir à la forme suivante de l'argument cosmologique : « Puisque tout a une cause, le monde doit aussi avoir une cause. » L'on emploie ici le concept de « monde » sans se douter qu'il est sujet à des difficultés identiques ou analogues à celles qui embarrassent le concept de Dieu. Si par « monde » il faut entendre la somme totale de toutes les choses existantes, ou du moins de toutes les choses existantes finies, c'est un concept que l'on ne peut jamais compléter. Le donné est indéfini ; de nouvelles expériences se présentent sans cesse, qui exigent une nouvelle détermination de nos concepts. Par conséquent, le chemin de la recherche scientifique ne nous conduit jamais à un point où nous ayons l'occasion de rechercher la cause de « l'univers dans son ensemble ». Le donné forme une totalité que nous analysons de manière à en découvrir les lois et les éléments ; mais toute totalité donnée nous conduit à d'autres totalités ; nous essayons de combiner toutes celles qui nous sont données, dans une autre plus élevée encore ; mais si longtemps que nous continuions à le faire, nous aurons encore à le faire indéfiniment. Nous sommes ici en présence d'une série analogue à la série causale, qui, en vertu de sa propre loi, ne peut jamais aboutir à une conclusion. Par conséquent, le concept de « monde » est en réalité un faux concept, quoique l'on soit toujours prêt à s'en servir; on en joue comme d'une balle. « Mais, répliquera-t-on peut-être, on ne peut nier que le monde du réel puisse être limité quant à son contenu et quant à sa périphérie, et former ainsi une totalité finie, que nous puissions ou non embrasser cette totalité par la pensée. Et cette totalité doit avoir une cause, car elle ne peut être sa propre cause. » Mais si l'on admet cela, on n'en tire aucun secours pour établir la validité de la preuve cosmologique. Car nous ne pouvons conclure d'un effet fini à une cause infinie, et même si nous le pouvons, nous n'obtiendrions pas le concept de Dieu que nous cherchons.

Ce n'est pas en prolongeant la série des causes, que nous ne pouvons jamais, après tout, mener jusqu'à la fin, mais en fixant notre regard sur la loi particulière à la série, et sur le principe d'unité qu'elle confirme, que nous arrivons à la donnée ultime de notre savoir. La puissance motrice interne de la série, présente aussi bien à la totalité qu'aux parties individuelles, doit être le facteur déterminant. Mais il faut noter avec soin que la distinction entre la série et ses termes, entre le lien et les éléments liés, ne peut être que provisoire. L'un et le multiple ne sont pas ainsi mis en rapport du dehors. Chaque terme de la série — événement ou individu particulier — est lui-même à son tour une totalité dont les parties sont dans des rapports de dépendance mutuelle. L'individualité, comme Leibniz nous l'a montré, consiste dans la loi selon laquelle se produisent les changements dans l'état d'un être. Chaque individualité particulière est un petit monde, et nous ne pouvons comprendre ce petit monde qu'en vertu d'une correspondance intime entre ses lois et celles du monde plus vaste, ou des mondes plus vastes auxquels il appartient. Si le principe de l'unité est valable, il doit y avoir une harmonie interne entre les lois qui règnent à l'intérieur de chaque terme de la série et celles qui sont vraies pour les relations réciproques des termes de la série. L'idéal du savoir serait atteint, si nous pouvions unir la continuité et l'individualité (ou, mieux encore, la continuité universelle et la continuité individuelle), l'unité et la multiplicité en un seul et même concept, et appliquer ce concept dans tous les domaines différents. Et même si ce programme ne peut pas être suivi jusqu'au bout, il nous fournit du moins un principe propre à mesurer le progrès de notre connaissance.

Si le principe de l'unité du réel pouvait coïncider avec le concept religieux de Dieu, une conciliation entre la religion et la pensée scientifique deviendrait par là même possible. Le concept le plus élevé de la religion aurait alors intérêt au développement du concept scientifique de cause, et les explications religieuse et scientifique ne seraient plus exclusives l'une de l'autre. L'habitude d'esprit qui s'est développée sous l'influence de la science empirique moderne acquerrait elle-même une signification religieuse ; toutes les questions, tous les problèmes, toutes les recherches se grouperaient autour du même centre : l'effort fait pour arriver à une vue plus claire de la grande idée dans laquelle se rencontrent la science et la religion. L'opinion disparaîtrait, cette opinion toujours hostile à la paix, qui veut que les vérités religieuses trouvent leur meilleur refuge dans les lacunes de la science ; et disparaîtrait avec elle la terreur, qui en est le corrollaire, de voir ces lacunes se combler. Le mot de Gœthe « Ihm ziemt's die Welt im Innern zu bewegen » serait accompli. Cette pensée doit être l'étoile polaire de toute tentative sérieuse de discussion du problème religieux.

b) *Le monde de l'espace.*

11. — Si l'histoire nous montre la conscience religieuse tendant d'une manière constante à limiter la série des causes, il faut nous rappeler que ce fait est en partie explicable par le besoin de clarté. La conscience religieuse désire par-dessus tout une image claire de son objet ; et une telle image implique nécessairement une limitation. Cela explique aussi sa tendance à assigner à la divinité une place déterminée dans l'espace. Les idées spatiales sont nos idées les plus claires, et quand nous voulons nous représenter une idée d'une manière très claire, nous sommes enclins à la revêtir de formes spatiales. Il y a une liaison étroite entre cette idée et l'idée que toute chose existante a sa place marquée dans le monde, c'est-à-dire doit être localisée. Ce qui n'a pas de place définie semble, à ce point de vue un peu puéril, — et qui est avant tout réaliste — n'avoir aucune existence. Nous aurions du monde *l'explication* la plus simple si nous pouvions, en remontant la série des causes, terme par terme, atteindre finalement Dieu : de même nous aurions la *conception* la plus simple du monde si les hommes n'avaient qu'à lever les yeux vers les cieux pour y trouver Dieu, ou du moins sa demeure.

La conception ancienne du monde satisfaisait ce besoin. Ce monde était strictement limité. La terre se tenait au centre, et la voûte céleste, que l'on pensait n'être pas à une très grande distance, formait la limite extérieure du monde. Le ciel clair, spécialement chez les populations indo-européennes, était regardé soit comme une divinité, soit comme le siège de la divinité. La racine dont dérive le mot qui signifie « dieu » dans beaucoup de langues indo-européennes indique en réalité le ciel ou le céleste : c'est ainsi que nous avons l'hindou *devas*, la perse *deva*, le grec *zeus*, le latin *deus*. Hérodite nous dit que les Perses appelaient le ciel Zeus, et c'est d'après cette indication que dans l'histoire moderne des religions on considère le ciel comme le substrat naturel du dieu **Ahura-Mazda (Ormuzd)**. Les Grecs des temps anciens croyaient d'abord que les dieux vivaient sur l'Olympe ; plus tard ils leur donnèrent le ciel ou « l'éther » comme demeure. Aristote dit : « Tous les hommes croient qu'il y a des dieux, et tous, barbares aussi bien que Grecs, assignent à la divinité la place la plus haute. » Ainsi l'opposition entre le ciel et la terre était identifiée d'une manière toute naturelle dans l'antiquité avec celle qui existe entre le divin et l'humain, l'éternel et le temporaire, le parfait et l'imparfait. Les expressions « haut et bas » étaient entendues à l'origine dans leur sens littéral ; le sens symbolique, là comme partout, ne s'est dégagé que plus tard. Le fait qu'Aristote ait incorporé dans son système les conceptions astronomiques de l'antiquité eut une grande importance. Car ces conceptions, aussi bien que son système en général, purent s'accorder avec l'ensemble des idées bibliques et parurent même capables d'étendre ces idées, si bien qu'elles furent adoptées par la théologie et, grâce à l'influence de celle-ci, prévalurent jusqu'à une époque toute récente [12].

Chez les Juifs, nous trouvons une très grande valeur attribuée à l'opposition entre le ciel et la terre. Selon l'opinion de certains savants, Jahvé était d'abord un dieu du tonnerre ; en tout cas il se révèle avec une majesté particulière dans les phénomènes célestes. Les cieux lui servent de siège et la terre de marchepied. La conception du Nouveau Testament est ici basée sur celle de l'Ancien Testament. Quelquefois, nous entendons parler de plusieurs cieux (2 Cor. XII. — Eph. IV, 10), et la demeure de Dieu est alors le saint des saints céleste, qui est au-dessus de tous les autres cieux, et ceux-ci forment, pour ainsi dire, le parvis et le sanctuaire [13]. Des récits comme ceux de l'ascension visible de Jésus au ciel, et du ravissement de Paul jusqu'au troisième ciel, témoignant que l'image du monde qu'avait formée l'antiquité était encore acceptée communément. D'après la façon dont ces récits nous sont parvenus, il faut évidemment les comprendre au sens littéral, quoique la théologie moderne, même la plus orthodoxe, soit, ainsi que nous le verrons plus loin, portée à adopter sur ce point une explication rationaliste.

Le cadre étroit de cette représentation du monde en assurait à la fois la clarté et la certitude. Au lieu d'être troublée et inquiétée par l'infini des distances, la conscience religieuse pouvait s'abandonner entièrement aux grandes expériences de la vie, et pouvait regarder l'œuvre de la rédemption, à laquelle tout est subordonné, et qui, conçue dans le ciel, s'accomplit sur terre, comme le pivot autour duquel tourne la vie de l'univers entier. Il y avait, peut-on dire, une échelle entre le ciel et la terre ; les deux mondes, celui de la valeur suprême et celui du combat entre les valeurs, exerçaient visiblement l'un sur l'autre une action réciproque. Les Homère et les Dante nous apprennent combien cette conception limitée du monde représentait à l'imagination humaine le tableau d'un port de refuge et de consolation.

Cependant, à l'intérieur même de la conscience religieuse, et à un degré un peu plus élevé de l'évolution, une tendance hostile commence à se faire sentir. Le but de cette tendance est d'en finir, même au détriment de la clarté, avec la localisation du contenu des idées religieuses. On considère à présent que c'est une imperfection dans la conception de la divinité, que de lui attribuer une place en un endroit particulier ; car, s'il en était ainsi, Dieu aurait à se déplacer dans l'espace pour venir jusqu'à l'homme, ou l'homme aurait un grand voyage à faire pour trouver Dieu. Pour que Dieu ne soit pas imparfait et limité comme l'homme lui-même, il faut qu'il soit présent partout et qu'il embrasse tout. Quelque courte que l'on imagine la distance entre le ciel et la terre, elle est beaucoup trop grande pour les besoins religieux. Les rapports de la divinité avec l'homme doivent être beaucoup plus étroits qu'il n'est compatible avec la localisation de Dieu en un endroit particulier.

Cette réaction contre la localisation et la limitation fut aussi une réaction contre la clarté. Des expressions comme « le haut, le bas, le céleste, le terrestre », prirent peu à peu une signification symbolique. Platon, au livre VII de la République, s'était déjà moqué des gens qui pensaient que « l'astronomie force l'âme à regarder en l'air et l'attire des choses d'ici-bas à celle de l'autre monde ». « Je ne puis concevoir, dit-il, qu'une science oblige l'âme à regarder en haut, à moins qu'elle n'ait affaire au réel, à l'invisible. Il n'y a aucune différence entre un homme qui contemple le ciel d'un air stupide et un autre qui regarde par terre, les yeux demi-bandés ; tant que l'on ne s'applique qu'à étudier les objets sensibles,... l'âme regarde à terre, et jamais en haut. » La distinction entre le haut et le bas doit donc être entendue symboliquement, si on veut la faire correspondre à une distinction de valeurs. Et cependant, ce ne fut pas une petite affaire que d'arracher aux théologiens l'aveu que les relations spatiales ne pouvaient avoir en religion qu'un sens symbolique. Ce n'est qu'absolument malgré eux qu'ils renoncèrent à la clarté que donnait à leur conception son caractère limité et fini : et il faut se souvenir que cette matérialisation des idées religieuses venait d'une époque et d'un peuple qui n'hésitaient pas à attribuer une valeur absolue aux relations spatiales. Tant que la représentation antique, et plus spécialement la représentation hellénique du monde, fut acceptée dans la science, il n'y eut pas de raison pour sacrifier la clarté inhérente à la conception d'un univers limité, — ce qui correspondait si particulièrement aux besoins des ignorants et de la jeunesse. La réalité se divisait tout naturellement en trois parties, le ciel, la terre et l'enfer souterrain : cette gradation des *régions* du monde apportait une sorte d'évidence palpable à la gradation des *valeurs*.

Nous trouvons ainsi une double tendance à la fois dans les livres de la Bible et parmi les théologiens de l'Église. L'on conserve la clarté ; mais là où le sentiment, dans ce qu'il a de plus profond, gouverne l'imagination plus que ne fait le besoin de clarté, l'on renonce à attacher tant d'importance aux relations spatiales. Dieu vit dans le ciel, mais en réalité il n'est pas bien loin de chacun d'entre nous, car c'est en lui que nous vivons, que nous nous mouvons, que nous existons. Jésus monte au ciel, d'où il doit redescendre : mais il vit dans le cœur des fidèles et reste toujours avec eux.

La conception religieuse, donc, contient pendant la période classique un « à la fois » qui fut peu à peu remplacé par un « ou bien ». Attardons-nous un peu à illustrer cet « à la fois » au moyen de quelques exemples.

12. — Ce qui permit aux théologiens des premiers temps de conserver cet « à la fois », ce fut un usage hardi de l'exégèse allégorique ou symbolique. Selon leurs idées, une interpréta-

tion allégorique n'excluait pas le sens littéral. Mais le rapport entre ces deux sens différents était dissimulé sous bien des obscurités : aussi, des conflits violents se produisaient-ils assez souvent. Comme l'indique Harnack dans son *Histoire du Dogme*[14], il n'y avait pas de règle stricte pour savoir dans quelle mesure la lettre des Saintes Écritures devait être respectée. Dieu a-t-il une forme humaine ? A-t-il des yeux, une voix ? Le Paradis est-il situé sur cette terre ? Les morts se lèveront-ils avec tous leurs membres, même leurs cheveux ? etc. Pas de réponse fixe à ces questions et à une centaine d'autres questions semblables.

Saint Augustin fut certainement celui qui fit le plus pour supprimer une interprétation purement littérale. L'étude qu'il fit de Platon eut beaucoup d'influence sur lui ; d'accord avec sa propre vie intérieure, profonde et tumultueuse, cette étude le fit pénétrer clairement dans la distinction du spirituel et du matériel, et l'amena ainsi à exprimer des pensées qui permettent de le regarder comme le précurseur de Descartes et de Kant. Il est particulièrement intéressant pour nous sous ce rapport de le voir rejeter toute détermination spatiale comme attribuable à Dieu. Parlant de ce qu'il avait lui-même conçu d'abord, il dit : « Je ne savais pas que Dieu est esprit, qu'il n'a pas de membres doués de longueur, de largeur, non plus que de masse corporelle (*moles*). Ce qui est corporel (*moles*) est moindre dans la partie que dans le tout, et, s'il est infini, il est moindre dans une partie limitée que dans l'infini, et il n'est pas partout en sa totalité (*tota ubique*), comme est Dieu ». « Dieu dans sa totalité est présent partout, et cependant n'est nulle part (*ubique totus, et nusquam locorum*) ». « Dieu habite au plus profond de mon être, comme mon moi intime, et il est plus haut que le point le plus haut que je puisse atteindre (*interior intimo meo, superior summo meo*) ». « Dieu est au-dessus de mon âme, mais non pas de la même manière que le ciel est au-dessus de la terre[15]. »

Lorsque des idées de ce genre se trouvèrent développées par leurs applications, elles ne purent manquer d'entrer en conflit avec l'antique conception du monde, et son opposition enfantine du ciel et de la terre. Les scolastiques du moyen âge tenaient fermement au concept d'un Dieu indépendant de déterminations locales, et ce concept passa d'eux aux mystiques, qui de plus subirent l'influence de la pensée néo-platonicienne. « Maître, demande à Suso un de ses disciples, où est Dieu ? » Et voici la réponse : « Les maîtres disent : Le « où » ne convient pas à Dieu. Dieu est comme un anneau circulaire ; le point central de l'anneau est partout, et sa circonférence n'est nulle part[16]. » Et c'est ainsi que la relation spatiale perdit toute valeur à cause de son caractère de contradiction interne.

Quant aux récits du genre de celui de l'Ascension visible, les penseurs du moyen âge soutenaient que les événements racontés s'étaient bien passés comme on les décrivait, mais qu'ils avaient aussi une signification spirituelle, qui était l'essentielle. Hugues de Saint-Victor explique que par « le plus haut » il faut entendre « le plus profond », et « monter vers Dieu » signifie se retirer dans les profondeurs de notre moi, pour y découvrir quelque chose de plus élevé que nous-mêmes. Cependant, il ne nie pas que le ciel et l'enfer occupent des emplacements déterminés dans le monde. Son contemporain, Abélard, affirme (dans son remarquable *Dialogue entre un Philosophe, un Juif et un Chrétien*), que ce que l'on dit de Dieu sous sa forme corporelle, ne doit pas être compris, comme le font d'ordinaire les laïques, matériellement et à la lettre, mais d'une manière mystique et allégorique. Par la hauteur du ciel au-dessus de la terre, on veut indiquer le caractère sublime (*sublimitas*) de la vie future bien plutôt que la situation d'un ciel matériel. Et dire que Jésus doit s'asseoir à la droite de Dieu, cela ne signifie pas qu'il doive occuper une position déterminée dans l'espace (*localis positio*), mais qu'il jouira d'une dignité égale à celle de Dieu (*aequalis dignitas*). L'ascension corporelle de Jésus ne s'est pas du tout produite comme on le raconte, mais représente une plus belle sorte d'ascension (*melior ascensus*) que celle qui se produit dans l'âme des croyants. Les ignorants et les simples ne pouvaient pas comprendre ce qui ne leur était pas présenté sous une forme claire et pittoresque[17].

Et l' « à la fois » si caractéristique se manifeste nettement. Il offrait bien des avantages, au point de vue de l'éducation, quand il n'était pas nécessaire de tracer une distinction bien nette entre l'idée et la réalité, le symbole et la vérité. Avec les yeux de son corps, l'homme pouvait regarder vers le ciel, siège du pouvoir et de la grâce ; mais il pouvait trouver le même ciel dans son propre cœur, auquel Dieu faisait connaître ses désirs et dispensait ses consolations. Les récits de l'Evangile pouvaient être pris littéralement, et en même temps recevoir une explication propre à l'édification spirituelle. Les différences absolues de situation dans le monde de l'espace exprimaient immédiatement des différences de valeurs.

13. — Mais le jour vint où il fallut choisir. Un conflit s'éleva entre la conception idéaliste, qui mettait en lumière l'interprétation spirituelle des idées religieuses, et la thèse réaliste ou matérialiste, qui soutenait une interprétation claire et littérale. C'est là un conflit qui se rencontre dans beaucoup de religions. Dans les Upanishads, qui donnent une exposition idéaliste de la religion des Védas, nous trouvons établi que Brahma, la divinité, est éternelle ; et puisque « le nom, l'espace, le temps et le corps » périssent, on ne peut attribuer aucune de ces propriétés à Brahma. Dans la critique de la religion populaire des Grecs par Xénophane et Platon, nous trouvons la même tendance à idéaliser. Nous la rencontrons de nouveau dans le mahométisme, où, par exemple, le récit sensuel et pittoresque des joies du Paradis est pris allégoriquement comme la description des plaisirs spirituels[18].

Lorsque finalement il vint à l'esprit des hommes qu'il ne pouvait pas y avoir des déterminations spatiales absolues, puisque chaque emplacement est déterminé par ses relations avec d'autres emplacements, ceux-ci avec d'autres, et ainsi de suite, — à ce moment, la conception ancienne du monde fut condamnée. L'échelle des lieux de l'espace eut le même destin que la série des causes ; on s'aperçut qu'il était impossible d'arriver à une conclusion absolue de la série, ce qui était nécessaire pour limiter le tableau du monde. Et quand un jour Copernic fit comprendre aux hommes que la meilleure manière de concevoir le monde était de penser que la terre tournait autour du soleil, notre planète perdit sa situation de centre de l'univers, et le cadre si clair et bien ordonné, dans lequel les idées religieuses avaient pu jusque-là se loger, fut brisé en mille morceaux. Et ce ne fut pas tout. Un nouveau pas fut fait par Giordano Bruno, qui montra qu'il était illogique de conserver la conception d'un monde limité, après avoir accepté et la relativité de toutes les déterminations spatiales, et l'astronomie copernicienne. Un horizon infini s'ouvrit[19]; la distinction entre le ciel et la terre disparut, et le « ou bien... ou bien » remplaça l'antique « à la fois ». Si l'on put encore se servir du mot « ciel » comme expression religieuse, ce ne put être que dans son sens idéaliste.

Mais bientôt un nouveau mouvement de la pensée se dessina. Jusqu'alors il avait été possible d'exprimer les distinctions purement spirituelles de valeurs au moyen de distances spatiales ; par suite, il n'y avait pas de séparation nette entre le matériel et le spirituel. Mais à l'aurore des sciences de la nature, cette distinction s'affirma de plus en plus, et, avec Képler et Descartes, l'étendue spatiale en vint à être regardée comme le caractère essentiel de la matière. L'union de l'élément spirituel avec l'élément matériel constitua dès lors un problème spécial. Une autre question se posait aussi : le monde spirituel pourrait-il être aussi intelligible que le monde matériel semblait l'être à la lumière des nouvelles conceptions cosmologiques ? Rien ne resta debout de la certitude avec laquelle jusqu'alors on avait exprimé les choses spirituelles en langage de formes matérielles. Auparavant, il avait été possible à la lettre de voir des esprits ; mais ce ne fut plus possible après la réforme cartésienne de la psychologie. Il fallut présenter le monde spirituel en opposition violente avec le monde de l'espace, de l'étendue et du visible, quoiqu'il fût encore possible de concevoir une relation sous-jacente entre les deux mondes. Bref, un objet visible ne put désormais avoir qu'un sens symbolique, au point de vue religieux.

Mais il était plus facile pour la philosophie que pour la théologie de tirer cette conséquence. Des penseurs comme Bruno et Spinoza approfondissaient et élargissaient le sens des idées religieuses, d'accord avec la nouvelle conception du monde ; et, ce faisant, ils ne faisaient que suivre le chemin déjà tracé par saint Augustin et les mystiques. Après bien des oppositions et des hésitations, la théologie se décida à suivre le même chemin. Aujourd'hui, nous voyons souvent affirmé que l'interprétation idéaliste d'expressions telles que le « ciel » et « l'enfer » est seule valable et seule en conformité avec l'enseignement de la Bible et de l'Église. Le cardinal Newman, par exemple, montre que le Concile de Trente n'a pas enseigné que les feux du purgatoire causent une douleur physique, quoiqu'il admette que ce soit là la tradition de l'Église latine, et qu'il ait vu lui-même, dans les rues de Naples, des images des âmes en flammes. Mais dans un manuel approuvé par l'Église, dans un dialogue sur la doctrine du purgatoire, on demande : « La flamme du purgatoire est-elle une flamme physique ? » et la réponse est la suivante : « Le cardinal Bellarmin affirme que l'on pense généralement parmi les théologiens que la flamme du purgatoire est une flamme réelle et véritable, de même sorte que le feu de la terre » ; et l'on indique ensuite que la grande majorité des pères, des scolastiques et des théologiens enseignent que, comme l'enfer, le feu du purgatoire est situé au milieu de la terre, que cette doctrine est appuyée sur les Saintes Écritures et qu'elle a toujours été soutenue par l'Église[20]. Ici, l'idéalisme et le réalisme s'opposent fortement l'un à l'autre. Il est oiseux d'essayer, par la discussion de points isolés, de distraire l'attention de la rupture qu'a subie l'évolution spirituelle dans son ensemble, lorsque le « ou bien... ou bien » a remplacé l'ancien « à la fois » (qui lui-même avait remplacé l'immédiate et puérile localisation dans l'espace). L'histoire du monde donnera de plus en plus d'importance à cette rupture, et il y a le plus grand intérêt à ne pas l'oublier, si nous voulons bien comprendre le problème religieux.

On s'est aperçu qu'il était très difficile de donner une interprétation à la fois spirituelle et logique du mot « Ciel » dans le récit de l'Ascension de Jésus donné dans les Actes des Apôtres. Il n'y a pas de doute que, dans la pensée du narrateur, Jésus soit monté au ciel comme dans un endroit défini, pareil aux autres endroits, quoique plus magnifique. D'ailleurs, les deux anges confirment expressément cette idée. Mais les théologiens modernes sont devenus des Brunistes ou des Coperniciens si zélés, qu'ils ne sont pas même intimidés par des anges. Martensen[21] déclare que c'est une conception du moyen âge, que de faire du ciel un endroit que l'on atteint après un long voyage à travers les étoiles : il soutient que « le ciel est le support interne du monde extérieur ; que l'ascension visible au ciel ne représente qu'un signe donné aux disciples, pour leur apprendre que leur Maître avait quitté le monde extérieur ». Il ne faut donc pas concevoir l'ascension comme « un mouvement occupant un temps considérable » — ce qui vaut autant que de dire qu'il suffisait à Jésus d'être élevé en l'air à une faible distance ! C'est de cette manière décolorée et rationaliste que la théologie moderne — heurtant de front le sens évident du texte — interprète la Bible. Dans la vieille histoire, telle qu'elle est écrite, il y a beaucoup plus de clarté et de logique, et le sens est aussi clair et logique si on regarde cela comme une légende. Mais il n'y a aucun sens dans le compromis grâce auquel Martensen essaie de se tirer d'affaire. Nous montrons beaucoup plus de respect à cette vieille histoire en la considérant comme une légende qu'en interprétant son contenu de manière à faire penser à une sorte d'expédient théâtral. D'ailleurs, de quel droit Martensen affirme-t-il que la conception du ciel à un endroit déterminé est « médiévale » ? Elle l'est, assurément ; mais elle est aussi biblique. Martensen voit qu'on ne peut s'en tenir au « à la fois » ; mais il ne peut se réconcilier avec le « ou bien… ou bien ».

Les réformes de Copernic et de Descartes ont tracé une démarcation plus nette entre la pensée et l'intention, entre la réalité et le symbolisme, que l'on n'avait pu faire auparavant. Il est aisé de voir de quelle importance cela a été pour la philosophie de la religion. Ce qui a le plus d'importance, c'est l'extension considérable du monde, l'horizon infini qu'a maintenant le monde matériel : par comparaison, le monde spirituel semble à présent bien limité. Comment pourrions nous encore — la question s'impose de force à nos esprits — nous en tenir à la conviction que les valeurs spirituelles sont les plus hautes au monde, et qu'autour d'elles tourne tout le reste ? Car le monde extérieur a cessé de tourner autour de l'habitat du seul être spirituel que l'expérience nous ait révélé. Il se produit ainsi, entre la psychologie et la cosmologie, une opposition que les époques précédentes n'avaient pas connue. De grands esprits comme Jacob Boehme et Blaise Pascal furent profondément troublés par le problème ainsi soulevé, problème qui n'aurait jamais pu se poser à l'époque classique de la religion. Mais ce n'est pas seulement la religion positive qui est ici heurtée par un problème immense et peut-être insoluble. Le même problème doit se présenter, sous une forme ou sous une autre, à toute conception de la vie, quoiqu'il n'y ait, bien entendu, aucuns problèmes d'aucune sorte pour ceux que la peur ou l'amour de la tranquillité a engagés à renoncer absolument à penser. Nous reviendrons plus tard sur ce problème.

c) *Le cours du temps.*

14. — Le besoin de clarté s'est affirmé aussi dans la question du temps : ici aussi, il a, dans son propre intérêt, abrégé et limité la série des idées. Et nous nous trouvons ici en présence d'une des différences les plus importantes qu'ait à nous offrir l'histoire de la religion. Tandis que l'idée d'un cycle achevé du temps n'est nullement essentielle pour un peuple aussi religieux que les Hindous, elle est de la dernière importance dans la religion de Zoroastre et dans celle du Christ. Pour l'Hindou, le temps représente un mouvement sans résultat ; le changement et la mobilité doivent à tout prix être rejetés. Par suite, on ne peut attribuer aucune valeur au développement dans le temps ; l'absorption de l'existence temporelle dans le « Nirvana » est regardée comme le souverain bien. Nous trouvons un trait analogue dans la pensée grecque ; la doctrine platonicienne des idées peut en être prise comme l'exemple classique ; la réalité, au sens rigoureux du mot, est l'immuable, ce qui est toujours ce qu'il est ; les phénomènes changeants du monde de l'expérience, pris qu'ils sont dans l'engrenage du devenir, sont en dernière analyse une pure apparence. D'autre part, dans le culte iranien de Zoroastre, le développement du monde est un processus historique, qui s'achève dans un temps relativement court (douze mille ans), et pendant lequel s'accomplit le grand combat du bien et du mal, dans la nature, dans la vie humaine et dans le monde des esprits. Nous trouvons là l'idée

de l'histoire du monde dans son sens littéral. L'activité humaine et toutes les vicissitudes de la destinée de l'homme reçoivent, par analogie avec l'univers, une éclatante lumière. La notion d'une période de temps saisissable par l'imagination a eu un grand effet, en concentrant l'activité de l'esprit humain. La pensée a ainsi eu un but vers lequel elle a pu diriger ses efforts, et l'homme est apparu comme le collaborateur de Dieu. On ne saurait dire où et quand s'est produite pour la première fois cette croyance dans la signification de l'histoire. Il n'est pas certain qu'elle soit d'origine indo-européenne ; elle est peut-être due à des influences sémitiques ou pré-sémitiques [22]. On ne saurait de même affirmer que cette croyance ait passé des Perses aux Juifs d'après l'exil et de ceux-ci au christianisme [23]. Mais en tout cas, le culte de Zoroastre est la première grande religion populaire dans laquelle le point de vue essentiel soit fourni par l'idée de la vie considéré comme un développement historique marchant vers un but. Le courage des hommes est excité pour la bataille de la vie par ces vastes peintures de l'avenir, par la pensée d'un royaume à venir, dont la réalisation sera amenée par un jugement de l'univers.

Dans le Nouveau Testament, cette conception est spécialement évidente dans les trois premiers évangiles, dans les épîtres de saint Paul et dans l'Apocalypse. Dans l'évangile selon saint Jean, d'autre part, il est affirmé avec beaucoup d'insistance que la vie éternelle n'est pas une vie future, mais une vie déjà existante. Celui qui croit a déjà passé de la mort à la vie. Le jugement, la grande décision, est avant tout un jugement interne ; le jugement extérieur de l'avenir recule de plus en plus, comme une conclusion finale. Ce n'est, assurément, que peu à peu que l'on voit, dans le Nouveau Testament [24], un acheminement se faire vers « l'idéalisme qui voit son idéal déjà réalisé dans le présent » : mais cet acheminement, cependant, est d'une grande importance. Il donne naissance à deux doctrines de type différent, et c'est une énigme, non seulement pour la psychologie, mais encore pour l'histoire de la littérature, que de voir la tradition attribuer à un même auteur le livre (c'est-à-dire l'Apocalypse) dans lequel la réalisation du Royaume est le plus souvent représentée comme future, et l'évangile selon saint Jean, dans lequel la présence idéale du Royaume est affirmée et défendue de la manière la plus profonde. Cette opposition est extrêmement remarquable dans le Nouveau Testament, d'autant plus que le Jugement Dernier était attendu par la génération alors vivante : fait qui doit avoir tendu jusqu'à l'extrême la relation entre le présent et l'avenir, et qui doit avoir fait éclater un contraste frappant entre l'attente passionnée du futur et le calme de la possession intérieure.

Dans la religion de Zoroastre, l'élément idéaliste ressort moins nettement, probablement à cause du caractère modéré et pratique des Iraniens. Dans le Nouveau Testament, cependant, nous trouvons ici, comme à propos de l'espace, un « à la fois » tout à fait caractéristique ; dans le cas présent, cet « à la fois » a plus de chances de se conserver. Car en soi et par soi il n'est pas contradictoire de prétendre que l'idéal a pris racine et, dans cette mesure, existe déjà, et cependant qu'il se développe peu à peu jusqu'à prendre sa pleine extension. La question — à laquelle nous reviendrons tout à l'heure, — est de savoir si un développement de ce genre, long et graduel, était prévu et enseigné dans le Nouveau Testament. Selon ces textes, ce n'est qu'un temps très court qui doit s'écouler avant l'arrivée de la fin, et c'est un temps relativement court qui est supposé entre la création et le jugement. Entre ces deux points fixes s'écoule la totalité du temps ; c'est dans cet intervalle que les grands événements de la religion trouvent place, et l'imagination arrondit cette période de manière à en faire un tout naturel. Il y a un commencement et une fin, et entre eux une distance qui n'a rien de vertigineux. Si les deux points fixes étaient placés à un plus grand intervalle, si l'on demandait ce qu'il y avait avant le « commencement » et ce qui viendra après la « fin », la clarté disparaîtrait, et la tête commencerait à nous tourner, tout comme lorsque vient à l'esprit l'idée qu'il n'y a pas de limites absolues à l'espace.

15. — Une conséquence du concept du temps est que chaque moment particulier doit se trouver entre deux autres moments ; par conséquent, on ne peut concevoir ni un premier ni un dernier moment. Tout de même que le principe de causalité doit

être valable pour chaque anneau de la série causale, et que la relation spatiale doit l'être pour chaque lien de l'espace, de même la relation temporelle doit valoir pour chaque terme de la série temporelle. Par conséquent, n'importe quel laps de temps que nous puissions concevoir — y compris celui qui s'écoule entre la « création » et le « jugement » — ne peut être qu'une vague dans l'immense océan du temps. Parler d'une révolution complète du temps, c'est parler d'une période occupée par la réalisation d'un certain résultat, d'une certaine fin. C'est son contenu qui divise le temps en périodes. La relation temporelle, cependant, continue, en vertu de sa propre loi, au delà du « commencement » et de la « fin »; et si notre pensée ne peut pas assigner de contenu, et par suite de division en périodes au delà des deux points jusqu'alors regardés comme fixes, nous finissons toujours du moins sur une question, un problème, de même que dans la série des causes et des déterminations spatiales. L'attitude logique consisterait à supposer que le temps a été créé au « commencement » et détruit à la « fin », mais le seul résultat de cet expédient serait de compliquer bien plus encore le problème de la valeur du temps par rapport à l'éternité.

A l'égard du temps, par conséquent, une conclusion ne peut être qu'un arrêt, un repos, où l'on puisse rassembler son énergie pour un nouveau développement. A de tels moments, il peut sembler que l'on en a fini avec le temps ; la barrière atteinte est si éblouissante, son image occupe tellement toute la conscience, que la pensée du passé ou de l'avenir ne peut pas se présenter. Cette concentration dans le présent, qui est une sorte d'extase, est elle-même cependant, d'accord avec la loi de la relation temporelle, remplacée par de nouveaux développements, à moins que, par la répétition et l'habitude, elle ne devienne de l'hébétement.

Il n'est pas surprenant que la conscience religieuse regarde la relation du temps comme une imperfection. Le malheur du développement dans le temps vient, plus ou moins, de ce qu'une période de la vie n'est regardée que comme un moyen pour une autre. On sépare les moyens et la fin, et la vie est divisée entre le travail sans joie et la joie sans travail. Le temps est en majorité rempli de choses qui n'ont de valeur qu'en raison de leurs effets et dans leurs effets. Tout progrès dans l'art de l'éducation, dans la morale et dans la sociologie, implique un effort pour annuler cet état de choses, qui constitue le pire des dualismes. De même qu'un homme ne devrait pas être traité seulement comme moyen par rapport à un autre homme, de même il n'est pas un instant dans la vie d'un homme qui devrait être regardé comme un moyen pour d'autres instants — par exemple, le passé et le présent comme moyens pour l'avenir. C'est ce que l'on évitera, si le travail et le développement en eux-mêmes acquièrent une valeur immédiate, et peuvent ainsi devenir eux-mêmes des fins ou des parties d'une fin. L'enfant est quelque chose de plus qu'un homme en puissance ; l'enfance devient une période indépendante de la vie, avec ses obligations et aussi sa valeur particulière. Chaque période de la vie, chaque élément dans la course du temps doivent être ainsi considérés. Alors, il sera enfin possible, au milieu du temps, de vivre dans l'éternité, sans sombrer cependant dans la contemplation mystique, Le caractère extérieur de la relation temporelle disparaît. L' « éternité » n'est plus la continuation du temps ou le temps reculé, mais une expression de la permanence des valeurs à travers les changements du temps. Nous pourrons alors contempler l'indéfinité et même l'infinité du temps sans être étourdis, et nous n'en aurons pas pour cela l'impression d'une agitation sans but. Ici, comme pour l'explication causale (§§ 9 et 10), comme pour le monde de l'espace (§ 12), la seule solution possible de la difficulté comprise dans la relation temporelle, réside dans la direction à donner à la pensée intime : nous devons insister sur la loi interne et sur son précieux contenu, non sur des différences extérieures. Et ici, nous trouvons quelque chose qui peut exister indépendamment du cadre limité auquel la religion, sous ses formes mythiques et dogmatiques, a une tendance à se cramponner.

B. — LES CONCEPTS LIMITES

> What we gain from speculative philosophy is not so much answers to questions which common sense universally asks, as the knowledge that these questions themselves, since they are based on untrue concepts, must vanish away.
>
> Paul Möller.

16. — L'hypothèse dernière nécessaire pour l'intelligence scientifique du réel est, comme j'ai essayé de le montrer, un principe d'unité, sous-jacent au système entier de rapports que constituent le cours du temps, l'extension spatiale et la série causale. Nous avons maintenant à nous demander si la pensée peut déterminer de plus près ce principe d'unité et lui donner la forme d'un concept capable d'achever notre connaissance.

La question est d'autant plus importante que la notion d'un principe d'unité nous ouvre la possibilité d'une conciliation entre la conception religieuse et la conception scientifique. La discussion de cette question se divisera en deux parties, une relative à la forme, une autre au fond. La seconde partie viendra dans la section suivante (C) et c'est le problème formel que nous allons examiner à présent. Je vais donc me demander quelles sont les qualités qui doivent caractériser une idée, pour qu'elle puisse apporter à notre connaissance une conclusion absolue et objective. Évidemment, une idée de ce genre doit être telle, qu'en vertu de sa propre nature, elle ne nous conduise pas au dehors et au delà d'elle-même, qu'elle ne contienne pas elle-même de nouveaux problèmes et de nouveaux postulats. Ce doit être une idée qui, en vertu de la loi propre à notre pensée, achève notre savoir si complètement qu'aucune question nouvelle ne puisse plus se poser. Les débats relatifs à la connaissance doivent être si bien terminés, qu'il soit impossible de les rouvrir.

Nous sommes tous obligés de mettre une limite à notre savoir. Il y a des points qu'en fait, nous ne pouvons dépasser. Mais cela peut résulter de circonstances accidentelles. L'un se fatigue, dans sa recherche, plus vite que l'autre, ou bien il n'a pas autant de besoins intellectuels. Ce point d'arrêt varie donc avec les individus, les époques, les peuples. Ou bien des limitations temporelles ou spatiales pouvaient empêcher la connaissance d'acquérir un matériel suffisant. Je ne m'occupe pas ici de quoi que ce soit de ce genre ; au contraire, je cherche une conclusion basée, non sur des circonstances individuelles ou historiques, mais sur les lois mêmes de la pensée.

Mais je ne peux pas rechercher sur-le-champ si le principe d'unité visé dans notre discussion précédente a des chances de pouvoir nous fournir une conclusion objective. Il faut d'abord se demander si, par hasard, ce ne seraient pas les éléments multiples du réel plutôt que le principe de l'unité, qui formeraient la conclusion, le point de repos possible et nécessaire de la pensée. On pourrait insinuer que les atomes de la physique, dont on admet qu'ils persistent sans altération à travers tous les mouvements et tous les changements, doivent former la conclusion de tout autre savoir.

Jusqu'à présent, aucune théorie atomique n'a été mise en avant, qui n'attribue aux atomes quelques-unes des qualités que possèdent les corps sensibles. Les atomes sont étendus, c'est-à-dire constitués de parties ; seulement, ces parties ne peuvent être séparées par aucune des forces naturelles que nous connaissions. Même si cette étendue a été conçue comme extrêmement petite (on a parlé d'un millionième, d'un dix-millionième de millimètre), elle suffit néanmoins à faire de l'atome un microcosme complet, et l'on peut poser des questions sur les relations qu'il contient. Leur constitution est peut-être extrêmement compliquée, et, selon l'opinion de certains expérimentateurs, des courants électriques existent en eux. Nous avons donc ici une perspective de nouvelles énigmes, et nos concepts scientifiques actuels sont peut-être hors d'état de les examiner et de les résoudre. La conclusion se trouve donc encore repoussée. Même résultat si nous nous demandons si les atomes sont absolument durs. Des atomes absolument durs ne s'accorderaient pas avec la loi de la conservation de l'énergie, car chaque choc entre eux entraînerait une perte d'énergie. Par le choc des corps, le mouvement arrêté est transformé en mouvement des particules des corps, comme lorsque de la chaleur est produite par le frottement. Or, la dureté absolue exclut de tels mouvements. Il faut donc concevoir ces particules comme capables de déplacements et de mouvements : mais alors, encore une fois, l'atome devient un microcosme complet, un système solaire, et c'est toute une armée de nouvelles questions, de nouveaux problèmes, qui se posent à propos des connexions internes de ce petit monde. Enfin, les forces attribuées aux atomes indiquent qu'ils ne peuvent fournir qu'une conclusion temporaire. La conception atomique jaillit du besoin de localiser la source de la force. Les lois des phénomènes physiques et chimiques posent des relations définies qui existent entre différentes sortes d'éléments, et nous attribuons à ces éléments telles qualités ou telles forces qui sont nécessaires pour expliquer leur action réciproque. Nous ne connaissons quoi que ce soit de la matière et de ses éléments qu'à travers les forces qu'elle manifeste. Par suite, au point de vue épistémologique, « l'énergie » est un concept plus fondamental que « la matière ». La matière, c'est l'inconnu, plus ou moins déterminé par les forces ou les qualités que nous lui attribuons en vertu de l'espèce particulière de relations réciproques qu'elle soutient vis-à-vis d'une autre matière. Platon a dit, il y a bien longtemps, que le concept de matière était le produit de la « pensée impure » : il voulait probablement dire par là que les hommes ne commencent à parler de la matière que lorsqu'ils ne peuvent pas trouver de déterminations plus réelles pour la pensée. Que nous ne connaissions la matière que par les forces qu'elle manifeste, c'est ce que nous voyons facilement dans les atomes de la chimie, qui sont des parties du poids. « Avoir » du poids, cela veut dire peser, mettre en jeu la gravité. Par conséquent, la matière est connue par l'énergie. Mais l'énergie est un concept relatif ; c'est une abstraction tirée de la relation d'action réciproque, et elle suppose une résistance vaincue ou à vaincre. Ainsi, l'atome isolé est toujours déterminé par ses relations à d'autres atomes. Ici encore, à la fin de tout, c'est l'interdépendance et c'est la totalité qui constituent le phénomène original, et ceci nous ramène au principe d'unité.

Pour grandes que soient les différences, pour étendu que soit le divers qu'embrasse le réel, la relation d'action réciproque entre les éléments différents et multiples, nous obligera toujours à admettre l'existence d'un lien, d'une base commune, d'une unité qui rende possible cette action réciproque.

17. — J'en viens donc à rechercher ce principe d'unité. Ce n'est que par lui, et non par le divers des éléments, que nous pouvons arriver à une conclusion, si du moins nous pouvons, absolument parlant, trouver une conclusion.

Le principe de l'unité est, nous l'avons vu, une hypothèse nécessaire si nous voulons comprendre l'être. Et si l'on peut supposer que la rationalité du réel (si limitée qu'elle soit) doit être, d'une manière ou d'une autre, liée à la nature du réel, nous avons le droit de parler d'une force ou d'un pouvoir en vertu duquel toutes les choses et tous les événements sont dépendants les uns des autres, unis dans un rapport de continuité. Si nous définissons Dieu comme le principe rationnel de l'être et par conséquent aussi comme le principe de l'unité de l'être, il semble possible d'arriver à un concept de Dieu capable de s'accorder avec la connaissance scientifique. Dans les concepts de Dieu développés par les religions populaires, — au moins sous leurs formes les plus élevées, — cette détermination apparaît comme un élément plus ou moins évident. Mais nous devons nous souvenir que, dans la formation des concepts religieux, il y a eu participation d'éléments qui n'avaient rien de purement théologique et intellectuel. Chaque point de vue religieux réunit dans son concept de Dieu les plus hautes valeurs connues. Ce ne sont pas seulement des considérations morales et esthétiques, mais aussi, et plus spécialement, l'enthousiasme, le sentiment de dépendance qui résulte de la lutte pour la vie, qui poussent la pensée à une concentration de plus en plus profonde ; et le fardeau qui pèse sur la conscience est enfin rejeté au cri de « Dieu » ! A l'origine, le problème religieux naît d'une division du travail spirituel, dans laquelle le besoin intellectuel se sépare des autres besoins, et cherche à se satisfaire par la construction de formes particulières de la pensée. Il n'est pas bien étonnant, dès lors, que les constructions mentales de la science et de la religion ne se correspondent pas. Le langage de la philosophie et celui de la religion ne sont pas toujours si étroitement parallèles, que nous puissions, sans plus d'affaires, traduire une pensée de l'un dans l'autre, ou trouver pour un concept formé dans un domaine un concept qui lui corresponde adéquatement dans l'autre domaine.

Ce n'est pas seulement la conscience philosophique, mais aussi la conscience religieuse, qui se heurte au grand problème du rapport de l'un et du multiple. Mais tandis que la pensée philosophique ne dépasse pas le phénomène ultime auquel j'ai fait si souvent allusion — l'unité prise comme hypothèse nécessaire de l'interdépendance, selon la loi du divers des éléments, — la conscience religieuse trahit sous ses formes mythiques et dogmatiques, une tendance à poser l'un et le multiple comme les deux termes d'une antinomie absolue, comme si c'étaient deux êtres ou deux puissances opposés. On forme ainsi deux concepts ultimes distincts, qui s'appellent respectivement « Dieu » et « le monde »; le monde est conçu comme unité, dans la mesure où toute multiplicité est rassemblée en une totalité. Par opposition à cette manière d'envisager les choses, la pensée philosophique déclare qu'elle trouve une seule et même difficulté dans ces deux concepts, et par conséquent ne voit dans cette prétendue explication qu'une répétition du problème; et même, un troisième problème se pose, à propos de la relation mutuelle de ces deux êtres, de ces deux puissances. S'il en est ainsi — et je vais maintenant essayer de montrer qu'il en est ainsi, — c'est un point de la plus grande importance pour l'étude de la religion. Car il suit de là que l'on n'a pas le droit de conclure, du rejet de la conception religieuse de Dieu, que le seul objet laissé à la croyance est ce qu'en langage de religion, on appelle « le monde ». Le concept de « monde » implique des difficultés philosophiques semblables à celles que présente le concept de Dieu, si on lui donne la valeur d'une conclusion absolue. Et il est souvent arrivé que des penseurs ont été qualifiés d'« athées » pour avoir rejeté le concept courant de « monde », plutôt que celui de Dieu. Ce fut le cas et de Spinoza et de Fichte[25]. Mais il est bien évident que le fanatisme de la polémique n'accepte jamais de correction, si souvent que l'on mette ce fait en lumière.

Si Dieu et le monde doivent être regardés comme deux êtres, deux pouvoirs différents, ils doivent se limiter l'un l'autre.

L'un s'arrête où l'autre commence. L'horloger et la montre qu'il a faite sont deux choses différentes : telle est la relation tout extérieure, selon la conception ordinaire, de Dieu et du monde. Mais, en ce cas, Dieu ne peut pas être un être infini. Le monde, avec ses lois et ses forces, est la limite de la divinité. Par suite, ce que nous avons ici, c'est une conception polythéiste : car le monde, en tant que distinct de « Dieu », devient lui-même un dieu, et c'est ainsi qu'une certaine personnification du monde se glisse inconsciemment même dans des conceptions qui ne se donnent pas peu de peine pour proclamer leur orthodoxie monothéiste.

Le concept de « monde », comme nous l'avons déjà remarqué, n'est pas correctement formé. Si ce concept représente un tout, — une totalité gouvernée par une loi, — c'est un idéal, vers lequel tend toute recherche, mais qu'en raison du caractère inépuisable de l'expérience, on ne peut jamais atteindre. Notre pensée essaye sans cesse de déchiffrer le réel. Le critérium qui nous permet de distinguer entre la pensée purement subjective et la réalité objective, est la présence en celle-ci de lois dont on peut montrer qu'elles gouvernent les phénomènes de cette réalité. Mais deux difficultés se présentent ici. En premier lieu, de nouveaux phénomènes apparaissent continuellement dans l'expérience ; en second lieu, il devient évident que les relations existant entre les phénomènes déjà donnés, sont beaucoup plus compliquées et plus mystérieuses qu'on ne pouvait le supposer. Par suite, nous ne venons jamais à bout d'appliquer notre critérium à la réalité, et le concept de la réalité devient idéal[26]. Les théologiens, en règle générale, n'ont pas assez de patience pour se contenter du travail continuel que réclame cet idéal de la recherche, c'est-à-dire de la découverte de connexions de plus en plus profondes entre des phénomènes de plus en plus nombreux. Ils s'interrompent au milieu de leur travail et traitent leur œuvre comme si elle était achevée. Par suite, le concept du « monde » est l'expression d'une demi-pensée. A l'étage le plus bas du développement religieux, ce concept n'apparaît pas du tout[27]. La notion d'un cosmos, d'un tout ordonné des choses existantes, suppose un certain développement de la pensée. En vertu d'une conclusion hâtive, ce pseudo-concept semble former une totalité absolue. Et une fois introduit dans le langage religieux, il y a depuis lors tenu sa place, comme s'il n'y avait rien à dire sur sa validité.

Mais, supposons, pour présenter l'argument dans toute sa force, que nous admettions la validité de ce concept. La question est de savoir quelle est la relation entre ces deux êtres, ces deux puissances. Partout où il y a une relation causale, nous sommes forcés — nous l'avons vu plus haut, — de supposer un principe qui conditionne la connexion entre les termes de cette relation. S'il n'y avait pas quelque chose qui réunît ces termes, la relation causale serait inexplicable. Cette remarque doit être valable aussi pour la relation de Dieu au monde. Mais alors le lien, le principe d'unité, qui rend possible leur relation mutuelle, est lui-même en réalité la divinité, ou, si l'on aime mieux, le monde réel consiste dans la somme « Dieu + le monde », c'est-à-dire dans le tout formé par leur réunion. Une fois de plus, donc, nous nous trouvons ici impliqués dans une série indéfinie, signe que nous avons été près de ce qui doit être pour nous la pensée ultime, quoique nous ne l'ayons pas reconnue. Cette pensée ultime et solide, c'est le principe de l'unité, le principe de la conformité à la loi, qui caractérise l'être. Et si nous la négligeons, elle se venge de nous, en réapparaissant à chaque fois que nous pensons avoir fait un pas en avant. Dans tout concept limite, il y a quelque chose d'ironique, qui s'affirme toutes les fois que nous avons l'audace d'essayer de faire un nœud au fil de la pensée, au lieu de suivre la ligne d'interdépendance, qui fait de ce fil un fil. Ce ne sera que lorsque les théologiens nous auront donné une théorie de la connaissance toute différente de celle à laquelle nous avons affaire à présent, qu'il y aura quelque espoir de triompher de cette ironie de nos concepts limites. Pour le moment, elle nous poursuit jusque dans les plus hautes spéculations théologiques et métaphysiques. Platon, dans le Parménide, y a déjà reconnu un obstacle grandissant pour sa doctrine des idées ; car si les idées sont sous-jacentes aux objets sensibles, il se pose une question sur la relation entre les idées et les choses ; cette relation doit avoir une idée, et ainsi de suite. Avec Spinoza et Lotze, le problème a son centre dans la relation de la substance aux modes. Je ne vois nullement que la théologie, avec sa doctrine de « Dieu » et du « monde », puisse nous aider à franchir cette difficulté fondamentale, qui, au point de vue épistémologique, prouve indirectement que nous sommes arrivés à un concept limite. Dans le principe de l'unité, nous avons une pensée qui est concluante *pour nous*, mais c'est aussi une pensée qui demande une application sans cesse renouvelée dans une série sans fin et dans des séries de séries. Découvrir mon idée terminale dans un terme de la série au lieu de la découvrir dans le principe qui rend possible la construction de séries, ce serait proclamer ma stupidité.

Nous ne pouvons pas, cependant, déduire du principe d'unité, qui est pour nous la base ultime et irréductible de toute connaissance, le divers des phénomènes, choses et événements. L'unité est et reste l'unité, et le divers n'est jamais plus que donné empiriquement ; il ne peut être atteint par aucun processus de déduction. La recherche humaine cherche à réduire au minimum les différences multiples données dans l'expérience, en sorte que le principe d'unité puisse être découvert dans l'identité, la rationalité et la causalité qu'offre l'expérience. Une réduction progressive de cette espèce est possible, comme le montre l'histoire de la science empirique ; mais une déduction ne l'est pas. Infructueux furent les essais de philosophes spéculatifs comme Plotin, Boehme et Schelling, pour déduire le multiple de l'un ; ce sont là plutôt des imaginations mythologiques, qu'une pensée philosophique. Spinoza a vu plus clair sur ce point, en admettant que les phénomènes particuliers (*modi*) ne nous sont connus que par l'expérience, et que c'est seulement par l'analyse de l'expérience que nous pouvons revenir à l'unité. La théologie, après s'être compromise dans une double fabrication, en érigeant Dieu et le monde en deux êtres différents, essaye de surmonter ce dualisme en disant que le monde est produit par Dieu ; mais en réalité cela nous rend, et même dans de plus vastes dimensions, le problème philosophique de l'un et du multiple. De même qu'il est logiquement impossible de déduire le multiple de l'un (car il y aurait toujours dans la conclusion quelque chose qui n'aurait pas été dans les prémisses), de même il est logiquement impossible de concevoir le monde comme produit par Dieu. Et le problème est d'autant plus aigu, quand la Divinité est conçue comme parfaite et immuable, car comment l'imparfait pourrait-il sortir du parfait, et le changeant de l'immuable? Au point de vue logique, la difficulté est la même, soit qu'avec saint Augustin nous supposions l'imparfait et le changeant produits par un acte de volonté, soit qu'avec Plotin nous en fassions une émanation [28]. (Au point de vue moral, c'est évidemment la première hypothèse qui présente les plus grandes difficultés.) Ni la doctrine de la création, ni celle de l'émanation n'écartent la difficulté contenue dans le fait suivant : notre concept de cause est le concept d'une pluralité de conditions, de telle sorte qu'une « cause » ne peut pas plus être une unité absolue, qu'une conclusion ne peut être tirée d'une seule prémisse. Si le dogme de la création offre une explication de l'origine du monde, il faut entendre alors par explication toute autre chose que ce qu'on entend par là dans la pensée scientifique. Cesser de penser n'est pas tout à fait la même chose que de commencer à comprendre.

18. — L'impossibilité d'arriver à une conclusion objective résulte pour notre connaissance, comme nous l'avons vu, du caractère inépuisable de l'expérience, qui empêche une vérification complète du premier principe du savoir. Nous ne pourrons jamais résoudre le problème de Hume sur la validité du principe de causalité. Kant lui-même tomba dans le piège du dogmatisme lorsqu'il essaya d'apporter une preuve de sa validité. Tandis que de nouvelles expériences apparaissent sans cesse, il est toujours possible que la base ultime de ces expériences (que Kant appelait la « chose en soi »)n'opère pas d'une manière constante, mais soit elle-même au pouvoir du devenir, de l'évolution ; elle peut souffrir des changements, même si ces changements sont eux-mêmes sujets à des lois qui sont cachées plus profondément qu'aucune de celles que nous avons jusqu'à présent découvertes, comme gouvernant les phénomènes de l'expérience. Nous arrivons ici à l'idée de lois naturelles d'un ordre supérieur, exactement comme, tout à l'heure, nous arrivions à la possibilité d'atomes d'un ordre supérieur.

Kant fut, en son temps, satisfait du postulat de la chose en soi comme base de la matière de notre connaissance ; il prenait pour accordé que ce fondement opérait toujours d'une seule et même manière[29]. Mais on ne peut fournir aucune preuve de cette affirmation ; ce qui montre que les postulats fondamentaux de la philosophie sont plus hypothétiques que ne le croyait Kant. On ne peut jamais établir une fois pour toutes le droit d'appliquer les formes de notre savoir, par exemple le concept de cause, à n'importe quelle matière empirique donnée ; ce droit doit être confirmé par des expériences répétées.

L'affirmation dogmatique faite par Kant de l'immutabilité de la chose en soi ne fut pas sans influence sur Herbert Spencer ; car, après avoir montré la validité du concept d'évolution dans tous les domaines de l'expérience, Spencer n'hésite pas à nier qu'on puisse l'attribuer à l'Inconnaissable, qui est, dans sa doctrine, le substrat de tous les phénomènes. F.-C. Sibbern, aussi, par ailleurs ardent évolutionniste, affirmait que seuls les êtres finis et non Dieu sont sujets au changement, ou, selon son expression, que le royaume de Dieu se développe, mais non Dieu lui-même [30]. Mais on ne peut pas tracer la limite, de cette manière extérieure, entre l'inconnaissable et le connaissable, entre l'immuable et le changeant. Le vieux concept limite si dogmatique des scolastiques, qui oppose l'immutabilité de la divinité au caractère changeant du monde, n'a pas perdu son influence sur les philosophes modernes. Un fondement absolument immuable du changement continuel est impensable. La vieille difficulté reparaît dès que nous essayons de conclure objectivement.

En tout cas, il est possible, et nous n'avons aucun droit de le nier, que le caractère d'éternel inachèvement de l'expérience et du savoir soit lié au fait que l'être lui-même n'est jamais complet, mais toujours en devenir. Nous sommes portés à oublier que l'expérience et le savoir eux-mêmes font partie de l'être. Quand nous parlons de la connaissance de l'être, nous impliquons par là que la totalité du réel peut être exprimée par une seule portion ou un seul aspect de ce réel. Tant que cette tâche reste inachevée, l'être, comme totalité, est incomplet. Et inversement, si l'être lui-même n'est pas complet, notre savoir ne peut l'être. De plus, pour connaître la relation entre cette portion ou cet aspect de l'être que nous appelons connaissance, et le reste de l'être ou l'être pris comme un tout, il faudrait une nouvelle connaissance, et ainsi de suite. De ce côté aussi le problème renaît. Les philosophes vedantas de l'Inde (les auteurs des Upanishads), aussi bien que les néo-platoniciens ont bien vu cela. Pour donner à la connaissance une conclusion absolue, il faudrait supprimer la distinction du savoir et de l'être, du sujet et de l'objet; et c'est précisément cette distinction qui est la condition de tout savoir.

D'une manière générale, c'est une loi fondamentale de tous nos concepts, qu'ils expriment des relations, et que chaque concept suppose une relation à d'autres concepts [31]. C'est là la loi interne propre à tout mouvement de la pensée. C'est une conséquence de cette autre loi, que l'on pourrait appeler la loi de relation, d'après laquelle aucun concept ne peut être formé de quelque chose qui n'ait pas de relation avec quelque autre chose. Tout mouvement de la pensée consiste à découvrir une ressemblance ou une différence, à trouver le principe ou la conséquence, à déduire la cause ou l'effet. Ressemblance et différence, principe et conséquence, cause et effet, cependant, ne peuvent s'appliquer que lorsque les différents termes peuvent être mis en relation les uns avec les autres.

Une chose ou un être ne peut être connu que par ses qualités, et ses qualités représentent les différentes manières dont cette chose ou cet être est en relation avec les autres. Nous attribuons la force aux choses et aux êtres lorsqu'ils ont le pouvoir de surmonter une résistance. Cependant, le concept de force suppose non seulement une relation entre une chose et une résistance opposée, mais aussi quelque chose qui soit capable de mettre la force en liberté quand ce n'est pas fait par la résistance elle-même. Dès que nous attribuons la vie ou la personnalité à un être, nous concevons en outre un monde extérieur qui a avec cet être une relation d'action réciproque, et qui offre des occasions de mettre la force en liberté et une résistance à vaincre pour cette force. Et quelque concept, de quelque sorte que ce soit, que nous examinions, nous trouverons que la pensée consiste toujours à réunir et à comparer ces deux éléments, ou, en d'autres termes, à établir une relation entre eux. Cette loi a une valeur si générale que le fardeau de la preuve incombe à ceux qui affirment qu'elle comporte des exceptions. Et c'est cette loi qui rend impossible une conclusion objective de notre connaissance.

Toute construction conceptuelle est une limitation qui se détruit à son tour lorsque la pensée s'occupe du système plus vaste auquel elle empruntait les éléments réunis par les concepts, et sans lequel le contenu des concepts ne pourrait pas être déterminé. La loi de relation elle-même témoigne de l'unité de la pensée, puisque sous cette loi les différents termes d'une relation sont combinés de manière à former un seul concept. Mais elle témoigne aussi de la constante limitation de la pensée, car à côté des termes ainsi unis dans le concept particulier, il faut encore supposer d'autres termes, et c'est à chaque fois un travail nouveau que de les déterminer de plus près. Mais c'est ici que notre pensée trahit sa noblesse, car non seulement elle peut sentir ses limites, mais même à ce point elle entend, en vertu de sa propre loi, une exhortation à s'élever toujours plus haut. « Chaque concept de Dieu, disait Fichte, est le concept d'une idole. » Mais le fait qu'en face de toutes les tentatives pieuses pour formuler le divin, la pensée ose les dénoncer comme autant d'actes d'idolâtrie, est le témoignage même de l'étincelle divine que porte en elle la pensée humaine.

C. — Pensée et imagination

> Und deines Geistes höchster Feuerflug.
> Hat schon am Gleichnis, hat am Bild genug.
> Goethe.

19. — Nous ne cessons pas de former des idées même quand nous avons atteint la limite de toute connaissance, au moment où l'on ne peut plus former de concepts clairs et exempts de contradiction. Le besoin religieux est tout particulièrement porté à construire des idées, une fois parvenu à cette limite. S nous examinons ces idées d'un peu plus près, nous verrons qu'elles doivent toutes leur origine à l'analogie.

Le mot d'analogie a en effet le même sens que proportion,

mais on a l'habitude de faire une distinction dans l'application de ces deux mots ; on restreint « proportion » au sens d'une relation de similitude quantitative $\left(\frac{1}{2} = \frac{2}{4} = \frac{3}{6} \ldots \right)$, tandis qu' « analogie » sert à représenter la similitude qualitative (le rouge est à l'orangé ce que l'orangé est au jaune). La proportion nous permet de découvrir des grandeurs inconnues, lorsque nous savons seulement qu'elles font partie d'une série proportionnelle dont nous connaissons les autres termes. L'analogie, de son côté, n'offre à notre connaissance qu'un secours très précaire. Elle ne peut nous donner aucune connaissance positive sur des termes inconnus, mais elle exprime excellemment la relation entre ceux qui nous sont déjà familiers. D'une simple relation conceptuelle, l'analogie s'élève allègrement jusqu'aux synthèses poétiques, et l'on peut dire qu'en général elle se meut sur les frontières de la pensée et de l'imagination.

Dans mon *Histoire de la Philosophie moderne*, j'ai essayé de montrer que les philosophes qui refusent d'admettre la légitimité des bornes imposées à la connaissance par la philosophie critique, ont toujours, d'une manière plus ou moins consciente, fait usage d'analogies dans leurs essais pour résoudre l'énigme du réel. Les analogies sont nos seuls auxiliaires lorsque l'expérience nous refuse son aide. Dans ce cas, le réel dans sa totalité, ou le fondement ultime du réel, est conçu par analogie avec certains éléments, certains phénomènes ou certaines relations empruntés au domaine du réel. Le caractère des différents systèmes, des différentes conceptions métaphysiques de l'univers dépend essentiellement des éléments, des phénomènes ou des relations que l'on a pris comme base de l'analogie[32].

Sous ce rapport, l'opposition entre deux constructions philosophiques de pensée, l'idéalisme métaphysique et le matérialisme, est particulièrement intéressante.

On peut établir l'idéalisme métaphysique par deux méthodes, qui diffèrent sans s'exclure mutuellement. Nous avons vu que — si le réel doit être intelligible — il faut supposer un principe d'unité, quelque chose « qui tient assemblé le monde du dedans ». Si l'on demande ce que c'est, si l'on exige une détermination plus précise, il est commode de se servir de l'analogie avec l'unité que la psychologie découvre dans la conscience humaine. De même qu'il est évident que les différents états et les différents éléments de ma conscience sont unis par une corrélation intime, de façon à appartenir à un seul et même moi, de même les états et les éléments du réel peuvent être conçus comme unis dans un moi universel. Dans le réel, aussi bien que dans la conscience individuelle, nous trouvons la relation d'une unité et d'une multiplicité, et peut-être pouvons-nous nous faire une idée plus claire de la relation cosmologique en la concevant comme analogue à la relation psychologique. Ce fut là le chemin frayé par les successeurs spéculatifs de Kant en Allemagne, Fichte, Schelling, Hegel, et des penseurs postérieurs, en quête d'une solution, l'ont aussi choisi. — L'autre méthode part du fait que, pour nous convaincre de l'existence d'une vie consciente chez d'autres êtres, l'analogie seule peut nous fournir une base pour cette affirmation. Voici l'argument : De même que nos expressions, nos mouvements et nos actions sont rapportés à nos états psychiques, de même les expressions, les mouvements et les actions d'autres êtres sont rapportés en eux à des états similaires. L'observation immédiate des états psychiques d'autrui restera toujours en dehors des limites du possible. Mais à présent n'avons-nous pas le droit d'étendre cette conclusion par analogie ? Pourquoi nous arrêter aux animaux ? Puisqu'il a été prouvé qu'il y a une continuité si étroite, du côté matériel du réel, pour ce qui est de ses éléments et de ses lois, pourquoi n'admettrions-nous pas que le côté psychique de la réalité est aussi continu, quoique, hors de notre propre vie consciente, il ne puisse jamais être l'objet d'une observation immédiate ? Or, nous sommes placés de manière à voir clairement ce que doit être un être psychologique ; au contraire, ce qui est matériel ne peut jamais être autre chose qu'un objet pour nous, ne peut jamais faire un avec notre moi subjectif : par conséquent, nous aurons de l'énigme du réel la solution la plus intelligible en pensant que le psychique est l'essence intime du réel, et le matériel une forme extérieure et sensible de cette vie intérieure. Cette interprétation nous révèle la nature de la chose en soi ; ce n'est plus un X, c'est quelque chose d'analogue, dans son essence, à ce que nous connaissons immédiatement dans nos cœurs. Leibniz, de son temps, a adopté cette attitude d'esprit avec une grande clarté et de propos délibéré : dans les temps modernes, elle a été celle de Schopenhauer, de Beneke, de Fechner et de Lotze. Mais cette pensée est apparue pour la première fois dans l'histoire de l'esprit humain dans la philosophie des Védantas (les Upanishads), qui, à la question « Qu'est Brahma, le principe de l'être ? » répondaient « C'est Atma, c'est l'âme qui est dans ta poitrine, c'est toi-même ».

Le matérialisme, lui aussi, s'il doit figurer comme une théorie offrant une conclusion, doit reposer sur l'analogie : mais dans ce cas ce sera l'analogie avec l'expérience sensible externe, non pas avec les états internes de la vie psychique. Le matérialisme transforme la doctrine scientifique de la matière et de ses qualités en une théorie de l'essence intime du réel. Une portion du réel passe pour sa totalité, ou tout au moins pour son élément fondamental.

20. — S'il fallait choisir entre ces deux alternatives, le choix ne serait pas difficile. Toute expérience, qu'elle soit externe ou interne, est une activité spirituelle, et la matière nous est toujours donnée comme l'objet de l'intuition et de la pensée, et jamais comme identique à nos propres états. Toute expérience (de l'espèce dont il s'agit ici) consiste en états de conscience et en idées en relation mutuelle, et c'est grâce à ces phénomènes que nous apprenons à connaître tous les autres. L'unité interne qui réunit tous les éléments de notre conscience, et qui sert de substrat au concept du moi, devient pour nous, grâce à une analogie involontaire, la représentation de n'importe quelle autre unité et de n'importe quel autre système que nous puissions découvrir. Par conséquent, l'idéalisme prend pour point de départ dans son déchiffrage du réel ce qui, au point de vue de la théorie de la connaissance, est le plus fondamental dans notre savoir. Mais il reste encore à savoir si nous avons le droit d'appliquer cette analogie, si son application peut être justifiée d'une manière suffisante. Il me semble ici parfaitement évident que la conception idéaliste du monde peut constituer une croyance acceptable qui n'entre nécessairement

en conflit sur aucun point avec les hypothèses, les méthodes ou les résultats de la science, quoiqu'il soit également impossible de la prouver rigoureusement et de la développer scientifiquement dans le détail.

Il est relativement facile de justifier une conclusion tirée par analogie dans la mesure où elle s'applique à des êtres placés aussi près de nous que les autres hommes ou que les animaux ; mais la vérification devient d'autant plus difficile que nous étendons l'analogie à des formes d'existence qui diffèrent beaucoup de la nôtre, et surtout lorsque nous l'étendons au principe qui tient réunie la totalité infinie du réel. On ne peut pas former un concept positif de l'existence spirituelle. En vertu de la loi de continuité, nous sommes même obligés d'admettre que la vie de l'âme n'est pas un commencement absolu, mais qu'elle a sa racine dans des éléments qui sont vis-à-vis d'elle dans le même rapport que les espèces inférieures des formes matérielles sont vis-à-vis des espèces supérieures[33] ; mais il est impossible de développer cette hypothèse de manière à lui donner plus d'étendue et de précision.

Si l'on accorde à l'idéalisme métaphysique son argument tiré de l'analogie, nous sommes amenés à choisir de plus près entre les deux hypothèses possibles relatives à l'essence interne du réel : cette essence est-elle psychique ou matérielle ? Mais la séparation de l'être en psychique et matériel est purement empirique. On ne peut donner aucune preuve, que l'être doive rentrer ou dans l'une ou dans l'autre de ces deux formes, de sorte que la relation entre celles-ci doive être celle que représentent les mots « ou bien... ou bien » (ce que les logiciens appellent contradiction). Les grandes difficultés qui ont accompagné la recherche d'une hypothèse satisfaisante sur le rapport du psychique et du physique sont peut-être dues au fait que l'être n'est pas épuisé par ces deux formes d'existence ; peut-être qu'au contraire il y a une multitude — pour ne pas dire avec Spinoza une infinité — d'autres formes de réalité. Peut-être que la relation entre les deux formes que nous connaissons ne deviendra intelligible que quand nous connaîtrons d'autres formes du réel. Du moins ne possédons-nous pas toutes les données nécessaires pour la solution du problème. Supposons que nous ne connaissions que deux couleurs. Nous serions alors portés à croire que toute couleur au monde doit être l'une de ces deux-là. Nous savons à présent que la lumière peut être brisée de plus de deux manières : et cependant la physique, la physiologie et la psychologie de la couleur sont hérissées de difficultés. La lumière du réel peut, soyons-en sûrs, être brisée de bien plus de manières que n'ont pu l'imaginer les faiseurs de systèmes métaphysiques. Cette croyance et cette analogie sont au moins aussi légitimes que celles sur lesquelles est basée la conception idéaliste du monde.

Si nous ne sommes pas trop exigeants sur la force probante des analogies, il est très facile de spéculer : mais en ce cas nous remplaçons les concepts par des images, la philosophie par la poésie. Il est d'une très grande importance pour la théorie de la connaissance de tracer une distinction nette entre le concept et l'image. Une image peut avoir une grande valeur, mais quand ce n'est pas un exemple ou un signe intuitif d'un concept, la valeur, quelle qu'elle soit, qu'elle possède, dépend de sa relation à des facultés de notre nature autre que la faculté cognitive.

La *physique* elle-même emploie des symboles et des images. Si la science moderne se propose d'expliquer tous les phénomènes matériels comme des phénomènes de mouvement, c'est parce que les mouvements sont les phénomènes les plus simples et les plus clairs, et parce que concevoir tous les phénomènes par analogie avec eux, c'est concevoir la nature de la manière la plus claire et la plus logique. Cette analogie est justifiée par le fait que des changements matériels définis peuvent, grâce à elle, être prédits et calculés. Il est devenu évident, dans un domaine toujours plus vaste, que les changements de la nature matérielle se produisent tout comme s'ils n'étaient que des mouvements de particules matérielles. En biologie, le concept d'analogie représente, plus précisément, la ressemblance que l'on trouve exister entre les organes de différents êtres vivants, lorsque ces organes (par exemple la main de l'homme et le bec du perroquet) exercent des fonctions similaires, sans pouvoir être classés ensemble au point de vue anatomique. L'analogie suggère ici des comparaisons très fertiles. L'un des deux termes de la relation analogique jette de la lumière sur l'autre, et de cette manière la pensée est excitée à poser de nouvelles questions et à partir sur de nouvelles pistes.

En *psychologie* aussi, l'analogie joue un rôle important, comme on le voit par le fait que toutes les expressions représentant des états ou des activités psychiques ont été empruntés à des phénomènes matériels. Nous nous représentons les relations psychiques par le moyen des relations matérielles. Le langage ne forme pas des mots entièrement nouveaux (par exemple de nouvelles prépositions) pour exprimer les phénomènes psychiques ; l'analogie se charge de fournir une terminologie. La psychologie, cependant, comme la physique, peut confirmer ses analogies par l'expérience, car l'observation personnelle nous présente ce qu'expriment les symboles. Quand, par exemple, on parle de « peser » les motifs qui précèdent une détermination, l'observation interne nous dit pourquoi cette image, empruntée à une balance, est acceptable : la conduite des motifs, dont les uns avancent tandis que les autres reculent, nous fait penser aux plateaux qui s'élèvent ou s'abaissent selon les poids placés sur eux. De plus, quand nous parlons de motifs qui s'avancent ou qui reculent, il n'est pas difficile de reconnaître les événements qui sont indiqués par ces métaphores.

Enfin, l'analogie a une grande importance dans la *théorie de la connaissance*. Entre l'identité, la rationalité et la causalité il y a une certaine analogie (§ 5). La rationalité, ou relation de principe à conséquence, de prémisses à conclusion, offre une analogie avec la relation de simple identité, comme on le voit dans la reconnaissance. On a appelé « paradoxe de la conclusion logique », le fait qu'il doive y avoir une identité entre le principe et la conséquence, alors que cependant, dans le passage de l'un à l'autre, l'on obtient quelque chose de nouveau. Aussi a-t-on essayé de réduire autant que possible le procédé de l'inférence strictement logique à la confirmation d'une identité, c'est-à-dire à un acte de reconnaissance. La causalité, à son tour, cherche à être conçue par analogie avec la rationalité, la relation causale, par analogie avec la relation de principe à conséquence. Nous essayons de concevoir la relation entre événements comme une relation de principe à conséquence, de telle sorte que nous puissions, en remontant, inférer d'un événement à sa cause, et, en descendant, d'un événement à ses effets. Cette analogie aussi, qui est une analogie entre la pensée logique et l'être réel, a été très féconde. Elle nous engage à poser des questions, à soulever des problèmes, au lieu de nous contenter d'observer et de décrire. Cette analogie est-elle valable ; si oui, dans quelle mesure peut-on l'étendre ? C'est là la question la plus importante du problème de la connaissance. Si elle était entièrement valable, le réel serait entièrement compréhensible, c'est-à-dire que le développement du réel pourrait être conçu comme sujet aux mêmes lois que la pensée humaine.

Le symbolisme de la physique éclaire un phénomène naturel complexe au moyen d'un phénomène naturel simple, le symbolisme psychologique illustre un phénomène psychologique au moyen d'un phénomène matériel, simple objet d'intuition ; le symbolisme épistémologique éclaire les relations entre les faits par des relations de pensée ; le symbolisme de la *métaphysique* diffère de tous ceux-là. Il cherche à jeter de la lumière sur la totalité du réel ou sur son essence intime, au moyen d'images empruntées à un simple fait ou à un simple aspect du réel, apparu dans notre expérience. Ni la totalité, ni l'essence intime du réel ne sont donnés dans notre expérience. Le symbolisme de la *religion* (considérée au point de vue épistémologique) ne diffère du symbolisme métaphysique qu'en ce que ses images sont plus concrètes, plus colorées et plus teintées d'émotion.

21. — Ce n'est pas sans luttes que la conscience humaine abandonne l'intuition immédiate, telle qu'elle se présente sous la forme de perception sensible, de mémoire et d'imagination, pour entrer dans la voie de l'analyse et pour former des concepts, qui ont bien de la peine à donner un équivalent exact de ce que fournit l'intuition [34]. Mais il arrive que les objets de la conscience religieuse — lorsque celle-ci est arrivée à un haut degré de développement — ne peuvent plus être saisis par l'intuition immédiate. Les vieilles images naïvement construites

sont continuellement modifiées et améliorées, jusqu'à ce qu'à la fin on reconnaisse qu'elles expriment inadéquatement la nature éternelle, infinie et auguste de l'objet de la religion. La conscience religieuse hésite ici entre deux tendances. D'une part, elle a quelque scrupule à user d'expressions sensibles et humaines pour son objet infini; d'autre part, elle répugne à ôter au sentiment immédiat les expressions vives et frappantes par lesquelles il se traduit instinctivement. Nous pouvons étudier le conflit de ces deux tendances chez ce génie religieux, saint Augustin, qui fut à la fois un penseur et un prince de l'Église. Pour lui (comme plus tard pour Schleiermacher), l'expression de « pitié » n'avait qu'une signification métaphorique quand on l'attribuait à Dieu, comme impliquant l'idée d'une souffrance causée par la souffrance d'autrui. Néanmoins saint Augustin croyait avoir le droit de l'employer ainsi, pour empêcher l'âme des ignorants (*animæ indoctorum*) de trébucher; il employait, peut-on dire, une sorte d'anthropomorphisme pédagogique. Ceux-là seuls, ajoute-t-il, qui unissent la religion et l'étude peuvent se dispenser d'expressions figurées[35]. Mais jusqu'où s'étend le domaine de la métaphore. Y a-t-il jamais eu une expression désignant l'objet d'une pensée religieuse qui n'ait pas été méthaphorique ? Si nous étudions l'histoire de la religion, notre attention sera attirée par deux tendances intéressantes se proposant toutes deux de chasser tout élément métaphorique ; sous leur forme parfaite, elles rejettent toute expression définie, sous prétexte que de telles expressions sont toutes empruntées au domaine étroitement limité de l'expérience et, par conséquent, qu'elles limitent ce qu'elles cherchent à définir.

Nous trouvons la première de ces tendances dans les Upanishads de l'Inde. Les philosophes védantas acquirent la conviction qu'aucun concept et aucune image ne pouvaient exprimer l'essence de la divinité — pas plus Atma que Brahma (§ 19). Ils ne construisirent leur idéalisme métaphysique que pour le jeter à bas plus tard. La divinité est « sans fin, sans âge, sans images ; elle n'a ni dehors, ni dedans ». Il vaut mieux la représenter négativement (*neti, neti*) ; elle n'est ni « cela », ni « ceci » A la question : « Qu'est la divinité ? la meilleure réponse est le silence. Si elle nous était perceptible, elle ne serait pas ce qu'elle est. Elle est l'impensable et cependant la pensée se pense en elle. On ne peut lui attribuer aucune dualité, aucune relation d'opposition, — et, par suite, elle est inconnaissable. Ni la vue, ni la parole, ni la pensée ne peuvent atteindre jusqu'à elle, quoiqu'elle agisse par la vue, aussi bien que par la parole et la pensée. Elle n'est ni existante, ni non-existante, ni connaissable, ni inconnaissable. On ne peut l'exprimer que symboliquement. Pour exclure toute idée sensible, telle qu'il peut s'en associer aux symboles qui ont un sens défini, les philosophes védantas se servaient, pour exprimer le Très-Haut, de la syllabe « Om » qui signifie « Oui », mais qui ne conduit l'esprit dans aucune direction particulière[36].

On trouve l'autre tendance dans le néo-platonisme, d'où elle s'est propagée dans le mysticisme chrétien du moyen âge par l'intermédiaire du prétendu saint Denis l'Aréopagite. De récentes recherches ont montré que l'opposition entre la scolastique et le mysticisme n'était nullement aussi complète qu'on l'avait supposé naguère; cependant, malgré tout, il y a un point sur lequel ces deux tendances médiévales diffèrent profondément : est-il permis, ou non, d'employer des analogies pour former notre conception de Dieu? Les scolastiques étaient favorables à l'analogie, les mystiques la rejetaient. Saint Thomas d'Aquin, il est vrai, enseigne que, tandis qu'il est impossible d'attribuer à Dieu un terme dans le même sens (*univoce*) qu'aux créatures, il y a cependant des expressions qui signifient plus qu'un jeu de mots (*pure æquivoce*) quand elles sont appliquées à Dieu. Selon lui, il a une espèce d'analogie qui, placée entre la synonymie et l'homonymie, repose sur la relation causale : par exemple, nous disons d'un remède et d'un malade soulagé par le remède, qu'ils sont tous deux « sains ». Il existe une relation analogique de cette sorte entre le Créateur et les créatures. Mais il n'y a pas de relation de similitude qui nous donne le droit de faire du Créateur et de la création deux espèces du même genre. Non, n'importe quelle détermination, même le concept d'Être, doit être prise dans des sens différents pour le Créateur et pour la création : Dieu reste en dehors de tout concept de genre (*extra omne genus*). Le savoir que nous pouvons ainsi obtenir ne sera jamais, évidemment, bien distinct, et il n'est pas facile de nous le représenter. Car, pour autant que nous la restreignions, l'analogie est une relation de similitude, et dans toute comparaison, il faut bien pouvoir appliquer des concepts de genre et d'espèce : quand nous rapprochons des choses par l'analogie, nous formons, en réalité, un concept générique. Quand saint Thomas d'Aquin cite l'analogie qui dépend de la connexion causale comme exemple de celles qu'admet la théologie, il faut se souvenir que nous comprenons d'autant moins la relation causale que la cause diffère davantage de l'effet spécifiquement et, à plus forte raison, génériquement. Quand la relation causale n'est pas imposée du dehors, pour des motifs purement extérieurs et pratiques, il y a toujours une certaine continuité, et en même temps une certaine similitude entre la cause et l'effet, ce qui nous donne le droit de les réduire à un même concept générique. D'ailleurs, un examen plus précis nous montrera que la même connexion existe entre le remède et l'état qu'il produit dans un organisme. Par suite, l'affirmation scolastique du bien-fondé de l'analogie arrive logiquement à la négation mystique de sa légitimité. Hugues de Saint-Victor enseignait en son temps que Dieu se laisse mieux concevoir sous des expressions négatives que sous des expressions positives. Plus tard, Suso appelait Dieu « un Néant sans nom » — une « Négation de tout ce que l'homme peut penser ou dire » (quoiqu'« en lui même il soit un quelque chose qui possède toute essence »). Et l'auteur de la *Théologie Germanique* enseigne que, si le bien unique et suprême (c'est-à-dire Dieu), était quelque chose, ceci ou cela, que la créature pourrait comprendre, il ne serait pas alors le tout, il ne serait pas unique et par conséquent ne serait pas parfait; par suite il faut l'appeler Rien, ce qui veut dire qu'il n'est rien de tout ce que les êtres créés comprennent, connaissent, pensent ou nomment[37]. Le mysticisme était à la fois un mouvement du sentiment, basé sur la vie intérieure, et un mouvement intellectuel allant de l'image à la pensée et de la pensée aux limites extrêmes de la pensée. Les représentants de ce mouvement, en proie à une violente émotion, vivaient dans des états pendant lesquels ils ne pouvaient pas former d'idées distinctes :

aussi étaient-ils disposés d'avance à attaquer toute tentative pour exprimer le Très-Haut sous forme de concept. Le mysticisme rejoint ici la philosophie critique, qui affirme que nos idées ne sont pas adéquates pour exprimer ce qui existe en dehors des formes de notre expérience limitée. Même dans l'antiquité nous trouvons cette parenté entre la critique et le mysticisme ; car il y a une certaine ressemblance entre la philosophie de la religion développée par Carnéade, et celle qui fut développée par Plotin, chacun dans leur théorie de la connaissance.

22. — Mais ni la scolastique ni la théologie protestante ne sont prêtes à admettre avec le mysticisme et la philosophie critique que toutes les idées religieuses sont nécessairement métaphoriques. En un sens, on peut dire que c'est une question de vie ou de mort. Le concept de révélation (au sens le plus strict), par exemple, ne se maintiendrait pas longtemps si la différence entre l'image et la réalité ne disparaissait pas sur certains points. D'ailleurs, l'antique problème de la relation entre le savoir et les choses renaîtrait, et toute conclusion absolue (et avec elle la possibilité du repos) serait exclue. Nous devons maintenant passer à l'examen de la plus importante des idées contenues dans le concept de Dieu. Il sera évident pour les idées figuratives comme il l'est, nous l'avons déjà vu, pour les concepts, qu'elles expriment des *relations*, et supposent des *relations*, et que par conséquent elles ne peuvent jamais exprimer une conclusion absolue.

Quand on appelle Dieu « Seigneur » et « Roi », on pense à des rapports avec des serviteurs ou des sujets, qui diffèrent de lui et lui sont extérieurs. Aussi Newton dit-il du mot « Dieu » que c'est un terme relatif, exprimant une relation à des serviteurs (*Deus est vox relativa et ad servos refertur*). Ce serait cependant un pur enfantillage que de concevoir la relation entre Dieu et l'homme comme aussi extérieure que celle qui existe entre un seigneur et ses serviteurs. Nous avons là une image : mais que pourrions-nous avoir à la place ? Comment pourrions-nous exprimer les pensées qui en forment l'arrière-plan, si la relation qui est exprimée d'une manière si essentielle par l'image doit disparaître, ou au moins perdre son caractère d'extériorité ? — Car, en ce cas, chaque terme de la relation perdrait l'indépendance en vertu de laquelle ils se limitent l'un l'autre. Peut-être pouvons-nous, avec saint Thomas, essayer une distinction scolastique. Le fameux docteur pensait pouvoir employer le concept de « Seigneur » dans sa théologie, quoiqu'il exprime une relation (*relatio dominii*) : cette relation n'est réelle que de la créature à Dieu, non de Dieu à la créature ; c'est-à-dire que la créature est en relation avec Dieu, et non Dieu avec la créature. Pour expliquer cette idée, saint Thomas emploie une image : Dieu ne change pas plus, parce que la créature (après avoir été appelée à l'existence) entre en relation avec lui, qu'une colonne ne change parce qu'un animal se couche sur un de ses côtés[38]. Mais cette comparaison ne nous aide pas à sortir de la difficulté. Après tout, il n'est pas absolument indifférent à la colonne qu'un animal se couche près d'elle ou non : si nous y pensons un peu, nous verrons que les rapports de lumière, d'air, de chaleur, doivent être légèrement changés, de telle sorte que les deux côtés du pilier ne sont pas exactement semblables. Une relation ne peut pas être absolument prise d'un seul côté, et la conscience religieuse elle-même s'opposerait à cette idée, qu'il est indifférent à Dieu que la créature existe ou n'existe pas. Au lieu d'une colonne inanimée pensons à une mère vivante : il sera bien facile pour l'observateur de dire si son enfant tendrement aimé est à sa droite ou à sa gauche.

Après le symbole de « Seigneur », celui de « Père » est le plus commun. Ce symbole a une histoire. La relation familiale fut transportée inconsciemment, dans le polythéisme, au monde des dieux. Les dieux avaient père et mère, et le dieu principal était souvent appelé « père » par le peuple — quoique au point de vue des religions naturelles ce terme n'eût pas le sens plus profond qu'il acquit à un degré plus élevé de développement. Dans le polythéisme, personne ne voyait d'inconvénient à accepter toutes les conséquences de la métaphore ainsi naïvement employée, et les hommes se représentaient cette relation paternelle sous tous ses aspects. Ce n'est pas le cas des religions monothéistes. On continue à employer le mot « père », mais il est séparé de toutes ses conséquences ; la relation maternelle, comme aussi d'autres encore, est ignorée. On oublie, par exemple, qu'un père humain n'est, pour son enfant, un gardien que pendant un certain temps, et qu'il tend, ou qu'il devrait tendre, à rendre son fils aussi indépendant que possible, en sorte qu'il cesse d'avoir besoin de la protection de son père.

Les symboles de « Seigneur » et de « Père » sont souvent employés côte à côte, de sorte que dans leur application spéciale, ils sont capables d'entrer en conflit. Quand par exemple la doctrine orthodoxe de l'expiation exige un sacrifice sanglant pour apaiser la colère de Dieu, on peut voir là le rapport d'un cruel seigneur oriental avec ses serviteurs, mais cela ne s'accorde pas avec celui d'un père avec ses enfants. On ne peut pas, bien entendu, espérer arriver à une construction logique de pensée au moyen d'images empruntées à des domaines aussi différents. Même l'application logique de l'une de ces figures conduit très vite à des absurdités : absurdités qui n'ont que trop souvent servi de thème de moquerie à la critique antithéologique. Mais même ceux qui trouvent quelque mauvais goût à ces railleries ne peuvent nier leur légitimité relative. Le dogme a pendu ses poids de plomb au cou des symboles religieux, et les a ainsi entraînés dans un domaine où ils sont exposés à la fois à la critique et à la raillerie.

Avec le développement de la réflexion, l'on passe des relations plus intuitives et plus concrètes à de plus abstraites. Parmi ces déterminations abstraites se trouve la « personnalité ». Le caractère plus défini fait place à un moins défini, qui est cependant encore emprunté aux circonstances humaines. Au point de vue psychologique, on peut réduire à deux points essentiels la détermination du contenu du concept de personnalité[39]. La personnalité (le moi), telle que nous la connaissons, est caractérisée en premier lieu par son unité. Tous les éléments de son être sont rassemblés et unis avec plus ou moins d'énergie, et cela, d'une manière plus intime que les éléments de la matière ne sont liés ensemble par les lois de la nature extérieure. Les éléments ainsi réunis dans l'unité de la personnalité, ne sont pas cependant absolument produits par elle ; elle-même dépend plus ou moins de son milieu. Il peut arriver que, sans désir de sa part, mais non sans coopération inconsciente ou involontaire, de nouveaux éléments se produisent en elle, et toute la question est de savoir comment ces éléments pourront être mis d'accord avec ceux qui sont déjà organisés. En second lieu, dans le contenu de toute personnalité, il y a des éléments qui occupent une place plus centrale et qui ont un caractère plus constant que d'autres. Ces éléments centraux et constants sont les fins et les tendances prédominantes qui déterminent la nature et la direction de la volonté. C'est là le côté réel de la personnalité, ce qui détermine avant tout les particularités spéciales propres à chaque individu. Au point de vue formel, comme au point de vue réel, la vie personnelle telle que nous la connaissons offre des alternatives d'activité et de passivité. L'activité se déploie pour organiser le contenu reçu pendant un état de passivité. Pendant cette élaboration, les éléments changeants de la périphérie sont plus ou moins fortement dominés par les éléments les plus centraux et les plus constants de la personnalité (pendant la totalité ou pendant une période particulière de la vie). Nous ne connaissons la personnalité que par ses efforts et ses luttes, par l'affirmation qu'elle fait d'elle-même en face des conflits et des difficultés qui naissent, soit de la pauvreté ou de la surabondance du contenu, soit de la lutte meurtrière que soutiennent entre eux ces éléments constitutifs. Une personnalité qui ferait sortir d'elle-même la totalité de son contenu, — qui n'aurait pas à tendre vers des fins encore hors de portée, qui n'aurait pas à surmonter une véritable opposition — ne serait pas ce qu'il faut entendre par personnalité, tant que nous restons dans le domaine de l'expérience psychologique.

La divinité, telle que la conçoivent les religions supérieures, doit-elle être appelée, ou non, un être personnel ? Cette discussion, à laquelle on revient souvent comme au point en litige entre le théisme et le panthéisme, se présente de la manière suivante ; d'une part, le concept de personnalité est idéalisé et étendu, de telle sorte que l'on revient à l'idée discutée plus haut (§ 10) d'une *causa sui;* d'autre part, on déclare qu'il est impossible de qualifier de personne un être, quand il produit lui-même tous ses éléments, ne rencontre par conséquent aucune opposition réelle, et n'est pas exposé à lutter, à faire effort ou à espérer.

La vie personnelle est la forme la plus élevée du réel que nous révèle l'expérience. Et l'unité que, finalement, nous sommes obligés d'attribuer à l'être en raison de sa continuité et de son obéissance à une loi, nous fait penser à l'unité de notre conscience, à l'aspect formel de la personnalité. Néanmoins, c'est une analogie qui se trouve en défaut sur le point essentiel; car notre idée du moi fini, qui n'est lui-même qu'un simple terme de l'ordre général du monde, ne peut exprimer le principe infini dont le fait même de l'existence d'un ordre cosmique est la manifestation. Et il est d'autant plus difficile de conserver cette analogie que l'on est plus porté à concevoir la divinité comme parfaite ou absolue, c'est-à-dire comme finie et complète, — de telle sorte que (comme le dit dans son poème didactique le scolastique André Sunesen) il lui soit impossible de s'étendre (*natura dei, cui nil accrescere posset*). La difficulté de conserver l'analogie avec le concept de personnalité s'élève jusqu'à devenir une évidente contradiction dans les termes par cette affirmation dogmatique du caractère d'absolu et l'importance extrême attribuée à l'immutabilité.

Les théistes philosophes, comme C.-H. Weisse et H. Lotze affirment, à la vérité, que, seul, un être infini peut posséder la personnalité et qu'un être limité et, par suite dépendant, n'est pas véritablement digne de ce titre : seul, un être absolument actif peut être une personne. Mais en parlant ainsi, on admet que le mot de personnalité peut être pris en deux sens entièrement différents (ou, comme dirait saint Thomas, *pure æquivoce*), selon qu'on l'applique à Dieu ou à l'homme. Par suite, à parler strictement, ces philosophes sont d'accord avec le résultat auquel sont arrivés Spinoza et Kant : après avoir éliminé tout ce qui n'est valable que des êtres finis, il ne reste rien dans notre concept psychologique fondamental, que le nom. Ce qu'on appelle le panthéisme rejette le terme de personnalité, non pas parce qu'il est trop haut, mais parce qu'il est trop bas pour déterminer la divinité. Si elle est le principe qui tient unie la totalité de l'être, la divinité doit être plus qu'une personne. Comme nous l'avons déjà vu (§ 20), nous n'avons pas le droit d'affirmer que nous possédons des données suffisantes pour déterminer le fondement de toute chose, fondement qui ne peut être caractérisé par aucune des formes particulières du réel qui nous sont révélées par l'expérience. Schleiermacher écrivait à ce déiste zélé qu'était Jacobi : « Plutôt que de déifier la nature, vous déifiez la conscience. Mais, mon cher ami, une déification (du moins à mes yeux) en vaut une autre... Nous ne pourrons jamais passer par-dessus l'opposition entre l'idéal et le réel, que vous préfériez les appeler ainsi, ou autrement... N'êtes-vous pas frappé du fait qu'une personnalité doit nécessairement être finie, quand vous lui donnez vous-même la vie [10] ? » La différence entre une conception théiste et une conception panthéiste ne dépend pas toujours seulement d'arguments épistémologiques : d'autres motifs agissent inconsciemment, et, en majorité, la différence dépend du degré variable de force avec lequel le besoin de former des images claires — spécialement aux limites extrêmes de la pensée — se présente chez les différents individus. Nous aurons quelque chose à ajouter sur ce point un peu plus loin, quand nous en viendrons à la partie psychologique de notre philosophie de la religion. A l'égard du terme même de « panthéisme », on peut remarquer qu'il s'emploie en des sens assez différents. Selon une manière de parler, qui a pour elle rien moins que l'autorité d'Ed. Zeller, le panthéisme représente une conception du monde dans laquelle la relation de Dieu au monde est conçue comme immanente, que Dieu soit conçu ou non comme une personne. Selon cet emploi du terme, une conception comme celle de Lotze mériterait aussi bien le nom de panthéisme, que celle de Spinoza. Selon un autre usage (auquel j'adhère pour ma part), le concept a une portée moindre, et on ne peut appeler à bon droit panthéiste une conception cosmologique immanente, que quand elle n'attribue pas la personnalité (sauf par une licence poétique) au principe interne d'unité du réel.

Il ne nous sera pas plus utile d'employer des expressions plus abstraites, comme celles de force, de vie, de substance ; car, ainsi que nous l'avons déjà vu (§ 18) elles indiquent des relations et par conséquent supposent une chose avec laquelle la relation puisse s'établir. D'ailleurs, ces expressions elles-mêmes, avant de recevoir l'application que désire la conscience religieuse sous ses formes mystiques et dogmatiques, devraient être soumises à une sorte d'épluchage tel qu'il n'en resterait rien, que le mot.

Il est donc surabondamment démontré qu'au moment critique, toutes les analogies nous font défaut. Nous sommes aux limites de la pensée, et il n'est pas bien étonnant que l'on ne puisse plus former de concepts réels, et que les images dont se satisfait l'humeur de chacun ne trouvent pas d'application logique. Ce caractère inconnaissable est fortement mis en lumière par ce que l'on appelle l'*agnosticisme*. Mais nous avons déjà eu (§ 18) l'occasion de voir que cette école tend à affirmer que l' « inconnaissable » est entièrement différent de tout ce qui apparaît dans l'expérience : de telle sorte qu'aucune des lois empiriques ne peut avoir la moindre valeur pour ce qui est néanmoins regardé comme le principe de l'être. C'est là une conception dualiste qui n'a pas de raison d'être. Finis qu'ils sont, nos points de vue et nos catégories sont incapables de nous fournir une définition — bien plus encore, une formule exhaustive d'un tel principe : néanmoins, ils doivent être en relation avec lui, et nous n'avons pas le droit déclarer qu'ils n'ont pas de valeur. Notre pensée, notre savoir eux-mêmes font partie du réel, sont nés en lui et constituent eux-mêmes un des faits qu'il faut considérer avant de conclure notre enquête sur la nature de l'Être. Les idées que notre expérience nous offre à développer sont probablement, en regard du grand système de relations dont nous faisons partie en qualité des termes individuels, à la fois subordonnées et relatives : mais qu'elles soient dépourvues de toute signification, nous n'avons pas besoin de le supposer. Mais nous ne pouvons pas indiquer le degré et la nature des transformations que nos points de vue auront à subir avant de pouvoir être assimilés au système de liaisons le plus élevé et le plus universel que nous puissions concevoir. Pour employer le langage poétique de la religion, notre savoir le plus élevé doit subir une transformation complète, si, tout en conservant sa valeur, il doit être absorbé dans la totalité la plus haute et la plus universelle que nous puissions concevoir. Une détermination plus précise de la relation entre la partie et le tout est naturellement hors de notre portée, aussi bien qu'une détermination plus précise du tout, ainsi que nous l'avons vu plus haut.

L'expression d' « agnosticisme » a été forgée par Huxley, qui voulait, lui aussi, avoir un terme terminé en « isme », comme tous ceux qui servent à désigner une opinion. Si je cherchais un nom pour la conception que j'essaye de développer ici, je l'appellerais un *Monisme critique*.

23. — Avant que les concepts, les analogies et les métaphores puissent être employés pour exprimer l'objet de la religion aux degrés les plus élevés de son développement, ils ont à subir un travail d'idéalisation et de sublimation qui peut sembler froid et étrange au sentiment religieux. La conscience religieuse elle-même tend, il est vrai, à concevoir son objet comme bien supérieur à toutes les relations finies. Mais en cédant sans réserve à cette tendance, elle va à l'encontre d'elle-même, car l'intime et vivante relation entre elle et son objet devient dès lors impossible. Beaucoup de nations croient que le Dieu suprême est un esprit infini, et cependant, dans leurs méditations et leurs besoins, ils se tournent vers des êtres divins placés plus près de la nature et des conditions humaines. C'est ce que l'on nous rapporte des Indiens de l'Amérique du Sud. « L'intelligence des Indiens est certainement capable de concevoir l'idée d'un esprit tout sage et tout-puissant, d'un maître souverain du monde : mais elle ne s'élève pas toujours au niveau de cet être, qui leur semble trop grand, trop éloigné et trop incompréhensible. Quand le danger effraye l'Indien, quand ses espérances sont brisées, quand le chagrin l'accable, il se tourne de préférence vers un être subordonné, qui soit plus à la portée de son intelligence. Il a un esprit gardien, vers qui il tourne ses regards lorsqu'il a besoin d'un secours et d'un guide. La totalité de la nature est, pour lui, pleine d'événements mystérieux. Il étudie la nature qui l'entoure comme l'astrologue étudie les étoiles. Et un observateur nous raconte ceci à propos des Hindous : « Nous avons fréquemment posé la question : « Où est le temple du Dieu suprême » ? Et la réponse faite, non sans une surprise évi-

dente, à une question si inattendue, a toujours été : « Le temple de Dieu suprême ? Que voulez-vous dire ? Ce temple n'existe pas. — Pourquoi ? — Parce qu'Il ne peut pas en avoir un. Dieu est sans forme, sans nom, Il est inconcevable et nous ne pouvons L'adorer. — Et c'est pourquoi vous adorez des idoles ? — Certainement, une idole est indispensable. Nous avons besoin d'un objet visible où nos esprits puissent se reposer [1]. » On trouve ces deux tendances dans le christianisme. L'Église catholique favorise la croyance à toute une série d'êtres vers lesquels l'adorateur peut se tourner pour satisfaire son besoin d'un objet fini et limité offert à sa prière et à sa méditation, quand le terme supérieur de la série semble trop lointain et trop haut. Commençant par Dieu, la série descend, par Jésus et la Madone, jusqu'aux saints spéciaux, qui agissent dans des cas particuliers ou qui prennent soin d'individus spéciaux. Dans l'Église protestante, cette tendance est limitée, mais elle existe encore. Ainsi que le disait un prédicateur de Copenhague, un jour, dans un sermon d'enterrement, « Dieu ne peut pas nous secourir dans notre grand chagrin, parce qu'Il est si infiniment loin de nous : il faut nous tourner du côté de Jésus. »

De même que la conscience religieuse hésite entre l'interprétation littérale et l'interprétation symbolique des expressions qu'elle emploie, de même aussi elle vacille entre la tendance à exalter son objet jusqu'à l'infini, et la tendance à le faire descendre dans le monde fini, pour en faire un compagnon de travail et de souffrance. Souvent, le sentiment le plus fort, la méditation la plus profonde se dirigent vers le Dieu qui lutte et qui souffre, plutôt que vers le Dieu éternel et parfait. Lorsque l'on conserve ces tendances sous leur forme extrême, l'on a le *paradoxe religieux* : Dieu est immuable et changeant; il est éternel et il devient; il est vainqueur et vaincu, bienheureux et souffrant. Les esprits religieux prennent souvent une délectation singulière à multiplier de telles oppositions, en se partageant entre l'admiration extatique du Toutpuissant, et le mépris de la pensée qui essaye en vain de la saisir. Mais le contraste essentiel — auquel tous ceux-ci peuvent se réduire — est, comme nous allons le voir bientôt, le contraste de l'immutabilité et du changement. La différence typique qui sépare les deux plus grandes religions populaires vient de l'attitude de chacune d'entre elles à l'égard de cette opposition. Mais on en trouve des traces au sein d'une seule et même religion. Celui-là même qui croit en un Dieu « en qui il n'y a ni changement ni opposition d'ombre et de lumière », peut aussi arriver à la conclusion que « Dieu est le plus changeant de tous les êtres [12] ». Le paradoxe n'est pas apparu à l'origine sous la forme d'un dogme spécial, par exemple celui de l'incarnation, comme S. Kierkegaard essaie de le présenter dans ses *Fragments Philosophiques*. En réalité il est déjà présent dans tout anthropomorphisme, dans toute métaphore qui veut être plus qu'une métaphore. L'affirmation qu'une image quelconque peut suffire, est en fait une affirmation, que l'illimité est limité, l'infini, fini. Le pouvoir de l'habitude rend l'homme aveugle au paradoxe ; son imagination s'installe commodément au milieu de l'ensemble d'images qui s'est peu à peu établi, et que la tradition consacre. Mais lorsque le flot du sentiment ou le mouvement de la pensée s'élève plus haut, cette forme limitée se déchire en deux ; et si l'on doit la conserver, ou plutôt si les hommes sont *décidés* à la conserver à tout prix, ce ne peut être que par un *credo quia absurdum*.

24. — Voici, encore une fois, un « à la fois... » qui apparaît comme caractéristique de la conscience religieuse. Mais quand cet « à la fois... » est arrivé au point d'être un paradoxe, il est clair que la tendance qui a conduit au développement des idées religieuses sous leur forme caractéristique, ne peut pas être une tendance purement intellectuelle, un simple besoin de l'entendement. Pour tout point de vue religieux, et spécialement pour les grandes religions populaires, l'intelligence n'est assurément pas sans importance. Pendant ses périodes classiques, la religion, qui est tout pour l'homme, satisfait aussi sa soif de connaître. Mais la soif de connaître est ici subordonnée à l'instinct de conservation, au besoin de développer et de protéger sa vie. « Je Te cherche pour que mon âme puisse vivre », dit saint Augustin à son Dieu. Ce n'est qu'en nous souvenant de cela que nous pouvons comprendre comment il se fait que certaines idées soient développées et conservées,

au mépris de l'intelligence, désireuse d'une pensée claire et logique. Nous sommes ainsi conduits à prendre conscience de ce fait, que le fondement de la religion doit être cherché dans d'autres aspects de la vie spirituelle que dans la pensée pure.

La religion ne peut pas être fabriquée ou construite. Elle naît du fond même de la vie, elle jaillit des dispositions foncières de l'homme dans sa lutte pour la vie, de sa résolution à se tenir, dans toutes les circonstances, résolument attaché à ce que l'expérience lui a appris avoir la valeur suprême. L'hypothèse que la religion consiste essentiellement dans la foi en la conservation de la valeur se présente ici tout naturellement. Maintenant que nous avons vu qu'il ne peut pas appartenir à l'essence de la religion d'apporter une compréhension ou une explication du réel, telles que les exige le besoin intellectuel, l'hypothèse qu'elle consiste dans la croyance à la conservation de la valeur, s'offre naturellement. L'énigme que la science est incapable de déchiffrer, est également insoluble du point de vue religieux. Nous avons vu que la religion ne peut pas donner d'explication des événements particuliers (section A) — que ses idées ne sont pas capables d'apporter une conclusion à la pensée scientifique (section B) — et que ces idées présentent moins le caractère de concepts que de métaphores (section C). Si donc les idées religieuses doivent, absolument parlant, avoir un sens, ce ne peut être que comme des expressions symboliques des sentiments, des aspirations et des désirs des hommes dans leur lutte pour l'existence; et ainsi, elles sont secondaires et non primaires quant à leur valeur et quant à leur origine. La philosophie de la religion est ici en désaccord avec le dogmatisme, tout comme l'histoire de l'art l'est avec la mythologie de l'art. Ce qui, selon l'histoire de l'art,[43] pousse l'artiste à agir, c'est le plaisir aigu qu'il trouve dans les formes que la vie lui montre ; il veut les reproduire, quoique peut-être sous une forme idéale. Mais le *nom* qu'il donne à l'image qu'il a formée, c'est une question secondaire, que bien souvent il laissera à l'avenir le soin de décider.

Une fois développé, cependant, il est inévitable, bien entendu, que le besoin intellectuel influe sur le besoin religieux. Si la religion consiste essentiellement dans la conviction que la valeur se conserve, encore cette conviction doit-elle exiger toujours des idées, pour se rendre claire à elle-même sa propre signification; et ces idées — d'une manière peut-être lente, mais continue, — sont mises en œuvre, de manière à s'accorder et à s'harmoniser le plus possible avec les idées auxquelles les hommes sont arrivés par d'autres routes et sous l'influence d'autres motifs: la question est alors de savoir comment ces deux besoins s'accordent entre eux. Le besoin intellectuel nous porte à concevoir le réel comme un immense système impossible à mesurer, formé de groupes et de séries de causes; le besoin religieux nous amène à une conception qui fait de l'Etre le foyer du développement et de la conservation de la valeur. Ces deux points de vue peuvent-ils s'harmoniser ? Quel rapport y a-t-il entre la valeur et la causalité, entre l'énigme de la vie et l'énigme du monde ? Ce problème est peut-être insoluble et sa solution serait la pierre philosophale. Mais notre étude épistémologique de la philosophie de la religion nous a peut-être appris à voir plus clairement en quoi consiste le problème. Il est, sans doute, vrai que la théorie de la connaissance ne peut, la plupart du temps, éclairer qu'indirectement et négativement le problème religieux; néanmoins, nous ne pouvons espérer arriver à aucun résultat clair en la négligeant. Nous passons maintenant, avec l'aide de la psychologie, à l'étude directe de la nature de la religion. La question qui se pose à nous maintenant est la suivante: dans quelle mesure l'hypothèse que la religion consiste essentiellement dans la conviction que les valeurs se conservent, — hypothèse à laquelle j'ai plus d'une fois fait allusion — peut-elle se trouver établie et justifiée adéquatement ?

CHAPITRE III

LE PROBLÈME PSYCHOLOGIQUE DE LA PHILOSOPHIE DE LA RELIGION

25. — A parler strictement, nous nous sommes déjà, dans les sections précédentes, occupés de psychologie : car la théorie de la connaissance et la psychologie empiètent continuellement sur les frontières l'une de l'autre. La théorie de la connaissance examine les formes et les éléments de notre savoir pour découvrir si l'on peut compter sur eux pour se procurer une connaissance du réel, tandis que la psychologie les examine quant à leur constitution et à leur origine de fait, sans considérer leur usage ou leur valeur. Nous avons vu que l'importance des idées religieuses ne peut pas consister à rendre le réel intelligible (au sens où nos besoins intellectuels prennent ce mot). Il ne nous reste donc plus que l'étude purement psychologique. Elle nous montrera peut-être la signification positive qui s'attache véritablement aux idées religieuses.

La psychologie de la religion est une partie, une forme spécialisée de la psychologie générale : elle a avec elle des relations de réciprocité ; elle lui sert comme un moyen, car dans son domaine particulier elle rassemble et élabore des matériaux du plus grand intérêt psychologique. Car c'est dans le domaine religieux que les hommes ont fait leurs expériences psychologiques les plus profondes et les plus intenses. Dans la religion (lorsqu'elle est véritable et originale) tous les éléments de la vie psychique agissent ensemble, avec une énergie et une harmonie que l'on trouve difficilement dans aucun autre domaine. C'est pour cette raison que l'étude de la vie religieuse de l'âme est d'une si grande importance pour la pschylogie générale. L'attention des psychologues est attirée non seulement par l'histoire de la religion, mais encore, et à un bien plus haut degré, par la vie religieuse des individus. L'histoire de la religion ne peut pas aussi facilement découvrir les facultés psychiques dans leur activité originale. Elle s'occupe surtout des grands types, de ces formes de religion qui sont communes à de grands groupements humains. De bonnes biographies, spécialement des autobiographies de personnes religieuses, sont plus instructives que les ouvrages les plus savants sur les grandes religions populaires. Ainsi, pour ne citer que quelques exemples, les Confessions de saint Augustin, les autobiographies de Suso et de sainte Thérèse sont parmi les matériaux les plus importants pour la psychologie de la religion. L'histoire de la piété individuelle, elle aussi, forme une partie naturelle de l'histoire de la religion : mais jusqu'à présent celle-ci ne s'est occupée, presque exclusivement, que des types généraux. La psychologie religieuse, cependant, ne se contente pas de rassembler des matériaux pour la psychologie générale : dans son domaine spécial, elle utilise les points de vue et applique les lois de cette dernière. Elle essaye de comprendre psychologiquement les phénomènes de la vie religieuse. Et c'est alors que la psychologie générale apparaît comme un moyen pour la psychologie religieuse. C'est de ce dernier côté spécialement que nous nous occuperons de la psychologie de la religion, dans le cas présent, où elle s'offre comme une partie de la philosophie de la religion. Elle applique, autant que la matière le comporte, les méthodes générales de la psychologie, et part des mêmes hypothèses que la psychologie générale [44].

A. — L'EXPÉRIENCE RELIGIEUSE ET LA FOI RELIGIEUSE

Quid est quod amo, cum te amo ?
Saint Augustin.

a) *L'expérience religieuse.*

26. — Je prends ici le mot d'expérience, au sens de la production spontanée, de l'apparition d'états de conscience, par opposition à l'élaboration au moyen de la pensée. Nous

nous occuperons surtout de chercher à déterminer la nature et l'étendue de ce que l'on doit compter comme expérience religieuse, ainsi que les limitations auxquelles cette expérience, en vertu de sa nature propre, est soumise. Mon but, dans les pages suivantes, sera de décrire l'expérience religieuse à un point de vue strictement psychologique.

27. — L'expérience, au sens des événements dont nous sommes témoins, ne s'achève jamais tant que dure la vie. Aussi peut-elle présenter une série d'états particuliers, mais jamais une totalité complète, et aucun axiome général ne se forme comme le résultat cristallisé de l'expérience. Les systèmes ou les généralisations résultent soit d'une élaboration de l'expérience par la pensée, soit d'une mise en lumière tout inconsciente d'une expérience particulière ou d'une espèce particulière d'expérience, considérée comme déterminant tout le reste. Avant d'arriver à la réflexion consciente, on trouve cette mise en lumière inconsciente à la base de tout ce qui plus tard sera regardé comme le résultat de l'expérience religieuse. Il est de la nature du sentiment qu'une fois éveillé par un événement particulier, il tende à envahir toute la vie de conscience et cherche à répandre sa couleur sur tous les autres éléments de cette vie, qu'ils soient ou qu'ils ne soient pas en rapport avec l'événement en question. En vertu de cette *expansion du sentiment* (ainsi que j'ai appelé ce phénomène dans ma *Psychologie*), des états internes, qui en eux-mêmes et pour eux-mêmes n'ont rien à faire les uns avec les autres, peuvent acquérir un caractère commun, et de la série des phénomènes internes un tout peut se former, quoique la série en elle-même n'ait point eu de conclusion. Les expériences qui déterminent ainsi la coloration de la vie intérieure tout entière peuvent varier dans la plus large mesure avec les individus et les circonstances. Quelque inévitable et significative que soit cette expansion du sentiment, elle contient cependant des sources d'erreur qu'il ne faut pas oublier en estimant les apports de l'expérience. Une telle expansion du sentiment est, naturellement, elle-même une expérience; mais elle n'est que secondaire en comparaison de ces événements internes dont nous essayons de déterminer les résultats.

Dans le conflit entre l'optimisme et le pessimisme, par exemple, nous trouverons que des expériences isolées sont regardées comme typiques et douées du pouvoir de déterminer le point de vue choisi. Quoique les adeptes des deux théories fassent appel à l'observation et à la pensée, le résultat obtenu est déterminé beaucoup moins par la généralisation et l'induction logiques, que par une expansion du sentiment. Ils n'ont qu'à conserver dans leur fraîcheur les expériences prises comme points de départ, et à leur faire garder leur place au centre de la conscience, de manière à fixer l'attention sur elles, et le reste suit de soi-même.

Si la croyance dans la conservation de la valeur est l'essence de toute religion, il résulte de là qu'aucune religion ne peut être construite sur la base de l'expérience immédiate. Nous ne pouvons apprendre immédiatement à connaître que les valeurs particulières et définies qui ont pour conditions notre nature humaine et individuelle, et nos conditions spéciales d'existence ; aucune expérience ne peut rien nous apprendre immédiatement sur la conservation de ces valeurs, pas plus qu'elle ne peut nous montrer que ce qui possède pour nous la plus haute valeur est le fait central du réel. Nos expériences, les événements de notre vie peuvent nous fournir un *motif* pour croire à la conservation de la valeur, mais elle ne peut jamais nous fournir le *contenu* de cette croyance. La vie personnelle, plus spécialement telle qu'elle s'exprime dans les grandes crises, lorsque de nouveaux sentiers se frayent et de nouvelles formes de vie se manifestent, est la plus haute valeur que nous connaissions. Aussi nous servons-nous involontairement des expériences que nous avons de cette vie pour illuminer la totalité du réel ; il nous semble que dans de telles crises le réel nous révèle ses puissances cachées. C'est l'œuvre d'une expansion de sentiment. Si nous essayons de traduire cela sous forme de pensée, nous obtenons une conclusion par analogie qui se trouve au delà de la ligne qui fait la limite de la pensée et de la poésie (§§ 19-20).

28. — Dans toute expérience il faut distinguer entre ce qui est immédiatement donné et ce qui sert à expliquer et à exprimer ce donné. Ces trois moments : l'état lui même, sa

cause, et son expression, peuvent être si rapprochés qu'on ne puisse les séparer que par une analyse ultérieure plus serrée et plus exacte. La relation en question ressemble à celle qui existe entre une découverte, sa vérification et sa formulation. Ces trois moments peuvent aussi approcher beaucoup l'un de l'autre, quoiqu'il soit très important de les conserver à part.

Si nous faisons appel à notre expérience individuelle, *l'état expérimenté lui-même* ne peut nous donner seulement un point d'appui passager. Le fait que cet état ait *une cause* définie ne peut pas être expérimenté d'une manière aussi immédiate que l'état lui-même. Car lorsque quelque chose a fortement ému notre vie psychique, et a produit en elle de grands effets, ces effets, qui sont l'objet immédiat de notre expérience, nous absorbent tellement qu'il devient impossible pour nous de nous former une idée claire et adéquate de leur cause. La cause réelle consiste dans une pluralité de conditions, et ne peut être découverte que grâce à une recherche critique. C'est une illusion qui nous fait croire que nous expérimentons la « cause comme cause ». L'existence d'une relation causale ne peut jamais être perçue immédiatement : l'observation immédiate nous montre seulement qu'une chose vient *après* une autre, et jamais qu'elle est produite *par* cette autre. La présence d'une relation causale n'est prouvée, que lorsque nous pouvons montrer dans tel événement particulier antécédent la condition nécessaire pour que l'état particulier en question s'ensuive *d'une manière inévitable*. Mais ni un « seulement » ni un « inévitablement » ne peuvent être connus d'une manière immédiate; c'est par la comparaison et l'expérimentation qu'il faut les établir. Aussi, dans les cas douteux, faisons-nous appel aux comparaisons et aux expérimentations, et c'est spécialement dans les cas douteux que l'on fait le plus fréquemment appel à l'expérience. On ne commence pas par le doute, soit dans le domaine de l'expérience externe, soit dans celui de l'expérience interne. Tout élément de conscience qui se présente est d'abord accepté instinctivement comme valable, comme l'expression même de la réalité. Il se présente, pour ainsi dire, revêtu d'une qualité de réalité, qui n'est dépouillée que lorsque des éléments contradictoires se présentent, avec la même qualité. Là où un conflit de ce genre ne se produit pas, aucun doute ne s'élève, et en ce cas il n'y a pas besoin d'un critérium de la réalité ou de la validité. Mais s'il y a conflit, la question se pose inévitablement : quel est, de ces éléments, celui qui possède la véritable réalité ? Et cette question ne peut être résolue que lorsque l'on découvre une connection inéluctable entre l'un des éléments en conflit, et d'autres éléments dont la solidité a été établie antérieurement. C'est ce que nous faisons lorsque nous avons un doute relativement à quelque chose de ce qui nous entoure. La différence entre une hallucination et un événement réel est reconnaissable à ce fait que l'on peut montrer que celui-ci, et non celle-là, est un terme d'une longue série de consécutions et de causes, composée d'éléments dont la solidité n'est pas mise en doute. Plus un rêve est logiquement enchaîné, plus il nous semble une réalité ; plus un élément réel de notre expérience reste isolé, plus nous sommes portés à le prendre pour un rêve[45]. Ce qui est vrai à cet égard de l'expérience externe l'est aussi de l'expérience interne. Ici encore il est impossible d'expérimenter d'une manière immédiate une relation causale. Dans n'importe quelle discussion sur la valeur de l'expérience religieuse — à condition qu'elle ne soit pas seulement superficielle — il sera au moins utile, lorsqu'il ne sera pas absolument nécessaire, de traiter l'objet d'une expérience immédiate comme aussi séparé que possible de ce que l'on suppose être sa cause. Ce dont on a une expérience forte et immédiate ne peut pas soi-même être une illusion. L'élément d'illusion ne naît que par une fausse explication causale, que l'on confond avec l'observation immédiate. Nous aurons, plus tard, l'occasion d'expliquer le mécanisme de l'explication causale.

Lorsqu'il se produit un état de conscience violemment excité, ou une expérience capable de nous exciter violemment, le premier besoin ressenti ne sera pas d'en établir la cause, mais *de lui donner libre cours au moyen de gestes ou d'exclamations, de l'exprimer par des mots ou par des actions*. L'individu cherche alors des pensées ou des images propres à satisfaire ce besoin ou à le guider dans une certaine direction ; il y a ici un besoin de réaction, et de réaction sous forme de peur ou de reconnaissance, d'amour ou de colère et de haine, selon les circonstances. La nature de cette réaction sera déterminée par les expériences précédentes, et par les traditions qui influencent le sujet. Ce n'est que dans des natures particulièrement originales qu'il se produit une nouvelle construction. C'est parmi ces natures que se recrutent les prophètes et les fondateurs de religions.

Grâce à un artifice naturel, ce qui satisfait le besoin d'expression et de réaction peut coïncider avec ce qui satisfait le besoin d'explication causale, lorsque celui-ci se produit. Pendant les états de conscience nettement religieux, le besoin de connaissance ne se fait pas sentir à part et ne se présente pas à coup sûr sous une forme critique ; c'est le besoin d'expression et de réaction, identique au besoin de symbolisation, qui est nettement prédominant et qui, par conséquent, détermine le contenu de l'idée religieuse.

Si l'expérience immédiate ne peut pas nous donner d'indications sûres relativement à la cause de ce que nous avons expérimenté, elle est encore moins capable de nous donner la moindre information digne de confiance, sur la question de savoir si l'expérience est due à une cause « naturelle » ou « surnaturelle ». Dans les descriptions détaillées des états religieux, nous trouvons souvent que le sujet saute à la conclusion que la cause doit être « surnaturelle », uniquement parce qu'il ne sait pas trouver une cause naturelle et qu'il ne pense pas y avoir lui-même quelque part. C'est ainsi que sainte Thérèse dit : « Je sentis mon âme enflammée par un ardent amour de Dieu : cet amour était évidemment surnaturel, car *je ne savais pas qui l'avait allumé en moi, et je n'avais eu moi-même aucune part à la chose.* » C'est un trait qui revient continuellement chez les mystiques et les piétistes, que plus ils retiennent (ou croient retenir) leur pensée et leur volonté, plus ils attribuent une origine divine à leurs expériences intimes[46]. Nous retrouvons ici le même substrat de conception dualiste, que nous trouvions dans le concept de miracle en général. Les miracles psychologiques appartiennent à la même catégorie que les miracles physiques, quoique la croyance aux premiers soit plus persistante que la croyance aux derniers.

29. — La relation des idées religieuses aux expériences immédiates est variable. Il se peut que l'expérience se développe comme une série d'états psychiques, et que ce ne soit qu'après que l'on cherche une idée capable d'indiquer (c'est-à-dire d'expliquer ou d'exprimer, ou tous les deux à la fois) cette expérience. De telles idées peuvent, sous l'impression d'expériences extraordinaires et chez des personnalités créatrices et originales, être, elles aussi, originales. Mais en général, elles ont leur source dans le cercle des idées traditionnelles avec lesquelles le sujet était déjà familiarisé, mais que jusqu'alors il n'avait pas remarquées. Les exemples ne manquent pas, de personnes qui d'abord se convainquirent de leur « conversion » ou de leur « renaissance » en voyant leurs expériences cadrer avec celles que racontaient des croyants autorisés [37]. Le changement que l'on observe est interprété au moyen de traditions, qui se trouvent pour la première fois utilisées et pratiquées, et qui se transforment, de mortes qu'elles étaient, en un trésor vivant. Mais très souvent il arrive que ce sont les idées traditionnelles elles-mêmes qui suggèrent les expériences. Pour la plupart des hommes, l'expérience religieuse consiste en efforts et en états qui sont décrits et inculqués par la tradition. Alors, les idées sont toutes prêtes d'avance et n'ont qu'à être traduites dans l'expérience. La plupart des gens font leurs expériences religieuses en compagnie de croyants qui ont une foi plus ou moins développée. De cette manière le degré de l'expérience est limité d'avance. Les expériences qui ne peuvent pas trouver d'expression dans le cercle traditionnel des idées religieuses, apparaissent incertaines, dangereuses, et même pernicieuses. Dans les exposés théologiques, ce caractère confessionnel, si fréquent dans les expériences religieuses, s'exprime clairement, et souvent avec pleine conscience.

L'ancien piétisme, par opposition à l'orthodoxie qu'il combattait, attachait une grande importance aux expériences intérieures. Mais, l'Église protestante regardant la Bible comme la règle suprême, les piétistes ecclésiastiques affirmaient expressément que l'expérience interne devait être subordonnée aux enseignements de la Bible. Dans son œuvre remarquable intitulée *Theologia experimentalis* (1715) Gottfried Arnold enseigne que l'expérience religieuse se place au-dessous de l'Écriture et n'apporte aucun principe particulier qui vienne s'ajouter à l'Écriture. Toute la valeur de l'expérience, à ses yeux, consiste dans le fait qu'elle fournit un champ pour la mise en pratique des doctrines de l'Écriture. L'expérience, dès lors, n'est pas le terrain : elle est le résultat et le fruit et doit être jugée « selon la parole de Dieu ». Avec la clarté qui le distingue, Arnold tire ensuite, de ceci, la conclusion que l'expérience ne doit pas occuper dans la religion la même place que dans la science ; dans la religion elle suit la croyance, dans la science elle la précède. Les théologiens modernes ont, au contraire, essayé de tracer un parallèle entre l'expérience religieuse et l'expérience scientifique, sans reconnaître les conséquences formidables d'une telle méthode. Cela les conduit, au moins, à reconnaître que l'individu ne peut jamais, par le moyen de l'expérience, apprendre tout ce qu'il devrait croire, selon les enseignements de l'Église. Et quelle valeur peut avoir pour des individus « l'expérience commune de l'assemblée », et peut-on appeler cela justement « une expérience commune » si chacun n'y participe pas, ne peut pas y participer ? D'ailleurs, l'enseignement de l'Église comprend un grand nombre de choses, comme la création, le jugement dernier, dont il est absolument impossible que chacun ait fait l'expérience.

La limitation imposée par les credos a rendu unilatérale et imparfaite l'expérience religieuse — et même, l'expérience intérieure en général. Elle a laissé dans l'ombre des aspects de la vie intérieure qui ont les meilleurs motifs du monde d'être considérés. Et, ce qui est d'une importance extraordinaire pour la philosophie de la religion, elle a rendu psychologiquement inexplicable l'origine des idées religieuses. Car l'expérience religieuse doit sûrement conduire parfois à la formation d'idées nouvelles, ou, du moins, à la prise en considération d'idées autres que celles que sanctionne la tradition. Il doit être possible de faire des découvertes dans le domaine de la vie intérieure, au même titre que dans celui du monde extérieur. Les conditions de l'une changent exactement autant que celles de l'autre — et il en est nécessairement ainsi, puisque la vie intérieure et la vie extérieure agissent et réagissent sans cesse l'une sur l'autre. Nous n'avons pas le droit d'admettre dogmatiquement que toutes les expériences psychiques essentielles ont déjà été faites, de telle sorte que les générations à venir n'ont qu'à s'exercer dans les formes de pensée qui ont été établies à une certaine époque. Il ne sera jamais possible de prouver que le monde de l'esprit a atteint sa conclusion.

30. — La valeur pratique d'une idée se prouve de l'une des deux manières suivantes : ou bien l'expérience nous amène à la former ou à la choisir comme une expression de ce que nous avons éprouvé, ou bien elle nous aide, quand nous nous attachons purement à elle et quand nous nous absorbons en elle, à garder notre courage dans la bataille de la vie, à rester fidèles à ce que nous connaissons de meilleur, et à nous imposer des tâches qui secondent notre développement personnel. Peu importe, dès lors, qu'une idée soit la cause ou l'effet de l'expérience ; elle doit être éprouvée dans l'expérience. Mais, en même temps, il ne faut jamais oublier qu'une preuve complète et empirique de la valeur pratique d'une idée ne peut être fournie, que quand on a eu l'occasion d'éprouver si les mêmes expériences ne pouvaient pas s'exprimer autrement, ou si les mêmes expériences, ou d'autres également valables ne peuvent pas revêtir d'autres idées que celles dont il s'agit. Il faut non seulement une épreuve, mais encore une contre-épreuve : et c'est ce dont la vie de l'individu n'offre que rarement l'occasion. En règle générale, l'individu réduit son expérience à ceci, que certaines idées l'ont ou ne l'ont pas aidé dans de certaines circonstances. Il ne sera pas capable de prouver que des idées autres que celles qui, en fait, l'ont aidé, n'auraient pas pu l'aider. L'expérience immédiate, du moins, ne peut rien lui dire sur ce point. Elle ne peut pas davantage lui dire si ce qui ne l'a pas aidé ne pourrait pas aider d'autres hommes, ou lui-même, dans d'autres circonstances. L'expérience gardera toujours l'empreinte de la personnalité individuelle ; « l'expérience commune » est, plus ou moins, une illu-

sion, parce qu'en fait, des individus différents interprètent et appliquent chacun à sa manière cette expérience dite « commune ». Mais maintenant que nous avons reconnu les difficultés contenues dans le passage de l'expérience individuelle à l'expérience confessionnelle, nous serons sur nos gardes lorsque l'expérience confessionnelle proclamera qu'elle est accessible à tous les hommes, à condition qu'ils « veuillent » l'accepter. Ici encore, l'hypothèse sous-jacente est que l'on connaît toutes les possibilités, c'est-à-dire toutes les relations et toutes les conditions personnelles.

31. — Jusqu'à présent (§§ 26-30) nous avons examiné l'expérience religieuse comme expérience, c'est-à-dire d'après les conditions et les qualités qu'elle a en commun avec toute autre expérience. Nous allons maintenant discuter ce qui est particulier à l'expérience religieuse et ce qui la distingue d'une autre expérience psychologique. L'expérience religieuse est essentiellement le sentiment religieux. Son objet immédiat est l'état de conscience intime qui persiste au cours de la succession des événements intérieurs et extérieurs. Mais il y a, à côté du sentiment religieux, d'autres expériences de sentiment. Aussi notre description de la nature du sentiment religieux ne sera-t-elle pas complète sans une étude des ressemblances et des dissemblances qui existent entre lui et les sentiments qui lui ressemblent le plus.

Tout sentiment, c'est-à-dire tout plaisir ou toute douleur, quelle qu'en soit l'espèce, exprime la valeur qu'a pour nous un événement du monde extérieur ou intérieur. Et inversement, a de la valeur ce qui est l'objet d'une satisfaction immédiate, ou procure des moyens propres à donner cette satisfaction (cf. § 3). Les concepts de « fin » et de « moyen » supposent celui de valeur, et la valeur à son tour suppose un sujet capable d'éprouver du plaisir et de la douleur. Quand nous attribuons de la valeur à des choses ou à des états, cette qualité, comme toutes les autres qualités, indique une relation définie à un sujet, dans l'espèce, à un sujet capable de ressentir plaisir ou douleur. Cette qualité de « valeur », par rapport aux autres qualités des choses ou des états, n'est que secondaire : car ce qui donne de la valeur aux choses et aux états, ce sont précisément ces qualités. Par suite, la valeur est une qualité au second degré.

Différentes sortes de valeurs correspondent aux différentes sortes de sentiments. Un groupe de valeurs se rattache à l'affirmation de soi-même, de sa forme la plus élémentaire, à sa forme la plus idéaliste. Un autre se rattache aux sentiments d'abandon à l'égard des êtres, des circonstances et des devoirs qui dépassent les conditions de l'affirmation isolée de soi-même — et parmi ces sentiments, se trouvent ceux que l'on appelle respectivement sentiment moral, esthétique et intellectuel. La possibilité d'un troisième groupe de valeurs, des valeurs religieuses, dépend de la réponse à la question suivante : les deux premiers groupes de valeurs, celui de l'affirmation de soi-même et celui du renoncement, sont-ils tous deux à la fois acquis et conservés dans le réel, tel qu'il s'offre à nous ? Le réel, dès lors, apparaît comme un champ de bataille, où se décide le sort des valeurs. Un grand drame se joue, dans lequel l'homme est acteur aussi bien que spectateur. S'il n'était qu'acteur, toute son énergie et tout son intérêt se concentreraient sur le rôle qu'il est lui-même appelé à jouer, et il n'aurait ni le temps, ni la force, ni la part d'intérêt nécessaires pour laisser l'action du drame dans son ensemble produire en lui ses effets les plus profonds. S'il n'était que spectateur, son émotion pendant la représentation serait tout esthétique ou intellectuelle. Mais il est les deux à la fois ; il possède lui-même des valeurs qui sont en jeu dans la bataille, et en plus de la sympathie qu'il a pour elles, l'image qu'il se forme de l'ensemble du drame l'affecte profondément, et détermine la tournure de son esprit. Au plus profond de son être, et pour l'amour des valeurs les plus hautes qu'il connaisse, il se sentira entraîné dans le grand système et dans le cours des choses, de telle sorte que, selon la destinée de ces valeurs, un vivant sentiment de douleur ou de plaisir naîtra en lui. Sous ses formes immédiates, ce sentiment se décharge sous forme d'expressions d'espoir ou de crainte, d'admiration ou d'horreur, de joie ou de tristesse. Ces expressions se présentent dans tous les domaines ; ce sont les jugements de la valeur sous leur forme la plus simple. *Le sentiment que détermine la destinée des valeurs dans la lutte pour l'existence, est le sentiment religieux*. Il est, par conséquent, déterminé par le rapport des valeurs à la réalité. Ce rapport, ainsi qu'il se manifeste aux hommes, détermine la valeur qu'ils attribuent au réel. Par conséquent, les jugements religieux sont des jugements secondaires de valeur; par rapport aux jugements primaires de valeur, qui servent à exprimer les deux premiers groupes de valeurs, ils sont donc dérivés.

En dépit de leur caractère dérivé, les sentiments religieux peuvent être expérimentés d'une manière aussi immédiate et aussi ardente que les sentiments primaires. Ils peuvent même devenir la valeur essentielle pour l'homme, car la relation de la valeur à la réalité est celle dans laquelle l'homme est engagé de la manière la plus étroite, et qui par suite peut faire appel à toutes ses énergies : n'est-ce pas en effet une question de vie et de mort pour tout ce qui a fait, à ses yeux, preuve de valeur ? Dans le problème religieux, le concept de valeur intervient au second degré : mais s'il est secondaire, c'est au sens où, par rapport aux forces concentrées en un seul et même point, leur concentration est secondaire. Pendant l'âge d'or des religions, lorsqu'elles sont en train de se fonder ou de s'organiser, cette concentration de tous les intérêts et de toutes les facultés en un seul point, est le trait le plus caractéristique.

Et de même que le sentiment religieux, malgré son caractère secondaire par rapport aux autres sentiments, peut être expérimenté aussi immédiatement et aussi vivement qu'eux, de même il peut se présenter indépendamment d'eux et réagir sur eux. Du moins ne peut-il jamais être en relation avec eux d'une manière purement passive. L'action et la réaction continuent sans cesse, et le degré d'indépendance est, de part et d'autre, très variable. Il est vraisemblable que les deux premiers groupes seront plus indépendants à un degré plus élevé de culture, lorsque la division du travail spirituel sera devenue un fait accompli. Comme nous l'avons vu plus haut, le problème religieux ne se pose que lorsque des valeurs spéciales commencent à atteindre un plus haut degré d'indépendance à l'égard de cette concentration de toutes les valeurs, qui est le trait caractéristique de la religion, et qui trouve son explication psychologique dans ce fait, que, dans la religion, le facteur vraiment déterminant est le rapport fondamental entre la valeur et la réalité.

La description et l'analyse psychologiques d'un sentiment ne doivent pas, naturellement, être confondues avec la réalité particulière du sentiment lui-même. Pour pouvoir décrire et analyser, nous avons besoin d'un ensemble de concepts et de points de vue dont l'état de sentiment, pris actuellement, en lui-même, n'a besoin de rien connaître. Ce sentiment apparaît avec le cachet d'une totalité complète, ou peut ainsi apparaître ; il se développe de la même manière qu'un instinct, sous l'influence d'impressions et d'événements que souvent nous ne pouvons pas comprendre nous-mêmes, et qui, pour la première fois, nous amènent à recourir consciemment à une recherche comparative. Le sentiment, dont nous avons décrit la possibilité et le caractère général, est l'élément essentiel dans toutes les religions et pour tous les points de vue religieux. Par rapport à lui, toutes les idées sont subordonnées et conditionnées.

On peut objecter ici que, dans les grandes formes historiques de religions, la présence d'êtres personnels dont l'homme sent qu'il dépend et qui sont conçus comme gouvernant l'univers, est toujours un trait essentiel ; par suite, que le concept de religion suppose mythe, dogme et culte. La définition de la religion sera toujours, en dernière analyse, une affaire de goût. Comme dans toutes les définitions de concepts fondamentaux, des considérations de fin à proposer feront toujours pencher la balance. Mais cela ne sert à rien de définir un concept de manière à le dépouiller de toutes les questions et de tous les problèmes importants qu'il implique. Le problème religieux serait à coup sûr bien simplifié si nous devions restreindre notre discussion aux religions dans lesquelles on peut montrer des mythes, des dogmes et un culte. Mais que dire, si le mythe, le dogme et le culte n'ont de signification religieuse que parce qu'ils s'appuient sur le sentiment décrit plus haut ? S'il en est ainsi, il est possible, ne l'oublions pas, que cet élément sousjacent de la religion existe et agisse sans s'exprimer dans un mythe, un dogme ou un culte. Il est donc naturel d'insister surtout sur ce sentiment, et c'est le sens le plus large du concept de religion qui est le plus naturel. Mais la question n'est pas d'une très grande importance, et peut facilement dégénérer en une pure affaire de mots. Si l'on préfère renoncer tout à fait à employer le mot de religion plutôt que de le prendre en ce sens large, on peut, comme je l'ai indiqué dans ma *Psychologie*, appeler sentiment de la vie cosmique le sentiment qui est déterminé par la relation entre la valeur et la réalité du monde. Car le sentiment de la vie organique correspond d'une manière immédiate au courant vital dans notre organisme, et est déterminé par lui ; il prend un caractère différent selon que notre vie organique est entravée ou développée : de même aussi, dans le sentiment que nous avons décrit, nous avons un symptôme de la façon dont la vie (dans la mesure où nous la connaissons et où nous unissons à elle notre bonheur et notre malheur) se comporte dans le monde pris dans son ensemble (dans la mesure où nous pouvons nous en former une image). Ceux qui ne veulent pas employer le mot religion au sens large, peuvent appeler religion (au sens étroit) une espèce particulière du sentiment de la vie cosmique. L'emploi du mot religion au sens large ne semblerait déplacé que si cette manière de s'exprimer était employée comme une indigne adaptation à des formes existantes de religion. D'autre part, la critique des formes existantes de la religion n'en deviendra que plus sévère, si l'on s'aperçoit qu'elles s'opposent de plus d'une manière à la véritable nature de la religion, et que par suite elles désignent quelque chose qui les dépasse. Pour ceux qui désirent trouver un refuge dans un compromis, d'autres voies restent toujours ouvertes, et le fait qu'une certaine terminologie puisse être appliquée à tort, dans des usages non scientifiques, ne constitue pas un motif suffisant pour l'abandonner, si elle a fait ses preuves d'utilité scientifique.

Dans son ouvrage suggestif intitulé *De l'Irréligion de l'Avenir* (1887), Guyau s'en tient au sens étroit du mot religion, car il refuse de reconnaître comme telle toute religion dépourvue de mythes, de dogmes et de culte. Mais il distingue entre *l'irréligion* et *l'antireligion,* et essaye de montrer que « l'irréligion de l'avenir saura conserver ce qu'il y a de plus pur dans le sentiment religieux ». Mais il me semble que c'est une question de savoir si « ce qu'il y a de plus pur dans le sentiment religieux » n'est pas lui-même ce qui est essentiellement religieux. J. Royce, un Américain qui a écrit sur la philosophie de la religion, et dont le point de vue n'est pas le même que celui de Guyau, dit dans un article intéressant sur le jeune philosophe français mort si prématurément : « Si les opinions de Guyau étaient les miennes, je les appellerais religieuses, sans hésiter, pour la raison que je verrais en elles, ainsi que lui, l'accomplissement, sous une forme raisonnable, de ce qu'a cherché l'instinct religieux de l'humanité [48]. » Nous sommes ici dans la région des nuances délicates. Pour ma part, j'aurais moins d'hésitation que Guyau à prendre le concept de religion dans son sens large, quoique je ne sois pas aussi affirmatif sur ce sujet que Royce.

32. — La description précédente du sentiment religieux est confirmée, non seulement par le fait qu'elle nous permet de distinguer clairement entre le sentiment religieux et les autres sentiments, mais aussi parce qu'elle nous explique les différentes formes que peut prendre le sentiment religieux.

Plus les hommes sont absorbés par le soin de leur conservation personnelle, ou plus ils sont occupés de problèmes intellectuels, esthétiques ou moraux, — plus les questions proprement religieuses passent au second plan, si même elles ne disparaissent pas complètement. Le monde réel, dans ces différentes circonstances, est soit un obstacle à surmonter, soit un objet à comprendre ou à contempler, soit plutôt un point d'appui pour les efforts de la volonté. La différence entre l'attitude intellectuelle et l'attitude religieuse à l'égard du réel est particulièrement lumineuse sous ce rapport. Le réel présente à la connaissance des richesses inépuisables et une immense multiplicité ; il contient beaucoup plus de choses que les hommes ne peuvent en embrasser du point de vue de ce qu'ils appellent la valeur. Car il actualise des formes et des degrés de réalité qui s'étendent bien au delà de ce qui, au point de vue humain, serait regardé comme une valeur, et souvent s'y opposent très vivement. Intellectuellement parlant, cette plénitude et cette surabondance sont un bien : la conception du monde que notre savoir travaille à construire devient par là plus compréhensive, et cela stimule nos efforts pour comprendre les formes et les degrés particuliers qui se présentent dans ce qu'ils ont de spécial, aussi bien que le rapport déterminé de ces éléments avec le grand tout. Au point de vue religieux, inversement, cette richesse de formes et de degrés n'est considérée que comme un moyen pour exprimer et pour actualiser les grandes valeurs du réel ; au point de vue religieux, cette grande diversité est une source de danger et d'inquiétude, puisque la réalité des valeurs n'est pas aussi facile à montrer que si le réel avait un contenu moins riche. L'immensité de l'univers semble trop vaste pour être résumée en termes de valeurs humaines. Par suite, un conflit peut se produire ici entre les intérêts de l'intelligence, qui, se réjouissant de la plénitude des choses, est toujours en quête de nouvelles variations et de nouvelles liaisons, et ceux de la religion, qui, pour pouvoir établir le point de vue des valeurs, a une tendance naturelle à limiter la conception du monde (lorsque nous en viendrons au problème moral nous verrons ceci devenir une tendance dominante).

Cette opposition se marque très clairement si nous comparons deux natures telles que celle de Pascal et celle de Spinoza. L'infinité de la nature, qui épouvante l'un, réjouit et inspire l'autre. Et cependant, Spinoza aussi était à sa manière une nature religieuse. Car l'intérêt intellectuel peut inconsciemment apporter avec soi une évaluation de l'existence. Si le réel même, dans sa plénitude, se montre intelligible, il devient, au point de vue intellectuel aussi, un *foyer de valeurs*. Il nous donne la grande joie de savoir, et l'effet de ceci ne sera que plus grand, si nous nous reconnaissons comme membres du grand tout. C'est alors que se produit l'amour intellectuel qui était, pour Spinoza, le souverain bien — la contemplation calme, et cependant enthousiaste, par laquelle il arrivait peu à peu à considérer toutes choses comme formant un grand tout harmonieux. — Par analogie avec ceci, il sera facile de marquer le rapport entre le sentiment religieux et les sentiments qui sont avec lui dans le même rapport que le sentiment intellectuel. La relation religieuse est toujours caractérisée par l'effort fait pour s'attacher à la conservation de tout ce qui, dans le réel, a une valeur, sans s'occuper de savoir quelle valeur l'homme estime le plus haut ou quelle peut être sa conception du réel. Mais l'existence du sentiment religieux n'est possible qu'avec l'hypothèse que les hommes ont expérimenté la vie, la vérité, la beauté et la bonté. Le sentiment religieux commence à agir lorsque l'on compare ces valeurs avec la réalité. On peut voir ici et l'opposition et le rapport qui existent entre le sentiment religieux et d'autres sentiments, mais il faut ici que j'avertisse mes lecteurs que ce que j'ai décrit comme deux expériences distinctes, l'expérience de la vie, de la vérité, de la beauté et de la bonté, d'une part, et d'autre part l'expérience de la relation de ces valeurs avec la réalité actuelle, ne se fait pas nécessairement en deux moments distincts, mais peut se combiner en un seul acte, de telle sorte que le sujet ne soit pas lui-même conscient de la moindre différence entre ces deux opérations (cf. § 31). Il faut faire cette distinction dans un but de description psychologique, mais elle ne se fait pas nécessairement dans la vie. Les difficultés religieuses doivent toute leur acuité à ce fait, que, pendant les périodes classiques de la religion, il n'y avait hors de son territoire ni vie digne de ce nom, ni vérité, ni beauté, ni bonté ; la religion, sous sa forme concentrée, avait absorbé en elle-même tous les éléments de valeur ; aussi ne pouvaient-ils jamais se présenter avec leurs caractères indépendants : et ils ne peuvent se présenter ainsi, comme nous l'avons déjà fait remarquer plusieurs fois, que lorsque — et ceci est un résultat de la division du travail se faisant jour dans le domaine spirituel — le problème religieux fait son apparition.

Les différences entre points de vue religieux dépendent, soit des différentes valeurs que l'on suppose expérimentées, soit des différentes conceptions du réel que l'on prend pour base, soit du degré d'énergie que l'on applique à la comparaison de la valeur avec la réalité, avec le projet de faire de cette relation l'objet d'une expérience plus pénétrante. Et ces trois sources de différences ont toutes leur origine dans la description déjà donnée de la religion : un sentiment déterminé par la relation de la valeur avec la réalité. Pour caractériser d'une manière complète une religion ou une attitude religieuse donnée, il faudra se placer à ces trois points de vue. Des exemples de leur importance se présentent aussi bien dans ce qui précède que dans la discussion qui va suivre.

33. — Si notre conception du monde nous présentait immédiatement la réalisation des plus hautes valeurs, ou si même elle nous faisait voir dans le réel le calme foyer des valeurs, on ne verrait se produire aucun sentiment religieux spécial. Il y aurait une harmonie immédiate entre l'explication et l'évaluation du réel ; tout ce qui se montrerait comme une cause active dans le monde se montrerait en même temps comme un moyen de réalisation d'une valeur. En fait, pour emprunter une expression au langage de l'économie politique, il n'y aurait pas d'utilité limite. Mais dans l'état véritable des choses, puisque le rapport entre les valeurs et la réalité de fait présente un si grand problème, il faut un effort tout particulier pour garder sa conviction de la conservation des valeurs.

D'autre part, il ne se produirait aucun sentiment particulièrement religieux, si le pouvoir qu'a l'homme de travailler pour le bien des objets de valeur (en lui et dans le monde) était illimité. Le sentiment religieux suppose un effort pour maintenir les valeurs en nous et hors de nous — effort qui doit rencontrer des obstacles. C'est précisément dans cette région intérieure que l'homme se sent dépendant et divisé. Le sentiment de dépendance ne peut prendre naissance que là où il y a effort pour avancer. L'animal attaché ne commence à sentir sa dépendance que quand il essaie d'aller plus loin que ne lui permet la longueur de sa chaîne. Quand ce sentiment de dépendance est quelque chose d'autre et de plus qu'une sorte de fatigue qui pourrait naître de l'inertie, il indique que l'homme est arrivé à la limite de sa volonté. Le lion dans sa cage, se promenant de long en large entre les grilles, a atteint les limites qui lui sont imposées, et sent sa dépendance ; s'il devait rester tranquillement couché au fond de sa cage, il ne sentirait pas de dépendance, et trouverait la réalité beaucoup plus simple et beaucoup plus harmonieuse. Mais le fait que l'on a atteint les limites de la volonté n'est pas en lui-même suffisant pour créer une relation religieuse. Une fois arrivé à ces limites, et en dépit d'elles, il faut encore affirmer le désir de la conservation des valeurs. Nous devons pouvoir nous former des idées d'un monde de valeurs, sans en abandonner la réalité parce que les facultés humaines ont atteint leurs limites. Il faut que l'on ait le pressentiment, que le principe du monde des valeurs est finalement identique au principe de la connexion causale dans le réel et que c'est une seule et même chose qui nous rend capables de trouver des valeurs dans le réel, et qui rend ce réel intelligible pour nous.

Dans la fameuse réduction faite par Schleiermacher de la religion au sentiment de dépendance, l'accent n'est pas mis d'une manière suffisante sur ce fait que cette dépendance a pour condition une activité, et qu'elle ne se manifeste qu'avec la limitation de cette activité. Et Schleiermacher ne rend pas assez évident ce fait, que cette dépendance se fait sentir dans la lutte pour les valeurs qui semblent à l'homme les plus hautes.

Le rôle que la conscience du péché joue dans de nombreuses religions met en lumière le caractère du sentiment religieux de dépendance. Dans la conscience du péché, l'homme sent le désaccord qui existe entre l'idéal de volonté que son estimation des valeurs l'a amené à se former, et la réalité de sa propre volonté. Parfois c'est l'indolence et l'inertie, parfois la division ou le manque de concentration, parfois c'est une concentration hâtive ou unilatérale qui rend si différente de son idéal la réalité de sa vie intérieure. Dans la conscience de la rédemption ou de l'expiation, la conviction se fait, parfois subitement, qu'en dépit de tout cela les valeurs se conservent, qu'elles se conservent dans le cœur des hommes et qu'elles les conquerront. Ce drame psychologique interne est reconnu dans les religions populaires les plus hautes — le Bouddhisme et le Christianisme, — comme étant le véritable drame du monde, et c'est à son développement dans l'âme de l'homme que servent en fin de compte les grandes transformations cosmiques.

b) *La foi religieuse.*

34. — Comme toutes les autres expériences, l'expérience religieuse revêt la forme d'idées plus ou moins définies dont le contenu dépend du degré de développement mental et de connaissances atteint par l'homme. Le rapport d'harmonie ou de

désharmonie qui unit la valeur à la réalité trouve son expression immédiate dans une exclamation. Lorsque l'homme est maître d'un large cercle d'idées, il réunit et compare instinctivement avec ses autres sentiments et ses autres expériences, le sentiment produit en lui par la relation entre la valeur et la réalité ; et ainsi, soit par ressemblance (et spécialement par analogie), soit par contraste avec ces autres expériences, l'expérience religieuse acquiert une expression et une terminologie plus précises. Ainsi, dans le langage de la religion, des termes comme ceux de vie et de mort, de santé et de maladie, de lumière et de ténèbres, de vérité et de fausseté, de beauté et de laideur, de justice et d'injustice, servent à représenter certaines oppositions expérimentées dans la vie religieuse. Ces termes sont empruntés au domaine des deux premiers groupes de valeurs, celui de la conservation de la vie, et celui de la vérité, de la beauté et de la bonté.

Comme tous les autres sentiments, le sentiment religieux oscille entre le plaisir et la douleur, la violence et l'épuisement, l'intériorité et l'extériorité. Mais puisque dans toute personne il y a toujours un certain effort vers l'unité et la systématisation, il doit, malgré ces oscillations, y avoir toujours certaines idées essentielles, vers lesquelles l'âme se tourne, et dans lesquelles elle trouve l'expression de tout ce qu'il y a d'essentiel dans son expérience. Aux tristes heures de faiblesse, l'esprit cherche à se tenir attaché à ce qu'il a expérimenté et pensé aux heures de lumière et de force : en dépit des oscillations, et pendant toute leur durée, il s'efforce de conserver la continuité. La foi religieuse n'exprime pas seulement les manifestations extérieures du sentiment religieux de l'individu, mais encore et plus particulièrement son effort pour conserver la relation de la valeur et de la réalité, relation que les hommes sont poussés à reconnaître par leurs plus profondes expériences.

Le concept de foi implique la conviction d'une continuité, d'une persistance au delà de l'horizon révélé par l'expérience et à travers les interruptions et les lacunes qui caractérisent cette expérience. Nous croyons en un homme, lorsque nous nous sentons convaincus qu'il restera constant avec lui-même à travers tous les changements, encore que sa vie ne soit pas terminée et nous soit incomplètement connue. Nous croyons en nous-mêmes, lorsque nous avons confiance que nous ne manquerons pas à ce qu'il y a de meilleur en nous, mais que nous nous attacherons fermement à nos résolutions solennelles malgré tous les obstacles. Et de même aussi, la foi religieuse est la conviction d'une stabilité, d'une certitude, d'une liaison ininterrompue dans la relation fondamentale de la valeur et de la réalité, quelque grands que puissent être les changements auxquels sont soumises les conditions de la réalité, et par suite les apparences empiriques de la valeur. La foi est de la même espèce que la fidélité, et suppose dans son objet, de la fidélité. La foi est une continuité subjective des dispositions et de la volonté, qui cherche à se tenir attachée à une continuité objective dans le réel. L'objet de la foi est la conservation des valeurs, mais l'existence de la foi porte, par elle-même, témoignage de la conservation de la valeur dans une personnalité particulière.

Sous ses formes les plus simples et les plus pures, la foi naît involontairement. Mais cela ne l'empêche pas d'être affaire de volonté, si (comme je l'ai fait dans ma *Psychologie*) nous prenons le mot de volonté en un sens large. Si une expression ou une explication doit rester constamment valable à travers les oscillations des conditions à travers tout ce qui, dans l'expérience, est dépourvu de conclusion et fréquemment contradictoire, il doit y avoir là un développement de l'activité. Sous sa forme la plus simple, cette activité peut apparaître comme une confiance instinctive ou une attente pleine d'assurance. Ce n'est que lorsque l'opposition entre la valeur et la réalité prend des formes plus aiguës et plus âpres, que la foi apparaît comme un désir, un souhait, un projet ou une résolution, car alors seulement toutes les forces de l'âme peuvent être concentrées autour de cette pensée directrice et raisonnante, avec une claire conscience de ce qui est en jeu. De plus, nous expérimentons souvent dans la foi, comme si c'était présent, ce qui peut-être ne pourra se réaliser qu'ultérieurement : tout de même qu'au moment de la résolution nous nous regardons comme agissant, quoique nous puissions encore avoir beaucoup de chemin à faire avant de pouvoir accomplir l'acte. De telles anticipations annulent la distinction entre moyens et fin ; le temps de préparation et d'attente n'est plus purement un moyen pour un moment à venir, car le fruit de notre travail se cueille pendant que le travail se fait, puisque c'est le travail lui-même qui est la plus haute récompense. Pour parler le langage de la religion, nous *avons* la vie éternelle au milieu du temps : nous n'avons pas à l'attendre de longs moments.

Il y a par conséquent une étroite parenté entre la foi et la volonté. Dans la description de toute manifestation de la volonté, qui soit plus que purement instinctive, le point essentiel à mettre en lumière, c'est l'insistance avec laquelle on s'attache à l'idée d'une fin à atteindre, que cette fin à son tour serve ou non comme moyen pour une fin ultérieure[19]. C'est dans cet élément, dans cet attachement constant à une idée plus ou moins éloignée, et cela, avec plus ou moins de résistances à vaincre, que les concepts de foi et de volonté se mélangent si étroitement, qu'on peut même les considérer comme deux noms d'un seul et même phénomène psychique. Si une distinction peut être faite, elle consiste en ceci, que la foi indique un repos et un abandon, le repos et l'abandon qu'implique la concentration autour d'une seule idée. On peut parler d'une « volonté de croire » dans la mesure précisément où peut s'exprimer l'effort déterminé qui amène à une telle concentration. Inversement, on peut parler d'une « foi dans le vouloir », puisqu'un abandon confiant à l'effort de la volonté, et la confiance dans son énergie peuvent être des conditions nécessaires pour l'accomplissement de l'œuvre de la volonté.

35. — Des différences importantes dans la nature de la foi religieuse, sont conditionnées — comme les différences dans la nature du sentiment religieux (§ 32) — par des différences de valeurs et de motifs d'évaluation, par des différences dans la connaissance de la réalité, et par des différences dans l'énergie avec laquelle la valeur et la réalité sont réunies et comparées. Ces différences ne sont pas toutes d'égale importance. La plus importante est évidemment la dernière.

Le motif d'évaluation qui détermine ce qui doit sembler aux hommes doué de valeur, peut varier d'individu à individu, de nation à nation, d'époque à époque quant à sa nature et quant à son domaine. Ce peut être l'espoir ou la crainte ; ce peut être un sentiment égoïste, ou tout au moins individuel, ou sympathique ; ce motif peut être simple ou composé ; s'il est composé, il peut prendre différentes nuances selon les différentes relations des éléments constituants. Pour ce qui est du domaine, la différence déterminante peut être celle de l'égoïsme, de l'individualisme et de la sympathie ; le cercle des valeurs à conserver peut s'étendre soit à l'individu lui-même pris d'une manière plus ou moins consciente comme isolé, soit à des groupes d'hommes et d'efforts, dans lesquels la conservation et l'effort de l'individu n'entrent que comme un terme singulier.

Une conception du monde acquiert sa valeur pour la foi religieuse, du fait qu'elle indique les lignes suivant lesquelles les valeurs se développent et se conservent. C'est elle seule qui fournit le théâtre pour le grand drame dans lequel se décide le sort des valeurs, et le théâtre détermine de plus d'une manière la nature et la marche de la pièce.

Mais le moment proprement religieux ne vient, si la description précédente est correcte, que lorsqu'une comparaison s'établit entre l'estimation de la valeur et la conception du monde. C'est pour cette raison que le groupe le plus important de différences qui influe sur la foi religieuse, est celui qui a pour origine la différence de profondeur et de force avec laquelle la valeur et la réalité sont placées côte à côte dans la conscience. Nous pouvons appeler cela « différences de synthèse religieuse ». Naturellement, toutes ces différences agissent ensemble, mais cette dernière est l'essentielle. Dans la suite, j'examinerai quelques-unes des différences les plus typiques, qui sont déterminées d'une manière spéciale par les variations de cette dernière relation.

36. — Un type caractéristique et très fréquent de foi religieuse est déterminé par le besoin de repos. La principale cause de fatigue et d'épuisement dans la vie est surtout l'inquiétude et la dispersion de l'esprit. Nous subissons tant d'influences, qu'il est difficile pour nous de rassembler nos pensées ; nous sommes tiraillés entre tant de directions, que nous

trouvons difficile de concentrer notre volonté sur un but unique ; tant de sentiments différents et changeants se produisent, que l'harmonie intérieure de l'esprit est exposée au danger de se dissoudre. En raison de ce sentiment de désaccord avec notre idéal, nous éprouvons un besoin intérieur, tandis que nos besoins extérieurs agissent sur nous sous forme de douleur, de faiblesse et de dépendance à l'égard des nécessités élémentaires de la vie.

On trouve dans les Upanishads : « Le Moi (*Atma*), celui qui est sans péché, celui qui rachète de la vieillesse, de la mort, de la souffrance, de la faim et de la soif, celui dont les désirs sont justes et dont la décision est juste, — Je suis ce Moi que les hommes doivent poursuivre et chercher à connaître. Celui qui a trouvé et connu ce Moi a atteint tous les mondes et comblé tous les vœux. » Et ailleurs : « Sauve-moi, car je me sens dans la vie de ce monde comme une grenouille dans une fontaine scellée. » Jésus de Nazareth dit : « Venez à Moi, vous tous qui souffrez et qui êtes lourdement chargés, et Je vous rafraîchirai. Apprenez à Me connaître, et vous trouverez le repos pour votre âme. » « Inquiet est notre cœur, dit saint Augustin à son Dieu, jusqu'à ce qu'il trouve le repos en Toi. » Le besoin de repos va jusqu'à devenir une passion dans des natures comme sainte Thérèse, Pascal et Sören Kierkegaard. Il y a assurément un élément de profonde passion chez saint Augustin aussi, mais en lui nous avons le platonicien et le prince de l'Église unis au chercheur fervent, et c'est la combinaison de tous ces éléments qui fait de lui une figure unique dans l'histoire de la vie religieuse. Sainte Thérèse sentait si profondément le besoin de l'union avec Dieu, que la mort seule pouvait la satisfaire : « Je ne savais où chercher cette vie, autre part que dans la mort. Le poisson, tiré hors de l'eau, voit du moins la fin de son tourment : mais quelle mort est comparable à la vie dans laquelle je languis ? »

Chez Kierkegaard aussi, le grand désir est d'être délivré de la lutte de la vie : les vers qu'il désirait qu'on inscrivît sur sa tombe expriment cette impatience : « Encore un instant, et la poursuite est finie, le bruit de la bataille ne se fait plus entendre. »

Dans cette vie, le croyant se trouve dans un élément étranger ; entre l'intérieur et l'extérieur, entre la vie et ses conditions, il y a absence d'harmonie. Dans le cas de Kierkegaard aussi, nous trouvons la métaphore du poisson hors de l'eau : c'est un trait de caractère de ce type, que la même image ait été employée par les anciens Hindous dans les Upanishads, par la religieuse espagnole du xvi⁰ siècle et par le penseur scandinave du xix⁰ siècle. Ce trait éclaire la psychologie de la religion. La fin de l'homme est infinie, mais il est condamné à passer sa vie dans le monde du fini, et il en résulte que son existence prend une sorte de caractère spasmodique. Chez Kierkegaard et même chez Pascal, cette opposition est plus forte que chez sainte Thérèse. Chez celle-ci, elle évoque le désir et l'aspiration intérieure, mais sa volonté est tout entière occupée par l'objet suprême, et seules sa mémoire et son imagination sont assez libres pour analyser ses expériences. Mais Pascal et Kierkegaard ont tous deux à appeler continuellement la volonté à leur secours ; ils ont une lutte désespérée à soutenir pour se tenir droits, en face du violent désaccord entre la vraie vie et les conditions de la vie actuelle, pour rester attachés à la pensée de l'objet de la foi et pour résister aux attaques du doute. A cause de ce trait, ces deux figures appartiennent à un type que nous allons à présent décrire[50].

37. — Par opposition à ce type, dans lequel le sentiment d'un manque d'harmonie est le trait essentiel, et en qui ce sentiment éveille le besoin religieux, il y a un type dont l'élément propre est un besoin intime de développement personnel et d'abandon, qui passe par-dessus les oppositions et les limitations, presque sans les remarquer. En réalité, le sentiment religieux n'est pas ici un sentiment spécialisé, mais seulement un accroissement et une extension du sentiment que provoquait déjà la considération de l'objet de valeur. Le sentiment religieux naît, dans ce cas, du développement ultérieur de l'impulsion à la conservation personnelle. Il n'y a pas place ici pour l'opposition entre l'affirmation de soi et l'abandon de soi, car cet abandon naît du fait que le sujet a à sa disposition plus de force et plus d'activité sentimentale que n'en peuvent employer ses intérêts purement individuels. Dans l'exubé-

rance de sa joie et de son enthousiasme, il embrasse la vie des autres hommes, et finalement celle de tout le réel. La religion naît ici de la puissance et de la joie de vivre. Ici aussi le sujet cherche le repos, non pas, il est vrai, le repos après la douleur et la dispersion, mais le repos de ses propres aspirations, qu'aucun objet ne peut satisfaire. L'homme heureux, comme le disait Aristote il y a bien longtemps, désire voir la vie autour de lui, une vie à laquelle il puisse participer et qu'il puisse entretenir.

Dans les temps modernes, ce type offre des exemples intéressants dans la personne de Campanella, de Joseph Butler et de Rousseau. Le passage suivant, extrait d'un sermon de Butler sur l'amour de Dieu, est particulièrement caractéristique : « De même que nous ne pouvons pas quitter cette terre, ou y changer nos occupations générales, de même nous ne pouvons pas non plus modifier notre nature réelle. Par suite, on ne peut recommander d'exercice de l'esprit, mais seulement l'exercice des facultés dont on est conscient. La religion ne demande pas de nouvelles affections, mais exige seulement la direction de celles que vous avez déjà, de ces affections que vous éprouvez tous les jours, quoique malheureusement limitées à des objets qui ne leur sont pas absolument messéants, mais qui leur sont absolument inadéquats. » Gœthe considère ce type comme fondamental (dans la profession de foi de Faust et dans l'Elégie de Marienbad), et c'est aussi ce que fait Schleiermacher (dans ses *Discours sur la Religion*). Nous le retrouvons sous une forme qui nous fait penser à l'évangile selon saint Jean, chez F.-D. Maurice, pour qui l'enfer consistait dans la séparation d'avec Dieu, et qui, par opposition avec ceux qui « fondent toute la théologie sur le péché », dit dans une de ses lettres : « Combien je désire me dire et dire à tout le monde, que l'enfer que nous avons à fuir est l'ignorance de la parfaite bonté et la séparation d'avec elle, et que le ciel que nous avons à chercher est la connaissance de cette bonté et la participation à sa nature[51] ! »

38. — Un troisième type encore est caractérisé par le rôle joué par l'élément intellectuel et esthétique. Les natures contemplatives s'appliquent à avoir une *conception totale* à la lumière de laquelle le rapport de la valeur à la réalité s'éclaire.

Parfois c'est le besoin qu'a la pensée de comprendre, parfois c'est le besoin de l'imagination d'avoir des images intuitives, qui est le facteur prédominant. Platon, dans sa doctrine des idées, a satisfait ces deux besoins : son esprit se repose dans la contemplation des idées éternelles qui seules ont une véritable réalité; au prix d'elles, le monde toujours changeant de la science était finalement regardé comme purement illusoire. On peut trouver la même tendance dans les Upanishads. Ce type est passé par le Platonisme dans la théologie chrétienne, où on peut le reconnaître chez saint Augustin, chez les mystiques du moyen âge, et, quoique sous une forme plus faible, chez des théologiens spéculatifs modernes comme B. Martensen. Spinoza est un représentant distingué de ce type. Quoique sa pensée soit nettement réaliste tant qu'il reste sur le terrain empirique, il trouve cependant la perfection suprême dans la contemplation des choses *sub specie æternitatis :* point de vue qu'assurément on ne pourrait atteindre qu'au moyen d'un vigoureux travail intellectuel, mais qui, néanmoins, est plus artistique que scientifique. Arriver à cette attitude, c'était là, selon Spinoza, le souverain bien, le seul qui fût capable d'apporter une satisfaction durable et profonde. Dans cette contemplation, la vie intérieure est unie étroitement à la pensée la plus active réfléchissant sur la nature du réel, et la joie de savoir, ainsi éveillée, éclaire toute la représentation du monde, effaçant les traits inharmonieux, qui sont si visibles d'un point de vue fini et limité. Chaque sentiment et chaque expérience peut contribuer à l'état spirituel suprême, et l'accès à un tel bien est ouvert à tout chercheur. La lutte entre les hommes, que les biens finis occasionnent si souvent disparaît ici, car la joie que procure un tel bien ne fait qu'augmenter à mesure que plus d'hommes peuvent y participer.

Beaucoup de représentant de ce type croient que dans l'idée suprême, ou dans la contemplation intellectuelle qu'ils considèrent comme le souverain bien, ils ont le résultat de la science suprême. Cela repose sur une illusion, qui a son origine dans une étude insuffisante des conditions et des limites de la connaissance. Lorsque de tels esprits trouvent enfin le repos dans la philosophie, c'est dans la philosophie prise non comme une science vraie, mais comme un art[52]. Néanmoins, les penseurs de ce type ont eu le grand mérite d'affirmer l'importance de la pensée pour la vie, même aux moments où la pensée opère à son extrême frontière. L'art de penser est de la plus grande importance pour l'art de vivre, et nous tomberions dans la barbarie spirituelle, si ce type devait manquer de représentants.

39. — Tandis que la forme de foi religieuse que nous venons de décrire s'approche du point de vue spéculatif ou artistique, nous entrons plus profondément dans le domaine de la volonté quand nous rencontrons la foi sous forme de *hardiesse confiante*. Luther et Zwingli — qui s'opposent souvent à la doctrine scolastique d'après laquelle la foi et le savoir ne diffèrent qu'en degré — attachent une grande importance à l'idée que la confiance joyeuse (*fiducia*) est l'essence de la foi. Luther a exprimé cette pensée avec une énergie toute particulière dans son Grand Catéchisme, et il la prend comme base de sa définition de Dieu : « Un Dieu est ce par quoi un homme peut se pourvoir de tout bien, ce vers quoi il peut se réfugier en tout danger ; avoir un Dieu, par conséquent, ce n'est rien autre chose que de croire en lui et d'avoir confiance en lui du fond du cœur. Comme je l'ai dit souvent, ce n'est rien autre chose que la confiance et la foi du cœur qui font Dieu, un vrai ou un faux dieu. Si ta foi et ta confiance sont justes, alors ton Dieu est bon ; et inversement, si la confiance est fausse et mauvaise, alors le vrai Dieu n'est pas[53]. » On trouve l'idée fondamentale de Luther dans cette confiance imperturbable, qui, il vrai, suppose un sentiment de désaccord et de besoin (ce qui nous rappelle le premier type, § 36), mais qui cependant prend pour accordé que ce besoin peut être comblé — qu'il est en réalité comblé. C'était là l'idée fondamentale de la nouvelle religion qu'il fondait sans le savoir. Si le passage du désaccord à l'harmonie doit, comme dans le premier type, se répéter sans cesse, il ne reste ni temps, ni force pour participer aux travaux qui intéressent la vie humaine. La foi joyeuse que l'homme a d'être bien gardé, en ce qui concerne l'essentiel, lui permet d'autre part de prendre une attitude plus positive à l'égard de la vie humaine telle qu'elle est, et de prendre part de tout son cœur au développement de la civilisation. Dans

son petit traité intitulé *De la liberté d'un chrétien,* Luther remarque qu'en se faisant le serviteur de tous les hommes, le chrétien obtient le droit de gouverner toutes choses. La liberté et la force ont leur source dans la confiance joyeuse, dans le principe fondamental de la vie. Cette confiance s'obtient au cours d'une lutte (ou on suppose qu'elle s'obtient ainsi); ici le quatrième type nous rappelle le premier et s'oppose au second (§ 37) et au troisième (§ 38), qui sont surtout caractérisés par le développement direct des forces psychiques.

40. — Une différence plus importante dans la nature de la foi religieuse est celle qui a pour condition l'importance et l'intensité du rôle joué par la résignation. Dans le second type (§ 37), cet élément passe tout à fait au second plan ; il a plus ou moins d'importance dans les autres. Mais il ne s'agit pas seulement du degré, mais aussi de la nature de la résignation. Le sentiment de la résignation peut se produire de manières très différentes, et il prend des nuances diverses selon les différentes relations qui peuvent exister entre ses parties constitutives ou ses motifs. Il peut porter l'empreinte de la tristesse et de l'attente, de la froideur et du désappointement, de l'enjouement, ou de cette satisfaction intellectuelle, qui s'obtient par la compréhension des limites imposées à l'homme, et qui entraîne avec soi l'intelligence du rapport de l'homme au grand système de l'univers. Il peut aussi naître de la fatigue produite par la révolte contre l'aiguillon, lorsque le sentiment est émoussé par le fait que l'un après l'autre nos désirs se montrent décidément irréalisables. Mais lorsque l'on prend une vive conscience du fait que le monde des valeurs s'étend bien au delà de la portée de nos pensées et de nos désirs, la résignation prend une forme positive [54]. La valeur peut continuer à exister, même si ce que l'homme appelle, et est forcé d'appeler ainsi, ne continue pas ; notre pouvoir d'évaluation a ses limites aussi bien que notre connaissance de la manière dont la valeur peut se réaliser et demeurer dans la réalité.

Mais nous rencontrons la foi sous sa forme la plus profonde, lorsque, précisément à sa limite, la volonté, sans être le moins du monde émoussée ni épuisée, s'affirme elle-même par un désir vivace de voir réaliser la valeur suprême. Le mot le plus profondément religieux qui ait jamais été prononcé est la prière de Jésus : « Que Ta volonté et non la mienne, soit faite. » La volonté s'abandonne, mais l'abandon est lui-même un vœu positif, ou, tout au moins, n'est que l'aspect négatif d'un vœu positif.

41. — Autre chose est de reconnaître que notre pouvoir d'évaluation, comme notre entendement, doit avoir ses limites ; autre chose est d'attribuer une valeur positive à quelque chose qui se heurte au seul critérium de valeur que nous puissions appliquer. Si ce doit être là un trait caractéristique de la foi religieuse suprême, alors la foi ne peut naître que *par le moyen d'un acte arbitraire, de forme plus ou moins spasmodique.* Nous nous attachons à un postulat qui semble la seule chance de salut, et qui porte la marque d'un paradoxe (cf. §§ 23, 24). Nous faisons un bond dans l'absurde. L'abandon et l'anticipation joyeuse sont remplacés par l'arbitraire et la passion posant des postulats. Plus grande est la contradiction entre ce qu'il faut croire et les résultats de l'évaluation et de l'intelligence humaines, plus élevé est le point de vue, selon ce critérium [55].

La tension et la lutte peuvent se produire au cours de tout développement ; ce peut être là un symptôme de santé et de force vitale, spécialement pendant les périodes où l'on assimile un nouveau contenu, où l'on reconnaît de nouveaux problèmes. Mais il ne faut pas prendre ces états de lutte comme l'étalon de nos mesures : il faut les estimer selon leur importance dans le développement de la vie dans son ensemble, et non, inversement, estimer le développement de la vie d'après les conflits auxquels il donne naissance. Poser des postulats au milieu de convulsions, c'est peut-être le dernier effort de la vie religieuse, le symptôme que le développement religieux n'a plus pour bases les mêmes principes qu'auparavant. Les postulats kantiens témoignent du fait que le temps de la « théologie naturelle » est passé, tandis que les postulats de Pascal et de Kierkegaard montrent que le dogmatisme de l'Église s'est trouvé entrer dans un conflit irréconciliable avec les bases tout entières de la vie spirituelle de l'homme.

Si le point de vue décrit ici était véritablement le point de vue religieux, l'hypothèse que l'essence de la religion consiste dans la foi à la conservation de la valeur, ne vaudrait pas, car, d'après ce point de vue, il n'y aurait aucun rapport entre les valeurs humaines et les valeurs divines auxquelles nous sommes appelés à croire.

42. — Il reste encore à signaler un type, parmi les nombreux types à ajouter à ceux que nous avons déjà décrits. Le trait caractéristique en est, que, tandis que, comme le type résigné (§ 40) et le type spasmodique (§ 41), il abandonne sa propre échelle des valeurs, il s'approche cependant à d'autres égards plus près du type de la hardiesse joyeuse (§ 39). Il est déterminé par l'*adhésion à un exemple, à une autorité :* la foi est ici un écho, qui se réfléchit, — écho, cependant, qui est rendu possible par un abandon intérieur à l'exemple en question. La foi n'est pas ici basée sur une expérience directe et indépendante, mais sur la confiance dans l'expérience d'autres hommes. L'expérience personnelle n'est pas entièrement exclue ; car il faut découvrir par expérience que nous pouvons fonder notre vie sur la confiance entière dans l'exemple choisi, que nous pouvons trouver la lumière en nous laissant guider par la lumière qu'il projette. On peut comprendre dans cette catégorie de relation à un exemple, qui implique aussi, naturellement, l'exercice de la foi, des types qui diffèrent très largement entre eux, sans oublier ceux que nous avons déjà décrits.

On ne trouvera probablement jamais un homme dont la conception de la vie, qu'elle porte ou non l'empreinte de la foi religieuse, soit entièrement basée sur ses propres expériences. Les types et les traditions nous déterminent tous, et ils déterminent plus spécialement les expériences que nous aurons, et la manière dont nous les assimilerons à notre vie. Mais lorsque l'on attribue une importance décisive à un contenu particulier et à une forme particulière d'idées religieuses, lorsque celles-ci sont mises en avant comme le seul objet valable de foi, alors la dépendance à l'égard de l'exemple et de l'autorité devient inconditionnelle, et passe pour la seule vertu.

Quand, suivant le chemin de la spéculation théologique, l'Église eut développé un certain nombre de doctrines qui ne pouvaient qu'être au delà de la compréhension de la majorité des hommes, elle eut la bonté de faire savoir que pour la majorité des doctrines spéculatives (par exemple celle de la Trinité), il n'était pas nécessaire pour tout homme de croire pour lui-même : il suffit « de croire à quelque chose parce que l'on croit que l'Église y croit ». Cette bonne volonté de se satisfaire de la croyance de l'Église était, disait-on, méritoire, parce qu'elle naissait « de l'amour, qui croit tout ». Innocent III et des papes, après lui, ont reconnu cette « foi implicite » (*fides implicita*), parce qu'elle empêchait les laïques de tomber dans l'hérésie par suite d'une interprétation innocente, mais fautive, des matières spécialement théologiques. On surnomma cette espèce de foi « la foi du charbonnier », d'après un charbonnier (l'histoire n'est pas racontée tout à fait de la même manière par Luther et par Erasme), dont la seule réponse à cette question : « Que croyez-vous ? » fut « Ce que croit la Sainte Église », quoiqu'il ne pût pas dire ce que la Sainte Église croyait en fait [56].

Le zèle protestant de Luther le conduisit à déclarer que l'homme qui n'avait pas une foi meilleure que celle du charbonnier, irait en enfer. Mais l'Église protestante ne peut pas non plus se passer de cette espèce de foi implicite qu'aucune autre Église. Si elle veut distinguer entre les expériences de croyants individuels et « l'expérience commune des membres de l'Église », et si beaucoup de choses qui, d'après la nature de leur objet, ne peuvent être saisies par une expérience personnelle, doivent néanmoins être crues (cf. §§ 29, 30), il est impossible d'éviter de reconnaître la foi médiate ou implicite. Il faut mettre à l'actif du protestantisme le fait qu'il ait si âprement défendu le devoir qu'a l'individu de faire ses propres expériences et de tirer lui-même ses conclusions ; mais il a apporté avec lui beaucoup de l'ancienne église, par exemple la doctrine de la Trinité, celle-là même qui a amené l'église du moyen âge à établir la notion de « foi implicite » : par suite, le protestantisme se trompe s'il croit pouvoir se passer de cette notion. De plus, celle-ci joue un grand rôle dans l'éducation de l'individu. Tous les hommes commencent leur développement par une confiance enfantine dans les autorités et les exemples. Leur liberté ne commence à s'affirmer que lorsque leur expérience les amène à choisir d'autres exemples que ceux avec lesquels ils sont partis, au lieu de renforcer l'adhésion qu'ils y ont donnée. Le cours du développement peut conduire à une prédominance croissante des résultats de l'expérience indépendante, et chez un très petit nombre d'hommes — les héros du monde de l'esprit, — l'activité créatrice personnelle peut aller si loin, en profondeur et en étendue, qu'ils deviennent eux-mêmes des modèles pour les autres hommes.

L'esprit du protestantisme exige que reste toujours ouverte la porte de la libre recherche dans le domaine de l'expérience religieuse, de ses bases et de ses résultats. Ses traditions et ses exemples doivent être soumis à une recherche historique et critique ; la psychologie doit examiner si ses expériences constitutives sont naturelles et immédiates ; la logique a à rechercher le bien fondé de ses postulats ; tandis que la morale a à discuter l'intégrité de ses valeurs. S'il fallait abandonner cette méthode d'épreuve, on retomberait dans la barbarie ou dans les essais spasmodiques d'attachement à l'absurde. La conscience religieuse est toujours portée à remorquer avec soi des traditions qui n'ont de valeur ni religieuse ni intellectuelle, ni morale : valeurs mortes qu'aucun être humain ne peut véritablement expérimenter, mais qu'il n'ose pas rejeter, de peur que dans leur chute elles n'arrachent avec elles-mêmes quelque chose d'autre. Comme le dit Rodolphe Eucken, « les hommes s'attachent à l'impossible de peur de perdre le nécessaire ». Cela nous ramène au type spasmodique décrit au § 41, car, ainsi que nous l'avons vu, le trait essentiel de ce type était l'union de l'impossible et du nécessaire, effet d'un attachement sans critique à la tradition, — « la foi implicite » au mauvais sens du mot.

43. — Jusqu'ici (§§ 36-42), nous nous sommes occupés de types individuels. Je passe maintenant à l'examen des grandes différences qui se sont exprimées dans les religions populaires les plus élevées. Ces types se développent sous l'action réciproque qui se produit entre les traditions religieuses, les caractères de races, et les expériences des siècles. Nous pouvons remarquer ici spécialement deux types principaux qui

ont une importance profonde et durable pour le développement spirituel.

Un de ces types est caractérisé par le besoin de s'élever au-dessus de la lutte pour l'existence, de se libérer de tout changement et de toute opposition, de toute « dualité » et de toute différence. Le sentiment de différence laisse après soi la souffrance, le changement, l'inquiétude, et cette souffrance et cette inquiétude poussent l'homme à rechercher une meilleure condition ; mais, une fois celle-ci atteinte, des désappointements plus cruels encore l'attendent. Par conséquent, tout ce processus d'oscillation doit être arrêté et suspendu. Ce n'est que dans l'éternel et l'immuable que l'on peut trouver le repos. Mais puisque toutes les idées naissent dans notre monde de l'expérience, si inquiet et si abandonné aux conflits, aucune expression créée par nous ne peut caractériser d'une manière positive cet état éternel et immuable auquel nous aspirons. Et puisque, cet état une fois atteint, tout changement et tout mouvement apparaissent comme illusions pures, nous verrons que le désir de cet état est aussi une illusion. Nous devons lutter pour nous affranchir de toute lutte.

A certains égards, ce type nous fait penser au premier (§ 36), à certains autres, au troisième (§ 38) des types individuels. *La vie religieuse des Hindous*, spécialement sous l'aspect qu'elle présente dans la doctrine bouddhiste du Nirvana, en est l'exemple le plus caractéristique. Le Nirvana n'est pas un état de pur néant. C'est une forme d'existence, à laquelle on ne peut attribuer aucune des qualités que présente le flux continuel de l'expérience, et qui, par conséquent, nous apparaît comme le néant, en comparaison des états avec lesquels l'existence nous a familiarisés. C'est la délivrance de tous les besoins et de toutes les peines, de la haine et de la colère, de la naissance et de la mort. On ne peut l'atteindre que par la concentration la plus extrême possible de la pensée et de la volonté[87]. On peut trouver des traits similaires dans le *néo-platonisme* et dans le *mysticisme du moyen âge*. Dans toute religiosité, l'opposition entre le changeant et l'immuable joue un rôle essentiel, mais dans ce type essentiel elle est de la plus grande importance.

Dans l'autre type principal, il s'agit encore de se délivrer d'une lutte, mais les termes opposés ne sont plus regardés comme d'égale valeur. Les hommes s'attachent à l'un ou à l'autre des pouvoirs en lutte, et la délivrance est le résultat de la victoire de l'un des deux pouvoirs, et non du passage de l'homme au delà du domaine où il y a possibilité de lutte. La vie est une bataille entre les deux principes du bien et du mal. La bataille peut et doit se terminer ; elle a une réalité positive, et le point capital est la détermination du côté où l'homme se rangera au cours de la lutte. La religion *perse* et la religion *chrétienne* sont les principaux représentants de ce type, dont le caractère essentiel est la grande importance attribuée au développement historique et à l'effort moral. Le temps et la vie dans le temps ont ici une réalité qui n'est pas mise en doute (cf. § 14).

Il y a, naturellement, bien des formes intermédiaires entre ces deux grands types, et aussi bien des combinaisons, quand ce ne serait que parce que l'on a influé historiquement sur l'autre. Le type indo-hellénique a influé sur le type chrétien par l'intermédiaire du Néo-Platonisme, et nous pouvons montrer le choc et l'action réciproque de ces deux courants chez saint Augustin, dont la pensée a exercé une si énorme influence sur tout le cours de l'évolution européenne. L'opposition entre le changement et l'immuable tend à supplanter celle du bien et du mal. L'affirmation que Dieu est le plus changeant des êtres — affirmation énoncée par un chrétien distingué — n'aurait jamais pu être proférée par un Hindou ou par un Grec, à peine même par saint Augustin.

Ces deux grands types ont en commun l'expérience du contraste entre le moment où le but (que ce soit la délivrance du combat ou la victoire dans le combat) semble être atteint, ou du moins se rapproche d'une manière certaine, et celui où dominent l'obscurité, l'apathie et le désespoir. Et en vertu d'un effet de contraste, l'un des deux états élève l'autre : celui qui a goûté la sublimité de l'union avec le souverain bien, trouvera deux fois douloureuse et insupportable la chute dans les ténèbres et l'abattement, tandis qu'inversement, l'autre état acquiert deux fois plus d'éclat par contraste avec celui qui le suit. Ici la foi (comme la fidélité, § 34), est nécessaire pour maintenir la continuité de la vie personnelle. Dans les moments de ténèbres, les moments heureux peuvent paraître illusoires. Il devient alors très important de s'attacher solidement au rapport sous-jacent qui les réunit, fermement convaincu que l'on doit être, que notre faiblesse deviendra force, nos ténèbres lumière, et que, bien que toute consolation nous ait abandonnés, cependant toute valeur n'a pas disparu. Que l'oscillation entre ces deux pôles doive être plus violente et plus fréquente dans le second que dans le premier de ces deux grands types, c'est une conséquence de leurs caractères respectifs. Dans le second type, là où la relation temporelle est d'une importance vitale, il y aura une bien plus grande différence entre les différents moments. Peut-être même peut-il se produire un besoin d'expérimenter sans cesse ces alternances d'extrêmes, de balancer entre ces deux émotions alternatives, pour que la conscience de la victoire soit le plus glorieuse possible. Ce besoin trouve son expression principale dans le culte religieux.

44. — Le concept de foi correspond au concept de Dieu. A un point de vue purement théorique (épistémologique et métaphysique), le concept de Dieu ne peut rien signifier d'autre que le principe de continuité, et par suite d'intelligibilité, du réel. Au point de vue religieux, Dieu, comme objet de foi, signifie le principe de la conservation de la valeur à travers toutes les oscillations et toutes les luttes, ou, si l'on veut l'appeler ainsi, le principe de la fidélité dans le réel. Si le problème religieux doit jamais être complètement résolu, il faut que la coïncidence de ces deux principes soit démontrable (cf. §§ 11, 24). L'analogie entre eux est claire : mais il y a loin de là à leur identité, et la question est de savoir si ce large espace peut être parcouru, de manière à nous conduire à un concept logique. Nous reviendrons à cette question à un autre point de vue.

L'expérience religieuse peut être appelée une expérience de Dieu, dans la mesure où elle conduit à une foi dans dans la conservation de la valeur, en dépit de tout et à travers tout. Celui qui veut avoir l'expérience de Dieu doit s'exercer à discerner le noyau de valeur caché sous l'enveloppe grossière de la réalité ; c'est ainsi aussi qu'il doit exercer son esprit à l'espoir patient de trouver toujours ce noyau. Celui qui veut travailler pour le royaume de Dieu doit travailler à découvrir, à produire et à conserver l'objet de valeur :

> Dans ce que tu cherches tu as trouvé le trésor.
> La réponse est étroitement unie à la question.

Pour justifier cet emploi du mot « Dieu », il faut rappeler à nos lecteurs ce que nous avons déjà dit (§ 31) à propos du mot « religion ». La parenté entre des points de vue différents apparaît souvent, quand on les considère psychologiquement, plus étroite qu'on ne l'aurait cru possible à un point de vue strictement dogmatique.

Au point où nous sommes arrivés, notre étude psychologique de la philosophie de la religion tend à confirmer notre hypothèse, que la foi dans la conservation de la valeur constitue l'essence de la religion, puisque notre discussion sur la nature de l'expérience et de la foi religieuses nous porte à admettre la probabilité de cette hypothèse. L'expérience religieuse a pour caractères particuliers d'être une expérience de la relation entre la valeur et la réalité ; et la foi religieuse doit ses caractères particuliers non seulement à la direction d'esprit stable et continue qu'elle implique, mais encore à l'affirmation de la persistance de la valeur à travers toutes les oscillations de l'existence.

Dans une section ultérieure (D), nous reviendrons cependant à l'examen de la foi dans la conservation de la valeur, pour voir si l'on peut y réduire les formes les plus importantes des religions positives.

B. — Le développement des idées religieuses

> Various enough have been the religious symbols, as men stood in this stage of culture or the other, and could worse or better body forth the godlike.
> CARLYLE.

a) *La religion comme désir.*

45. — Il n'est ni du domaine, ni de la compétence de la philosophie de la religion de s'occuper des commencements historiques de la religion. La tâche de cette philosophie est de traiter le problème religieux comme il se présente aujourd'hui à nous, dans les conditions actuelles de la civilisation. Pour cela, nous devons, entre autres choses, faire, il est vrai, appel à l'histoire de la religion : mais nous nous occuperons de la question de savoir si, en dépit du changement continuel des formes religieuses, on peut discerner un principe sous-jacent toujours en activité, — plutôt que de l'origine historique de la religion. Et même s'il était possible de se tourner vers les commencements historiques de toute religion, ce fait n'aurait que peu d'importance pour la philosophie de la religion. Il n'est pas toujours possible de recueillir, de l'examen des origines d'un être, beaucoup de renseignements sur sa nature véritable, car les transformations et les réarrangements qui se produisent au cours de son développement, peuvent produire des qualités dont on ne trouvait pas trace au début. La nature véritable d'un être consiste dans la loi de son développement, depuis son origine jusqu'à sa forme dernière. Il n'est pas probable que l'histoire de la religion puisse jamais réussir à résoudre le problème de la première aurore de la religion dans l'espèce humaine. Même les sauvages les plus inférieurs, que nous connaissons ont passé à travers une longue évolution. C'est trancher la question sans la résoudre, que de dire qu'une des religions existantes est la religion primitive. Et en tout cas, même si on pouvait la découvrir, la religion primitive ne serait pas nécessairement la « véritable » religion. Nous ne pourrions pas, par exemple, dire que toutes les religions sont « réellement » du fétichisme, si l'on pouvait prouver que le développement religieux de l'espèce humaine est parti du fétichisme. On pourrait tout aussi bien dire que, selon le darwinisme, l'homme est « véritablement » un singe. Ces conclusions ont été tirées aussi bien du côté théologique que du côté anti-théologique, mais elles sont fondées sur une profonde méconnaissance de la nature de tout développement. Les théologiens ont, pour la plupart, postulé une révélation originelle faite au premier homme, religion parfaite à laquelle les hommes ont été infidèles, et ils essayent alors de construire cette révélation originelle dans les termes de leur propre religion, qu'ils soutiennent être la révélation originelle rétablie. Par comparaison avec ceci, la théorie du fétichisme est beaucoup plus naturelle. Car, entre les deux, il est bien plus facile de comprendre que le plus parfait se soit développé en sortant du moins parfait, que d'admettre que l'imparfait ait eu son origine dans le parfait. Si le parfait contient en lui-même la possibilité ou le germe de l'imparfait, il n'est pas parfait (c'est ce que l'on accorde tout de suite dans le cas de Dieu, tandis qu'on ne le considère pas comme valable dans le cas de l'homme) : tandis que l'imparfait peut, en se complétant ou en se transformant, se développer dans le sens de la perfection. L'histoire ne nous montre nulle part le premier commencement de la religion. Ce que nous trouvons, c'est une série de formes différentes, plus ou moins hautes, de la religion, série qui ne progresse pas d'un pas égal, mais qui incline d'un côté ou de l'autre ; cependant, à travers toutes ces oscillations, on peut discerner une tendance générale, spécialement dans les idées religieuses, qui sont l'aspect de la religion le plus accessible à la recherche.

Si nous travaillons d'après l'esquisse tracée dans notre description précédente des phénomènes religieux, nous pouvons toujours nous attendre à trouver le développement de la religion basé sur une certaine conception de la réalité. L'homme ne peut avoir aucun sentiment religieux, avant d'avoir jusqu'à un certain point systématisé ses observations sur le monde. Car le sentiment religieux est provoqué par l'expérience de la relation entre la valeur et la réalité, et par conséquent suppose une réalité connue. Dans ma recherche sur le développement des idées religieuses, je commencerai par les formes les plus simples, pour passer ensuite aux plus complexes, et mon effort constant sera d'expliquer le passage d'un degré à un autre par le jeu de lois purement psychologiques.

46. — La conception du monde, que nous trouvons chez les hommes placés au plus bas degré du développement qui nous soit connu, est d'ordinaire appelé, d'après Tylor [58], animisme. L'animisme est une conception du monde, et n'est pas, en soi-même et pour soi-même, une religion. Mais il est intéressant pour la philosophie de la religion, parce qu'il est la conception du monde la plus élémentaire, le cercle d'idées le plus simple

que la religion ait fait entrer à son service. Son caractère particulier est d'expliquer les événements — spécialement les événements remarquables — par l'intervention d'esprits, d'êtres personnels. On peut chercher son origine surtout dans l'influence des idées empruntées aux rêves ; dans les rêves, le sauvage fait des expériences qui doivent lui sembler aussi réelles que celles de la veille, et dans ces expériences de rêve il apparaît (et les autres êtres avec lui, hommes et animaux, vivants et morts) plus libre et plus indépendant de l'espace, du temps et des relations matérielles, qu'on n'aurait pu le supposer possible, à juger d'après les expériences de la veille. Le monde des rêves, dont on ne met jamais en doute la réalité, est donc constamment employé pour expliquer et amplifier le monde de la veille. La conscience est particulièrement occupée par l'esprit des morts ; pendant leur vie, ces êtres prenaient une part plus ou moins importante à tout ce qui arrivait ; il n'est que naturel, par conséquent, de considérer comme possible la découverte de leurs actions et de leurs efforts, puisque les rêves nous ont révélé non seulement leur existence continue, mais encore leur existence dans des conditions plus parfaites. La tendance instinctive de l'homme à personnifier, à concevoir les choses comme semblables à lui, et par suite à expliquer les processus naturels comme des actions personnelles, serait encouragée par de telles idées, même si celles-ci ne suffisaient pas par elles-mêmes à servir de base à l'animisme.

L'animisme apparaît chez tous les peuples du monde à un certain degré inférieur de développement. C'est la plus élémentaire des philosophies humaines, et même dans les religions les plus hautes et les plus éclairées, où se manifestent des conceptions idéalistes de Dieu, un examen précis et impartial découvrirait bien des traces d'idées appartenant à ce cercle.

Dans l'intérieur même de l'animisme, on peut[59], avec Tiele, distinguer entre le fétichisme et la croyance aux esprits. Le fétichisme se contente d'objets particuliers, dans lesquels on suppose qu'un esprit habite, pour un temps plus ou moins long. Dans la croyance aux esprits, ceux-ci ne sont plus liés à certains esprits, mais peuvent — en partie d'après leur propre choix, en partie sous l'influence de la magie — changer leur mode de révélation. Le fétichisme se distingue aussi de la croyance aux esprits par l'importance spéciale qu'il attribue à certains objets déterminés, considérés comme les intermédiaires de l'activité psychique.

47. — L'acte psychique le plus simple qui soit ici impliqué est le choix d'un fétiche. Il doit y avoir un objet particulier et défini, une occasion spéciale, qui pousse l'homme à croire à une puissance qui s'occupe de savoir s'il a ou s'il n'a pas des expériences douées, à ses yeux, de valeur. Ce choix implique une construction d'idées religieuses, la plus simple que l'on puisse concevoir. Ce choix est tout à fait élémentaire et involontaire, aussi élémentaire et involontaire que l'exclamation, qui est la forme la plus simple des jugements de valeur. L'objet choisi doit être, d'une manière ou d'une autre, étroitement uni avec ce qui absorbe l'esprit. Peut-être éveille-t-il le souvenir d'événements antérieurs, auxquels il était présent ou auxquels il prenait part. Ou bien il présente une certaine ressemblance — parfois très éloignée — avec des objets qui lui ont prêté secours lors de dangers passés. Ou bien il peut être tout simplement le premier objet qui se présente à un moment de tension et d'attente. Il attire l'attention, et c'est pourquoi il s'associe involontairement à ce qui va se produire, à la possibilité d'atteindre la fin souhaitée. L'espérance et la peur peuvent influer sur le choix; même, au commencement, l'espoir prédomine probablement, car l'homme est naturellement plein de confiance. Il est vrai que c'est bien, semble-t-il, une règle, que les êtres méchants sont priés plutôt que les bons; mais peut-être est-ce dans l'espoir de gagner leur faveur.

Dans des phénomènes de ce genre, nous rencontrons la religion sous forme de désir. D'abord les idées (en tant que distinctes des sensations) apparaissent comme des éléments du désir (je suis ici l'usage qui distingue entre le désir et le pur instinct). Le désir contient l'idée de quelque chose qui peut satisfaire un besoin ou procurer une certaine sorte de plaisir; aussi l'idée a-t-elle ici une valeur pratique immédiate. L'homme altéré a de l'eau une idée absolument pratique; cette idée exprime la fin vers laquelle il fait effort, elle est entretenue par le besoin et l'attente. Son idée de l'eau, par conséquent, est très différente de celle qu'en a un chimiste spéculatif ou un peintre. Les idées religieuses ne sont religieuses qu'en vertu de cette liaison entre le besoin et l'attente — par suite, qu'en tant qu'élément du désir. Par suite, une seule et même idée peut présenter un aspect absolument différent selon qu'on la considère au point de vue religieux, au point de vue théorique et psychologique, ou au point de vue critique et historique ; et nous ne serons pleinement capables de comprendre la valeur des idées religieuses que dans la mesure où nous garderons présente à l'esprit la liaison étroite avec le désir, leur véritable origine. Le fétichisme, spécialement, ne peut être compris que si on le considère ainsi. Quand le jeune Indien est sur le point de choisir sa « médecine » (c'est ainsi qu'il nomme son fétiche ou talisman), il se retire dans la solitude et s'adonne au jeûne ; le premier animal qui se rencontre avec lui quand il quitte sa retraite devient sa « médecine ». Le nègre, quand il sort de sa hutte, un matin, pour une expédition, voit une pierre briller au soleil : il la ramasse presque inconsciemment et compte sur son appui. Dans ces exemples, l'idée religieuse est formée ou choisie par une espèce d'*improvisation*.

Nous ne devons pas nous attendre à trouver aucun rapport entre les diverses improvisations religieuses, quoique la coutume et la tradition commencent bientôt à exercer leur influence. Le fétiche n'est que la demeure provisoire et momentanée d'un esprit. Selon l'expression frappante d'Hermann Usener, c'est « le dieu d'un moment ». L'objet individuel est déifié d'une manière absolument immédiate, sans qu'il reste place pour l'intervention du concept générique le plus élémentaire : « la chose que tu vois devant toi — cela et rien d'autre — est Dieu ». Comme exemple de cela, Usener cite la coutume répandue chez les vieux Prussiens et les Lithuaniens de traiter la première et la dernière gerbe d'un champ comme l'habitation d'un dieu, à qui il faut rendre des honneurs pour s'assurer une bonne moisson — le bouquet d'herbes de la Saint-Jean que les jeunes filles de Lithuanie cueillent et fixent à une perche à l'entrée de leur maison, pour l'adorer avec respect. Gerbe et bouquet étaient tous deux à l'origine des fétiches. Nous trouvons la même chose chez les Grecs, par exemple lorsque Eschyle fait jurer un héros sur son épée[60].

La tendance à créer ainsi des dieux momentanés peut se retrouver même aujourd'hui dans l'inconsciente personnification et la symbolisation qui peuvent se produire lorsque les hommes s'intéressent d'une manière très vive à des choses extérieures. Par exemple, on considérera comme un bon présage pour quelque nouvelle entreprise, que le feu du foyer s'allume facilement; l'attente momentanée qui se produit pendant la lutte avec le bois à brûler réfractaire, s'étend, par une expansion de sentiment, à l'entreprise plus importante dont la conscience est tout le temps occupée. Cette expansion s'accompagne de l'idée du feu heureusement allumé, comme d'une sorte de génie dont la présence est un encouragement. Si nous étudions ces personnifications mythologiques momentanées, et qui ne sont rien moins que rares, nous trouverons en elles des indications qui nous aideront à comprendre comment se forment les idées religieuses les plus élémentaires. Mais ce qui, au point de vue de l'animisme, passe pour l'étoile polaire, n'est, nous serons forcés de le reconnaître, qu'un météore errant à l'horizon de la conscience.

48. — Les divinités momentanées ne peuvent être indiquées historiquement que d'une manière approximative. Car lorsque l'occasion se présente de nouveau, l'homme se tourne naturellement vers l'idée de dieu qui lui avait déjà servi, de telle sorte que le dieu n'est pas recréé à chaque occasion, mais réapparaît par exemple, à chaque moisson. C'est ainsi que chaque dieu est progressivement investi de certaines qualités constantes, et d'une domination sur certaines régions déterminées. Grâce à ces qualités constantes, à cette souveraineté précise, le dieu individuel se dessine plus nettement dans la conscience. De même qu'un certain développement est nécessaire avant que nous puissions nous élever au-dessus du moment qui passe, de même il est aussi nécessaire pour que nous puissions nous élever au-dessus d'une forme particulière d'expression et d'un domaine spécial. Encore est-ce un progrès lorsque la fixité de la qualité et du domaine nous fait dépasser le caractère momentané des idées les plus élémentaires de Dieu. Et c'est pour cette

raison que les divinités spécialisées (les *Departmental gods* de A. Lang, les *Sondergötter* de Usener) constituent un progrès sur les dieux du moment. La pensée ne s'élève pas encore au-dessus du multiple et de ses différences, mais pose un principe, une puissance dirigeante pour chaque domaine différent. Un chef néo-zélandais disait un jour à un Européen : « Est-ce vrai qu'en Europe il n'y a qu'un Dieu pour tout créer ? Mais il doit y avoir un homme qui soit charpentier, un autre forgeron, un autre constructeur de navires. Et c'est ce qu'il y a eu au commencement. L'un a fait ceci, et l'autre a fait cela. Tane a fait les arbres, Ru les collines, Tangaroa les poissons, etc. »

Usener montre l'existence d'idées religieuses parvenues à ce degré de développement dans la religion des anciens Romains, avant qu'ils aient subi l'influence des Grecs. Les livres liturgiques (ou *indigitamenta*) des prêtres romains contenaient des listes de dieux spéciaux, qui depuis l'antiquité avaient été adorés dans des occasions spéciales et en vertu de qualités spéciales (*dii proprii, dii certi*). « On créa des dieux spéciaux, avec des appellations distinctives, pour toutes les actions et les circonstances qui pouvaient avoir de l'importance pour les hommes de cette époque ; et non seulement l'on déifia les actions et les circonstances, en bloc, mais encore tous leurs traits de caractère, et leurs mouvements. » C'est ainsi que les agriculteurs invoquaient non seulement la terre (Tellus) et la déesse de l'abondance (Ceres), mais encore douze divinités spéciales : une lorsqu'on laboure pour la première fois une jachère ; une autre pour le second labourage ; une troisième lorsqu'on trace le dernier sillon ; une quatrième pour semer ; une cinquième pour enfoncer dans le sol le grain resté hors du sillon, etc. Chez les Lithuaniens et les Grecs aussi nous pouvons retrouver des dieux de ce genre, limités à une qualité particulière et à un domaine très restreint ; et même il serait prudent de dire qu'on pourrait les trouver chez les peuples non civilisés de toute la terre[61].

Ces dieux spécialisés, comme les dieux momentanés, correspondent à un besoin de la conscience religieuse de sentir tout près de soi une puissance exclusivement occupée de fournir toute l'aide dont on peut avoir besoin. Les anciens dieux spécialisés passent dans les religions nouvelles en changeant de nom. Les saints de la chrétienté apparaissent assez souvent avec des qualités et des fonctions, qui font voir en eux les héritiers de ces dieux spéciaux ; souvent, on adore un saint à l'endroit même où, dans l'antiquité, un dieu spécial correspondant était adoré. Les saints, comme leurs prédécesseurs, ont leurs attributions propres, et, comme eux, ils satisfont le besoin de dieux localisés. Dans un de ses Poèmes Italiens, Ludwig Bödtcher emprunte à la réalité la réponse d'une jeune femme romaine, à la question de savoir si elle avait peur des tremblements de terre : « La sainte Vierge protégera notre maison, et si le danger vient, l'aide de saint Emidius ne se fera pas attendre. » Saint Emidius est le protecteur spécial contre les tremblements de terre. Usener cite, comme un exemple intéressant du développement continu des idées religieuses, l'idée de la mère avec son enfant. A l'origine, on l'adore comme une déesse spéciale sous le nom de Kurotrophos, mère nourricière, sans nom propre. Plus tard, à ce nom de Kurotrophos s'ajoutèrent les surnoms de déesses variées, Leto, Demeter, et son culte s'est transporté dans le culte médiéval de la Vierge à l'enfant. La continuité de ce développement montre que cette forme particulière de divinité, représentant l'amour maternel, correspondait à un besoin spécial d'adoration.

Selon plusieurs penseurs, le plus ancien dieu de la nation juive devrait être considéré comme un dieu spécial : « Le Jahvisme des anciens temps était une puissance hostile à la civilisation. On rencontre Jahvé comme le destructeur de toutes choses, comme le dieu des orages dans la nature, le dieu de la guerre dans la vie des nations, comme le dieu en l'honneur de qui, après une victoire gagnée grâce à l'appui divin, tous les êtres vivants sont sacrifiés et voués à la mort. » Ce n'est que lorsque les Juifs se furent familiarisés avec les idées de Dieu répandues dans d'autres nations, que le leur acquit sa valeur universelle, et s'enrichit d'éléments qui permirent à Jahvé d'être le dieu d'un peuple civilisé [62].

c) *Polythéisme et monothéisme.*

49. — L'espèce de personnification instinctive qui caractérise la conscience religieuse sous sa forme la plus élémentaire, ne produit pas des idées d'êtres personnels au sens propre du mot. Un être personnel possède à la fois plusieurs qualités différentes; la vie personnelle se développe comme le lien qui unit non seulement ces différentes qualités, mais aussi les différents moments du temps à travers lesquels elles persistent. La formation de l'idée d'un tel être implique un certain développement spirituel qui est absent des périodes d'enfance. Car c'est le propre des idées des enfants et des sauvages également, qu'ils s'emparent d'un seul aspect ou d'une seule qualité d'une chose, et qu'ils reconnaissent cette chose grâce à cette qualité : de là les juxtapositions bizarres et les nombreuses confusions dont témoignent les paroles des enfants et des sauvages [63]. Il faut un pouvoir de s'élever au-dessus du momentané et du spécial, et de construire un tout avec des expériences particulières : car une seule personne n'est pas définie par une seule situation et une seule qualité. En d'autres termes, il faut une faculté de former des idées que l'on reconnaisse comme les idées typiques de quelque individu. Par idée typique d'un individu, j'entends une idée applicable à un être individuel dans tous les nombreux états différents dans lesquels il peut se trouver. Il ne faut pas peu d'habileté pour former de telles idées, car les individus en question sont souvent, non seulement de nature complexe, mais encore en perpétuel devenir, de telle sorte que les idées sont nécessairement incomplètes. La plupart du temps, nous arrondissons artificiellement nos idées d'êtres personnels, et nos déterminations ne sont pas toujours parfaitement vérifiables par observation, de sorte que notre connaissance du caractère individuel d'une personne participe de la nature de la foi plus que de celle de la connaissance [64].

De même que le passage de l'observation particulière et des idées particulières aux idées typiques d'individu est, psychologiquement parlant, l'une des plus importantes transitions qui soient dans la vie des idées, de même le passage des dieux momentanés et spéciaux à des dieux que l'on peut proprement appeler personnels, est une des plus importantes transitions dans l'histoire de la religion. Elle représente le passage de l'animisme au polythéisme. Une distinction plus subtile est à présent tracée entre les êtres divers et les phénomènes naturels auxquels ils sont associés. Les représentations des dieux eux-mêmes sont pourvues de qualités plus riches et plus profondes, et c'est alors que, pour la première fois, la foi, au vrai sens du mot, peut naître ; car entre l'objet et sa manifestation il y a une distance qui ne pouvait exister aux degrés inférieurs que nous avons jusqu'à présent examinés. Nous sommes ici en présence de l'un des rares progrès de l'histoire de la religion, qui aient été favorables à la fois à la science et à la foi. En vertu de la claire distinction qui s'établit maintenant entre les dieux eux-mêmes et les phénomènes naturels particuliers auxquels ils avaient été jusqu'alors associés, ceux-ci s'ouvrent beaucoup plus à l'observation et à la recherche objectives. Si la science doit quelque chose à la religion, c'est à ce point, au passage du fétichisme au polythéisme, et non, comme on l'a cru, au passage du polythéisme au monothéisme. Cependant, cette transition a, par-dessus tout, eu pour effet de développer la foi religieuse, car, ainsi que nous l'avons vu, les dieux furent pourvus de qualités plus profondes et plus riches, et par conséquent purent être plus intimement unis à la vie du sentiment que cela n'avait été possible, lorsque certains phénomènes naturels étaient considérés comme leurs expressions immédiatement correspondantes. C'est alors que, pour la première fois, les hommes commencèrent à vivre dans un monde invisible.

L'importance de cette époque de l'histoire de la religion a été fortement mise en lumière par Auguste Comte. Hermann Usener a été récemment conduit par une série d'intéressantes recherches historiques et philologiques, à insister à nouveau sur son importance. Mais lorsque cet historien distingué de la religion reproche aux philosophes de la religion d'avoir pris le polythéisme comme point de départ du développement religieux, il suffit de citer Comte pour montrer que ce reproche est immérité. Et tout aussi injustifiable est sa remarque, que les philosophes « traitent la formation des concepts et la réunion des données particulières en genres et en espèces comme l'opération nécessaire et évidente par soi, de l'esprit humain ». Car Platon et Aristote reconnaissaient le problème impliqué dans la formation des concepts, et dans la philosophie moderne, depuis l'époque de Locke, ce problème a été maintes fois discuté. Etant donné que la psychologie distingue entre les idées particulières (correspondant à un trait ou à une qualité particulière), les idées individuelles concrètes (correspondant à une observation composite, à un groupe de qualités), les idées individuelles typiques (correspondant à une série d'observations complexes différentes du même phénomène), et les idées générales (concepts de genres et d'espèce, correspondant à une série d'observations de phénomènes apparentés), nous aurons ainsi un cadre suffisamment large pour les phénomènes de l'histoire religieuse, dont il est, selon Usener, si important qu'on découvre la place. La transition d'une sorte d'idées à l'autre ne se produit pas, bien entendu, d'une manière ininterrompue, et dépend toujours des conditions favorables, intérieures et extérieures.

Usener a remarqué, en y attachant beaucoup d'importance, que ce n'est qu'à un certain stade d'évolution — à l'apparition du polythéisme — que les dieux acquirent des noms propres. On faisait allusion aux dieux spéciaux par des adjectifs, d'après la qualité particulière à laquelle ils étaient associés. Il cite, comme exemple, — à ajouter à Kurotrophos, déjà citée (§ 48) — Apollon, dont le nom signifie en réalité « celui qui écarte le mal », mais qui ajoute plus tard à sa personnalité les attributs du dieu du chant, de celui de la lumière, du purificateur, du médiateur, et du dieu de la guérison.

Usener attribue une grande importante à l'apparition de noms propres donnés aux dieux, phénomène qu'il considère comme la condition nécessaire du passage des dieux momentanés et spéciaux aux dieux personnels. Ici comme partout, il y a cependant une relation constante d'action et de réaction entre l'idée et le mot. Le nom propre n'est compréhensible que quand plusieurs qualités et plusieurs états peuvent être réunis en une seule idée. Le mot sert à aider et à supporter, à conserver et à développer les résultats obtenus dans le domaine des idées, mais il ne peut pas à lui seul être leur cause. D'ailleurs, Usener lui-même n'est pas très sûr sur ce point, et, en fait, il admet que les mots et les idées se modifient réciproquement au cours de la construction. Une période importante de l'histoire de la religion ne peut pas commencer par un mot vide. Le mot ne peut pas être le commencement ni exister au commencement [65].

L'histoire ne peut pas, bien entendu, déterminer avec la moindre précision le moment où le polythéisme commença à exister. Ainsi que nous l'avons déjà vu, les dieux momentanés et spéciaux eux-mêmes impliquaient l'existence d'une tendance à la personnification et d'une faculté correspondante, et il est presque impossible — surtout en raison de la coutume et de la tradition — de déterminer des exemples bien nets de semblables dieux ; aussi s'ensuit-il qu'il y a bien des termes de transition entre les degrés que, pour des raisons théoriques, nous avons décrits en les opposant fortement l'un à l'autre. Nous verrons plus loin que l'on peut en dire autant de la relation qui existe entre le polythéisme et le monothéisme.

50. — Ni le développement des idées ni la formation des mots n'apportent en eux-même une explication complète du passage au polythéisme. Il y a toujours un mouvement du sentiment qui contribue à cet effet. Les historiens de la religion insistent beaucoup sur l'*influence conservatrice et répressive du culte* : et cela renferme la vie du sentiment, car dans le culte, le sentiment trouve un sûr refuge. Si dans une région particulière ou chez un peuple particulier, le culte s'organise autour d'un dieu spécial, ce dieu est destiné à devenir un obstacle pour la formation et l'acceptation d'une idée plus complexe de dieu. L'influence exercée par le culte sur la vie des idées religieuses ne peut pas être illustrée plus clairement que par l'histoire du mot « dieu » lui-même : quand on étudie les étymologies de ce mot qui, au point de vue philologique, semblent avoir le plus de chances d'être correctes, on trouve que ce mot signifie réellement « celui à qui l'on sacrifie » ou « celui qui est adoré [66] ». Etant donnée la relation étroite entre l'idée de Dieu et la forme du culte, tout changement radical de celle-ci doit causer une modification de celle-là, et c'est pourquoi, selon l'expérience

de tous les temps, le culte organisé offre si souvent une résistance toujours forte, parfois violente. Les anciennes idées se maintiennent plus longtemps lorsqu'elles sont unies à d'anciennes coutumes, et les anciennes coutumes se maintiennent souvent plus longtemps que les idées correspondantes. Dans une église de village en Danemark, la coutume de s'incliner en passant devant un certain endroit du mur de l'église, s'était conservée jusqu'au xixe siècle, mais personne n'en savait la raison, jusqu'au jour où le badigeon ayant été gratté, une peinture de la sainte Vierge fut trouvée sur le mur : ainsi la coutume avait survécu de trois cents ans au catholicisme, qui l'avait fait naître ; c'était une partie de l'ancien culte qui s'était conservée. Dans cet exemple, nous n'avons qu'une habitude. Mais le courant du sentiment se refuse en général à quitter le lit qu'il s'est creusé. Il s'est accommodé aux idées traditionnelles, et il faut passer par une époque de trouble et de discorde avant qu'il puisse se réadapter aux nouvelles idées. Pendant ce temps de transition, les deux courants sentimentaux, l'un tendant à couler dans l'ancien lit, l'autre à s'étendre (cf. §§ 27 et 47) luttent violemment entre eux. Ou, pour s'exprimer plus correctement, la tendance de l'ancien sentiment à se répandre, et à donner sa nuance à toute la conscience, lutte contre la tendance analogue du nouveau sentiment, — car les sentiments qui sont liés à la tradition ont aussi une tendance à l'expansion et ils essaieront toujours, s'ils ne peuvent pas absolument chasser le nouveau sentiment, de le colorer du moins, et de le transformer ; dans les cas extrêmes, lorsqu'elles ne peuvent pas se conserver autrement, les anciennes idées se transforment, d'accord avec les nouvelles.

Ce pouvoir répressif et inhibitif du sentiment sur la vie des idées n'est, cependant, qu'un aspect du sujet. Les nouvelles expériences peuvent avoir un effet si pénétrant, qu'il se produit une modification des idées par *sélection, idéalisation* et *combinaison*. Usener, qui, en général, est porté à insister surtout sur le développement du mot et de l'idée, admet que les différents dieux spéciaux ne peuvent pas avoir une valeur égale pour la conscience. « Le dieu de la lumière céleste, dispensatrice de vie et de bénédictions, le dieu tutélaire de la maison et de la paix domestique, le sauveur, le dieu qui écarte le mal, doit avoir une importance infiniment plus haute que le dieu qui bénit le hersage ou la destruction des mauvaises herbes, ou que celui qui écarte les mouches. » Les dieux spéciaux qui excitent les sentiments les plus forts et les plus durables recevront un plus grand pouvoir que les autres. En tant qu'objets d'une attention particulière, ils auront une place particulière, on évitera de les comparer avec d'autres divinités, et l'esprit s'écartera de tout ce qui peut sembler impliquer une limitation de leur puissance. C'est une idéalisation inconsciente qui se fait ici. Un travail de combinaison se poursuit tout naturellement à côté de cette idéalisation ; car toutes les bonnes qualités et tous les bons effets, pour peu qu'ils offrent la plus légère ressemblance ou le plus léger contact avec l'attribut originel du dieu, sont groupés autour du dieu idéalisé. On le considère maintenant comme porteur d'une valeur particulière, et on lui attribue involontairement toutes les nouvelles valeurs dont on fait l'expérience. Dans la conception de tout grand dieu, ces trois processus de sélection, d'idéalisation et de combinaison se poursuivent ensemble. Les idées et les mots sont secondaires, comparés aux expériences du sentiment.

L'histoire du dieu de la lumière est un exemple intéressant de cette évolution. La grande importance de la lumière pour tous les êtres vivants — puisqu'elle favorise, dans des conditions de vigueur et de santé, l'accomplissement de tous les processus vitaux, et rend possibles l'activité et la sécurité — et sa signification idéale, comme symbole de la vérité et de la justice, ont amené toutes sortes de modifications d'idées : néanmoins on peut les ramener toutes à des expériences immédiates de la valeur de la lumière et des forces symbolisées par la lumière.

Les dieux qui jouent le rôle de protecteurs des biens communs — en tant que protecteurs de la famille, de la tribu, de la nation, — sont spécialement exposés à ces modifications diverses. Quand l'homme, en compagnie d'autres hommes, ou dans son propre cœur, expérimente l'opposition entre le bien et le mal, et quand cette opposition occupe le centre de sa conscience, il doit transporter ces idées, sous une forme idéalisée, à ses dieux. La personnification qui idéalise est d'une grande importance morale, car c'est à elle qu'on doit ces exemples lumineux et divins que les hommes se sont mis à suivre. C'est ainsi que se fait la transition de la religion de la nature à la religion morale : transition dont on a pu dire à bon droit qu'elle est la plus importante de toute l'histoire de la religion, mais qui obéit aux mêmes lois que toute autre transition. S'il n'y avait pas eu d'expériences du pouvoir du tonnerre, personne n'aurait jamais cru en un dieu du tonnerre ; de même, s'il n'y avait pas eu d'expériences du bien comme d'une des réalités de la vie, personne n'aurait jamais cru à la bonté des dieux. La conception des dieux comme porteurs des valeurs morales de l'existence, suppose que l'homme a lui-même appris à connaître ces valeurs (cf. § 31).

Outre les influences d'inhibition, de choix, d'idéalisation et de combinaison, que le sentiment exerce sur le développement des idées, il faut encore noter l'importance des *effets de contraste* dans le domaine du sentiment (cf. § 43). Le contraste des deux dispositions sentimentales réagira sur les idées qui expriment ou motivent chacun d'eux. Si, par exemple, un idéal a été formé, cet idéal s'élèvera à une puissance plus haute par le contraste entre la perfection que l'on imagine et le caractère humain et limité de celui qui imagine ; tandis, qu'inversement, cette limitation sera sentie d'autant plus clairement que l'émotion provoquée par la contemplation de l'idéal aura plus d'éclat. Ce contraste, par conséquent, est important non seulement dans l'évolution de l'idée de Dieu, mais aussi dans celle de la conscience du péché, qui joue un si grand rôle dans beaucoup de religions (cf. § 33).

51. — En dehors du cercle d'idées qui se rapportent exclusivement aux divinités, la croyance à la transmigration des âmes offre un bon exemple de l'influence que les sentiments ont sur le choix et la transformation des idées. On peut à peine dire que l'idée qu'après la mort les âmes passent dans d'autres corps, ait eu son origine dans la religion. Elle est liée à l'animisme ordinaire, et on le trouve chez des races différentes sur toute la surface de la terre, à un degré très primitif de leur développement. Elle est fréquente chez les peuples de l'Asie

Orientale ; on la trouve chez les habitants de la Guinée et chez les Zoulous, chez les Groenlandais et chez les tribus de l'Amérique du Nord.

Mais on remarque qu'après la période védique cette croyance commença à jouer un rôle important dans la religion de l'Inde. Elle est au premier plan dans les Upanishads, tandis que l'on n'en trouve pas trace dans la religion primitive de l'Inde telle qu'elle se présente dans les poèmes védiques. Aussi a-t-on pensé que la doctrine de la transmigration peut être rattachée au désir qu'a la pensée religieuse d'expliquer les grandes inégalités morales qui existent parmi les hommes, même dans les conditions sociales les plus primitives. Tout ce qu'ils ne pouvaient pas attribuer à l'effet des actions d'un homme pendant sa vie, les anciens penseurs vedantas l'expliquaient — telle est cette théorie — comme étant l'effet de ses actions pendant des existences antérieures. Les Pythagoriciens et Platon furent amenés par les mêmes considérations à l'idée mythique de la transmigration des âmes.

Selon la théorie adoptée par Deussen [67], le besoin de délivrance ressenti par les Hindous les conduisit d'une part à l'idée de la transmigration des âmes, pour expliquer l'inégalité des conditions, extérieures et intérieures, et d'autre part à l'idée de l'absorption en Brahma (qui fut ultérieurement l'idée du Nirvana), de telle sorte que ces deux idées naquirent à l'origine indépendamment l'une de l'autre.

L'opinion de ce savant historien de la philosophie hindoue doit être rattachée au fait, qu'il passe sous silence les conséquences durables de l'animisme, telles qu'on peut les découvrir même dans l'enseignement si élevé des Védantas. Dans l'importance donnée par les Upanishads aux états de rêve, on peut reconnaître l'une des idées fondamentales et caractéristiques de l'animisme. « Dans le sommeil », dit-on, « l'esprit rejette tout ce qui est corporel, et plane çà et là, créant pour lui-même, tel un dieu, toutes sortes de formes. » Il ne manque même pas à cela la naïve conclusion animiste, à savoir qu'un individu endormi ne doit pas être réveillé trop brusquement, car « il est impossible de guérir un homme si son esprit n'a pas pu revenir jusqu'à lui [63] ». Donc, puisque l'on trouve des traces évidentes d'idées élémentaires dans l'enseignement des Védantas, ne faudrait-il pas en tenir compte pour expliquer l'importance attachée, à ce moment particulier, à la doctrine de la transmigration ? N'est-il pas plus naturel de supposer que cette doctrine est le résultat d'idées plus anciennes (peut-être venues de peuple soumis), plutôt que de la faire venir d'une spéculation ingénieuse ? Ces idées peuvent, jusqu'au moment en question, n'avoir possédé aucune valeur religieuse ; mais quelque modification dans la vie du sentiment religieux peut avoir conduit à les faire admettre dans le cercle des idées religieuses où on devait les interpréter comme des expressions de l'expérience religieuse. Sous l'impression accablante des souffrances et de l'effort inquiet de la vie, les circonstances défavorables ne pouvaient être expliquées que comme le résultat d'existences antérieures, affirmées par la croyance populaire. D'ailleurs, la conception du monde des Hindous était si pessimiste, qu'en l'absence de la certitude qu'aucune vie nouvelle, sous des formes infinies, ne la suit, la mort elle-même n'était pas supposée apporter la paix. C'est ainsi que Richard Garbe (dans son ouvrage sur la philosophie Sankhya) rattache le sens que prit alors la vieille doctrine de la transmigration, à un changement remarquable dans la direction générale du sentiment chez les anciens Hindous. « Dans l'ancienne époque védique, il régnait dans l'Inde une conception joyeuse de la vie, où nous ne pouvons pas découvrir le germe de la conception ultérieure qui domina et opprima la pensée de toute la nation : la vie n'était pas encore considérée comme un fardeau, mais comme le plus grand des biens, et l'on espérait sa continuation éternelle après la mort comme la récompense d'une vie pieuse. Tout à coup — sans que nous puissions découvrir les degrés intermédiaires — à la place de cette inoffensive joie de vivre, la conviction s'établit, que l'existence de l'individu est un voyage tourmenté de la mort à la mort »[69]. Si cette explication est correcte, nous avons là un exemple classique de la manière dont un changement de sentiment exerce sur les idées une influence grâce à laquelle elles sont soumises à un choix, idéalisées et ennoblies : et en même temps nous avons un exemple notable de l'effet de contraste : par opposition à la vie, à son inquiétude et à son anxiété continuelles, que la mort elle-même n'interrompait pas, le but proposé maintenant à l'homme est l'annihilation complète de l'existence, temporelle ou finale. La doctrine védique et bouddhique de la délivrance se développe en opposition parfaite avec celle de la transmigration des âmes.

Une analogie frappante avec l'évolution que nous venons de décrire est présentée par la religion grecque dans la période qui va d'Homère à Platon. Ici aussi, sous l'influence d'une conception nouvelle et plus sombre de la vie, la croyance à la migration des âmes fut adoptée et, entrant dans le cercle des idées religieuses, eut son application pratique ; et pendant ce temps, l'inquiétude sur le sort des âmes dans un autre monde, inconnue à Homère, s'étendait et s'imposait de plus en plus[70]. L'idée d'une immortalité personnelle pouvait difficilement avoir eu à l'origine une valeur religieuse : une telle idée sort du cercle d'idées qui a donné naissance à l'animisme, et ce n'est que plus tard, sous l'influence combinée d'un changement dans la direction du sentiment, et d'idées morales, que cette conception fournit matière au développement des idées religieuses.

Un pendant, bien instructif, de l'importance attribuée, à un certain stade de développement, à la doctrine de la transmigration, aussi bien chez les Hindous que chez les Grecs, est fourni par la forme prise, chez les Egyptiens, par cette doctrine. Ils admettaient bien qu'après la mort les âmes pouvaient entrer dans le corps de différents animaux, mais cette transmigration n'était nullement associée à des idées religieuses[71]. Ils n'avaient que faire du motif qui avait eu tant d'effet dans la religion des Grecs et dans celle des Hindous.

52. — Revenons au polythéisme. Son développement nous offre un tissu d'événements psychologiques et historiques, que l'histoire de la religion ne nous donne pas assez de matériaux pour éclaircir, et que l'analyse psychologique — même si elle était plus parfaite qu'elle n'est — pourrait à peine espérer débrouiller. Cependant, dans la mesure où nous pouvons suivre ce développement, nous avons des raisons de croire que, dans le domaine de la religion, on voit agir des lois psychologiques et logiques identiques à celles que nous découvrons dans les autres domaines de la vie mentale. Le polythéisme semble

nous présenter une absurdité psychologique, car comment les hommes pourraient-ils se sentir dépendants d'un grand nombre d'êtres divins différents ? Il semble que les divinités se barrent la route réciproquement ; penser à l'une, semble-t-il, empêche de penser à l'autre. En réalité, la religion du désir elle-même, avec ses dieux momentanés et spéciaux, pourrait provoquer cette objection. On trouve la solution de la difficulté dans le fait, qu'au moment de l'expérience, de l'impulsion sentimentale, le sujet est tellement occupé de l'idée qu'il a devant lui, qu'il n'a pas le temps de faire des rapprochements et des comparaisons avec d'autres dieux : peut-être même ne se souvient-il pas d'eux. Généralement parlant, la vie psychique nous offre une alternance d'attention immédiate et de réflexion. C'est lors de la contemplation ultérieure que nous pouvons rapprocher et comparer les idées qui agissent pendant les moments de forte et profonde vie sentimentale. On peut découvrir ainsi des contradictions ; il faut les résoudre, et c'est ce que nous essayons de faire, tant que de nouvelles expériences ne nous réclament pas, de manière à nous amener à négliger les difficultés et les problèmes révélés par la réflexion. Cela est vrai de tous les degrés de développement religieux et de tous les points de vue religieux. Mais pendant ces pulsations rythmiques, une onde peut réagir sur une autre onde. Si les difficultés révélées par la réflexion sont réelles, les expériences peuvent graduellement changer de caractère, tandis qu'inversement, la réflexion est modifiée par les expériences faites pendant les moments qu'elle analyse. Il y aura toujours une tendance involontaire à harmoniser les différentes idées qui expriment les différentes expériences faites de l'objet du sentiment. Dans le domaine du polythéisme, la difficulté est surmontée par la notion d'une race de divinités ou d'un monde de dieux, où chaque divinité individuelle a sa place propre. Il est facile de trouver là une solution, car on peut se servir des analogies empruntées aux relations humaines qui sont à notre disposition. La famille et l'Etat peuvent offrir des exemples de la coopération harmonieuse d'êtres personnels, et c'est surtout grâce à ces analogies que les effets du développement moral et social pénètrent dans la conception des dieux. La relation entre les dieux et les hommes s'exprime aussi par ces analogies, par exemple lorsque Dieu est appelé « le père » et « le seigneur » des hommes, et lorsque le monde est représenté sous les traits d'un grand État habité par les dieux et les hommes.

On ne trouve nulle part que le développement des idées religieuses soit déterminé exclusivement par les expériences d'une seule nation. Il y a toujours un mélange d'idées empruntées aux nations avec lesquelles celle-ci est en rapport ou qu'elle a subjuguées. Les différents mondes de divinités entrent en contact en même temps que les nations : et même un historien de la religion a été jusqu'à affirmer qu'il n'y a jamais eu de développement religieux, que lorsque des religions différentes sont entrées en contact les unes avec les autres [72]. Cela rend le cours du développement des idées religieuses excessivement obscur et embrouillé. Le nombre de combinaisons et d'assimilations, d'effets de contraste et d'expansion possibles, croit à l'infini. Une multitude de problèmes attendent l'histoire et la psychologie religieuse de l'avenir.

53. — La conception d'un monde de dieux, d'un royaume divin, est une étape sur la route qui va du polythéisme au monothéisme. Si cette transition a présenté une difficulté particulière, c'est parce que le sujet a trop été traité du dehors. Même dans le polythéisme, le besoin d'une concentration théorique et pratique, dont le monothéisme est la conséquence logique, s'exprime de mille manières. Et les mêmes lois psychologiques, qui conduisent de la religion du désir au polythéisme, conduisent du polythéisme au monothéisme, dans la mesure où un monothéisme véritable, au sens strict du mot, peut passer pour exister, en dehors de la spéculation dogmatique (et encore !).

Le passage au monothéisme peut se faire sous l'une ou l'autre de deux formes, qui, cependant, plongent l'une dans l'autre par l'intermédiaire de bien des nuances. Un dieu particulier peut devenir prééminent dans le monde des dieux, de manière à se trouver bien au-dessus des autres dieux et au-dessus des dieux des autres nations ; finalement il en vient à passer pour le seul Dieu. Généralement, il vient ensuite une épuration et un approfondissement de la conception de Dieu, ou, inversement, cette épuration et cet approfondissement de la conception de Dieu conduisent dans le sens du monothéisme. Ou bien une idée de la divinité peut se développer, qui n'est pas spécialement basée sur la conception approfondie et enrichie d'un dieu particulier, mais sur l'élément divin commun à tous les dieux, sur ce qui a d'abord fait dieux les dieux, et ce qui est présenté par les différents dieux sous différents aspects. Le cours du développement a suivi la première direction chez les Assyriens, les Babyloniens, les Égyptiens et les Israélites. Les prophètes d'Israël présentent l'exemple le mieux connu, le plus parfait et le plus important au point de vue historique, du développement vers le monothéisme.

L'évolution du monothéisme judaïque est identique à l'évolution de Jahvé, devenant un dieu universel, de spécial et national qu'il était. Il faut la faire remonter à la profonde influence exercée sur l'esprit des prophètes par les événements historiques. Le prophète est au milieu de son peuple et des traditions nationales : cependant, l'objet de ses soins n'est pas le peuple, avec ses chefs temporels et spirituels, mais la nature idéale et la continuité de l'existence de ce peuple au delà des relations temporelles du moment. Il unit en lui l'émotion extatique, produite par les grands événements du monde, à la faculté d'affirmer, en des esquisses hardies, la conception idéale qu'il s'est faite, en l'empruntant à l'histoire, de sa nation et de l'importance de celle-ci. On peut distinguer deux conceptions différentes qui, à elles deux, forment la base du développement du monothéisme juif ; l'une des deux doit surtout son aspect aux grands événements de l'histoire du monde, l'autre aux considérations morales ; mais chez l'une et l'autre, c'est l'effort fait pour conserver les idées religieuses traditionnelles dans un milieu nouveau, qui les a amenées à se développer sous des formes idéales plus hautes. Ce n'est que parce qu'il avait cessé d'être un dieu national, et qu'il était devenu le dieu universel, que Jahvé a pu éviter de participer au sort de son peuple, lorsque celui-ci perdit son indépendance nationale : et ce n'est que lorsqu'il fut considéré comme le gardien d'idées morales plus hautes que celles qui lui avaient été jusque-là associées, ce n'est que lorsque sa nature fut conçue d'une manière moins superficielle, que fut possible cette prééminence qui présentait un si frappant contraste avec les destinées du peuple dont il avait été le dieu national.

La conception historique apparaît pour la première fois chez Osée et Amos (vers 760 av. J.-C.). Ils enseignaient que les Assyriens devaient leurs conquêtes, non pas au secours de leurs propres dieux, mais à Jahvé, qui voulait faire de leurs armées l'instrument de punition d'un peuple désobéissant. Le grand prophète inconnu, que l'on appelle ordinairement le second Isaïe (vers 540 av. J.-C.) fait un pas de plus. Le peuple d'Israël ne souffre pas seulement pour ses propres péchés ; il doit aussi être purifié et rendu digne, par suite, d'apporter la paix et le salut à tous les peuples. Aux regards pleins d'attente et de désirs du prophète, apparaît la figure de celui qui, par le plus profond abaissement et l'humilité la plus profonde, doit vaincre, et apporter le souverain bien ; le prophète a vu que la vie intérieure et la sympathie ont plus de valeur intrinsèque que la violente acquisition du pouvoir, que convoitent les nations, dans leur désir de tout conquérir et de gouverner le monde. Ici, le point de vue historique et le point de vue moral se pénètrent. Jérémie (vers 620 av. J.-C.) est le représentant principal de la conception morale, quoique celle-ci n'ait pas été étrangère à Amos. En tant que dieu de la justice, Jahvé doit gouverner partout où la justice prévaut ou doit prévaloir, — par suite il doit être le dieu du monde entier, sans distinction de nations. Et puisque la véritable relation que l'on doit avoir avec Jahvé est une relation intime de cœur, finalement, les formes extérieures et leurs différences perdent toute valeur. Le temps viendra, où tout homme aura la loi dans son cœur : et même de son temps, le prophète louait la fidélité des autres nations à leurs dieux, pour l'opposer au manque de foi d'Israël à l'égard de Jahvé. L'universalité des idées morales, aussi bien que la vie intérieure qu'elles réclament, dépasse toutes les distinctions de nations.

Auprès des concepts de Dieu énoncés par les grands prophètes dans leur effort pour s'élever, Jésus de Nazareth n'a rien enseigné de nouveau. Mais il a témoigné par sa propre personne, qu'il était venu, ce temps qu'avaient prévu les prophètes dans leurs visions et leurs aspirations pleines d'attente et d'espoir — le temps où les hommes pourraient immédiatement entrer dans une relation infinie avec Dieu. La profonde émotion excitée dans le cœur des hommes par la personnalité de Jésus, qui ôtait leur valeur à toutes les relations, à toutes les distinctions extérieures, permit au monothéisme de devenir d'une manière plus large, une religion nationale. Le seul vrai dieu était un dieu pour lequel Jésus de Nazareth pouvait témoigner et dont il pouvait être le messager.

Chez les Hindous et chez les Grecs, le développement se fit dans l'autre direction. Chez les Hindous, il n'y avait pas de dieu qui réclamât un pouvoir sans partage : ils remontèrent à la puissance qui fait des dieux ce qu'ils sont, aux aspirations et aux besoins qui se donnent carrière dans la prière et le sacrifice. Suivant une méthode de pensée extrêmement remarquable, ce qui pousse les hommes à adorer les dieux fut précisément regardé comme la véritable puissance divine. Brahma signifiait à l'origine le mot créateur et magique de prière, mais il en vint ensuite à représenter le principe de l'existence elle-même, si bien que nous avons un passage de l'idée d'un mouvement à celle du but de ce mouvement, de la prière à l'objet auquel s'adresse la prière. Si l'on se demande plus précisément ce qu'est réellement Brahma (comme font les dieux eux-mêmes dans les Upanishads), on ne peut répondre autre chose que ceci : Il est la même chose que Atma, l'âme que chaque homme connaît au dedans de lui-même. Nous rencontrons ici (c'est-à-dire vers 800 av. J.-C.), comme nous l'avons dit plus haut (§ 19) le premier essai d'idéalisme métaphysique. Les divinités de la religion populaire prennent rang au-dessous de Brahma, car elles ne sont que des formes de ses manifestations. Cette relation de subordination ne fut reconnue qu'après une violente lutte. La tendance monothéiste apparut d'abord comme une doctrine ésotérique (c'est là la signification même du mot Upanishad), et d'après l'opinion de Deussen, elle fut à l'origine développée par des penseurs qui appartenaient à la caste des guerriers, tandis que les Brahmanes (les prêtres) adhérèrent longtemps à l'interprétation littérale du rituel traditionnel, et n'admirent qu'après une longue lutte une interprétation allégorique, capable de rendre possible l'union de la nouvelle doctrine avec le vieux culte. Chez les Grecs, la tendance monothéiste fut développée surtout par leurs philosophes. L'attaque de Xénophane (vers 500 av. J.-C.), contre le polythéisme prit la forme, soit d'une comparaison des dieux grecs avec les dieux des autres nations, soit d'une critique de l'anthropomorphisme. Chaque peuple fait ses dieux à sa propre image ; les dieux des nègres sont noirs, ceux des Thraces sont blonds, et si les bœufs avaient des dieux, ils les représenteraient sous l'image de bœufs. Dans son zèle contre toutes les conceptions indignes et finies, Xénophane s'élève à celle d'un principe d'unité, qui ne peut être l'objet d'aucune imagination sensible. Mais il a critiqué le polythéisme populaire aussi pour des raisons morales, et c'est à ce point de vue, plus particulièrement, que Platon a continué son œuvre. Dans l'Inde, les efforts des penseurs vers l'unité furent accablés par le besoin populaire d'une représentation multiple du divin ; et en Grèce aussi, la pensée philosophique ne fut pas capable de fournir la matière d'une religion populaire. C'est ce qui ne devint possible que lorsque la pensée se développa sous l'influence de l'expérience propre et des destinées propres de la nation, comme dans le prophétisme juif et dans sa continuation par Jésus de Nazareth; il fallut qu'une personne apparût, qui fût elle-même une révélation de la vie intérieure et de l'amour, et qui par conséquent pût être prise comme symbole de la valeur des idées pour lesquelles elle combattait.

Ici, comme en beaucoup d'autres points, la psychologie religieuse ne peut pas faire plus, que d'indiquer des points de vue qui nous permettent de comprendre comment s'est fait le passage du polythéisme au monothéisme. Mais il n'y a pas là un mystère psychologique spécial, comme on l'a parfois affirmé, non sans un peu de rhétorique. D'ailleurs, même cela admis, ni l'histoire, ni la psychologie ne peuvent se plaindre de l'absence de problèmes à résoudre.

Mais quand cette transition du polythéisme au monothéisme fut-elle complète? Quand arriva-t-on à un pur monothéisme? Et même, est-il possible d'y arriver? Si la divinité est conçue comme différenciée en plusieurs « personnes », comme opposée à un « monde » qui la limite et qui lui fait obstacle, peut-on dire que c'est là une conception purement monothéiste de Dieu? Si le « monde », « l'autre », qui existe hors de Dieu, est une réalité, et non un néant, il a un pouvoir qui n'est pas infiniment petit par rapport au pouvoir divin ; il est même un dieu lui-même dans ses propres limites, aussi bien que « Dieu » l'est dans les siennes. Ce raisonnement est valable, que nous supposions un libre arbitre (au sens métaphysique, non au sens psychologique et moral), ou un diable. Et puisque l'on trouve des suppositions de ce genre dans toutes les religions populaires, on n'a pas le droit d'affirmer, comme on le fait souvent, qu'il y a une très grande opposition entre le polythéisme et le monothéisme. De même qu'il y a des tendances monothéistes dans le polythéisme, de même il y a des tendances polythéistes dans le monothéisme.

Les plus vigoureux efforts pour concevoir un système monothéiste ont été faits par des philosophes, les Védantistes, les Eléates et Spinoza. Mais ce sont précisément ces tentatives qui nous ont montré le plus clairement que le problème de la relation entre l'un et le multiple, qui par leur réunion, constituent le réel, ne peut pas être résolu en exaltant l'un des deux termes de la relation au détriment de l'autre. Car si nous partons de l'un des deux seul, il ne faut rien moins que la baguette d'un magicien pour produire l'autre.

Quant à savoir si la connaissance « re-née », dont quelques théologiens ont parlé, est ici dans une situation plus favorable que la connaissance naturelle, c'est ce que l'on ne pourra savoir que quand la logique de ce savoir « supérieur » nous aura été donnée — œuvre que nous attendons encore. Mais, une discussion plus étendue de ce sujet nous ramènerait à la partie épistémologique de la philosophie religieuse.

54. — Les deux tendances qui apparaissent, d'une manière plus ou moins distincte, et dans des proportions variables, dans tout système d'idées religieuses — dans le polythéisme comme dans le monothéisme — se ramènent à deux tendances dans la nature du sentiment religieux, tendances que nous avons déjà eu l'occasion d'indiquer (§ 23).

D'une part, il y a le besoin de nous recueillir et de nous concentrer, de nous résigner, de nous sentir soutenus et emportés par une puissance élevée au-dessus de toute lutte et de toute opposition, au delà de tout changement. Ce besoin trouve à se développer dans le mysticisme et le monothéisme ; il coïncide avec le besoin intellectuel de trouver une conclusion dans un principe absolu d'unité.

Mais dans la conscience religieuse, un autre besoin se fait sentir, d'une manière plus ou moins énergique, et il alterne avec le premier : c'est le besoin de sentir qu'au milieu de la lutte nous avons un compagnon de lutte à notre côté, un compagnon qui sait par sa propre expérience ce que c'est que souffrir et rencontrer une résistance. Ce besoin empêche le développement d'un monothéisme complet ; il s'appuie sur d'autres motifs variés. Un besoin d'idées intuitives, un besoin d'images agira, et conduira à la formation d'idées limitées de la divinité — ou plutôt, à des idées de la divinité en tant que limitée, — car le limité seul peut s'offrir dans une image. Nous avons ici ce que l'on appelle « l'antinomie du sentiment religieux », qui n'a de cesse que lorsque ce qui est infiniment élevé est présenté sous forme de fini. Ce besoin de formes peut devenir assez fort, pour s'effrayer de la pensée de l'infini ; et c'est ainsi qu'il en vient à s'opposer directement au premier besoin.

Nous avons déjà vu (§ 52) pourquoi cette opposition n'est pas toujours remarquée. La conscience religieuse est absorbée par une tendance, par un sentiment, qui cherche à se développer aussi pleinement et à s'exprimer aussi complètement que possible. Ce n'est que lorsque les souvenirs, les rapprochements et les comparaisons sont possibles, que nous découvrons l'opposition ou la contradiction qui existe entre les deux tendances. L'expérience religieuse ne se trouve pas en meilleure situation sur le terrain du monothéisme que sur celui de la religion du désir, ou celui du polythéisme. La meilleure, et souvent la seule arme de la foi religieuse contre les critiques qui lui sont adressées, consiste à ordonner de s'abstenir de tout rapprochement et de toute comparaison. Retournons, s'écrie-t-elle, aux instants de pleine et complète sentimentalité, d'émotion religieuse ! Par exemple, celui qui ne lit la Bible qu' « à genoux » ainsi qu'on l'a demandé, s'épargnera toutes les difficultés de la critique. Une seule conception, avec un contenu uniforme, le possédera, et, même là, il choisira inconsciemment et ne prendra que ce qu'il peut utiliser. Jamais, par exemple il ne se demandera si les différents récits de la résurrection de Jésus s'accordent entre eux. Le problème de la conciliation de l'omnipotence de Dieu avec le « libre arbitre » de l'homme ne peut, bien entendu, jamais se présenter à l'esprit qui, pensant à l'une de ces deux idées, ne peut penser à l'autre. Rasmus Nielsen et Henri Mansel ont essayé de tracer une subtile distinction entre la religion et la théologie ; et cette distinction est possible par suite de l'opposition décrite plus haut, entre les états où les plus grandes différences sont oubliées, et ceux où elles sont mises côte à côte et comparées. Ce n'est que par un ascétisme intellectuel que cette opposition peut être conservée. Du moins y aura-t-il toujours des gens qui aimeront mieux se tenir debout que s'agenouiller, qui réclameront le droit de regarder librement le monde, et qui penseront cependant que ce qu'ils connaissent de plus élevé ne subira par là aucun dommage. L'esprit oriental pourrait nous amener à nous agenouiller, mais nous, en héritiers des Grecs anciens, nous sommes profondément convaincus que, même dans les questions vitales les plus importantes, il est possible de rester debout.

L'opposition entre les différents états occasionne parfois de tragiques conflits. La comparaison des idées par lesquelles s'expriment, sous leur forme extrême, les tendances opposées, peut conduire, s'il s'agit de natures à la fois passionnées et intellectuellement développées, à une fureur de paradoxe. C'est ce qui apparaît sous une forme mitigée, et, peut-on dire, plus inconsciente, dans ce que j'appellerai « la honte religieuse ». Car cette honte religieuse ne vient pas seulement d'une timidité naturelle à exprimer ses sentiments intimes, mais aussi d'un vague pressentiment que toutes les images et tous les mots par lesquels nous cherchons à exprimer les choses les plus hautes, ne peuvent pas nous donner plus que le fini et le limité ; — et par suite non seulement elle lance un défi à la critique d'autrui, ce qui n'a, par comparaison, que peu d'importance, mais aussi elle provoque dans notre esprit des doutes sur la solidité et la valeur de ce qui jusqu'alors nous était apparu comme la chose la plus élevée. Il en coûte extrêmement à beaucoup de natures de faire la balance de leur compte sur ce point, spécialement quand elles sont aussi portées par une certaine piété vers des formes traditionnelles : car cette tendance leur ôte le désir de rapprocher et de comparer, ce qu'autrement elles feraient.

Lorsque l'on considère toutes ces circonstances, on comprend à la fois combien la critique est inévitable et pourquoi son influence s'exerce lentement. Peut-être que l'éternel conflit nous attend ici. Mais il faut engager la bataille, et, même si elle ne doit jamais se terminer, elle ne se livrera pas toujours sur le même terrain et avec les mêmes armes. Ce n'est pas parce que la lutte est interminable qu'il ne peut pas y avoir progrès. La lutte entre les héros d'Odin était toujours la même, mais celle dont nous parlons ici n'est jamais la même : aussi est-elle à un rang plus élevé que celle de la Walhalla. La raison de cette renaissance perpétuelle de la lutte est que le changement dans la vie des idées est plus rapide que le changement dans la vie du sentiment : aussi une critique purement théorique d'idées religieuses ne peut-elle jamais sonder le problème jusqu'au fond ; l'affaire doit toujours être décidée par la valeur des sentiments qui forment la base des idées religieuses et qui permettent à l'idéalisme religieux de jeter toujours de nouvelles pousses après chaque assaut de la critique. Eternellement, une oscillation perpétuelle d'un pôle à l'autre de la vie spirituelle, une action réciproque d'éléments contradictoires se produisent. Mais l'évaluation du sentiment religieux doit être réservée pour le chapitre relatif à l'aspect moral de la philosophie de la religion.

55. — Reconnaître sérieusement et logiquement l'existence de cette incessante action réciproque, qui rend impossible toute solution définie, c'est déjà faire un pas en avant. Essayons de faire entrer cette expérience dans le bilan des choses religieuses. Elle rend impossible la conception d'une divinité complète. La conscience religieuse peut-elle alors se résigner à la conception d'un Dieu qui n'est pas achevé et parfait, mais qui est toujours en devenir, en voie de développement, comme la

conscience religieuse elle-même, mais sur un type plus vaste ? Si oui, nous pouvons avoir une religion d'espérance, qui admet que de nouveaux problèmes doivent toujours naître, mais que la possibilité de les traiter s'offrira toujours à nouveau en même temps qu'eux. On considère alors chaque état comme provisoire ; c'est une étape sur le sentier, sur le chemin de l'existence en général, de l'individu en particulier ; et nous ne serons jamais étonnés ni effrayés de nous trouver, questionnant toujours ; car d'anciens problèmes réapparaîtront sous de nouvelles formes, et la nouvelle question sous laquelle se formule notre recherche marquera peut-être un progrès sur la précédente. Pourquoi nous inquiéter de ce continuel changement ? Il exprime une loi de notre pensée (cf. § 18), peut-être aussi du réel. Peut-être que l'immutabilité divine consiste dans le fait — ou s'exprime par lui — que tout changement se produit selon des lois déterminées, et que cette loi même de développement est une des lois essentielles du réel ; auquel cas la contradiction entre l'invariabilité et la variabilité s'évanouit. L'invariable, en ce cas, est la loi de changement même, et là où une loi particulière subit une modification, celle-ci ne se produit que pour obéir à une loi supérieure. Notre pensée ne peut grimper que quelques échelons d'une échelle, dont nous entrevoyons ici la possibilité ; mais la faculté de monter, si peu que ce soit, suffit à faire naître une espérance précise, une foi dans la conservation de la valeur, une constante fidélité au grand Excelsior, qui est le plus noble élément de toutes les religions supérieures. Quel dommage qu'il soit si souvent arrêté dans son développement par des formules dogmatiques ! Si la conclusion à laquelle nous sommes arrivés ici était plus qu'un *espoir* final, qu'un motif *subjectif*, nous perdrions notre incessant Excelsior. Mais ni notre expérience, ni notre pensée ne nous conduisent à une conclusion objective ; la raison en est peut-être que le réel ne finit pas. Ceci nous fournirait peut-être l'explication la plus complète de l'impossibilité où l'on est de découvrir un dogme ou une image qui corresponde à la plénitude du réel. Si l'on m'objecte que cette pensée (qu'il faut rapprocher de ce qui a été dit aux §§ 10, 15, 22, 31, 44) dépasse la limite de ce que l'on peut à bon droit appeler religion, je ne le contesterai pas, mais je renoncerai au mot dès que l'on m'en aura donné un autre pour le remplacer. Nous sommes des hommes libres, et il ne faut pas faire de nous les esclaves des mots.

d) *L'expérience religieuse et la tradition.*

56. — La forme et le contenu de la foi religieuse ne peuvent jamais s'expliquer en partant de l'expérience religieuse d'un individu : notre recherche précédente nous l'a déjà montré ; l'évolution qui va de la religion du désir jusqu'au monothéisme en passant par le polythéisme a occupé de longs siècles et de nombreuses générations, et chaque individu se place à un certain point de cette évolution, point que déterminent à la fois ce qui précède et ce qui suit. Même lorsqu'un homme a eu les expériences les plus profondes et les plus indépendantes de la relation entre la valeur et la réalité, sa manière d'exprimer et d'interpréter ces expériences sera encore conditionnée par le cercle des idées qui lui sont familières et aussi, plus ou moins, par la tradition, quoiqu'il ne s'en avise pas nécessairement. Les idées peuvent être si inconsciemment mêlées à ce qu'il a senti et expérimenté, qu'il peut croire avoir immédiatement expérimenté leur contenu. Ce n'est que par un examen plus attentif que la différence entre les éléments immédiatement donnés, et ceux qui y ont été mélangés, peut être découverte. Je vais donner quelques exemples historiques qui éclairciront ce point.

57. — Même chez les peuples non civilisés, la relation entre les expériences de l'individu (surtout pendant les états d'extase) et la tradition, se manifeste clairement. Il y a une peuplade sibérienne chez laquelle la coutume veut que le jeune homme qui désire devenir Chaman ou prêtre se retire dans la solitude, et erre la nuit parmi les collines et les forêts, où il a d'étranges visions, dans lesquelles les dieux de sa tribu et les esprits de ses ancêtres se révèlent à lui. Il voit alors ce que jusqu'à présent il ne connaissait que par ouï-dire. Il répète cette expérience dans la perte de conscience qui survient lors-

qu'il tourne rapidement sur lui-même : pendant l'état d'extase ainsi produit, il voit devant lui ce qu'il n'avait connu autrement que par tradition.

Et ce que l'on dit ici de la matière brute de la vision de l'extase, vaut aussi en principe pour des degrés supérieurs. Les visions du rêveur extatique et inspiré sont déterminées en détail par les idées qu'il avait auparavant. Il est même possible de produire des hallucinations d'une espèce déterminée en disant auparavant à des sujets hynoptisés qu'ils verront un certain objet ; ou bien ils peuvent y être amenés par des excitants sensibles (couleurs, sons, goûts, etc.). Charcot et Pierre Janet ont pu ainsi prédéterminer les visions de leurs patients. Cet état des choses s'appuie sur le fait que les hallucinations sur lesquelles les visions sont basées, sont souvent très indéfinies et très élémentaires, de telle sorte qu'elles ne se définissent et ne prennent de valeur qu'unies à des idées, qu'interprétées par des idées que le sujet fournit inconsciemment en les empruntant à sa mémoire : — par exemple, le sujet a des hallucinations de points lumineux, d'un grand éclat de lumière, et il construit, inconsciemment avec cela une figure blanche, qui était peut-être la dernière chose dont il ait entendu parler. Un bon exemple d'une vision indéfinie, devenant déterminée et articulée, est présenté par la vision de Bernadette, la petite paysanne, origine du culte de la vierge à Lourdes. Ce caractère est encore mieux marqué dans les visions de Swedenborg. Un matin, assis et plongé dans une contemplation religieuse, il leva les yeux et vit dans le ciel, au-dessus de lui, une lumière brillante : comme il la regardait, elle se retira de côté ; le ciel s'ouvrit devant lui, et, entre beaucoup d'autres merveilles, il vit les anges causer les uns avec les autres ; enflammé du désir ardent d'entendre ce qu'ils disaient, il reçut aussi cette faveur ; d'abord il n'entendit qu'un bruit (*sonus*) qui exprimait l'amour divin, mais ensuite des paroles articulées (*loquela*) pleines de divine sagesse. Nous avons ici des hallucinations de la vue, de l'ouïe, qui devinrent les unes et les autres plus distinctes au fur et à mesure du développement de la vision... Et, quoique les anges parlassent de « choses indicibles » dont la plus grande partie ne pouvait être exprimée par le langage humain, cependant, grâce à de précédentes visions, Swedenborg put les comprendre en partie : les anges s'entretenaient d'une sorte de théologie unitarienne. Les dogmes angéliques auraient sûrement été tout autres, si le privilège de les entendre avait été accordé à un théologien orthodoxe.

Les hallucinations purement élémentaires sont certainement plus fréquentes qu'on ne le croit d'ordinaire ; mais elles ne deviennent ce que l'on appelle des visions que dans des circonstances spéciales, à savoir sous l'influence d'une forte excitation, d'une tension de la conscience, et d'idées dominantes teintées d'émotion. De telles visions diffèrent profondément de valeur, entre elles, quoique leur explication psychologique soit identique, pour l'essentiel. On n'appelle une hallucination « vision », que lorsqu'elle possède une certaine valeur ; mais au point de vue psychologique il n'y a pas de différence de principe. Toutes les visions portent la marque du caractère, des souvenirs, du degré de culture du visionnaire. Comme exemple de la manière dont les idées, qui ont agi antérieurement dans la conscience, peuvent déterminer une hallucination élémentaire et lui communiquer leur propre signification, je citerai (pour l'ajouter à celle de Swedenborg, déjà mentionnée) une vision de saint Vincent de Paul, qui lui apparut au moment où son amie Mme de Chantal rendait le dernier soupir. Il vit une boule brillante monter en l'air et, bien haut dans les airs, s'unir à une autre boule de lumière, après quoi elles furent l'une et l'autre absorbées dans un globe de lumière plus brillant encore ; et une voix intérieure lui disait qu'il voyait l'âme de sa pieuse amie, qui, jointe à l'âme de saint François de Sales, mort antérieurement, s'était unie à Dieu[73]. On voit donc à quel point les visions sont déterminées par les idées précédemment dominantes ; si ces idées sont formulées et organisées, elles pourront à la fois interpréter et calmer de violentes crises de visions et d'extases dans le domaine religieux. Ce phénomène se reproduit pendant toute l'histoire de la vie religieuse.

Quand le culte extatique de Dionysos se répandit de Thrace en Grèce, l'oracle de Delphes sut organiser ce mouvement sauvage, en l'associant au culte d'Apollon, qui existait déjà.

Tandis que jusque-là les Bacchants n'avaient connu d'autre règle que les impulsions d'un sentiment fanatique, ils furent dès lors soumis à l'influence d'un culte harmonieux et clairement formulé. L'oracle de Delphes, ou, en d'autres termes, le clergé de Delphes, semble avoir été une sorte d'autorité qui interprétait et organisait les mouvements de la vie religieuse. Platon parle du dieu de Delphes comme de « l'interprète » — fonction qui se transmettait de père en fils. Étant donné que l'oracle était consulté par tous les États de la Grèce sur des questions de rites, la tradition delphique acquit une grande influence sur le développement de la religion hellénique[74].

58. — Dans l'histoire de la religion juive, la découverte du livre de la loi (le Deutéronome) dans le temple, sous le règne du roi Josias (vers 620 av. J.-C.) fut un événement de grande importance. La libre action individuelle dans le domaine de la vie du culte et de la prophétie se trouva heurtée par une organisation établie. Un clergé étendait à présent son autorité exclusive sur la vie religieuse, tandis qu'autrefois les pères de famille avaient dirigé leurs propres dévotions et celles de leurs enfants. La frontière entre les prêtres et le peuple devint plus nette — les prophètes furent bientôt remplacés par les prêtres. Le Judaïsme eût un livre canonique, une tradition codifiée ; il devint la religion d'un livre, et, sur ce point fut ultérieurement imité par le Christianisme et le Mahométisme[75].

59. — Au début du christianisme, les traditions religieuses du peuple et de l'époque au milieu desquels vivait le fondateur du christianisme allaient dans le même sens. Il ne nous est pas donné de savoir quoi que ce soit de la vie intérieure de Jésus de Nazareth avant son apparition à la vie publique. Mais quel qu'ait été le développement de sa vie sentimentale, il doit avoir employé les traditions de son peuple pour l'interpréter et la formuler. Dans son Sermon sur la Montagne, il présenta son enseignement moral comme une interprétation plus profonde et plus spirituelle de la loi mosaïque. Dans l'idée messianique, il trouva l'expression de son œuvre et de sa place dans l'histoire. Dans les espérances millénaires, dans l'attente, peut-être empruntée au Parsisme par le Judaïsme, d'un royaume futur de perfection, il trouvait des formes et des images pour la

grande espérance qu'il répandait dans le genre humain. C'est ainsi que même la plus grande personnalité religieuse qu'ait connue l'histoire, subit et étendit l'influence de la tradition, aussi bien dans son œuvre que dans son développement. Cela ne diminue pas son originalité, car l'ancien devient nouveau quand il est adapté et appliqué par un génie profond et original.

L'attitude de Jésus formulant ses idées religieuses, ressemble à celle de ses disciples cherchant à interpréter et à exprimer les effets qu'avaient produits sur eux la personnalité, la vie et la mort du Maître. Se conformant très étroitement à l'interprétation qu'il en donnait lui-même, ils le considéraient soit comme le Messie attendu (dans les trois premiers évangiles) ou comme le Logos, le Verbe éternel (dans l'évangile selon saint Jean) ou comme le sacrifice pour le péché (chez saint Paul) ou comme un grand prêtre spirituel (dans l'Épître aux Hébreux). Telles sont les différentes manières dont ils cherchaient à s'expliquer ce que le Maître était pour eux.

60. — Le tableau que nous donnent les épîtres apostoliques des premières églises chrétiennes ne nous montrent pas d'organisation fixée. L'enthousiasme et l'extase se donnaient librement carrière. Mais si la vie en commun devait se développer, il ne suffisait plus que les individus s'abandonnassent aux expériences internes, surtout étant donné que, à cause de l'excitation violente que causaient ces expériences, il était impossible de les formuler en pensées et en mots, de telle sorte que des transports de ce genre étaient incompréhensibles aux autres hommes. Le « don des langues » consistait en cris inarticulés, et, par suite, incompréhensibles. « L'esprit » agissait si puissamment, que l' « entendement » ne pouvait jouer son rôle. Aussi Paul exhorte-t-il les Corinthiens à limiter ces états extatiques, pendant le temps de leurs assemblées, à ce qui pourrait être témoigné et interprété par un fidèle spécialement chargé de ce soin, de sorte que les autres puissent profiter de ces expériences. Le quatorzième chapitre de la première épître aux Corinthiens nous donne un aperçu de l'état des choses (Cf. aussi 2. Cor. V. 13). L'interprète pouvait probablement s'identifier avec celui qui « parlait en langues », au point de trouver

les pensées et les mots propres à exprimer ce qui se passait dans l'esprit de l'inspiré tant que durait son état. Une sympathie immédiate, une puissance d'analogie guidée par un tact infaillible, sont les seules choses nécessaires à supposer pour ce genre d'interprétations, comme dans les cas où nous avons à inférer des regards et des mouvements d'autres hommes ce qui se passe dans leur esprit. Mais, en même temps, on peut être sûr que des modèles pour ces interprétations étaient empruntés, partie aux textes de l'Ancien Testament, partie aux enseignements apostoliques. Peut-être est-ce là l'explication de la recommandation faite dans l'épître aux Romains (XII, 6), que le don de propriété s'exerce « en proportion » avec la foi ; texte où la « foi » est entendue au sens du contenu de la foi. Ainsi, les expériences internes du sujet furent de bonne heure soumises aux modèles traditionnels.

Plus tard, quand l'église s'organisa graduellement, le courant de l'inspiration individuelle tarit peu à peu. Aux temps apostoliques, la raison principale de cette inspiration fut l'édification d'autrui ; mais plus tard il devint de la plus grande importance de conserver l'accord avec la tradition, de façon à exclure l'hérésie. Tous les libres mouvements individuels étaient réprimés comme dangereux, quand ils ne cessaient pas par épuisement. La faculté d'avoir des visions et de parler en langues cessa d'abord, comme il était naturel, parmi les laïques, mais plus tard elle disparut aussi chez les moines et les prêtres. Les hommes commencèrent à comparer et à réfléchir. Ils ne mirent plus leur foi dans l'inspiration immédiate, mais ils éprouvèrent cette inspiration au moyen de règles qui devinrent toujours plus précises. Dans les épîtres prétendues pastorales (à Thimothée et à Titus) « la bonne doctrine » est déjà enseignée expressément, par opposition aux erreurs hérétiques. L'histoire de l'église montre comment l'organisation et l'établissement des dogmes se fit au cours des siècles. L'expansion céda la place à l'organisation et à la formulation. L'établissement du canon (la collection des écrits du Nouveau Testament) fut le moment le plus important de ce développement. C'est alors que l'église, à un certain point de son développement, décida une fois pour toutes quels étaient les livres qu'il fallait regarder comme des témoignages authentiques de la vraie doctrine.

Désormais, les autorités de l'Église furent seules compétentes pour décider si, oui ou non, une idée religieuse était valable, tandis que précédemment la révélation avait toujours porté témoignage dans le cœur des individus. L'Église devint alors la gardienne du don de la grâce. Nous avons vu comment la même chose se produisit dans le cas des miracles (§ 8) : de même que l'Église seule put décider si un miracle était authentique ou non, de même elle seule put décider de la validité de la vérité religieuse. Même dans l'organisation de la vie religieuse, l'Église exigea que ses traditions fussent suivies : quand François d'Assise voulut restaurer la vie apostolique (suivant l'évangile de saint Mathieu, chap. x), l'Église déclara avec insistance que tout nouvel ordre devait être fondé sur le modèle des précédents (*exempla antiquorum*). Ici, comme bien souvent ailleurs, l'Église s'opposa au rétablissement de ce qui était primitif, lorsque cela se heurtait aux traditions qui s'étaient formées dans l'intervalle.

Mais l'Église catholique se réserva à elle-même le droit de promulguer de nouvelles doctrines. Chaque fois que le besoin religieux a amené à formuler certaines idées, le chef de l'Église peut déclarer que le contenu de ces idées est une doctrine de l'Église. Le nouveau dogme apparaît alors comme l'expression authentique de quelque chose que l'Église a en réalité toujours cru, mais dont elle ne prend pleinement conscience que maintenant. Avant la promulgation du dogme de l'Immaculée Conception, Pie IX lança une encyclique pour déterminer si ce dogme serait agréable aux fidèles. Cette démarche justifia l'inscription placée ultérieurement sur les murs de la cathédrale de Saint-Pierre, à l'effet de déclarer qu'en promulguant ce dogme, le Pape avait exaucé les vœux de l'univers catholique (*totius orbis catholici desideria explevit*)[76]. Les auteurs catholiques considèrent parfois dans leurs écrits tous les dogmes promulgués par l'Église — même au XIXe siècle — comme n'étant que le développement ultérieur de ce dont Jésus s'est entretenu avec ses disciples[77] pendant les quarante jours compris entre la résurrection et l'ascension. L'histoire du dogme déjà mentionné fournit une contribution intéressante à la psychologie de la religion, car nous y retrouvons clairement la relation entre les besoins sentimentaux (*desideria*) et les idées. Les hommes sentaient le besoin d'un intermédiaire entre Jésus déifié et l'humanité (cf. §§ 23 et 54). Et ils ressentaient aussi le désir d'avoir un représentant d'un certain élément féminin, plus spécialement de l'amour maternel (cf. l'idée de Kurotrophos, § 48) compris dans le cercle des idées religieuses.

Comme dans tout autre processus psychologique, beaucoup de facteurs ont coopéré ici. Il n'est pas un dogme qui puisse être adéquatement expliqué en se reportant à un besoin religieux immédiat. Les circonstances extérieures et intérieures dans lesquelles se trouve l'Église jouent un rôle essentiel. L'Église se sent liée par ses traditions (telles qu'elle les comprend), qu'elle les suive par une habitude aveugle, ou par analogie avec les idées déjà formées, ou par désir de chercher des idées nouvelles propres à compléter les anciennes. Elle lutte contre une « hérésie », et par conséquent cherche une formule qui donne à celle-ci un démenti sous la forme la plus nette possible ; ou bien elle cherche à unir et à concilier des tendances opposées par un prudent compromis, ou par une formule vague et ambiguë encore plus prudente. Ou peut-être elle s'exerce à formuler des idées qui correspondent à ses rites au fur et à mesure qu'ils se développent. Dans son *Histoire du Dogme*, Harnack a indiqué onze facteurs différents, — c'est-à-dire dix autres à ajouter au besoin religieux proprement dit — qui ont coopéré au développement des dogmes de l'Église (c'est-à-dire au contenu du dogmatisme orthodoxe d'aujourd'hui) pendant les premiers siècles [78].

61. — Ce qui apparaît ainsi dans l'histoire d'une communauté religieuse est encore bien plus en évidence dans la vie religieuse d'un individu, quand celui-ci ressent à la fois la faculté et le besoin de décrire son développement interne. Il y a de cela un grand exemple, les *Confessions de saint Augustin*. Lorsque saint Augustin écrivit cet ouvrage, il était solidement attaché à la tradition ecclésiastique. Il nous a lui-même dit qu'il ne croyait à l'Évangile que parce qu'il faisait partie de la tradition de l'Église. Cependant, on peut découvrir le proces-

sus psychologique central, le sentiment qui avait besoin d'idées pour s'y exprimer. Le dixième livre des *Confessions* est particulièrement révélateur. Saint Augustin cherche ici à s'expliquer à lui-même quel est réellement l'objet de son besoin intime. « Qu'est-ce que j'aime, quand je T'aime ? » demande-t-il à son Dieu. Il passe en revue une longue liste de choses et de formes que l'expérience lui a offertes ; mais aucune d'elles ne satisfait le besoin de son cœur. Ce n'est que dans son cœur, que dans son esprit, qu'il trouve une analogie possible. Dans un argument profond, argument d'un intérêt extraordinaire et considérable pour l'histoire des concepts fondamentaux de la psychologie, il montre que la mémoire est le caractère essentiel de la vie de l'esprit. Dieu doit être un être qui agit comme la faculté de la mémoire agit en nous. Et il agit au plus intime de nos âmes — bien au-delà de l'élément le plus profond de notre moi conscient. Dans cet homme intime habite la vérité. Et cependant (et ici nous saisissons le passage du point de vue psychologique au point de vue ecclésiastique), Dieu n'est pas seulement ce qui agit ainsi en nous, avant tout il est lui-même objet de souvenir — le souvenir de la prédication de l'Église (*ministerium prædicationis*), par l'intermédiaire de laquelle nous la connaissons réellement[79].

Chez aucun autre homme, la profonde expérience personnelle, la force de la pensée, et la foi absolue dans l'autorité ne se sont unies d'une manière aussi étroite et aussi caractéristique, que chez ce grand docteur de l'Église. Mais même chez lui, on voit clairement l'opposition entre l'absorption dans le moi et la dépendance à l'égard de la tradition extérieure. « Ne sors pas de toi-même », s'écria-t-il, « car la vérité habite dans ton cœur. » Et cependant, il croyait tout devoir à la tradition de l'Église : comme si elle ne venait pas du dehors ! Cette stricte dépendance à l'égard de la tradition ne peut cependant pas obscurcir la relation psychologique fondamentale entre le sentiment et l'idée, qui est particulière au domaine religieux. Cette relation fondamentale est très fortement marquée dans les mots que j'ai pris comme épigraphe pour le premier paragraphe de ce chapitre : saint Augustin y cherche un attribut qui puisse lui servir à déterminer ce qui se révèle au sentiment. Le doute qui l'a si fort tourmenté pendant les luttes spirituelles de sa jeunesse l'a amené à présent à s'attacher à l'autorité de l'Église ; plus tard encore, quand il se fut révélé comme un des apologistes de l'Église, il fut dominé par le besoin de maintenir l'autorité de celle-ci en face d'éléments de désagrégation ; autrement, les impulsions de sa vie intérieure auraient pu le conduire à des résultats plus libres et plus universels. Outre cela, il faut nous rappeler qu'il vivait à une époque où, pour employer ses propres expressions, le monde était devenu vieux (*senuisse jam mundum*) : ce n'est pas à de telles époques que l'on trouve la hardiesse nécessaire pour le déploiement libre et indépendant de la vie intérieure.

On peut retrouver une certaine analogie entre l'argumentation du dixième livre des *Confessions* de saint Augustin et la manière de penser des Upanishads. De même que saint Augustin demandait « qu'est-ce que j'aime quand je T'aime ? » de même l'on se demande dans les Upanishads : « qu'est-ce que Brahma ? » Et la réponse est : « Brahma est Atma (le souffle, l'esprit, l'âme) » (cf. § 19). C'est ainsi que nous voyons que le principe qui sert de support à tout le monde réel, et qui est lui-même (car Brahma représente en réalité le pouvoir de la prière, cf. § 53) une projection des besoins du sentiment, trouve (au moins provisoirement, cf. § 21) son expression la plus appropriée dans des idées qui sont empruntées à la vie de l'âme[80]. Les anciens penseurs Hindous étaient moins étroitement attachés à la tradition que saint Augustin ; aussi dans leur cas le processus psychologique peut-il être retrouvé plus clairement.

62. — Chez les mystiques du moyen âge, on trouve d'intéressants exemples de l'influence réciproque du sentiment, de l'idéation et de la tradition. Selon une terminologie très fréquente chez les mystiques, « la volonté » ou l'amour est regardé comme l'opposé de la mémoire et de l'entendement. (cf. § 36). Dans les états supérieurs, toutes ces facultés sommeillent, car la volonté est dominée par un béatitude débordante ; toute souffrance est oubliée ; il n'est plus possible de chercher la cause de cet état ni de la comparer avec d'autres. Une vision

même est impossible pendant les instants suprêmes d'extase, et pendant ce temps, le sujet ne peut communiquer avec d'autres hommes ; la volonté cependant y persiste plus longtemps que la mémoire et l'entendement, et dès que celles-ci peuvent, plus tard, agir, il redevient possible de former des idées et de communiquer avec autrui. Le sujet est alors capable de dicter un récit de ce qu'il croit avoir expérimenté. Mais tous les mystiques s'accordent à insister sur la différence qu'il y a entre leurs véritables expériences, et les pensées et les mots par lesquels ils cherchent à les exprimer. « Cela peut être senti, mais non exprimé, » dit Hugues de Saint Victor. Et, employant l'image du Cantique des cantiques, il continue : « Ton bien aimé vient invisible, il vient caché, il vient incompréhensible ; il vient pour t'embrasser, non pour être vu de toi. » Angela di Foligno décrit ainsi une vision : « Que vis-je ? Dieu lui-même. Je n'en peux pas dire plus. C'était une plénitude, une lumière intense qui donnait une satisfaction parfaite, et pour qui ne suffisent ni les mots ni les comparaisons. C'était la suprême beauté, qui scelle toutes les lèvres et contient le souverain bien. » Quand elle lut le récit de ses expériences, transcrit sous sa dictée, elle se refusa plus d'une fois à le reconnaître[84].

Quoique les mystiques insistent fortement sur la différence qui existe entre leurs expériences et leurs descriptions de celles-ci, ils affirment cependant avec non moins d'insistance que ces expériences étaient en harmonie avec les enseignements de la Bible et de l'Église. Cela reste une énigme psychologique, que de savoir comment ils pouvaient se convaincre de l'harmonie du contenu de leurs expériences avec l'enseignement de l'Église, si les expériences étaient si différentes de la description. On voit ici clairement que l'harmonie avec l'enseignement de l'Église existe par un acte de volonté, et n'est pas l'objet d'une découverte. Dans leur interprétation et leur description de ce qu'ils avaient éprouvé, ils prenaient bien soin de ne rien faire entrer, qui pût être en contradiction avec l'enseignement de la Bible et de l'Église. L'on a des explications expresses sur ce point de la part de quelques-uns des plus grands mystiques du moyen âge. C'est ainsi que Suso dit de lui-même : « En écrivant son principal ouvrage (le *Livre de la Sagesse éternelle*), son état n'était pas celui d'un homme qui dicte d'une manière active, mais celui d'un homme dominé par Dieu (*divina patiens*). Lorsque ce qui lui avait été ainsi donné eut été réduit à la forme écrite, il revint à lui (*ad se revertens*) et examina attentivement (*diligenter rimatus est*) si rien ne s'y trouvait, qui différât des enseignements des saints Pères. » La différence entre la domination, le retour à la conscience de soi et la soumission anxieuse à l'autorité apparaît ici très clairement.

Le retour à la conscience ne conduisit pas Suso, comme saint Augustin, à essayer, grâce à sa force de réflexion, de trouver une expression pour ce qu'il avait expérimenté : son seul soin était d'éviter tout désaccord avec l'enseignement de l'Église. Cette obéissance à l'autorité de l'Église est encore plus manifeste chez les mystiques femmes que chez les hommes. L'apôtre Paul avait bien défendu aux femmes de parler dans les églises, et les avait obligées à consulter les hommes dans les matières de religion. Et comme elles n'avaient pas l'éducation scolastique des mystiques hommes, elles ont dû être vivement sensibles à l'insécurité de leur position. Par suite, si convaincues qu'elles fussent de l'origine divine de leurs plus hautes expériences, cependant elles se soumettaient entièrement à l'autorité de l'Église. Les visions et les expériences d'Angela di Foligno furent transcrites par un moine, qui explique que, quoiqu'il n'ait rien ajouté, il a laissé tomber bien des choses trop sublimes pour être saisies par son pauvre entendement, et même après cela, le livre fut « édité » par plus d'un moine savant. Sainte Thérèse décrit comment, pour éviter les opinions erronées, elle s'informait auprès de tous ceux qui pouvaient l'enseigner ; et elle croyait si fermement à son Credo, nous dit-elle, que sa foi sur le point le plus insignifiant de l'enseignement de l'Église, n'aurait pu être ébranlée, même si toutes les révélations possibles lui avaient été faites. Oui, même si elle avait vu les cieux s'ouvrir ! Et si, pour un moment, la pensée se présente à elle que ce qu'elle a entendu peut être tout aussi vrai que ce que les Pères ont entendu, elle est sûre que c'est une tentation du diable. Elle a laissé à un savant et pieux

Dominicain[82] le soin de savoir si, oui ou non, son livre était d'accord avec les doctrines de l'Église.

Ici encore nous trouvons une relation de réciprocité. Car, de même que les expériences étaient expliquées et éprouvées à l'aide de la tradition, de même elles étaient souvent suggérées par une absorption au sein des conceptions traditionnelles. Car c'est par la lecture que les transes et les visions mystiques sont amenées. Hugues et Thérèse insistent tous deux sur l'importance de la lecture. On se rappellera peut-être que, dans les peintures religieuses de Van Eyck et de Memling, les personnages sont représentés comme absorbés dans leurs livres, au point d'oublier absolument tout ce qui les entoure[85].

Et cependant les mystiques possédaient un critérium purement subjectif de la valeur de leurs expériences, à savoir la paix et le repos qui naissaient dans leur cœur. Tant que le besoin de se soumettre à la Bible et à l'Église était fort et vivant, on ne pouvait guère obtenir la paix et le repos qu'en mettant ses idées d'accord avec la doctrine traditionnelle. Mais il reste une autre possibilité : la confiance immédiate dans les expériences de la vie intérieure et dans l'activité intellectuelle consacrée à la découverte d'idées propres à formuler ces expériences, peut devenir assez forte pour rendre impossible la soumission à la tradition ; le vin nouveau peut faire éclater les vieilles outres. Beaucoup de grands conflits religieux sont ainsi nés, et c'est le chemin qu'ont suivi tous les réformateurs et tous les fondateurs de religions, généralement après une loyale tentative faite pour trouver la paix dans les anciennes formes. Ils découvrent alors qu'il faut tisser un nouveau vêtement à la divinité.

63. — Chez les réformateurs aussi, on peut retrouver le processus psychologique par lequel les expériences immédiates de la vie personnelle se heurtent aux traditions de l'Église, et se trouvent à la fois formées et limitées par elles.

Dans le cas de Luther, nous avons déjà vu (§ 39) comment il cherchait — d'une manière qui rappelle la méthode de penser de saint Augustin (§ 61) — à exprimer ce qui s'agitait en lui. Mais dans son premier développement du concept de Dieu, il acceptait en toute simplicité l'ancien enseignement de l'Église. Il laissait intacte la doctrine scolastique de la Trinité, tandis qu'il imprimait la marque de sa personnalité aux concepts religieux qui se trouvaient en rapport immédiat avec ses expériences personnelles, par exemple la justification par la foi et la sainte communion, celle-ci sous une forme étroitement parente de la conception catholique. Le fait que Luther ait admis certaines choses qui ne correspondaient pas à son expérience personnelle, fut une inconséquence qui peut être expliquée par sa foi dans l'Église, mais qui fut un malheur pour le développement ultérieur du protestantisme. Le protestantisme n'est arrivé à formuler son principe clairement, avec possibilité d'un développement logique, qu'après avoir appris à se baser sur la liberté de conscience et sur les expériences personnelles et individuelles de la relation de la valeur avec la réalité.

Bien plus clairement encore que chez Luther, on peut découvrir la base psychologique des conceptions religieuses chez Zwingli. Tandis que Luther suspendait la marche de sa libre pensée après avoir défini Dieu comme l'objet de la confiance suprême, Zwingli faisait un pas de plus, et arrivait à sa doctrine de la prédestination absolue. Zwingli attachait plus d'importance que Luther à la certitude inconditionnelle de son propre salut, dont peut jouir l'individu ; cette certitude subjective, mais inébranlable, correspond à la croyance dans l'élection divine. Et si cette élection doit atteindre son but, il faut qu'elle procède d'un pouvoir qui puisse désarmer toute résistance, d'un pouvoir suprême, absolu, infini. Zwingli, en outre, subit à n'en pas douter l'influence exercée sur sa pensée par ses études philosophiques (Platon et les Stoïciens), mais ce fut son expérience personnelle qui mit sa pensée en mouvement. Seule, une expérience obtenue comme l'était celle de Zwingli pouvait le faire entrer dans une direction de pensée telle que la sienne[84].

Le protestantisme peut nous faire connaître des tentatives plus vigoureuses encore que celles des réformateurs, et qui furent faites pour réduire toute religion à l'expérience du cœur, pour faire de toute la religion un culte du cœur. Rousseau et Schleiermacher sont les plus importants représentants de ce mouvement. Mais eux aussi, dans leur effort pour revêtir leurs expériences de pensées et de mots, ils furent conduits à des idées empruntées à l'atmosphère spirituelle dans laquelle ils vivaient, et furent portés à regarder ces idées comme aussi immédiates que les expériences elles-mêmes. Rousseau « sentit directement les vérités de la religion naturelle », et, quoique Schleiermacher fût doué de plus de pénétration psychologique et d'une plus grande puissance de réflexion critique, cependant il n'est pas lui-même innocent de la confusion trop commune de l'expression d'un sentiment avec sa cause.

En règle générale, l'expérience personnelle reçoit naïvement et immédiatement les conceptions et les formes qui lui sont transmises par la tradition, et croit les accepter telles qu'elles sont en réalité. Ce n'est qu'un examen plus précis qui révèle les continuelles réadaptations qui se sont en réalité produites. Le fait même, que des éléments de la vie intellectuelle autres que ceux sur lesquels on insistait auparavant, soient à leur tour mis en évidence, produit une certaine différence. On voit se produire ici la même chose que dans l'histoire de l'art, lorsqu'un type est adopté en peinture par une nouvelle génération d'artistes. Parlant de la relation qui unit les primitifs italiens au type byzantin traditionnel de la Vierge, Julius Lange remarque qu'ils ne prirent pas une attitude révolutionnaire à son égard, mais qu'ils modifièrent ce type en s'engageant dans une nouvelle direction : « Ils commencèrent à donner aux traits essentiels du masque traditionnel et sans vie, la marque de leurs idées personnelles, sur la pure beauté qui devait orner la Mère de Dieu. Par exemple, c'est ce que fit Guido de Sienne : il nous donne encore le contour presque circulaire de la tête, l'ovale allongé de la face… mais que le regard de cette Vierge est frais, qu'il est divin et aimable[85] ! » Dans l'histoire de la religion, on ne peut pas montrer aussi facilement les réadaptations. Elles peuvent se produire de deux manières. Ou bien les éléments traditionnels, sur lesquels le sentiment s'appuie, sont mis en avant, ou bien certains éléments reçoivent une nouvelle interprétation inconsciente ; ils sont conçus d'une manière poétique, symboliste ou rationaliste, ou même complètement omis : et cela peut se faire sans que l'on ait conscience que cela implique aucune déviation par rapport à l'interprétation originale. Ce fut un grand soulagement pour saint Augustin, dans sa jeunesse, quand on lui dit que les expressions corporelles employées pour Dieu dans la Bible pouvaient être entendues métaphoriquement et non littéralement : et plus tard, au cours de sa vie, il n'eut pas de scrupules à étendre aussi loin que possible l'interprétation allégorique, toutes les fois qu'il trouvait dans l'enseignement de l'Église quelque chose dont il ne pouvait autrement tirer quelque valeur religieuse.

Qu'à la création l'esprit de Dieu flottât sur les eaux, cela veut dire, selon saint Augustin, que par le don de l'esprit, qui est l'amour de Dieu, les hommes s'élèvent au-dessus du corporel ; que « Dieu ait créé le ciel aussi bien que la terre », cela veut dire symboliquement, selon lui, que dans l'Église on peut distinguer entre une intelligence plus spirituelle (*serena intelligentia veritatis*) et une plus littérale (*fides simplex parvulorum*). Les mystiques suivirent cette voie, car, ainsi qu'on l'a dit d'une manière frappante, ils supprimaient toute barrière entre eux et le contenu de l'Écriture, et cherchaient à réaliser tout ce qu'indique l'Écriture, comme un éternel Présent. Maître Eckhart, par exemple, dans un sermon sur la résurrection du fils de la veuve de Naïn, explique que la veuve, c'est l'âme, et le fils mort, la raison. Tout sermon, toute exhortation religieuse emploie encore aujourd'hui plus ou moins la même méthode, étant guidé par le désir de trouver, dans le récit de ce qui s'est passé il y a de longs siècles, quelque chose qui puisse apporter un aliment immédiat à la vie spirituelle d'aujourd'hui. On attribue ainsi un double sens aux vieilles histoires, sans avoir, en général, une idée bien claire du rapport qui peut unir ces deux sens. Même chez les philosophes du xixe siècle, chez des hommes tels que Schleiermacher, Hegel et Coleridge, on ne trouve aucun aveu du fait que la transformation des doctrines traditionnelles en formes capables de s'harmoniser avec la vie sentimentale et intellectuelle de ces hommes, ait changé le sens originel du contenu de ces dogmes. Sören Kierkegaard, lui aussi, qui était particulièrement désireux de libérer le contenu dogmatique des subtilités spéculatives, fut obligé de restreindre le contenu objectif du dogme ; du moins, il ne put adopter que ce qui pouvait alimenter sa vie sentimentale si passionnée et si tendue, et encore, bien souvent grâce à une transformation profonde du sens, qui lui permît de tirer parti de ces éléments[86].

Lorsqu'une adaptation de cette sorte n'est plus possible, les anciennes formes éclatent, et si la vie religieuse doit continuer, il faut que de nouvelles formes se présentent. Nous arrivons ici à la crise dont j'ai déjà parlé — la crise qui se produit à la naissance de quelque chose de nouveau. Nous avons maintenant à considérer l'attitude de la psychologie religieuse à l'égard de ces crises et des personnalités prophétiques chez qui naît ce nouvel élément.

Mais avant d'aborder cette question, je voudrais faire quelques remarques générales sur le rapport du sentiment à l'idéation dans le domaine de la religion.

64. — Comme les jugements esthétiques et moraux, les jugements religieux se distinguent des autres par l'élément de sentiment qui, sans être jamais entièrement absent d'aucun acte de jugement, est cependant particulièrement important dans leur cas. Les jugements religieux sont des jugements de valeur. Selon mon hypothèse fondamentale, ils expriment les expériences des hommes sur la relation de la valeur à la réalité (cf. § 31), relation qui peut elle-même avoir une valeur immédiate. Sous leur forme la plus simple, les jugements religieux se présentent comme des exclamations par lesquelles s'expriment des états internes d'admiration, d'amour, d'espoir ou de peur. Le jugement religieux prend une forme plus déterminée lorsque la conscience essaie de s'expliquer clairement ce qu'elle expérimente, ce qu'elle admire, aime, espère ou craint (cf. § 61). Par exemple, on peut se demander : quel est le sens de cet événement merveilleux ? Quel est cet homme qui a pris tant d'empire sur notre vie intérieure ? (cf. §§ 57-60) Puis vient la formation plus réfléchie d'un jugement. Tout jugement est une union de concepts ; ces concepts ont été rassemblés par l'attention, qui, partant d'une conception donnée sous une forme indéfinie, a cherché à la déterminer de plus près. Le concept dont nous parlons est le sujet du jugement, et il se détermine plus complètement par le concept final, qui est le prédicat du jugement. Le processus psychologique qui se pro-

duit lors de la formation d'un jugement, consiste à passer de la première à la dernière de ces idées.

Dans les jugements de valeur, le concept dont nous parlons est plus obscur que dans d'autres jugements, à cause de la prédominance de l'élément sentimental. Même, lorsque le sentiment sous-jacent est nouveau et original, ou lorsque, pour d'autres raisons, il est spécialement fort, l'élément cognitif peut faire entièrement défaut. C'est un caractère de tout mouvement sentimental violent, qu'il fait de plus en plus passer les concepts au second plan. Dans la discussion précédente, j'ai montré des cas où toute articulation et toute analyse, et par conséquent toute faculté de former un jugement étaient impossibles : ainsi le « don des langues » chez les chrétiens primitifs, et l'extase des mystiques. Mais la formation d'un jugement n'est possible que quand nous avons un concept dont nous puissions partir, quelque obscur qu'il soit. Il faut par conséquent admettre que des jugements religieux qui expriment ce qui a été expérimenté à des moments d'agitation sentimentale, sont réellement formés ultérieurement, lorsque l'agitation se calme et que le sujet « revient à lui » ; il peut alors caractériser son expérience, de mémoire, en la comparant à d'autres, et en réfléchissant sur la valeur de cette expérience pour sa vie personnelle.

De grandes personnalités religieuses ont appelé « Dieu » l'objet de leur confiance et de leur amour suprême, et on peut comprendre cela si l'on entend par « Dieu » le principe de la conservation de la valeur dans le réel. Ce qui comprend et conserve en soi toutes les valeurs, ce en quoi l'on voit l'origine et l'achèvement de toutes les valeurs doit être l'objet du sentiment le plus profond. C'est ce qu'implique tout jugement religieux instinctif et spontané. « Ce que j'expérimente ici n'est que la simple expression d'un simple témoin, témoignant de la puissance qui porte toutes les valeurs du monde du réel. Ce doit donc être cette puissance que j'expérimente ! » Le concept de Dieu est l'attribut fondamental de tous les jugements religieux, prédicat que cherche la pensée religieuse lorsqu'elle part d'expériences du rapport de la valeur à la réalité. La pensée religieuse atteindrait sa conclusion, dans une détermination complète de ce prédicat fondamental, car, si cela était réalisé, la relation entre la valeur et la réalité serait parfaitement claire et évidente. Cela se produirait plus vraisemblablement, si la principe de la conservation de la valeur et celui de la systématisation conformément à une loi, pouvaient tous deux se subsumer sous un seul principe suprême. Mais il est bien à craindre qu'une telle conclusion soit impossible sous une forme quelconque, acceptable pour la pensée scientifique. Mais le problème religieux subsiste, tant qu'il y a un effort pour rester fidèlement attaché au prédicat du jugement religieux, c'est-à-dire tant que la question religieuse est psychologiquement possible.

L'histoire de la religion et de la philosophie montre qu'une détermination plus précise du concept qui sert de prédicat au jugement religieux (ou, pour emprunter une expression à Kant, de la catégorie de religion) se produit généralement à l'aide de formes et d'images traditionnelles. Ce n'est que lorsqu'un individu possède la capacité et le courage nécessaires pour former des images et spéculer pour lui-même, que le développement prend une nouvelle direction, et cela se produit la plupart du temps lorsque le mouvement religieux est arrivé à une crise.

Il est, cependant, de la plus grande importance psychologique de se souvenir que ce concept attributif, que cette catégorie n'est pas ce qui est donné d'abord ; ce qui est donné à l'origine, c'est précisément ce que l'on s'efforce de trouver. Ce que l'on cherche, c'est une détermination intelligible de la catégorie de religion (Dieu) : par quoi j'entends une détermination qui nous permette de regarder les expériences particulières comme des exemples particuliers de la valeur de cette catégorie, ou, pour employer une personnification poétique, de regarder ces expériences comme des actions de Dieu. Les jugements religieux primaires ont Dieu comme attribut, non comme sujet. Le concept de Dieu, la catégorie de religion, sont soumis à la même règle que les autres concepts et que les autres catégories ; ils doivent servir de prédicat avant de figurer comme sujet. Les jugements les plus simples sont des jugements attributifs. Cependant, pendant la formation d'un jugement aussi bien que pendant la formulation plus exacte de jugements déjà constitués, il y a une relation de réciprocité entre le sujet et le prédicat; car non seulement le sujet est déterminé par le prédicat qui est combiné avec lui, mais encore le prédicat, en vertu de sa réduction au sujet, gagne lui-même en détermination. Prenons un exemple dont je me suis servi ailleurs [87]. Quand j'apprends que l'amphioxus est un vertébré, j'apprends non seulement quelque chose relativement à l'amphioxus, mais encore relativement au concept de vertébré; par exemple, que la possession d'un cerveau n'est pas un caractère essentiel. C'est tout de même, que la catégorie de la religion (le concept de Dieu) se détermine plus précisément par ses applications, c'est-à-dire en réalité, par les différentes occasions qui nous amènent à appliquer ce concept. Mais ce concept sera-t-il jamais complètement déterminé, de sorte que nous puissions opérer avec lui comme avec un concept clair et distinct ? C'est la grande question.

Le dogmatisme orthodoxe et le dogmatisme spéculatif croyaient l'un comme l'autre qu'ils avaient, dans les prédicats religieux, non seulement une clé pour comprendre l'essence de la religion, mais encore une clé pour comprendre la totalité du réel; ils essayaient, au moyen de ces conceptions inachevées et impossibles à achever, de construire une science supérieure. Mais la nature des prédicats religieux a été mal comprise d'autres côtés aussi. Une certaine école d'historiens de la religion, qui pendant un certain temps donnèrent le ton à la science de la religion, pensaient posséder, dans l'étude purement étymologique des dénominations religieuses — spécialement les noms des dieux — une méthode adéquate pour étudier l'essence de la religion. L'étymologie semblait être la vraie philosophie de la religion. Il est vrai que l'on peut, par cette voie, obtenir d'intéressantes conclusions. C'est ainsi qu'il n'est pas d'un mince intérêt d'apprendre que le mot « dieu » lui-même semble nous montrer que le premier prédicat religieux fut formé sous l'influence d'un acte d'adoration, et qu'il représentait celui à qui se rapporte cette action (cf. § 50). Mais cet exemple nous montre combien cette méthode est inadéquate, car le concept religieux primitif avait, en fait, un domaine bien plus étendu que celui auquel s'étendaient les actes d'adoration. Du moins, le concept d'adoration doit-il être considérablement étendu s'il doit nous expliquer ce qui est contenu dans le nom de « Dieu » Le développement de la religion est beaucoup plus profond, plus complexe et plus multiple que n'est le développement du langage, pur et simple, et la relation d'états internes à leur expression est encore plus compliquée, dans le domaine religieux, que n'est d'habitude la relation des phénomènes psychiques à leur expression linguistique. Et le langage ne s'est même pas révélé un bon guide, car il semble évident que les conceptions de Dieu de différents peuples, exprimées par des mots ayant des racines tout à fait différentes, sont souvent en relation intime les unes avec les autres, au point de vue extérieur et au point de vue intérieur ; tandis qu'inversement les noms de Dieu qui, à un point de vue purement linguistique, rentrent dans la même classe, peuvent représenter des dieux qui diffèrent beaucoup en nature [88]. La détermination par un mot n'est qu'un support qui s'ajoute à un certain moment du développement religieux ; ultérieurement, le mot peut s'attacher à des idées fort éloignées du degré de développement que la vie religieuse représentative avait atteint lorsque l'expression fut construite.

Tant que durera la religion, de nouvelles pensées continueront à se lancer à la recherche d'un concept attributif où la religion puisse trouver le repos : aussi, ce concept recevra-t-il sans cesse de nouvelles déterminations.

N'y a-t-il pas là quelque chose que l'esprit humain a toujours cherché avec plus ou moins d'énergie, mais qu'il n'a jamais trouvé, ou n'a jamais été capable de réduire en forme et d'exprimer ? N'avons-nous pas ici une énigme, un mystère, sur lequel l'esprit humain s'acharnera toujours, — mystère qui, suivant les modifications de l'expérience et les différences individuelles, se pose à chaque fois d'une manière différente ?

e) *Conclusion scientifique de la psychologie de la religion.*

65. — La section précédente nous a amenés à un point où la méthode psychologique se trouvait soumise à une épreuve

cruciale. Tant que la genèse du sentiment, et les idées qui l'expriment, sont clairement et distinctement déterminées par des circonstances historiques, la méthode psychologique peut servir aussi bien que n'importe quelle autre méthode scientifique dans le domaine de la science mentale. Mais lorsqu'il naît quelque chose de qualitativement nouveau, quand il se produit un changement radical, approfondissement ou extension du sentiment, est-il encore possible de donner une explication psychologique exhaustive ? Cette question s'impose à nous, quand nous nous trouvons en face d'une des crises indiquées plus haut, où l'action et la réaction ininterrompues entre l'expérience personnelle et la tradition ne peuvent réussir à fournir une explication adéquate. L'apparition de personnalités prophétiques, qui ont de nouvelles expériences et créent de nouveaux symboles, semble d'abord n'être susceptible d'aucune explication par la méthode psychologique, qui avait fait œuvre utile tant qu'avait duré cette action réciproque que nous avons dite. Mais des personnalités comme celles-là semblent s'écarter par la tangente, plutôt que suivre une courbe fermée autour d'un point donné ; elles nous entraînent dans des régions entièrement neuves du monde spirituel.

Ce point est d'un intérêt d'autant plus grand, que la tendance de la théologie la plus récente — la théologie qui se rapproche le plus de la manière scientifique de considérer les choses, — consiste à attacher une grande importance à ce fait, que toute révélation se produit dans le cœur de personnalités prophétiques. Elle consiste, selon ces écrivains, dans la vivacité et l'originalité qui caractérisent l'expérience religieuse de ces personnes, et qui les conduisent à la découverte de pensées et de symboles capables de répandre la paix et la lumière dans beaucoup de cœurs. Tandis que les anciens théologiens présentaient la foi et son objet comme s'opposant l'une à l'autre d'une manière tout extérieure, la tendance moderne consiste à trouver le miracle, la véritable révélation, dans le fait que la foi jaillit dans le cœur de l'homme : ou du moins, c'est sur ce miracle qu'elle insiste, comme sur le plus grand ; les nouveaux théologiens soutiennent que ce jaillissement de la foi est une partie de la révélation. La théologie est ainsi plus étroitement rapprochée de la psychologie qu'elle ne l'avait été depuis Schleiermacher. C'est ce qui rend plus pressante, par conséquent, la question de savoir si l'on peut découvrir un concept qui puisse fournir une conclusion à la psychologie de la religion, et qui soit reconnu comme tel par la science.

Avant d'essayer de déterminer la position de la psychologie à l'égard de ce problème, je veux discuter la position adoptée sur ce point par les premiers auteurs qui se soient occupés de la psychologie de la religion.

66. — Dans son *Esquisse d'une Philosophie de la Religion d'après la Psychologie et l'Histoire*, Auguste Sabatier essaye, comme l'annonce le titre de son ouvrage, de se placer à un point de vue purement scientifique. Son intention est de se servir des méthodes ordinaires de la psychologie et de l'histoire, et ses résultats sont par suite voisins à bien des égards des idées fondamentales que j'ai émises. Pour lui, le dogme n'est jamais l'élément original et fondamental de la religion ; il naît relativement tard dans l'histoire de la religion. Les prophètes précèdent toujours les rabbis. Les dogmes, comme tous les usages et toutes les formes ecclésiastiques, sont dérivés par rapport au sentiment religieux, et c'est l'œuvre de la psychologie de la religion de montrer comment se produit cette dérivation. Le concept de Dieu doit être regardé comme le symbole par lequel s'exprime le sentiment religieux.

En mettant en pratique sa méthode psychologique et historique, Sabatier reste fidèle à la conviction que l'on ne peut jamais expliquer aucun phénomène individuel et particulier en faisant appel à l'intervention de Dieu. « Puisque Dieu, dit-il, est la cause finale de toutes choses, Il n'est pas l'explication scientifique de n'importe quelle chose. » C'est la même pensée que celle que nous voyons agir (cf. § 5) à la naissance de la science moderne, pour déterminer le rapport de celle-ci au concept de Dieu. Elle est aussi forte et aussi nécessaire en psychologie qu'en physique.

Néanmoins, toutes les fois que Sabatier se heurte à des difficultés dans sa psychologie de la religion, il a recours à l'explication théologique. Selon lui, Dieu crée le sentiment religieux, qui, à son tour, met en mouvement la vie représentative, et de cette manière crée le symbole et les dogmes. « Dieu, dit-il, entre en commerce et en contact avec une âme humaine, et lui fait faire une certaine expérience religieuse, qui, lorsqu'on réfléchit sur elle, donne naissance à un dogme. Ce qui constitue la révélation et ce qui devrait être la règle de notre vie, c'est la créatrice et féconde expérience religieuse, qui se fit d'abord dans l'âme des prophètes, du Sauveur et des apôtres. » Ici, je ne peux pas conclure autre chose que ceci, que le philosophe français est en désaccord avec son propre principe scientifique : car il explique ici un phénomène psychique spécial par un appel à Dieu, quoique, selon son propre et exprès aveu, un tel appel ne puisse jamais expliquer un phénomène particulier. Et si le concept de Dieu est lui-même une idée symbolique, fondé sur les expériences de la vie du sentiment, toute « explication » du sentiment religieux que nous obtenons grâce à lui ne peut être qu'une explication symbolique, et la lacune dans la psychologie de la religion (si lacune il y a) n'est certainement pas comblée. Tout dogme suppose un sentiment religieux : aussi ne peut-on pas employer un dogme pour expliquer ce sentiment [89].

Si nous affirmons qu'il y a un hiatus dans la série des phénomènes psychologiques (et des phénomènes physiologiques correspondants), hiatus qui ne peut être comblé que par l'emploi de concepts théologiques, notre devoir est de fixer définitivement la place de cet hiatus. A quel point faut-il admettre une intervention surnaturelle ? Mieux nous connaissons le développement psychique, plus nous voyons qu'il est caractérisé par une interdépendance si étroite, et qu'il repose sur une telle coopération d'éléments, qu'il est aussi difficile de découvrir un hiatus où l'on peut supposer qu'interviendra la nouvelle influence, que de suivre toutes ses transitions et de débrouiller tous ses différents fils. Admettre une interruption de la continuité n'implique pas moins de difficultés que d'admettre une parfaite continuité. En règle générale, ceux qui affirment une solution de continuité ne posent pas le problème d'une manière assez précise. Il est rare de trouver une recherche du point où peut se faire cette intervention, aussi vigoureuse que celle que l'on trouve chez Sören Kierkegaard, dans son *Begrebet Angst* (Le Concept de l'Angoisse), où il essaie de découvrir à quel point de la vie de la volonté « la liberté » doit être supposée opérer ; ou bien chez les anciens théologiens catholiques, — qui avec une logique parfaite, mais un goût contestable — recherchaient si l'acte surnaturel qui avait produit l'absence de péché de la Vierge Marie, avait pris place au moment de la conception, ou à un moment quelconque de la vie de l'embryon, et, en ce dernier cas, à quel moment. Cette question n'a encore jamais été tranchée, et tout essai pour le faire serait sans doute infructueux : mais, pour le point de vue que nous examinons, la solution est une nécessité.

La philosophie théologique de la religion s'engage dans le même cercle vicieux épistémologique que le matérialisme. La conception de la matière est construite par la pensée sur la base des impressions sensibles : sur quoi, le matérialisme emploie la méthode dogmatique, en se servant de cette conception pour expliquer l'origine et des impressions sensibles, et de la pensée. De même que les impressions sensibles et les principes logiques, qui sont les hypothèses impliquées par notre conception du réel, ne peuvent s'expliquer par celle-ci, de même, dans la psychologie de la religion, le sentiment religieux est une hypothèse qui ne peut pas à son tour être expliquée par des idées qu'il a lui-même amené à formuler. Peut-être est-ce en vertu de cette analogie entre la théologie et le matérialisme, qu'ils ont si souvent paru s'entendre entre eux mieux que l'un des deux n'entend la philosophie critique.

67. — Cinquante ans avant l'apparition de l'ouvrage de Sabatier, Ludwig Feuerbach avait soutenu que la méthode psychologique est parfaitement satisfaisante dans le domaine religieux, que la religion n'est en fait rien d'autre qu'un produit psychologique, que toute théologie est psychologie. La psychologie de la philosophie religieuse doit beaucoup à Feuerbach, et ses meilleures analyses, ses meilleures déterminations sont encore, sur bien des points, sans rivales. Mais sa méthode et la limitation critique de ses résultats offrent toutes deux matière à l'examen [90].

Feuerbach aimait les formules courtes et frappantes : peut-être était-ce parce qu'en lui le psychologue avait si souvent à ouvrir la voie à l'agitateur. Toutes les fois qu'il découvrait un facteur essentiel dans la psychologie de la religion, il était porté à le regarder comme le dernier mot de tout : c'est ainsi par exemple qu'il faisait du souhait le principe théogonique, parce que le souhait fait sortir le concept de Dieu « de soi-même et rien que de soi-même ». Feuerbach ignore ici les conditions complexes parmi lesquelles se forment les idées religieuses. Quelque grande influence qu'il faille attribuer au sentiment, cependant, même dans le domaine religieux pris en lui-même et dans ses rapports avec la connaissance, le sentiment n'agit pas seul; il dépend à son tour de la connaissance. Un aspect important du développement religieux consiste précisément dans la calme influence exercée sur le sentiment par le savoir. Comme j'ai essayé de le montrer dans la précédente argumentation, il y a entre eux une action et une réaction continuelles, malgré la prédominance de l'élément sentimental. Sans une action réciproque de ce genre, la religion n'aurait pas de valeur pratique pour l'homme. D'autre part, les mythes et les légendes peuvent être les formes sous lesquelles la conception de la nature et le souvenir des grands personnages exercent leur influence sur la vie de l'espèce ; le langage symbolique des dogmes peut offrir le contenu des expériences les plus importantes et les plus sérieuses de la vie, aux générations à venir, sous une forme poétique et résumée.

Même ainsi modifié, l'axiome que toute théologie est psychologie ne serait jamais susceptible d'une preuve définitive, pas plus que l'axiome que tous les phénomènes matériels ont des causes matérielles, dans le domaine de la nature extérieure. Et cependant, la méthode psychologique et historique combinée est évidemment la seule que nous puissions employer, la seule qui, appliquée au détail, puisse nous donner une véritable explication. Là où elle n'est pas applicable, il n'y a pas d'explication du tout. Ce que nous ne pouvons pas expliquer par cette méthode, reste un fait pur et simple, quelque chose que nous pouvons décrire, mais non expliquer ; aussi devons-nous faire attention à ne pas faire passer une « description » pour le succédané d'une explication. L'affirmation que tous les phénomènes religieux sont soumis à des lois psychologiques serait tout aussi dogmatique que l'affirmation qu'il y a des phénomènes qui ne pourront jamais s'expliquer psychologiquement. La psychologie nous donne des hypothèses fécondes, et nous ne les abandonnerons pas avant que l'on ne nous ait montré de meilleures méthodes. Néanmoins nous ne les confondons pas avec des vérités démontrables. C'est dans cet esprit que j'ai essayé de travailler à l'étude faite plus haut, du développement des idées religieuses. En continuant dans le même sens, nous nous verrons obligés de convenir que nous nous trouvons en face de « faits purs et simples ». Mais nous ajouterons : tout fait pur et simple (quand il est bien saisi et bien décrit) est un problème tant qu'il n'est pas réduit à un rapport précis et soumis à une loi, avec nos autres expériences.

68. — Retournons au problème des constructions nouvelles dans le domaine religieux, spécialement à propos des personnalités prophétiques ; il faut remarquer que ce n'est pas vraiment un problème séparé, mais seulement une forme spéciale d'un problème qui revient, avec des différences de degrés et de nuances, dans tous les domaines de l'expérience.

Plus un phénomène est individuel, plus il est qualitativement nouveau, plus il est difficile de le faire entrer dans cette continuité avec d'autres phénomènes, qui est la condition nécessaire de l'intelligence scientifique. C'est cette opposition entre la continuité, d'une part, et le caractère qualitatif ou individualité, d'autre part, qui présente tant de difficultés pour la connaissance dans tous les domaines. Le problème religieux donc, n'est pas particulier ; au contraire, il présente une analogie remarquable avec les autres problèmes de la pensée.

Le concept de personnalité offre une double tâche à la recherche : trouver la loi de continuité qui agit dans le microcosme particulier constitué par chaque personnalité (car sans continuité interne il n'y a pas de personnalité), et trouver la loi de continuité qui unit les personnalités individuelles, avec leur caractère propre, au reste du réel. La science naturelle a une tâche analogue à celle-ci, lorsqu'elle recherche les caractères qualitatifs de la force et de la matière ; mais on ne peut nier que le concept de personnalité n'offre de bien plus grandes difficultés à la science de l'esprit que n'en offre le concept de qualité à la science de la nature. La personnalité est en réalité la qualité la plus distinctive que nous connaissions : aussi la science mentale rencontre-t-elle, à essayer de résoudre son problème, plus de difficultés que n'en rencontrent les sciences naturelles [91].

Le problème devient notablement plus difficile, lorsque nous considérons des personnalités dans lesquelles, en un sens spécial, il naît quelque chose de nouveau — l'homme « de génie » au sens le plus large du mot, dans lequel agit un génie qui lui est spécial, c'est-à-dire chez qui la vie mentale involontaire et semi-consciente produit des effets qui surpassent tout ce qu'auraient pu produire la claire conscience et l'application au travail. Les prophètes appartiennent à cette espèce, en raison de la vigueur et de l'originalité de leurs expériences religieuses. Nous rencontrons ici le problème de la vie sous une forme spéciale. Peu importe que nous étudions un Bouddha, un Socrate ou un Jésus : en chaque cas, c'est le même grand problème qui se dresse en face de nous.

Mais le fait que la difficulté du problème est augmentée ne nous autorise pas à le traiter par des méthodes absolument différentes de celles que nous avons appliquées ailleurs. Dans ce cas, du moins, il nous faudrait exiger non seulement une nouvelle méthode, mais encore une théorie de la connaissance entièrement nouvelle (cf. § 5-7, 53 *ad fin.*). Nous plonger dans l'étonnement ne nous servirait de rien : d'ailleurs, l'étonnement et l'admiration peuvent être au moins aussi grands chez le penseur qui s'attache tranquillement à découvrir dans le monde de la personnalité le plus possible de liaisons psychologiques et historiques, que chez le théologien romantique qui se croit obligé, une fois arrivé ici, d'adopter un principe de connaissance radicalement différent de tous ceux qu'il a appliqués ailleurs. Que nous soyons amenés à la limite de notre savoir plus souvent dans le domaine des sciences de l'esprit que dans celui des sciences de la nature, c'est ce que les études religieuses ne sont pas seules à nous apprendre. Cette limitation est due, non seulement à notre imperfection, mais encore, avant tout et tout d'abord, à la plénitude du réel, à la révélation perpétuelle de la richesse intérieure du monde de l'Être. Ce ne sont pas seulement des limites que notre recherche rencontre, c'est aussi une matière nouvelle et un domaine nouveau qui s'offrent à elle. L'apparition d'un nouvel élément témoigne qu'il y a plus de forces cachées, dans le réel, que l'expérience ne nous en a jusqu'à présent révélé ; et même si nous ne réussissons pas à incorporer ce nouvel élément dans une série continue, selon l'exigence de notre idéal de connaissance, il garde cependant sa valeur comme témoin et c'est peut-être tant mieux quand nous ne lui attachons pas une étiquette dogmatique. On verra qu'en un certain sens, la psychologie de la religion prend, peut-on dire, le concept de « révélation » plus sérieusement que ne fait la théologie orthodoxe, qui confond toujours ses concepts dogmatiques avec ce qui est immédiatement et actuellement donné (cf. §§ 28, 29). Tant que le réel lui-même est en devenir (et qu'il en soit ainsi, c'est ce que nous sommes obligés de conclure, du fait que ni dans le monde de l'esprit, ni dans celui de la nature, nous ne pouvons rien trouver qui soit absolument immobile et en repos), il pourra se produire quelque chose qui présente, au moins provisoirement, une sorte de paradoxe. Mais cela n'implique aucun changement radical dans l'attitude de notre connaissance à l'égard du réel, pas plus que cela ne change la méthode de notre connaissance ou la conduite de notre vie individuelle. Qui oserait dire que nous devons être capables d'expliquer tout, ou qu'il serait impossible de vivre si nous ne pouvions pas tout expliquer ?

Mais la valeur de ces crises ou de ces personnalités prophétiques ne consiste pas seulement dans leur nouveauté. Elle se manifeste aussi par l'influence qu'exerce sur la totalité de la vie spirituelle le contenu des idées nouvelles. Et il n'est pas facile de voir en quoi cette valeur serait mise en péril, si nous réussissions à montrer que ces idées nouvelles ont leur racine dans un développement psychologique et historique antérieur. Notre idéal exige que tout ce qui a de la valeur soit mis dans un rapport aussi étroit que possible avec « ce qui meut le monde du dedans ». Et le sentiment religieux sera obligé, en vertu de sa propre nature, de reconnaître de plus en plus cet idéal. Un tel idéal est l'hypothèse tacite de toute recherche d'une connaissance psychologique et historique des phénomènes de la vie religieuse.

C. — Dogmes et symboles

Du kerkerst den Geist in ein tönend Wort
Doch der Freie wandelt im Sturme fort.
Schiller.

69. — Dans notre exposé du développement des idées religieuses, nous avons insisté sur l'influence sélective ou inhibitive du sentiment ou sur son pouvoir de renforcement. La conscience religieuse acquiert son contenu grâce à un processus continu de choix qualitatif. Dans ce processus, cependant, les relations mutuelles entre idées jouent un rôle ; d'ailleurs, la réalité attribuée aux idées ainsi obtenues peut différer spécifiquement ; c'est ainsi que les mythes diffèrent des légendes, et ceux-ci pris ensemble, du dogme qui, à son tour, n'est pas la même chose que le symbole. Aujourd'hui c'est la différence entre le dogme et le symbole qui a le plus d'importance pour le problème religieux ; mais la psychologie de la religion a aussi à considérer le rapport de l'un et l'autre aux mythes et aux légendes.

La mythologie et la religion ne coïncident pas. Une mythologie peut se développer sur le terrain de la religion ; mais la religion — du moins si l'on accepte l'analyse psychologique que nous en avons donnée plus haut — ne conduit pas nécessairement à la construction d'une mythologie. D'autre part, il y a des mythes qui n'ont pas de signification religieuse, ou qui n'en acquièrent une qu'ultérieurement. Le mythe est construit inconsciemment, comme une forme sous laquelle les hommes se donnent une représentation intuitive des relations et des événements du monde, surtout du monde extérieur. Le mythe est de caractère animiste, car il transforme un événement en une histoire qui se serait passée entre des êtres personnels. La mythologie peut servir à la religion. Lorsqu'une fois le sentiment religieux est éveillé, il peut exagérer quelques éléments du mythe, et ainsi les transformer plus ou moins. La mythologie peut aussi, indépendamment d'aucun motif religieux, être utile à l'art ; l'imagination peut s'emparer de ses images et de ses traits, primitivement grossiers ou naïfs, et les transformer en des êtres et des actions doués d'une individualité distincte, ou elle peut répéter ses contes de manière à y mettre en lumière un ordre et une suite définis et motivés.

Les légendes sont plus près de la religion que ne sont en général les mythes. La légende est la saga religieuse. Son essence consiste dans l'idée d'une personnalité merveilleuse qui a fait une profonde impression sur la vie humaine, qui a excité l'admiration, donné un exemple et ouvert de nouvelles voies. Sous l'influence du souvenir, il se produit une forte expansion du sentiment (§ 27/, phénomène qui à son tour donne naissance à un besoin de forme intuitive et d'explication ; et, pour satisfaire ce besoin, un processus de création d'images entre en action. En des points particuliers de ce processus, la tradition historique et des images mythologiques coopèrent, quelquefois d'une manière très embrouillée.

La tendance dominante, dans les mythes, consiste à créer des images par l'union d'un aussi grand nombre de traits individuels qu'il est possible. La construction des mythes porte la marque d'une croissance luxuriante ; les mythes s'étendent d'après les lois de l'association par contiguïté. Dans les légendes, au contraire, l'intérêt principal est dans le sujet, dans le pouvoir de grouper autour d'un centre, qui repose plus sur l'intensification du souvenir que sur une personnification naïve et sur la faculté de description. L'analogie joue un plus grand rôle que la combinaison. Dans les mythes, les choses et les relations sont personnifiées ; dans les légendes, l'idée d'une personne est le point de départ ; cette personne est mise en relief par des traits et des circonstances empruntés à d'autres domaines, et sans lesquels on ne pourrait exprimer adéquatement la valeur de cette personne [92]. Tandis que dans le mysticisme le sentiment de l'unité immédiate avec l'être suprême est le trait dominant, dans le mythe et la légende, c'est l'imagination qui domine. Et la légende à son tour est plus voisine du sentiment d'unité que n'est le mythe, qui suit fréquemment des chemins dont la direction épouse plutôt les contours de la vie qu'elle ne cherche à en pénétrer le centre. Mais de même que les légendes peuvent devenir des mythes (encore qu'il ne soit pas correct de dire que tous les mythes naissent de cette manière), de même les mythes aussi peuvent entrer au service des légendes, spécialement quand ils aident à amplifier certains traits de caractère ou certains incidents dans la destinée des personnages légendaires.

Dans le mythe comme dans la légende, l'intuition immédiate prévaut, et l'association des idées agit inconsciemment, quoique toujours dans les limites imposées par l'intérêt que l'on prend au sujet; dans les légendes, comme nous l'avons vu, cette matière est l'individu autour duquel croît la légende. Le dogme est au mythe et à la légende, ce que la pensée proprement dite est à l'intuition et à l'association des idées [93]. Le dogme suppose l'analyse, la comparaison, et, par dessus tout, la différenciation. Les images sont rapprochées, et leurs traits séparés sont considérés et évalués. Telle image doit être harmonisée avec telle autre, de telle sorte qu'ou bien elles coïncident, ou bien elles puissent être conciliées sans contradiction. C'est ainsi que la pensée opère dans le développement des dieux personnels, — au sens propre du terme —, développement qui part des dieux spéciaux et momentanés, puis dans le passage du polythéisme au monothéisme, et dans le développement des idées des différentes qualités et des différentes révélations de la divinité. Dans cette marche de la pensée, les idées et les réflexions philosophiques sont employées plus ou moins consciemment. C'est ici qu'il faut chercher les points où les éléments philosophiques et les éléments religieux s'entremêlent, quelquefois si étroitement, que ce n'est qu'avec la plus grande difficulté que la recherche critique ultérieure peut séparer les éléments variés. Dans l'intervalle, la conscience religieuse s'est souvent plongée dans les résultats de ce processus de pensée, si bien qu'elle s'imagine considérer les résultats immédiats de l'expérience ; elle confond les sentiments que peut éveiller le dogme une fois achevé (spécialement dans sa coïncidence avec des actes d'adoration), avec les sentiments qui, à leur tour, mettent en mouvement le processus de formation du dogme, alors qu'elle est au milieu de ses expériences suggérées par un dogme bien défini : elle s'imagine revivre les expériences qui se sont produites à la première aurore de la religion.

Le dogme est analogue à l'application et à l'élaboration *artistique* des mythes et des légendes. Mais, comme nous avons déjà eu l'occasion de le remarquer (§ 60), ce n'est pas un intérêt purement théorique qui préside à la naissance du dogme. Car le dogme naît d'un besoin d'idées précises, par opposition aux formes changeantes, aux adaptations multiples du mythe et de la légende. Et ce besoin n'est pas ressenti seulement par des individus. Il est tout particulièrement important, lorsqu'une communauté s'est formée, se proposant de protéger certaines idées religieuses et de repousser « l'hérésie ». On exige alors des distinctions qui, antérieurement, n'étaient ni nécessaires, ni intelligibles. On pose des dilemmes qui n'auraient pas pu, jusqu'alors, se présenter, et les hommes essayent de répondre à ces dilemmes en appliquant la pensée logique à l'interprétation de la tradition. Quand cette interprétation est approuvée par le chef religieux de la communauté, le dogme est achevé. C'est ainsi que le concept du dogme suppose celui d'Église, et repose sur un mélange particulier de réflexion et d'autorité.

Tant que vit le dogme, on peut toujours découvrir l'intérêt affectif qui agissait lors de la naissance des mythes ou des légendes qui se cachent derrière lui. Les conclusions que l'on tire quand on formule ou que l'on promulgue un dogme, ou quand on en dérive un d'un autre, ne sont nullement désintéressées ; il y aura toujours en œuvre un intérêt religieux ou, tout au moins, ecclésiastique, plus ou moins déterminé. L'esprit dogmatique idéal serait celui dans lequel chaque dogme spécial aurait jailli immédiatement du sentiment religieux, et où les dogmes spéciaux seraient groupés par la plus heureuse harmonie logique. C'était là l'idéal proposé au XIXe siècle par Schleiermacher et par Newman. Mais c'était un idéal impossible sous cette forme précise, tant que la psychologie moderne n'avait pas tracé avec force une profonde distinction entre la connaissance et le sentiment. L'histoire du dogme nous montre que la pensée strictement logique et le sentiment purement religieux n'étaient pas les seules forces en jeu. La pure et simple association des idées, aussi bien que l'intérêt ecclésiastique, engagé dans la constitution et l'établissement d'une doctrine et d'un culte homogène, ont joué leur rôle dans la détermination de la direction du développement dogmatique, — pour ne pas mentionner la coopération de motifs plus « humains ». Le dogme est donc le produit d'éléments très multiples (cf. § 60).

Une distinction frappante a été faite entre les dogmes du premier degré, qui expriment aussi immédiatement que possible une expérience religieuse, et les dogmes du second degré, qui servent soit à unir entre eux ceux du premier degré, soit à les faire entrer en contact avec le milieu extérieur [94]. Dans la théologie dogmatique du christianisme, le dogme de la Trinité peut être pris comme exemple de dogme du second degré ; il associe des idées qui ont été formées de Dieu, de Jésus et de l'Esprit qui règne dans la communauté. On pourra même aller jusqu'à parler des dogmes du troisième degré ; ils serviraient à garantir la vérité des deux premiers groupes de dogmes. C'est parmi ceux-là que se rangerait le dogme de l'Église, ainsi que celui de l'infaillibilité du Pape et de la Bible. Ces dogmes du troisième degré montrent une tendance, facilement explicable par la psychologie, à s'étendre aux dépens des deux premiers groupes, ou du moins à s'avancer de plus en plus au premier plan, de telle sorte que ce soit seulement par leur intermédiaire que les hommes puissent entrer en contact avec les dogmes des deux premiers degrés.

70. — La différence entre le dogme, d'une part, et le mythe et la légende, d'autre part, repose, selon notre précédente argumentation, surtout sur ce fait que le dogme suppose la réflexion et l'autorité. Mais cette distinction n'est nullement absolue. Même dans le mythe et la légende on trouve souvent des traces de réflexion, quoique celle-ci s'exprime d'une manière plus subordonnée, plus naïve et plus sporadique. Et l'élément d'autorité n'est pas non plus tout à fait absent du mythe et de la légende. Car les mythes et les légendes ne fleurissent que dans une communauté où le besoin de communi-

cation peut se donner carrière, et peut donner à l'imagination la vie et la force nécessaires pour créer des formes intuitives. Et ils sont transmis de générations en générations, fait qui leur donne, outre l'importance qu'ils doivent à leur contenu, une empreinte particulière de vénérabilité. Cette vénérabilité les fait adopter immédiatement, et c'est elle qui explique la force de résistance que rencontre la critique historique lorsqu'elle essaye de remonter à l'origine de tout le processus psychologique.

D'autre part, le dogme n'est pas absolument dépourvu de ce caractère intuitif, qui est un trait si important des légendes et des mythes. Le besoin d'images est très profond dans la nature de toute religion, quoiqu'il ne soit pas nécessairement favorable à la formation d'images extérieures et artistiques. Dans le dogme, ce besoin agit parallèlement avec le besoin de clarté et de précision que seuls les concepts peuvent procurer sûrement. Toute image, considérée logiquement, tend à dépasser son contenu, et, considérée psychologiquement, a une tendance à amener d'autres images à sa suite ; bien plus, une image est fautive, lorsqu'elle cherche à exprimer un contenu qui ne peut être en lui-même objet d'intuition, car alors toute comparaison est boiteuse. Par suite, le contenu des légendes et des mythes se conserve sous la forme du dogme. Mais l'élément figuré ne disparaît pas par là, comme nous le montrerait l'examen plus attentif d'un concept dogmatique quelconque (cf. § 22).

Au point de vue de la philosophie de la religion, nous ne pouvons par conséquent admettre aucune distinction de principe entre le mythe, la légende et le dogme, quoique toute théologie confessionnelle soit obligée, dans l'intérêt de sa croyance, d'affirmer cette distinction. Mais dans l'avenir, on reconnaîtra de plus en plus que la légende est la plus importante de ces trois formes. Dans son essence, elle est l'effet produit sur l'humanité par la sincérité et la profondeur de la vie spirituelle de personnalités typiques et éminentes. Longtemps après la mort des dogmes et la transformation des mythes en contes de fées, les légendes garderont leur valeur aux yeux de tous ceux qui accompliront avec sérieux le pèlerinage de la vie. Les Évangiles vivront, longtemps après que les dogmes, que l'on considère aujourd'hui comme basés sur eux, auront été mis de côté.

Il est bien compréhensible que la conscience religieuse, une fois qu'elle a vu ses idées se cristalliser sous forme de dogmes, et ceux-ci — en raison du prestige de la tradition et des résultats qu'ils auront produits — pousser de solides racines, soit hostile à l'idée de les abandonner. Car lorsque le dogme est abandonné ou n'est plus regardé que comme un symbole, il n'y a plus de conclusion absolue, bien nette et bien définie, il n'y a plus de port de refuge ; les hommes sont en face de l'indéfini et de l'imprécis. Le symbole se distingue du dogme en ce qu'il met en lumière plus clairement que ce dernier la différence qu'il y a entre les expériences religieuses originales et réelles, et les idées par lesquelles les expériences s'expriment. Au point de vue philosophique, c'est un grand avantage — avantage, il est vrai, que la conscience religieuse n'admet pas d'ordinaire. On pourrait peut-être dire que la différence entre le dogme et le symbole n'est pas aussi grande qu'il semble souvent, et c'est ce que la conscience religieuse serait disposée à admettre. Car la conscience religieuse attribue involontairement aux idées dogmatiques une sorte de validité autre que celle qu'on attribue aux vérités scientifiques ou aux expériences de la vie de tous les jours. L'on est trop souvent amené à croire que les pensées du dimanche appartiennent à une autre région que celles des jours ouvrables, et l'on n'est que trop porté à vivre dans la prose des jours de semaine, comme si les pensées du dimanche n'étaient « que de la poésie ». D'ailleurs, l'examen de la façon dont les idées dogmatiques sont appliquées dans la piété pratique, nous montrera que l'application est toujours symbolique, et c'est ce qui se manifeste spécialement dans les sermons sur les miracles. Mais, pour autant que la conscience religieuse soit capable, sous une forme plus prosaïque et plus vulgaire, ou sous une forme plus idéaliste, de reconnaître le caractère symbolique du dogme, elle se sent cependant toujours étonnée et choquée quand ce caractère symbolique est clairement affirmé. L'horizon limité et fini s'évanouit ; la distinction ainsi faite entre l'expérience elle-même et son expression excite le doute, la division et l'inquiétude ; il n'y a plus de certitude ; c'est comme si l'on avait à coudre avec un fil sans nœud au bout. La conception de la révélation semble elle-même ébranlée, car cette conception ne suppose-t-elle pas qu'il y a un domaine, plus ou moins étendu, dans lequel l'image et la chose en soi coïncident absolument ?

On ne saurait donc nier que la question reste ouverte, de savoir si, en l'absence de dogmes, des symboles suffiraient à maintenir un point de vue religieux. Et par symbole, je n'entends pas seulement ceux qui sont devenus historiquement traditionnels, mais aussi ceux qui ont été librement choisis, ceux par lesquels l'expérience personnelle, libérée des entraves du dogme, peut exprimer ce qu'elle vient d'éprouver, — nouvelles outres pour un vin nouveau. C'est une grande question, mais parfois les grandes questions mêmes reçoivent une réponse affirmative. La réponse à celle-ci dépendra du résultat que nous obtiendrons, relativement à l'hypothèse que l'essence de toute religion consiste non dans la solution d'énigmes, mais dans la ferme croyance à la conservation de la valeur.

Les *symboles* naissent par une sorte d'analogie de sentiment. Un sentiment déterminé par l'expérience de la relation de la valeur à la réalité, cherche et trouve à s'exprimer dans des idées qui existent comme l'expression d'expériences analogues. Il faut attribuer ici une importance particulière à l'analogie entre les jugements secondaires et primaires de valeur (cf. § 31). Les expériences religieuses s'expriment par le moyen d'idées empruntées au domaine de la conservation personnelle ou de l'abandon. L'homme détermine son cercle d'idées en partant des relations pratiques où il est engagé dans sa lutte pour les valeurs primaires de la vie, et ses expériences religieuses s'expriment au moyen de ces idées sans qu'il s'en forme d'entièrement nouvelles, ce qui serait probablement impossible. C'est ainsi que l'idée de « père » est un symbole, dont l'emploi repose sur l'influence des expériences de l'aide et de la protection que le réel peut donner à ce qui a de la valeur aux yeux des hommes ; l'idée de « diable » est un symbole que l'on emploie sous l'influence des expériences contraires. Dans toute symbolisation, des idées empruntées à des rapports élémentaires mais plus intuitifs, sont employées pour exprimer des rapports qui, en raison de leur caractère élevé et idéal, ne peuvent être exprimés directement. Dans le symbolisme religieux, l'analogie repose sur le rapport de chacune des deux idées avec un sentiment commun. Mais cette sorte d'analogie ne peut jamais donner une détermination directe et positive. Elle nous mène « seulement » jusqu'à la poésie; mais jamais à une doctrine objective. J'emploie à dessein le mot « seulement », car c'est ainsi que l'on présente ordinairement la chose au point de vue dogmatique. Pour ma part, mon attitude est telle, que le fait de voir dans la forme poétique la seule possible, est le signe que nous sommes en présence de ce qu'il y a de plus élevé.

Si le symbole est de bon aloi, il jaillit de l'expérience immédiate et des besoins que celle-ci éveille. Les symboles sont empruntés à tous les domaines accessibles de l'expérience humaine, mais c'est surtout des grandes relations fondamentales de la nature et de la vie humaine — la lumière et l'obscurité, la force et la faiblesse, la vie et la mort, l'esprit et la matière, le bien et le mal, — que l'on tire la matière des symboles. Un élément particulier du réel est élevé à la dignité de caractère essentiel du réel, pris dans sa totalité ; on le considère comme s'il résumait tout ce que l'expérience nous révèle du rapport de la valeur à la réalité.

La manière symbolique de considérer les choses regarde le réel *comme si* son essence était épuisée dans l'élément, dans l'expérience unique d'un rapport d'harmonie ou de désharmonie entre la valeur et la réalité. Il y a ici une parenté entre le symbolisme poétique de la religion et l'usage scientifique de l'analogie, parallèlement à la différence que j'ai déjà signalée (§ 20).

Le besoin qui donne naissance à la libre création de symboles a toujours vécu dans le cœur de l'homme. Il forme la base de l'animisme, et il agit dans les mythes, les légendes et les dogmes, dans tous les contes de fées et dans tous les arts. En reconnaissant l'élément symbolique de toutes les idées religieuses, la conscience religieuse s'approche du point de vue esthétique, d'après lequel le phénomène individuel particulier apparaît aussi comme typique — comme une coquille de noix, dans laquelle se cache le contenu de tout un monde. Mais elle s'approche bien plus encore de l'expression plus primitive de la vie religieuse dans la mythe et la légende. Elle a en commun avec ceux-ci la relation immédiate à l'expérience et au sentiment, tandis qu'elle s'en distingue par le caractère de réflexion et d'autorité du dogme. A l'inverse du dogmatisme, la conscience religieuse ne manifeste aucune défiance à l'égard de la formation instinctive des idées religieuses. Si l'immédiateté et la sincérité personnelle doivent être les seuls facteurs de la détermination des images, la manière symbolique de considérer les choses ne voit aucun danger à la construction des mythes et des légendes. Ce sont là des formes naturelles à la vie spirituelle de l'homme à de certains moments de son développement — bien plus, ce sont peut-être les formes sous lesquelles se fait la production spirituelle la plus intense dont l'homme soit capable en dehors du domaine strictement scientifique. Tout art et toute spéculation conscients se nourrissent de la substance qui a pris pour naître la forme des mythes ; ils en analysent le contenu, et en combinent, sous de nouvelles formes, les éléments constitutifs. Aussi pouvons-nous être sûrs que le symbolisme religieux, si jamais il réussit à briser les barrières du Credo et du dogme, continuera à faire des emprunts au trésor contenu dans les mythes et les légendes. Dans tous les cas, ce trésor conservera sa position, même lorsque l'œuvre de création des nouveaux symboles — œuvre dont on ne peut nier la possibilité — se continuera librement. Que la faculté de former de nouveaux symboles soit aujourd'hui si faible, c'est ce qui s'explique soit par le fait que cette faculté ait été réduite en esclavage par le dogmatisme, soit par le fait que la critique du dogmatisme a développé l'analyse et le doute au détriment de la libre création positive. La lutte pour et contre les dogmes a si longtemps absorbé les forces spirituelles les plus importantes, qu'il s'écoulera peut-être un long temps avant qu'il se développe assez de liberté et d'énergie spirituelle, non seulement pour conserver la tête haute en face des questions essentielles de la vie (§ 54), mais encore pour accomplir, dans cette attitude, une grande œuvre spirituelle — fixer nos expériences les plus profondes et les plus essentielles sous la forme d'images si vigoureuses, que jamais nous ne puissions les oublier. La faculté qui, dans le mythe et la légende, a agi d'enfantine manière, fera, ayant acquis l'âge d'homme, la tâche d'un homme. C'est le grand espoir de celui qui croit dans la conservation de la valeur, et qui voit dans les phénomènes religieux des valeurs qu'il faut conserver sous de nouvelles formes, lorsque s'évanouissent les formes sous lesquelles elles ont jusqu'alors eu coutume d'apparaître. La foi dans la conservation de la valeur repose sur la conviction, qu'en dépit de cette division du travail qui, dans le domaine spirituel, a donné naissance au problème religieux, les valeurs réelles que possédait la vie spirituelle avant cette division du travail, ne se perdront jamais. Cette confiance est semblable à celle que nous plaçons dans un ami de jeunesse : nous croyons, qu'en dépit du gaspillage que produisent et que révèlent les expériences de l'âge mur, il restera « fidèle au plan qui charmait son âme enfantine », quelques métamorphoses que puisse subir ce plan au feu de l'expérience.

71. — Pour continuer à montrer comment les dogmes naissent et comment ils deviennent des symboles, nous allons considérer quelques systèmes religieux d'idées, qui furent sans doute construits sous l'influence incessante du sentiment, mais qui ne furent pas moins clairement déterminés par les lois propres aux idées. Ces exemples nous montreront plus spécialement comment des idées, d'abord présentées sous des formes plus élémentaires et plus humbles, peuvent se modifier, s'étendre et se transposer, et finalement acquérir un sens moral et cosmologique.

Mais une telle transformation, ainsi que le montre l'histoire de la religion, ne peut se produire en toutes circonstances. Il y a ici une différence caractéristique entre les Romains et les Grecs. Les Romains tenaient obstinément à leurs dieux spéciaux, tels qu'ils les avaient toujours conçus et adorés. Ils se tenaient pour satisfaits, tant qu'ils avaient une liste authentique des dieux à adorer, et leur imagination religieuse n'était pas assez vive et assez féconde pour leur faire sentir aucun besoin de s'élever au-dessus des formes qui leur avaient été transmises par la tradition, ou qui avaient été établies comme faisant partie de leur rituel. Avant de subir l'influence hellénique, les Romains n'eurent pas une mythologie plus riche. Chez les Grecs, l'imagination religieuse eut un développement luxuriant. Les racines en sont dans le culte des dieux, et ce culte l'a réglé (cf. § 57). Mais les usages du culte servaient eux-mêmes à l'imagination de motifs pour de nouvelles constructions d'idées — spécialement lorsque les anciennes coutumes, ou peut-être la disparition de celles-ci, semblaient exiger une explication. Dans le mythe de Prométhée engageant artificieusement Zeus à choisir les os de l'animal sacrifié et à lui laisser la chair, on sentait qu'il fallait expliquer pourquoi la meilleure part de l'animal du sacrifice devait échoir en partage au sacrificateur. Un grand nombre de mythes des Grecs, des Romains, des Hindous et des Juifs expliquent la cessation d'un sacrifice humain primitif, en disant que les dieux eux-mêmes préféraient le sacrifice d'animaux. Le culte des animaux exprime le sentiment que la nature des dieux diffère de celle des hommes et qu'elle doit par conséquent être représentée par des formes non humaines. Et la forme animale en vient peu à peu à se déprécier tellement qu'on ne la prend plus pour la représentation véritable du dieu, mais seulement pour celle d'un compagnon du dieu. L'on trouve un reste du culte des animaux lorsque l'on voit un dieu représenté avec les organes ou les qualités (en plus ou moins grand nombre) d'un animal : en pareil cas, naturellement, la signification de ces organes ou de ces qualités est purement symbolique. Le culte de la lumière du ciel, et, ultérieurement, celui du soleil, est amené par la valeur symbolique de la lumière, expression de la pureté, de la vérité et du salut [95].

Un exemple intéressant — peut-être le plus intéressant dans toute l'histoire de la religion — du passage de liturgie à la *cosmologie* se présente dans la conception, déjà signalée (§ 53) de Bhrama comme le principe de toute existence. Car Brahma signifie le pouvoir magique de la prière, du vœu ardent. Ici, la raison du passage de la liturgie à la cosmologie est dans le pouvoir magique attribué à la prière : celui qui sait correctement prier acquiert un pouvoir sur les dieux : aussi la prière, ou la force qui s'exprime par elle, doit-elle être la véritable force universelle. Les dieux mêmes le savent : ils craignent l'homme qui est puissant par la prière, et ils prient eux-mêmes. La force de la prière, par conséquent, devient le dieu des dieux. Plus tard (dans les Upanishads), il y a un nouveau passage (cf. §61) de la cosmologie à la *psychologie*, car Brahma est alors identifié à l'âme, que chacun reconnaît dans son cœur. Dans ces deux transitions, aussi bien dans celle de la liturgie à la cosmologie que dans celle de la cosmologie à la psychologie, la force qui agit est le besoin de s'assurer que le fondement ultime du monde ne fait qu'un avec le but suprême de tout effort, ou qu'il est lui-même un effort[96]. Lorsque le dernier pas fut finalement franchi dans la religion hindoue, c'est-à-dire lorsque tous les noms et toutes les pensées furent déclarés inadéquats, la libre symbolisation religieuse était si extraordinairement voisine, qu'on ne peut expliquer le fait qu'elle ne se soit jamais présentée que par des circonstances particulières à l'état de la civilisation de l'Inde à cette époque. A ce moment de l'évolution de l'Inde, on trouve soit une simple répétition de ce qui avait précédé, soit une stagnation, soit encore une rechute dans le fétéchisme et le polythéisme. Il n'est pas nécessaire de supposer qu'il doive toujours en être ainsi dans toutes les circonstances.

D'après l'opinion de quelques savants, l'idée d'un jugement dernier et d'un Royaume futur de Dieu, telle qu'elle se présente dans le Judaïsme post-exilique, ne peut être expliquée que par l'influence d'idées persanes. Mais même si nous sommes portés à accepter cette idée, qui a été récemment défendue d'une manière complète par Erik Stave, nous devons cependant nous souvenir que les idées adoptées ont subi une transformation de forme et de signification, en vertu de la conception plus profonde du mal du monde et de l'attitude de l'homme à cet égard, qui s'était déjà formée dans l'esprit juif. Le dualisme perse possédait assurément un caractère moral, mais celui-ci s'était développé en même temps que des éléments plus extérieurs. La lutte contre le mal dans le Parsisme était bien en partie une lutte liturgique ou magique, car elle se faisait au moyen de la prière, du sacrifice et de la purification ; mais dans une large mesure elle était une œuvre d'agriculture, car le mal dans la nature devait être chassé par le labourage, l'élevage et la destruction des animaux de proie. L'élément moral n'apparaît pas aussi clairement qu'il fit — même avant l'adoption des idées perses — dans la meilleure partie du peuple israélite. Pour les rêveurs du pays d'Israël, toute la question était essentiellement une question de vie intérieure, et leur attente se tournait de plus en plus vers une délivrance purement spirituelle[97]. La conception du royaume de Dieu reçut un caractère de plus en plus moral.

Cette conception se développa peu à peu jusqu'à devenir la base de toute une conception du monde; c'est-à-dire qu'elle n'eut plus une signification seulement nationale et morale, mais qu'elle en eut aussi une cosmologique. Mais cela ne fut possible que sous l'influence de la spéculation rabbinique et hellénique; et, lorsque les dogmes de l'Église chrétienne furent définitivement établis, la spéculation grecque fournit, en fait (en même temps, ainsi que Harnack l'a montré, que la jurisprudence romaine), les formes conceptuelles employées. Platon et Aristote auraient eu de la peine à reconnaître leurs propres idées dans l'application qu'en firent les scolastiques et les pères de l'Église. Cependant, sous des conditions données, les besoins intellectuels de l'Église chrétienne se satisfirent de la pensée « païenne », ou de ce que l'on regardait alors comme tel. Dans cette évolution dogmatique, intéressante à bien des points de vue, on cherche vainement la force et l'énergie internes de la pensée qui ont conduit les Hindous de la liturgie à la cosmologie, de la cosmologie à la psychologie, et de la psychologie aux limites extrêmes de toute pensée. Dans la « pensée chrétienne », il n'est que trop évident que les formes employées sont étrangères. Et cette pensée ne provoque pas seulement la critique par son éclectisme, par le choix et la juxtaposition qu'elle fit d'éléments étrangers, — procédé dont la faiblesse a été mise en lumière par l'histoire du dogme. L'histoire critique du dogme fait remonter sa recherche jusqu'à l'idée que les théologiens modernes espéraient compléter et établir grâce aux idées classiques : à savoir l'idée d'une connexion nécessaire entre la foi dans la personnalité historique du Sauveur, d'une part, et d'autre part, certaines théories spéculatives, relatives à l'essence et l'action de la divinité dans le temps et dans l'éternité.

Cette connexion est contestée par la théologie critique moderne, qui soutient qu'il faut un grand travail de rédaction pour dégager les éléments moraux et religieux du christianisme. Je reviendrai plus loin sur ce point.

Comme dernier exemple de la construction des idées religieuses et de leur rapport au dogme, je prendrai l'histoire de ce que l'on appelle la religion « naturelle ».

« La religion naturelle » est le résultat d'essais de réduction de la religion positive. De tels essais ont été faits à des époques variées par les Stoïciens et les philosophes populaires de l'antiquité, et par les philosophes qu'on appelle déistes au XVIe, au XVIIe et au XVIIIe siècles. Elle conserve certaines idées dogmatiquement construites (particulièrement celles d'un dieu personnel et de l'immortalité personnelle), et les considère comme « raisonnables », ou bien comme le résultat d'expériences immédiates. Même lorsque, comme chez Kant et ses disciples, on fait la démarche importante de considérer comme symboliques toutes les idées religieuses, cependant la tendance dogmatique peut encore se retrouver, dans la conviction que certains symboles déterminés, — généralement ceux-là mêmes que fournit la religion « naturelle » — sont les seuls qui soient valables, « nécessaires » et « justes »[98]. En principe, cependant, la religion naturelle se heurte au même problème que la religion positive, c'est-à-dire au problème de la connexion entre les idées morales et psychologiques, et la réalité cosmique, ou entre la valeur et la réalité. Quand on dit que certains symboles sont plus vrais que d'autres, cela ne peut vouloir dire logiquement que ceci : ils ont plus de valeur pour nous, parce qu'ils reposent sur des analogies qui sont plus à notre portée.

Le passage du dogme au symbole est étroitement lié à la reconnaissance exacte de la différence qui existe entre le sentiment et l'idée. Cette distinction, à son tour (qui, sous une forme moins précise, était familière aux néo-platoniciens, à saint Augustin et aux mystiques), est liée à la différenciation de la vie intellectuelle de l'homme, qui apparaît partout comme la cause déterminante du problème religieux. L'évaluation et l'explication du réel ne coïncident plus ; l'explication ne résulte plus nécessairement de l'évaluation, ni l'évaluation de l'explication.

A son tour, cette différenciation a pour condition essentielle l'apparition de la conception scientifique moderne du monde. Avec l'extension à l'infini du système du monde, résultat nécessaire de l'astronomie copernicienne, il devint impossible de continuer à considérer la vie et les idées humaines comme le pivot du réel, tandis que l'intelligence plus claire de la différence entre le spirituel et le matériel, différence qu'établit le cartésianisme, conduisait à une critique de l'animisme, vers lequel la religion avait toujours incliné. Alors vint la philosophie critique, avec son examen de la nature et des limites du savoir ; et cela marqua un tournant décisif, pour ce qui regarde l'élément intellectuel de la religion.

Et par conséquent, on voit revenir, d'une manière d'autant plus pressante, cette question : quel est dans la religion, l'élément réellement essentiel et dans quelle mesure cet élément peut-il continuer à vivre dans les conditions de la vie spirituelle moderne ?

D. — L'AXIOME DE LA CONSERVATION DE LA VALEUR

> Das Sein ist ewig, denn Gesetze
> Bewahren die lebendigen Schätze
> Aus welchen sich das All geschmückt.
>
> GOETHE

1. — J'ai déjà, dans les chapitres précédents, fait allusion en plus d'un endroit à une certaine hypothèse relative au contenu essentiel de tous les mythes, légendes, dogmes et symboles religieux. J'ai soutenu que l'axiome fondamental de la religion, ce qui exprime la tendance profonde de toutes les religions, était l'axiome de la conservation de la valeur. Si cette théorie est exacte, le problème religieux présente une intéressante analogie avec tous les autres problèmes fondamentaux. Ce qui, dans les différents domaines de la pensée humaine, met toujours cette pensée en mouvement, c'est le rapport de l'un et du multiple, ou bien le rapport du continu avec le différent et le changeant. Si la possibilité d'affirmer la conservation de la valeur est l'essentiel du problème religieux, celui-ci n'est qu'une forme spéciale d'une grande énigme, qui se présente sous une forme différente dans chaque domaine spécial. L'axiome de la conservation de la valeur est également une forme du principe de la continuité du réel. Il est analogue au principe de causalité, qui lui aussi, à sa manière, affirme une continuité interne du réel en dépit de toutes les différences et de tous les changements. Mais il offre une analogie plus frappante encore avec le principe de la conservation de l'énergie, qui pose l'existence d'un système naturel coordonné, comme substrat de l'action réciproque des forces de la nature. Cette analogie avec d'autres problèmes, ne suffit pas, bien entendu, par elle-même, pour prouver que l'axiome en question est bien l'axiome religieux. Cependant, elle appuie cette thèse, du moment où nous avons le droit de supposer — en partant de l'identité de la conscience humaine avec elle-même dans tous les domaines — que tous les problèmes qui s'offrent à l'homme ont des traits communs. Les considérations que j'ai déjà fait valoir dans les chapitres précédents peuvent sembler suffisantes pour établir que l'axiome de la conservation de la valeur est l'axiome religieux ; mais la preuve n'en repose pas seulement sur ces considérations : elle est de caractère spécialement psychologique. J'ai essayé de montrer par une analyse des expériences et de la foi religieuses, que cet axiome satisfait le besoin religieux, s'il est vrai que ce besoin consiste dans le désir de rester fermement attaché à la conservation des valeurs suprêmes au delà des limites de l'expérience, et en dépit de toutes les transformations, que cette expérience révèle. Ou, en d'autres termes, la foi est la fidélité, et le contenu de la foi est que la fidélité règne à travers tout le réel. Fidélité, c'est conservation, continuité à travers tous les changements (cf. §§ 34 et 44). On admet, dans cette preuve, que la description et l'analyse de l'expérience religieuse données plus haut sont correctes ; mais même si l'on admettait cela, la preuve indiquée plus haut ne serait pas encore concluante.

Il faut une confirmation objective, historique, une démonstration de l'idée que les formes de religion qui se présentent en fait, et particulièrement les grandes religions positives dans leur contenu essentiel, sont basées, en dernière analyse, sur l'axiome de la conservation de la valeur. Une telle vérification historique de cet axiome, je n'essayerai pas de la donner ; mais d'abord, et pour compléter ce que j'ai dit dans la section A sur l'expérience et la foi religieuse, je dois déterminer mon axiome plus précisément. Si ce travail nous montre que l'histoire confirme ce que notre enquête purement psychologique nous avait conduits à admettre, je continuerai alors à examiner la possibilité de rester attaché à l'axiome de la conservation de la valeur, d'un point de vue extérieur à toute religion positive.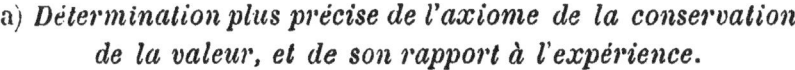

a) *Détermination plus précise de l'axiome de la conservation de la valeur, et de son rapport à l'expérience.*

73. — La religion suppose que les hommes ont découvert par l'expérience qu'il existe des choses de valeur. Quoique l'on entende par religion, il faut admettre que ce n'est pas elle qui, au tout commencement, a créé toutes les valeurs. Si, par exemple, l'homme croit à une vie future, bonne ou mauvaise, il faut qu'il sache par sa propre expérience l'existence du bien et du mal ; autrement, sa foi n'aurait aucun sens pour lui. Et avant qu'un homme puisse attribuer certaines qualités excellentes à son Dieu, il faut qu'il ait appris à connaître et ces qualités et leur valeur dans sa propre expérience ; car en l'absence de cette connaissance, il n'y aurait aucun rapport entre l'état religieux d'un homme et ses autres états, ou, en d'autres termes, entre sa religion et tout le reste de sa vie. Le contenu de la religion dépend toujours de l'expérience de l'homme, et plus spécialement de ce qui lui a paru doué de valeur. *Quelles* sont les valeurs qu'un homme trouve, cela dépend à son tour du motif qui l'excitent à estimer le réel. Ce motif peut être un besoin purement momentané, bientôt repoussé à l'arrière-plan par un autre besoin ; ou bien ce peut être la conscience d'un effort profond et ininterrompu, qui se confond avec l'instinct de conservation. Il peut être déterminé par l'homme pris isolément ; et alors il sera marqué d'un caractère individualiste ou même égoïste ; ou bien il peut naître du sentiment qu'un homme a de ne pouvoir séparer son propre sort, ses biens et

ses maux personnels, du grand tissu des choses ; car il se sent membre d'un vaste groupement humain, et participe à de grands intérêts communs. Les valeurs à la conservation desquelles un homme croit, seront celles qu'il considère comme les plus hautes. Mais celles-ci diffèrent considérablement selon la différence des cas, parmi des hommes différents vivant dans des conditions historiques différents. La croyance du Groenlandais dans la conservation de la valeur diffère profondément de celle du Grec, celle de l'Hindou de celle du chrétien. L'égoïste et le voluptueux peuvent avoir leur ciel aussi bien que l'idéaliste moral, ou que celui dont la vie est consacrée au culte du beau : mais ces cieux sont bien différents entre eux. A parler strictement, ces différences ne nous intéressent pas ici, car notre tâche est de découvrir l'élément commun à toutes les religions, de pénétrer jusqu'à ce qui fait que nous attribuons une religion au Groenlandais aussi bien qu'au Grec, à l'Hindou aussi bien qu'au chrétien. L'opposition entre les valeurs « inférieures » et « supérieures » est assurément d'une grande importance pour la religion ; c'est grâce à elle que nous distinguons entre les religions primitives et les religions morales, et entre les formes plus ou moins élevées de celles-ci (cf. §§ 32 et 35). Mais elle ne peut résoudre le problème de l'axiome religieux fondamental.

Puisque toute religion suppose l'expérience de certaines valeurs, les valeurs religieuses doivent elles-mêmes en un sens (cf. § 31) être dérivées, c'est-à-dire déterminées par l'intérêt que nous portons aux valeurs primitives, que notre expérience de la vie nous a enseigné à connaître et à conserver. La religion suppose que l'on éprouve, tout spécialement, le sentiment que le sort des valeurs est en jeu dans la bataille de la vie. Une existence psychique de l'espèce la plus élémentaire ne peut connaître de valeurs religieuses ; elle est limitée aux formes élémentaires de l'affirmation et de l'abandon de soi-même. Un animal ne peut pas (probablement) être religieux, parce que (probablement) il ne peut pas avoir d'expérience du sort des valeurs dans le monde.

Comme j'ai déjà eu l'occasion de le remarquer, il ne résulte pas cependant, du fait que les valeurs religieuses sont secondaires par rapport aux autres valeurs, qu'il doive toujours y avoir un intervalle de temps entre les expériences dans lesquelles elles se manifestent, et celles dans lesquelles s'affirment les valeurs primitives. Les valeurs primitives se manifestent souvent dès l'origine sous une forme religieuse, si bien que les deux sortes d'expériences se font simultanément. La distinction entre elles est le fait d'une abstraction ou d'une différenciation, qui ne se produit pas nécessairement toujours. Il est fort concevable que je saisisse immédiatement une nouvelle beauté dans la nature, comme un témoignage de la splendeur du réel ; la valeur primaire et la valeur religieuse — la beauté comme telle, et le réel comme condition de la beauté — me sont alors révélés ensemble d'un seul coup. Et même quand la différence entre les valeurs primaires et les valeurs religieuses se fait sentir, la valeur religieuse peut encore rester indépendante et se laisser saisir immédiatement. Il n'est pas nécessaire que l'objet de la foi n'apparaisse que comme un moyen propre à conserver la valeur primaire ; il peut apparaître lui-même comme le souverain bien, comme l'objet de l'admiration immédiate, du culte enthousiaste, de la confiance et de l'amour. La distinction entre les religions inférieures et supérieures dépendra du fait que les valeurs religieuses n'apparaissent que comme médiates, ou comme données immédiatement (cf. § 3). Le passage des formes inférieures aux formes supérieures se fait quelquefois, comme en d'autres domaines par une réadaptation de motifs et de valeurs. Une chose qui d'abord n'avait de valeur que comme moyen peut ensuite en acquérir une comme fin, et celle qui à l'origine était prise comme fin, peut produire des effets qui la dépassent de beaucoup en valeur. De telles réadaptations sont de la plus grande importance, non seulement dans le domaine moral[99], mais encore dans le domaine religieux. C'est à elles qu'est due dans une large mesure la continuité du développement religieux de l'humanité. Le passage du culte judaïque primitif de Jahvé à la croyance au Dieu-père se fit par un long processus de réadaptation, appuyé par d'importants événements historiques et personnels. La conscience religieuse hésite souvent entre des valeurs médiates et des valeurs immédiates. Quand saint

Augustin dit à son Dieu : « Je Te cherche *pour que* mon âme puisse vivre », il n'attribue, dans cette exclamation, qu'une valeur médiate à l'objet de sa foi ; mais quand, dans d'autres passages, il parle de Dieu comme du bien suprême et unique, comme de la bonté et de la vérité en soi, l'objet de sa foi lui apparaît doué de valeurs immédiates. Selon Spinoza, « l'amour intellectuel de Dieu » naît lorsque la parfaite intelligence de notre moi et de son unité avec la totalité du réel, produit une profonde joie intellectuelle, qui s'unit à l'idée de Dieu (le principe d'unité du réel) ainsi qu'à sa cause ; mais si nous nous plongeons dans cette pensée, nous verrons que dans la connaissance, dans la joie intellectuelle et dans l'amour intellectuel, Dieu lui-même agit, si bien que la relation purement médiate s'évanouit. Tout mysticisme affirme, par opposition au caractère extérieur, mécanique et dualiste de l'orthodoxie ordinaire, le caractère immédiat des valeurs religieuses. Le principe de la conservation de la valeur dans le réel semble finalement contenir la valeur suprême. Et c'est en vertu de cela que la religion réagit sur les autres aspects de la vie spirituelle, et peut s'opposer plus ou moins à eux. Une action réciproque se produit entre les valeurs primaires et les valeurs secondaires, et c'est ce qui rend particulièrement compliqué le problème religieux. Il est souvent difficile, dans un cas donné, de distinguer ce qui est original et ce qui est seconcondaire. Bien plus, lorsque la forme sous laquelle se présente la conservation de la valeur possède une valeur immédiate, cela augmente la somme des valeurs dont la conservation est en cause, et c'est ainsi que la conservation de la religion devient une partie du problème religieux. Il ne suffit pas de montrer que les valeurs primaires ne souffriraient aucune perte par la disparition des religions positives : car dans leur chute, celles-ci entraîneraient avec elles d'autres valeurs immédiates, et il faudrait nous préparer à indiquer des équivalents capables de les remplacer, avant de pouvoir affirmer que la religion positive pourrait disparaître de la vie spirituelle de l'homme sans causer aucune perte. S'il était possible de démontrer l'existence de ces équivalents, nous aurions une confirmation de la validité de l'axiome religieux. La continuité de la valeur serait sauvée, de telle sorte que si c'était là l'élément essentiel de la religion, « le plus pur élément de la religion » continuerait à exister même si la religion positive venait à disparaître (cf. fin du § 31). Cette réflexion nous révèle à la fois le caractère inévitable et la profonde signification du problème religieux, sans tenir compte de l'attitude adoptée à l'égard des formes religieuses existantes.

74. — Nous possédons bien des valeurs, dont nous ne jouissons pas d'une manière ininterrompue. Un état qui nous rend heureux n'existe pas nécessairement d'une manière ininterrompue dans la plénitude de sa force. Il y a des silences qui ne signifient pas forcément que la mélodie a cessé ; ils peuvent n'être que des interruptions temporaires, ou des moments de repos ou de préparation. Le silence fait lui-même partie de la série mélodique, et y produit l'effet qui lui est propre. Un silence de ce genre ne peut être apprécié que par une conscience qui reste en continuité avec ce qui a précédé, et qui va continuer à expérimenter ce qui suit. Celui qui arrive au commencement du silence n'éprouve rien ; pour lui, le silence est un zéro. De même, celui qui s'en va avant que le silence ait fait place aux accords qui le suivent a l'impression d'une conclusion absolue. Dans le cours du monde, les silences peuvent durer très longtemps, et celui-là seul qui peut les réunir intimement à ce qui les a précédés et à ce qui va les suivre, peut comprendre leur valeur et rester assuré qu'ils sont quelque chose de plus que de simples interruptions. Savoir si, dans un cas donné, nous sommes en présence d'un arrêt ou d'une terminaison absolue, est peut-être un problème insoluble. Si l'on doit affirmer la continuité, ce ne peut être qu'à l'aide de la foi. Tout peut sembler se passer comme si l'on avait affaire à une perte absolue de valeur.

Pour affirmer la continuité en de semblables cas, il faut se servir de la distinction entre la valeur potentielle et la valeur actuelle (cf. § 3). La foi dans la conservation de la valeur ne suppose pas qu'il doive toujours y avoir une quantité égale de valeur en acte dans le monde, mais seulement qu'il doit toujours y avoir, pour la valeur, la même possibilité d'arriver à l'existence. Mais si toutes les valeurs devaient devenir potentielles, le résultat ne pourrait pas se distinguer d'un état d'équilibre mort. Les possibilités deviendraient des impossibilités. Les formes spéciales de la foi religieuse acquièrent leur caractère distinctif en vertu de la relation qu'elles supposent entre les valeurs existantes, actuelles ou potentielles. C'est ainsi que lorsque l'homme admet que les valeurs potentielles seront réalisées sans trop de lutte et de difficulté, sa foi prend un caractère joyeux et optimiste ; lorsqu'au contraire il incline à croire que le réel est tissé d'une matière tragi-comique, de sorte que les trésors de valeurs potentielles qu'il contient en lui-même ne pourront jamais se réaliser, ou que tout processus particulier de réalisation implique sur d'autres points une destruction disproportionnée de valeurs, sa foi devient sombre et pessimiste.

Pour établir et vérifier complètement l'axiome de la conservation de la valeur, il serait nécessaire de montrer que rien, dans le cours du monde, n'est purement un moyen ou une possibilité, encore moins un pur obstacle, mais qu'au contraire, ce qui possède une valeur médiate en a aussi une immédiate, et que tous les obstacles sont aussi des moyens. Nous ne pouvons nous attendre à trouver dans l'histoire une religion qui ait, ou formulé ou même sous-entendu cet axiome sous cette forme absolue. Mais si nous avions le droit d'affirmer que la religion qui prendrait cette idée pour principe serait la religion idéale, notre hypothèse s'en trouverait confirmée. Et s'il était prouvé que nous devons faire de cet idéal notre critérium pour estimer la valeur des différentes religions, s'il était prouvé que d'éminentes personnalités religieuses ont pensé que le plus grand reproche que l'on pût faire à leur religion était de ne pas satisfaire cet idéal, notre hypothèse en serait encore confirmée. Il ne faut pas s'attendre à trouver dans les religions qu'offre l'histoire plus qu'un effort vers la réalisation de cet idéal : mais quand on réclame pour quelqu'une de ces religions le privilège d'être la religion absolue, c'est-à-dire l'expression complète de tout ce qui constitue l'essence de la religion, il faut se demander si cette prétention n'est pas fondée sur le fait que cette religion fait profession de satisfaire complètement à l'axiome de la conservation de la valeur, de développer cet axiome non seulement plus complètement qu'aucune autre religion, mais encore de telle sorte que rien ne puisse se trouver nulle part, en quoi elle ne s'accorde pas avec l'axiome ou n'en soit pas une conséquence.

Il est particulièrement intéressant de noter que la forme idéale de l'axiome de la conservation de la valeur, présente une analogie avec le principe moral suprême et peut même être considéré comme une espèce d'extension de ce principe. L'idéal moral — lorsqu'il est fondé sur la sympathie universelle — apparaît sous la forme d'un royaume de l'humanité, dans lequel chaque personnalité particulière apparaît comme une fin et jamais comme un moyen [100] — c'est-à-dire, comme possédant toujours une valeur immédiate, jamais une valeur médiate ou potentielle. De même que cet idéal moral peut se retrouver, avec plus ou moins de clarté, comme une hypothèse ou au moins comme une tendance, dans les règles et les lois morales spéciales et aux différents degrés de développement, de même cette forme idéale de l'axiome de la conservation de la valeur dans le réel apparaît, avec plus ou moins de clarté, comme une hypothèse ou comme une tendance dans les formes religieuses spéciales. Et si ultérieurement il nous était prouvé que le critérium ultime de la valeur, dans toutes les religions, est de nature éthique, l'importance de cette analogie entre l'axiome religieux et le principe moral suprême serait justifiée, car elle nous donne, ici même, quelque idée du fait, que la religion tend à apparaître comme une projection de l'élément éthique.

Chaque religion particulière attribuera, naturellement, une importance spéciale à la forme sous laquelle l'axiome religieux apparaît dans son enseignement et dans son culte. Elle sera portée à confondre l'habit avec la personne ou, du moins, à considérer l'habit comme faisant partie de la personne. Nous ne contredirons pas l'affirmation que l'axiome de la conservation de la valeur est l'axiome fondamental de la religion, en découvrant une religion particulière qui refuse d'admettre que d'autres religions, à leur manière, expriment et révèrent le même principe. Car il peut recevoir bien des formes différentes, et s'exprimer par des mythes, des légendes, des dogmes ou des symboles de caractère profondément différent. Mais, au point de vue philosophique, nous avons à distinguer entre l'axiome lui-même et ses différentes expressions. Le fardeau de la preuve, en tout cas, incombe à ceux qui affirment que le principe n'admet qu'une seule expression déterminée. L'axiome qui doit exprimer l'essence de la religion sous toutes ses différentes formes doit nécessairement être de caractère abstrait. Aussi est-il important de ne pas confondre l'axiome tel qu'il est construit par la philosophie de la religion, avec les idées qui naissent et se font sentir immédiatement et clairement dans la conscience religieuse. Il n'est pas nécessaire pour celle-ci de connaître ce principe sous sa forme abstraite ; elle peut même aller jusqu'à le rejeter sous cette forme. La conscience humaine ordinaire peut être inattentive aux lois de l'association des idées, mais ce fait est parfaitement compatible avec l'affirmation que ces lois sont immanentes à toute association d'idées se produisant dans cette même conscience. C'est ainsi que nous respirons sans avoir nécessairement la plus vague connaissance des lois physiologiques de la respiration.

Ce peut être un trait caractéristique de quelque religion positive particulière, de ne reconnaître d'autres formes de la conservation de la valeur que celle qu'elle défend elle-même. Le philosophe de la religion note ce trait, et cela l'aide à évaluer cette religion. Mais ce fait n'ébranle pas la conviction à laquelle il a été conduit par d'autres considérations sur l'axiome fondamental de toute religion.

75. — De la conviction que la valeur sera conservée, il ne résulte pas nécessairement la conviction que tout le réel, pour ce qui est de sa conservation et de ses formes spéciales, soit conditionné par la valeur suprême. Cette conviction naît de la réflexion sur le rapport de la valeur à la réalité, non de l'expérience immédiate de ce rapport actuellement saisi. Les valeurs dans la conservation desquelles nous croyons peuvent être données en acte, sans nous inspirer sur le moment aucune spéculation propre à nous apprendre si la réalité *produit* la valeur, ou si elle existe *pour* les valeurs.

Toutes les fois que l'on essaye de déduire la réalité de la valeur, le problème religieux se trouve agrandi. Car même si l'on pouvait montrer que tous les obstacles et toutes les oppositions sont des moyens nécessaires pour le développement et la conservation de ce qui a de la valeur, voici les questions qui se poseraient encore toujours : pourquoi, d'une manière générale, des moyens sont-ils nécessaires? pourquoi ce qui a de la valeur ne doit-il pas exister et prévaloir immédiatement? pourquoi doit-il y avoir une différence ou une lutte entre la valeur et la réalité? Dans le problème du mal, la conscience religieuse a toujours à lutter contre cette difficulté, et c'est autour de ce point aussi, comme nous le verrons, que les difficultés grossissent pour le philosophe qui réfléchit sur la religion, lorsqu'il essaye de montrer que l'axiome fondamental de la conservation de la valeur est l'hypothèse ou la tendance de toute religion.

Il pourrait sembler peut-être que l'hypothèse de la conservation de la valeur est inconciliable avec une conception pessimiste de la vie. Et si le pessimisme était une forme de religion, il serait assurément la pierre d'achoppement dans le chemin de l'hypothèse que nous essayons d'établir.

Le pessimisme suppose un désaccord fondamental entre la valeur et la réalité. Mais même un désaccord est une relation ; et si, selon la description donnée plus haut, l'expérience religieuse est intéressée au rapport de la valeur et de la réalité, le pessimisme, lui aussi, est fondé sur l'expérience religieuse ; mais cette expérience conduit alors à une foi tout autre que celle qui se présente le plus ordinairement dans l'histoire de la religion. Et cependant, même dans le pessimisme, il doit y avoir une foi sous-jacente dans la conservation de la valeur, car si toute valeur devait disparaître, la relation entre la valeur et la réalité devrait nécessairement disparaître aussi. Le pessimiste est obligé d'admettre qu'il y a dans le monde quelque chose qui a de la valeur ; mais il affirme que cette valeur ne peut être conservée qu'au prix d'une rude lutte et d'une souffrance incessante, et il consacre toute son attention à cette lutte et à cette souffrance. Or, celles-ci supposent la vie et le besoin d'affirmer sa personne. Si l'on pouvait exclure du réel toute vie et tout besoin, il n'y aurait plus place pour le pessimisme. Dans le poème de Léopardi *La Ginestra*, le rapport de l'homme à la nature impitoyable est comparé à celui de la plante à la lave sur laquelle elle pousse. Si la lave devait un jour brûler ou ensevelir la plante, la lutte serait finie. La vie de la plante est la valeur, dont l'opposition à la réalité brutale, a suscité ou exprimé l'état d'âme du poète. Et puisque Léopardi, malgré l'importance qu'il donne au défaut d'harmonie entre la valeur et la réalité, ne propose aucunement (pas plus que ne font Schopenhauer et Bouddha) de faire face à la difficulté par la destruction de la vie — c'est-à-dire de détruire la valeur pour mettre fin au désaccord — c'est qu'il doit avoir, au fond de lui-même, une foi dans la possibilité de conserver la valeur en dépit de cette lutte et de cette souffrance constantes. Jusqu'à présent, aucune philosophie, aucune religion n'ont développé un pessimisme absolu. Bouddha indique la possibilité d'atteindre le Nirvana (qu'il ne faut pas confondre avec l'annihilation), et Schopenhauer demande une solution du différend à l'activité esthétique et scientifique, à la sympathie et à l'ascétisme religieux[101]. Dans tout pessimisme, il y a une valeur qui existe, qui peut s'affirmer et même, peut-être, augmenter. Il n'y aurait de pessimisme absolu que pour ceux qu'une religion condamnerait à une souffrance éternelle. Mais il n'est pas de religion dont cette souffrance éternelle soit le seul contenu, et, comme nous le verrons plus loin, des essais caractéristiques ont été faits pour montrer que la valeur suprême persiste non seulement en dépit, mais encore en vertu de cette souffrance éternelle prise comme une partie du réel. De telles tentatives, qui sont le point de départ des méditations de natures nettement religieuses, témoignent de la validité, au point de vue historique, de notre axiome religieux.

On peut concevoir un pessimisme qui croirait à une diminution continuelle de la valeur dans le réel. Cette conception serait, elle aussi, déterminée par l'expérience religieuse (cf. § 31), quoiqu'elle puisse être dépourvue de foi religieuse (cf. § 34). Si nous voulions accentuer cette tendance continue à l'amoindrissement des valeurs, nous pourrions appeler ce pessimisme « une religion affectée de signes négatifs ». L'opposé absolu de toute religion ne serait ni le pessimisme, ni l'optimisme, mais le « neutralisme » : toute détermination de valeur dans le domaine de l'action humaine échouerait, et, convaincus de son indifférence infinie à l'égard de tout ce qu'ils appellent « valeur », les hommes assisteraient en simples spectateurs à la marche de l'univers. Selon moi, il est très difficile de déterminer si un tel neutralisme peut réellement exister. Même chez un pur et simple spectateur, une émotion teintée de religion naîtrait avec chaque état d'esprit intellectuel ou esthétique (pour ne rien dire d'un état d'esprit moral); le réel a une valeur particulière, du fait que la vue ou l'intelligence que nous en avons nous cause de la joie, et notre conception du monde reçoit malgré nous le reflet du plus ou moins de clarté que projettent ces valeurs intellectuelles ou esthétiques.

b) *Discussion psychologique et historique de l'axiome de la conservation de la valeur.*

76. — Dans les religions que nous offre l'histoire, l'on voit apparaître sous deux formes la foi dans la conservation de la valeur. On retrouve ici les types que l'on a déjà rencontrés plus haut (§ 43), dans la description de l'expérience et de la foi religieuse. D'essence, ces deux formes ne sont pas tout à fait antagonistes et historiquement nous les voyons influer l'un sur l'autre, en bien des points; mais l'on peut cependant les prendre comme les formes typiques de la religion, puisque les différentes attitudes religieuses et les formes religieuses déterminées s'approchent, d'une manière plus ou moins nette, de l'une ou l'autre de ces formes. Comme il serait impossible d'examiner toutes ces attitudes et toutes ces formes, nous devons nous restreindre à ces deux types, persuadés que la vie religieuse s'est exprimée au moyen d'eux, avec tous ses traits les plus caractéristiques. Avant de discuter chacun d'eux en détail, je vais les caractériser brièvement l'un et l'autre.

Selon le premier type, la valeur suprême est toujours actuellement présente. Elle est cachée à la vue des hommes par le divers aux couleurs multiples et par le flux continuel du monde de l'expérience, comme aussi par les illusions de la réalité sensible, illusions auxquelles les hommes peuvent se laisser prendre. Lorsque disparaissent ces illusions, — opération que suppose toute activité sérieuse de la pensée et de la volonté — les hommes ont la révélation de la réalité éternelle, et de leur unité immédiate avec elle. Le multiple (ou tout au moins le multiple extérieur et sensible) disparaît entièrement; la relation temporelle perd toute valeur, et l'objet qui possède la valeur se révèle comme la seule chose qui existe toujours et qui a toujours existé, comme la seule réalité véritable.

Selon l'autre type, l'objet qui possède la valeur ne se conserve qu'au moyen d'une lutte continuelle contre des forces qui essaient de lui nuire et de le détruire. De plus il doit passer par une évolution avant d'exister dans toute sa plénitude; il a une histoire. Ce n'est qu'après l'achèvement complet du développement historique du monde, que la valeur appartiendra intégralement à tous les hommes. La relation temporelle prend ici un sens réel et décisif; elle n'est pas, comme dans le premier type, une illusion destinée à disparaître lorsque l'intelligence sera complète et véritable. De nouvelles valeurs naissent en fait, et le travail nécessaire pour les faire participer aux valeurs existantes est une réalité au même titre que le but que l'on atteint par ce travail.

77. — Historiquement, le premier type est représenté par les doctrines védantistes des Hindous, par le Bouddhisme, par le Platonisme, par le mysticisme du moyen âge et par le système de Spinoza. La conservation de la valeur s'affirme ici par la proposition, que ce qui, dans le temps, est donné dans une multiplicité dispersée et dans une évolution graduelle, se concentre, dans l'éternité, en une unité absolue. L'éternité n'est pas conçue ici comme située *par delà* le temps, mais *dans* le temps, et elle se révèle à la conscience de l'homme lorsque celui-ci arrive à la plus profonde absorption dans sa personnalité intime. Ce type est logiquement conduit à admettre qu'entre le temps et l'éternité il y a un rapport d'équivalence, mais ce rapport pourrait lui-même n'avoir pas d'histoire, puisque toutes les distinctions temporelles perdent leur signification; par suite la lutte pour la participation à l'éternel doit aussi être irréelle.

On peut bien penser que ce type n'a jamais pu se prêter à

recevoir une forme religieuse populaire. Et cependant la religion grecque à l'époque homérique peut se ramener, dans ses traits essentiels, à ce type, qui pourtant y apparaît sous une forme bien enfantine. Pour le Grec homérique, l'Olympe restait, au milieu des douleurs et des luttes de cette vie, dans une clarté éternelle, immobile et immuable. L'Olympe est la demeure fixe et éternelle des dieux, entourée de lumière, élevée bien au-dessus des régions que visitent les tempêtes et la pluie. Dans cette brillante peinture, les Grecs voyaient l'expression de la réalité éternelle de la valeur, et dans sa splendeur, ils oubliaient les ombres de leur propre vie; ou bien ils acceptaient avec tristesse et résignation, comme une chose nécessaire, le contraste entre le monde de l'Olympe et celui de la terre.

Nous avons ici une opposition, naïve mais invincible, entre le temps et l'éternité. Dans la doctrine bouddhique du Nirvana, nous trouvons une relation plus intérieure et plus profondément conçue. Comme nous l'avons déjà remarqué plusieurs fois, il ne faut pas confondre le Nirvana avec le pur non-être. C'est un état de paix et d'élévation, l'antithèse de tout désir, de toute haine et de tout désappointement, tels qu'il en abonde dans le monde de l'illusion sensible. C'est un état dans lequel la sainteté est portée à la perfection; l'œuvre est achevée, et « le monde » n'existe plus. Pour atteindre à cet état, l'individu doit se libérer de toutes les relations humaines ordinaires, et le faire avec la plus profonde joie intérieure :

> Comme des cygnes s'envolent bien loin de l'étang bourbeux
> quoi qui retienne l'esprit
> dans la maison et au foyer, soucis et joies,
> le sage les méprise et ne s'en approche point.
>
> Calme dans la liberté de sa cellule
> le moine dont la vue n'est pas affaiblie par les soucis
> voit sans crainte toute la vérité révélée ;
> au delà de tout objet terrestre, il voyage en paix.
>
> Toujours avec une joie plus grande, son œil
> pénètre cette alternative de vie et de mort
> jusqu'à ce que flamboie devant sa vue enchantée
> la splendeur de l'éternité [102].

Même type de pensée dans le monde grec, chez Platon. Le monde des idées est la seule vraie réalité, et tout dépend de la connaissance de ces idées (de l'essence des choses et de leurs archétypes) qui se révèle aux hommes ; ce n'est qu'à ce moment que ceux-ci peuvent être délivrés de toute division et de toute imperfection. Cette conception apparaît sous sa forme la plus caractéristique dans le *Phédon*. Par le Platonisme, elle a aussi influencé le christianisme, qui appartient surtout à l'autre type. Dans l'évangile selon saint Jean on trouve des indications d'une tendance vers le premier type, le type hindo-grec : mais il n'est pas certain que ce soit dû à une influence directe de celui-ci. D'autre part, dans le cas de saint Augustin, cette influence est aussi claire que certaine. On trouve chez lui le concept platonicien de l'éternel considéré comme l'immuable (*semper stans æternitas*), qui existe de tout temps au même degré d'élévation, et en qui rien ne naît ni ne disparaît. On retrouve ce concept dans le mysticisme du moyen âge, car on trouve, par exemple, maître Eckhart disant : « Qu'est-ce que l'éternité ? L'éternité est un « maintenant » toujours présent, qui n'a rien à faire avec le temps. Le jour d'il y a mille ans n'est pas plus loin de l'éternité que l'heure où je suis maintenant, et le jour qui viendra dans mille ans n'est pas plus loin de l'éternité que l'heure où je parle à présent. » Cette idée est sous-entendue aussi dans la devise de Jacob Boehme : « Celui pour qui le temps est comme l'éternité et l'éternité comme le temps, est libéré de toute lutte », — et aussi dans le profond conseil de Spinoza de considérer les choses *sub specie æternitatis*[103].

On ne saurait nier que ces différents points de vue, chacun à sa manière, proclament le caractère impérissable de toute véritable valeur. Néanmoins, une difficulté naît d'un examen plus attentif de la relation temps-éternité. S'il faut interpréter strictement l'axiome de la conservation de la valeur, le « temps » et l' « éternité » doivent être l'un vis-à-vis de l'autre dans un rapport d'équivalence, doivent être deux formes de valeur entre lesquelles un échange peut toujours se faire sans perte. Mais il n'en est pas ainsi. Car, selon toutes ces conceptions, le temps est regardé comme reposant sur une illusion, illusion qui disparaît et se réduit à néant, lorsque la vraie valeur vient, non pas à naître, mais à se révéler. Pour cette raison, le travail et l'évolution dans le temps, pour nécessaires qu'ils soient, ne peuvent pas avoir de portée véritable, de réalité, mais doivent être considérés comme des efforts faits en rêve. Même le travail consacré à détruire l'illusion, à réduire le songe au pur néant qu'il est, pour que nous puissions vivre dans la réalité vraie, n'est lui-même qu'une illusion. Pour mettre les choses au mieux, ce travail n'est qu'un moyen à oublier lorsque la fin sera obtenue, comme une échelle que nous repoussons du pied après nous en être servis pour monter. Aussi, selon ces conceptions, aucune valeur immédiate et indépendante ne peut-elle être attribuée soit au travail et à l'évolution, soit aux biens et aux devoirs que nous offre le monde du temps.

C'est en vain que l'on cherche aussi un motif naturel qui puisse conduire l'individu à se proposer d'autres buts que sa propre délivrance personnelle à l'égard de l'illusion. Si un individu a lui-même atteint la perfection, a arraché le voile de l'illusion, pourquoi s'attarderait-il dans ce monde illusoire, même si par là il peut aider d'autres hommes à atteindre une perfection semblable à la sienne? Pourquoi le cygne retournerait-il à « l'étang bourbeux » ? Quand Bouddha eut atteint la perfection en dépit de tous les obstacles placés sur sa route par l'esprit du mal (Mara, le diable du bouddhisme), celui-ci lui demanda au moins de ne pas montrer aux autres hommes le chemin de la perfection, qu'il avait découvert. Bouddha n'obéit pas, en partie « par sympathie pour le monde », mais en partie aussi parce que cela ne faisait aucune violence à sa perfection de la communiquer aux autres hommes. En soi-même et pour soi-même, cependant, la conséquence inévitable, admise par Bouddha lui-même et par le poème bouddhiste *Dhammapadan* (Le Chemin de la Vérité), est que celui qui veut atteindre le souverain bien, c'est-à-dire la délivrance du trouble et de la crainte, doit n'aimer aucun homme, puisque la séparation d'avec ce que l'on aime cause de la douleur[104].

Outre ce dualisme du temps et de l'éternité, un autre dualisme embarrasse ces conceptions. Car tous les hommes n'atteignent pas le Nirvana : aussi le Bouddhisme était-il forcé soit de se former une doctrine de l'enfer, soit de l'emprunter à la foi populaire. Il n'est pas non plus donné à tout homme de connaître les idées éternelles de Platon, ou, avec Spinoza, d'être capable de considérer toutes choses *sub specie æternitatis*. Sous une forme ou sous une autre, on voit réapparaître l'ancienne opposition hellénique entre l'Olympe toujours brillant (qui correspond au Nirvana, au monde des idées et au point de vue de l'éternité), et le triste monde humain. Seuls, un petit nombre d'hommes, les favoris des dieux, peuvent s'élever au-dessus de cette opposition. Pour la plupart, il y a une perte de valeurs sur toute la ligne.

Aussi, pour ce qui est du premier type, nous arrivons à ce résultat, que l'axiome de la conservation de la valeur est un postulat tacite, mais que, lorsque les différentes conceptions se développent et se spécifient, il ne se déploie pas d'une manière parfaitement logique. Cependant, l'objection que l'on peut par conséquent faire à ce type, de n'appliquer qu'imparfaitement cet axiome, n'est pas une objection extérieure. C'est le résultat de l'emploi d'un système de mesures adopté par ce type lui-même. La vie humaine hors de l'Olympe et du Nirvana n'est, après tout, pas absolument dépourvue de valeur ; le Grec a une joie enfantine à vivre, le bouddhiste doit au moins attribuer une valeur réelle à l'effort qui, dépassant le temps, conduit au Nirvana. Aussi l'Olympe et le Nirvana ne peuvent-ils logiquement passer pour seuls privilégiés, pour élevés bien au-dessus des événements de ce monde fini, car sans une union vivante et positive avec ce monde, leur importance comme valeur suprême disparaîtrait complètement. Nous mesurons ici la religion par la religion, car nous prenons les traits particuliers d'une conception religieuse pour les comparer avec le but que cette conception même s'est proposé. On peut bien attaquer la religion du dehors, en se plaçant à un point de vue étranger à ses fins les plus intimes, à ses tendances les plus profondes : mais ce genre de critique ne nous aiderait pas à découvrir l'axiome religieux, l'axiome fondamental que la religion ne peut nier sans se nier elle-même. Si tel est l'axiome de la conservation de la valeur, il est bien l'axiome fondamental de toute religion.

78. — L'autre type essentiel se distingue par son caractère historique. Il croit à une histoire du monde. Ce caractère historique apparaît pour la première fois sous une forme très nette dans le Parsisme. La lutte entre le bien et le mal emplit la nature entière aussi bien que la vie humaine, et l'attention se concentre sur une grande lutte cosmique, à l'expiration de laquelle la perfection régnera. On trouve chez les prophètes Juifs un croyance historique indépendante, qui s'est développée sous l'influence de leur besoin profond de rester attachés à l'espérance d'un grand avenir pour leur nation, et à la conviction de la fidélité de Dieu à travers tous les changements. Hors des misères de la vie temporelle, ils attendaient un jour où ils pourraient s'écrier : « Voici, voici notre Dieu : nous l'avons attendu, et il nous sauvera! » (Isaïe XXV, 9.) « Le Seigneur Jéhovah est la force durable. » (Is. XXVI. 4.) Dans les espérances messianiques du judaïsme post-exilique et dans la doctrine chrétienne du Royaume de Dieu et de sa venue prochaine, la même foi historique s'exprime. C'est elle qui a donné à toute la pensée européenne son caractère particulier. La *Cité de Dieu* de saint Augustin et le *Discours sur l'Histoire universelle* de Bossuet forment les prolégomènes religieux de tout ce que l'on a appelé ultérieurement philosophie de l'histoire, sociologie, ou histoire de la civilisation.

La relation temporelle prend ici une signification positive et grosse de conséquences. La distinction entre le présent, le passé et l'avenir n'est plus fondée sur une illusion, et des tâches précises s'imposent, qui ne peuvent être exécutées que grâce à un travail et à une évolution. Il y a un véritable « pas encore », et un véritable « jamais plus ». Le souverain bien se réalise dans le cours du temps et à différents degrés de développement. Une comparaison entre les Upanishads et le Nouveau Testament est des plus instructives à cet égard. Tandis qu'il ne pourrait être ici question d'équivalence entre le temps et l'éternité, il y a équivalence entre le passé et l'avenir ; la vie est gagnée lorsqu'elle est perdue ; les sacrifices que l'on a faits seront payés mille fois plus cher ; Jésus n'est pas venu pour détruire, mais pour accomplir ; le Royaume était préparé depuis le commencement du monde, mais c'est un héritage dans lequel nous venons d'entrer. La souffrance même et la mort ne peuvent rien contre la conservation de la valeur ; car c'est précisément en souffrant pour l'objet suprême, avec les yeux fixés sur lui, que nous pouvons témoigner de sa puissance : « Vainqueur parce que victime » (*Victor quia victima*), s'écrie saint Augustin à son rédempteur.

Et l'idée du royaume à venir n'implique pas seulement l'importance de l'histoire, mais aussi celle de la solidarité, de la vie en commun, et la possibilité d'une forme d'amour fraternel plus positive que toutes celles que le Bouddhisme pouvait logiquement impliquer. La perfection de l'individu est étroitement unie à celle des autres hommes.

Aussi le caractère essentiel de ce type est-il plus réaliste que celui du premier type, et implique-t il une plus grande possibilité d'accomplissement du principe de la conservation de la valeur, puisque le monde de l'expérience et ses relations n'apparaissent plus comme de simples scories d'où est absent tout métal précieux. L'avantage que le second type a sur le premier s'accompagne du fait, qu'il admet un accomplissement plus parfait du principe de la conservation de la valeur.

Si la preuve de cet axiome rencontre ici encore des difficultés, elles se résument dans ce fait que, quoique le travail et le développement dans le temps apparaissent comme des réalités, en fait ils ne sont que des moyens. Ils ont une valeur médiate, non immédiate. Ils ne sont qu'une préparation pour ce qui viendra ; et ce qui viendra — le Royaume de Dieu — ne vient pas comme un résultat nécessaire du travail et du développement, mais il s'intercale dans le temps, d'une manière soudaine et surnaturelle, si bien que le lien entre le passé et l'avenir est rompu. Et on ne peut pas dire qu'il y ait entre eux une relation d'équivalence interne, car au prix de ce grand événement qui doit venir, le travail humain est d'une importance presque nulle : en fait, il peut même être un obstacle. Le travail devient négatif. Il ne faut pas s'absorber dans des relations humaines, dans les biens et les affaires de la vie humaine, mais il faut veiller et prier, de manière à être prêt quand viendra le temps de l'accomplissement. La vie dans le temps devient une vie d'attente, et cela seul a de la valeur, qui peut servir comme une préparation à la vie future. On trouve ici une certaine ressemblance entre le christianisme (c'est-à-dire le christianisme primitif) et le bouddhisme, car la négation de la continuité d'essence entre le passé et l'avenir, et l'opinion que la relation temporelle est tout à fait illusoire, peuvent conduire pratiquement aux mêmes résultats.

Mais la preuve de l'axiome de la conservation de la valeur ne se ferait pas, pour ce type de religion, sans rencontrer des difficultés sur d'autres points : et ces difficultés sont d'un intérêt tout spécial, parce que la conscience religieuse a elle-même attiré l'attention sur le fait, et a essayé de surmonter ces difficultés. Il est du plus grand intérêt pour le philosophe de la religion, d'observer que cette tentative est faite précisément au moyen de l'axiome de la conservation de la valeur. C'est saint Augustin, le plus grand théologien de l'histoire du christianisme, qui a fait cette tentative.

Le premier point, c'est le dogme des peines éternelles. Il n'est pas nécessaire de discuter pour savoir si ce dogme peut oui ou non, être déduit des textes du Nouveau Testament[105]; qu'il suffise que l'enseignement orthodoxe de l'Église, protestante ou catholique, la soutienne. Il serait assurément plus facile de prouver que le christianisme est fondé sur la vérité présumée de l'axiome de la conservation de la valeur, si l'on pouvait montrer que la doctrine du Nouveau Testament est que, finalement, tous les hommes seront sauvés. Mais ce qui nous intéresse ici, c'est que cette dualité même entre les élus et les damnés peut apparaître à la conscience religieuse pensante comme la conséquence nécessaire de la conservation de la valeur, — il s'agit, bien entendu, de la conservation de la valeur qui est, pour cette conscience, la valeur suprême. Quelque destin qui attende le monde dans sa course, la conscience chrétienne reste attachée à la conviction que ce destin tourne à l'honneur et à la gloire de Dieu. Saint Augustin essaie d'établir cela d'une manière plus précise. La justice divine est satisfaite, parce que les méchants sont récompensés selon leurs mérites et sont mis à la place qui leur convient. Saint Augustin va jusqu'à défendre cette dualité, comme nécessaire non seulement moralement, mais encore esthétiquement. Si l'histoire du monde doit se terminer par la damnation éternelle du plus grand nombre, cela peut sembler impliquer une imperfection dans l'état final de la réalité : « Mais, dit saint Augustin, ce qui, aperçu du point de vue de la partie peut apparaître comme imparfait, et même exciter l'horreur, peut, du point de vue du tout, être une perfection : car ce qui est nécessaire pour l'harmonie, c'est que chaque chose soit à la place convenable, et peut-être que ce contraste même entre les élus et les damnés peut sembler augmenter la beauté du tout » (*omnes ita ordinantur... in pulchritudinem universitatis, ut quod horremus in parte, si cum toto consideremus, plurimum placeat*)[106]. C'est ainsi que cette dualité, qui a si souvent été reprochée au christianisme, est pour saint Augustin un témoignage de premier ordre en faveur de la conservation des valeurs morales et esthétiques les plus hautes. Il n'y a pas de doute, que sa pensée ne révèle un effort pour rester fidèle à l'axiome fondamental de la conservation de la valeur, même contre une objection fondée sur le même axiome. Il essaye de transformer les considérations sur lesquelles se fondait l'objection en une confirmation de la doctrine qu'il défend. Dans quelle mesure les concepts de valeur appliqués par saint Augustin sont-ils valables, c'est une autre question. Dans l'esprit de saint Augustin, il n'y avait pas le moindre doute, que la béatitude et l'honneur de Dieu fussent conciliables avec cette dualité, et même qu'ils l'exigeassent. La déduction que l'on a tirée dans les temps modernes des prémisses de saint Augustin, à savoir que Dieu ne peut pas être bienheureux si le cours du monde est tel que saint Augustin l'affirmait, cette déduction lui était absolument étrangère. Et l'idée ne lui venait pas, que le fait de savoir que tous les hommes n'ont pas obtenu la félicité peut diminuer la félicité de ceux qui l'ont obtenue. Autant que je sache, il n'a jamais touché cette objection. Saint Thomas d'Aquin, cependant, s'en est occupé plus tard. Il est vrai, dit ce grand scolastique, qu'Aristote nous enseigne que personne ne peut être heureux s'il n'a ceux qu'il aime autour de lui : mais cela ne se rapporte qu'à la vie terrestre ; dans la vie éternelle, l'individu est debout devant son Dieu, et l'amour envers l'objet infini emplit si bien son cœur, qu'il n'éprouve aucun besoin d'aimer des êtres finis ;

seul, l'amour envers Dieu, et non envers notre prochain, est nécessaire dans cet état de félicité, et s'il n'y avait qu'une seule âme qui éprouvât la joie de la présence de Dieu, cette âme serait encore heureuse, même si elle n'avait pas de prochain à aimer [107].

En suivant une telle méthode de pensée, il faut se rappeler bien soigneusement que le sens que possède la croyance à la conservation de la valeur en certains cas, dépend de la nature des valeurs qui sont connues et supposées. L'amour humain ne peut pas être compté dans les valeurs suprêmes dont il s'agit ici, aussi n'est-il pas compris lorsque l'on détermine le contenu de la foi. C'est ainsi que nous avons ici une confirmation de la conception de l'essence de la religion, que j'essaie d'établir (cf. § 73, et les paragraphes précédents auxquels je renvoie en cet endroit). De plus, saint Thomas d'Aquin continue en montrant qu'il y a une grande différence entre les sentiments qu'un homme doit éprouver dans cette vie, lorsqu'il est encore un pèlerin (*viator*) et ceux qu'il éprouvera dans un état de béatitude, lorsqu'il comprendra l'ensemble et le système des choses (en tant que *comprehensor*). Parmi les hommes, sur terre, la compassion pour les damnés est louable, mais un tel sentiment ne pourrait naître dans l'esprit des élus, qui comprennent les jugements de Dieu [108]. Malheureusement, ni saint Thomas d'Aquin ni aucun autre théologien n'a réussi à nous donner la psychologie et la morale « supérieures » impliquées ici, pas plus qu'ils n'ont pu nous donner la théorie « supérieure » de la connaissance que nous avons vu précédemment être nécessaire à leur point de vue. Ils n'ont pas même réussi à nous montrer comment un pèlerin, un voyageur, peut attacher un sens réel au point de vue « supérieur » auquel on fait ici allusion, — car on ne peut certainement lui donner un sens moral. Mais, comme nous l'avons déjà dit, tout cela n'a rien à faire avec l'axiome religieux sous sa forme générale.

Le second point sur lequel la conception théologique que nous considérons ici se heurte à des difficultés, c'est le dogme de la création. Tandis que le bouddhisme ne se hasarde à aucune explication de l'origine du monde, la théologie chrétienne en offre une, qui a l'air d'impliquer l'hypothèse d'une diminution de la valeur. Car la création est moins que le créateur ; elle est finie et limitée, et il y a toujours pour elle la possibilité d'une chute, qui n'existe pas pour le créateur dans sa réalité éternelle et idéale. Mais ici aussi, saint Augustin trouve dans son concept de justice un moyen de sauver la conservation de la valeur : « Qui serait assez insensé pour oser exiger que l'ouvrage fût égal au producteur, ce qui est établi à celui qui établit ? » — « Ce serait une légèreté blasphématoire, que de faire du néant l'égal de Dieu ; et c'est ce qu'implique l'idée, que ce que Dieu a créé du néant soit de la même nature que ce qui a jailli de la propre essence de Dieu[109] ! » La diminution de valeur impliquée dans la création disparaît pour saint Augustin dans la satisfaction de la justice ; grâce à celle-ci, la continuité est conservée. On voit clairement, sous la conception de ce penseur religieux, l'axiome qui, selon moi, est l'axiome de la religion. Poussée à sa sa conclusion logique, la manière de penser de saint Augustin nous amènerait à un résultat semblable à celui par lequel conclut le bouddhisme (et le premier type en général). Dieu est conçu comme immuable ; il est aussi peu touché par la création et par la chute, que par l'opposition entre les élus et les damnés. Dieu n'a pas besoin du monde, et ne change pas avec les changements du monde. Et la bonté de Dieu n'implique pas non plus le besoin et la dépendance, car puisqu'il est un être parfait, dont la perfection ne peut augmenter, sa bonté existe sans qu'il ait besoin des autres êtres. Cette déduction est faite par saint Thomas d'Aquin : « *Bonitas ejus potest esse sine aliis*[110] ». De quel droit peut-on encore appeler cela « bonté », c'est une autre question. Qu'il suffise ici de faire remarquer que les deux types de religion, en dépit de leurs efforts incontestables pour rester attachés à la conservation de la valeur, sont impliqués dans des difficultés qu'ils ne sont pas capables de surmonter — difficultés au milieu desquelles ils se révèlent comme des expressions imparfaites de l'idéal religieux qu'ils reconnaissent.

79. — En résumé, le résultat, jusqu'à présent, de notre étude des deux formes typiques de la religion, est que chez l'un et l'autre il y a une tendance marquée à affirmer la conser-

vation de la valeur, tendance qui se manifeste plus spécialement dans leurs efforts pour repousser les objections fondées sur un amoindrissement apparent des valeurs.

Que ni l'une ni l'autre de ces deux formes ne réussisse à rester strictement fidèle à la conservation de la valeur, c'est ce qui est dû en partie au fait que les formes historiques de la vie n'expriment jamais complètement leur idée ou essence particulière, parce que des éléments et des rapports étrangers au sujet s'y mêlent toujours. Mais c'est aussi le résultat d'une circonstance qui doit toujours être étroitement unie à l'essence de la religion, du moins si c'est la foi dans la conservation de la valeur qui constitue son essence. Car il est clair que la foi dans la conservation de la valeur exige l'emploi de forces affectives qui sont ainsi ôtées à l'œuvre de découverte et de production des valeurs dans le monde tel qu'il est donné. Aussi y a-t-il toujours une relation plus ou moins nette d'opposition entre la religion et les autres domaines spirituels. Puisque le rapport religieux lui-même fournit un motif d'évaluation, et peut établir des valeurs, cette relation d'opposition peut être considérée comme une opposition entre les valeurs primaires et les valeurs secondaires (cf. §§ 31 et 73). C'est ce qui se manifeste avec une évidence particulière dans la relation de la religion avec la morale, question que nous examinerons de plus près dans le chapitre consacré à la morale. Mais pour pouvoir comprendre pourquoi l'accomplissement du principe religieux doit toujours rester imparfait, il était nécessaire de faire remarquer ici et en ce moment, que la foi dans la conservation des valeurs peut aisément s'opposer dans une certaine mesure au travail de découverte et de réalisation des valeurs. Dans les deux types essentiels de religion, ce fait est bien mis en lumière par rapport aux circonstances temporelles, dont la valeur interne, pleine et positive n'est jamais reconnue. Car la vie dans le temps apparaît, ainsi que nous l'avons vu, soit comme une illusion, soit comme une réalité d'une importance à peu près nulle.

Et à propos de ceci, il faut se souvenir que la religion est portée à partir d'un concept beaucoup trop étroit de la valeur, ou de l'opinion que le contenu des valeurs a été découvert une fois pour toutes, de telle sorte que tout ce que nous avons à faire à présent, c'est de conserver ce contenu, ou de vivre dans la conviction qu'il sera conservé. Mais tant que de nouvelles expériences se produiront, de nouvelles valeurs se créeront, quoique la religion leur oppose toujours une certaine résistance, et ne se laisse que peu à peu amener à les faire entrer dans l'ensemble des valeurs à la conservation desquelles elle croit.

Ce n'est pas par là seulement que le caractère inachevé de l'expérience gêne l'accomplissement de l'axiome religieux. Il y aura toujours de nouvelles expériences par lesquelles il faudra que cet axiome s'éprouve. Même si l'on pouvait supposer que le contenu de la valeur a été déterminé complètement une fois pour toutes, même en ce cas ce contenu si parfait pourrait se trouver en face de relations modifiées, et les idées religieuses qui suffisaient pour affirmer sa conservation à travers les changements des expériences antérieures, ne seraient plus, sous la forme qu'elles ont, adéquates à une expérience qui revêtirait un autre caractère. L'axiome religieux partage en cela le sort de tous les autres axiomes.

Une dernière considération de grande importance à cet égard, c'est le fait que la conscience religieuse s'exprime au moyen d'idées plus ou moins imaginatives. Seule, la philosophie de la religion établit l'axiome et réfléchit sur lui, sous la forme sous laquelle nous l'examinons ici. Dans la conscience religieuse, il prend des formes concrètes, figuratives qui sont empruntées à des analogies avec des formes ou des relations plus ou moins limitées. Jetons un coup d'œil sur les différentes conceptions de Dieu, sur les théories de l'incarnation, sur les théories de l'expiation et sur les idées de l'immortalité : nous trouverons qu'elles dérivent toutes de combinaison, d'images empruntées à certains domaines spéciaux de l'expérience (par exemple, aux relations familiales et aux relations juridiques). Il n'est pas étonnant qu'une pensée logique ne puisse pas s'imposer, puisque ces images sont élevées au-dessus de leur milieu original, et combinées avec d'autres images empruntées à un milieu tout différent. Dans cet essai de construction d'un système rationnel, le sens poétique original et l'influence des images se perdent, sans aucune compensation du côté de l'enchaînement logique de la pensée.

L'hypothèse que la foi dans la conservation de la valeur est l'élément essentiel de toute religion, a donc soutenu l'examen critique aussi bien qu'on pouvait s'y attendre.

Le chemin avait été indirectement préparé pour cette hypothèse dans le chapitre relatif à la théorie de la connaissance ; on y faisait voir que la signification de la religion ne pouvait être d'apporter une explication scientifique du réel. Si les idées religieuses doivent avoir quelque valeur, ce doit être parce qu'elles servent à donner une forme et une expression imaginatives aux aspects de la vie de l'âme, autres que ceux qui ont à leur service les idées intellectuelles.

L'hypothèse a été vérifiée, sur un terrain positif, par une étude psychologique de l'expérience et de la foi religieuses. Nous avons vu que la relation entre la valeur et la réalité était le domaine où l'expérience religieuse se trouve chez elle, par opposition aux autres expériences, qui s'occupent soit des valeurs seules, soit de la réalité seule. Et nous avons vu aussi que la foi religieuse est conduite aussi par sa propre nature à rester fidèle au postulat d'une relation constante de la valeur à la réalité ; elle est elle-même fidèle, et elle suppose, dans le réel, quelque chose d'analogue à la fidélité. Il y a donc ainsi une connexion étroite entre l'expérience et la foi religieuse d'une part, et d'autre part le postulat de la conservation de la valeur.

Ces considérations purement psychologiques semblent avoir été confirmées par notre analyse des deux types essentiels de religions que l'histoire nous présente.

c) *Discussion philosophique générale de l'axiome de la conservation de la valeur.*

80. — Si la foi dans la conservation de la valeur est l'essence de toute religion, et plus spécialement de toute religion positive, il sera intéressant de rechercher dans quelle mesure une telle foi est conciliable avec une conception strictement scientifique du monde. Il faut distinguer la question de savoir si elle

peut se *concilier* avec la recherche scientifique, et la question ultérieure de savoir si elle ne peut pas même s'en *déduire*. Comme j'ai essayé de le montrer, ce n'est pas le pur besoin de savoir, mais le besoin d'établir une harmonie entre le savoir (la connaissance au sens scientifique) et l'évaluation, et par suite entre la réalité et la valeur, qui amène à la foi dans la conservation de la valeur. Quoique les motifs du savoir diffèrent de ceux de l'évaluation, leurs résultats cependant sont conciliables. Si nous ne pouvions et ne devions souscrire à aucune autre conception du réel qu'à celle que la recherche scientifique peut construire et établir, l'axiome de la conservation de la valeur tomberait à terre. La science n'est pas en situation de faire sortir d'elle même une foi religieuse. La science s'est élevée avec peine à la conception, que tous les changements de l'univers ne sont que des transformations d'une forme d'existence en une autre, transformations qui se produisent selon des relations quantitatives déterminées. Telle est la direction suivant laquelle avance la recherche scientifique ; elle reconnaît de plus en plus facilement que le nouveau est une forme de l'ancien ; le nouveau se déduit de l'ancien, et pour tout phénomène nouveau, un ancien est indiqué, auquel il correspond comme un effet à sa cause. De plus en plus fréquemment, on découvre l'identité aussi bien que la rationalité et que la causalité dans des cas particuliers (cf. §§ 5, 6). Le réel se déroule devant nous comme un vaste tissu formé d'éléments rapportés les uns aux autres et formant des séries continues. Mais même si nous pouvions supposer cet idéal de science complètement réalisé, la question de la persistance de la valeur n'en resterait pas moins ouverte. L'évolution du réel pourrait être continue, sans qu'il y eût continuité de la valeur. La valeur est peut-être un hôte de passage que l'on rencontre à certaines étapes du grand processus évolutif, et qui, en d'autres endroits, disparaît sans laisser de traces. Si l'on suppose que l'essence intime du réel est épuisée lorsque l'on en a réduit le contenu empirique à des relations d'identité, de rationalité et de causalité, il ne reste plus de place pour la foi. Mais une telle opinion n'est pas susceptible de preuve. Il reste toujours possible que le grand tissu rationnel et causal de relations réciproques que la science met en lumière peu à peu, ne soit que le cadre ou la base nécessaire au déploiement, conformément aux lois et aux formes même découvertes par la recherche scientifique, d'un contenu doué de sa valeur. L'axiome de la conservation de la valeur n'a besoin d'affirmer rien d'autre et de plus que cela.

81. — Quoique l'axiome de la conservation de la valeur diffère par sa nature des axiomes fondamentaux de la science (sans, toutefois, être inconciliable avec eux), il présente cependant, dans son rapport au réel, une certaine analogie avec eux. Les axiomes fondamentaux de la science ne peuvent jamais être strictement prouvés. Ils apparaissent comme des hypothèses fondamentales, comme des principes qui guident nos recherches et nos études en nous indiquant la manière de poser nos questions et nos problèmes. Bien plus, le fait même d'interroger, l'existence même des problèmes, naissent de la reconnaissance plus ou moins consciente des axiomes scientifiques fondamentaux d'identité, de rationalité et de causalité. Le principe de causalité, par exemple, doit sa grande importance au fait que c'est en vertu de lui que nous nous demandons, à propos de chaque événement, quels autres événements sont supposés par son apparition. Si ce principe n'était pas inconsciemment sous-jacent à toute notre pensée, nous nous contenterions de noter et de décrire ce qui se produit, en tenant registre de tous les changements qui se passent dans le réel. L'apparition dans la science de l'axiome causal sous la forme spéciale que nous avons appelée le principe de la causation naturelle (§§ 5, 6), indique que nous ne croyons pas avoir compris un événement avant d'avoir découvert sa connexion nécessaire avec certains événements antécédents, qui sont des expériences aussi certaines et indubitables que le nouvel événement lui-même. Il en est de même d'autres axiomes moins généraux, par exemple de l'axiome de la conservation de l'énergie. D'après cet axiome le savant se demande, à l'occasion de chaque expression nouvelle de l'énergie, de quelle sorte d'énergie elle constitue l'équivalent, et quelle quantité de cette autre sorte correspond à une quantité donnée de la sorte nouvelle. Nos axiomes scientifiques sont à la fois des hypothèses et des anticipations [111]; nous anticipons, par nos questions et nos suppositions, le cours

de la nature, et notre savoir progresse grâce à l'épreuve et à la vérification de ces suppositions. Une école philosophique (l'école *a priori* et idéaliste) attribue plus d'importance à l'anticipation ; une autre, (l'école *empirique* et réaliste), à la vérification ; mais en eux-mêmes et pour eux-mêmes ces deux aspects de notre savoir n'entrent pas en conflit l'un avec l'autre.

La vérification des axiomes, des anticipations fondamentales ne peut jamais être complète. Elle consiste dans ce fait, qu'un examen plus attentif montre que toutes les expériences nouvelles correspondent aux prévisions que les axiomes fondamentaux nous avaient amenés à faire. Mais tant que dure l'expérience, cette recherche ne peut jamais se terminer ; et c'est là un fait de signification d'autant plus profonde, que l'interdépendance, stable et déterminée d'après les lois de la causalité, des changements entre eux, est notre critérium ultime, qui seul nous permet de distinguer entre le rêve et la réalité (cf. § 5). Si nous doutons de la réalité d'un objet qui s'offre à nous, nous essayons de l'amener à un rapport nécessaire avec d'autres objets, dont la réalité est établie à nos yeux ; si cela est impossible, nous regardons le phénomène comme une illusion ou une hallucination, ou bien même un doute peut naître à propos des autres choses que nous avions considérées comme réelles. En ce dernier cas, il faut éprouver le lien qui réunit ces autres choses à des choses dont, jusqu'à présent, nous n'avons pas de raison pour mettre la réalité en doute, et ainsi de suite. Puisque le critérium de la réalité ne peut jamais être appliqué d'une manière plus qu'approximative, de même aussi le concept de la réalité n'est réellement qu'un concept idéal (cf. § 7). Nous nous en servons sans hésiter, comme des différents autres concepts, en dépit de leur caractère nécessairement incomplet. Le réel ne se présente pas à nous comme complet, et qui sait si en réalité il est complet ? Peut-être est-il à jamais dans les filets du devenir : si bien que l'apparition continuelle d'un nouveau contenu empirique n'est pas un pur accident. S'il en est ainsi, nous comprenons pourquoi le réel reste toujours incommensurable avec notre savoir, pour autant que progresse celui-ci.

Il en est des principes sous-entendus dans nos jugements

moraux comme des axiomes sous-entendus dans notre interprétation du réel. Les principes moraux posent des règles auxquelles nous devons conformer notre évaluation de l'action humaine, si nous voulons rester en harmonie avec ce qu'il y a de plus profond et de plus central dans notre nature. Aussi ces règles changent-elles d'après les changements de l'essence de notre être, et leur application et leur confirmation dans le réel doivent-elles toujours rester imparfaites, puisque le grand tissu de relations réciproques d'où naissent les actions humaines et dans lequel elles interviennent, est lui-même engagé dans un continuel et immense processus d'évolution. Au point de vue moral, le caractère inachevé du réel a une signification particulière. Car si le réel, en soi et pour soi, était complet, il ne resterait ni place ni raison pour la morale. Il ne peut y avoir d'effort moral que dans la mesure où la marche du monde est inachevée, et où c'est la volonté, l'action humaines qui contribuent à la continuer [112]. Une des raisons essentielles pour lesquelles la religion et la morale sont si portées à se brouiller l'une avec l'autre, c'est que la religion entretient la croyance en un principe parfait du réel, conçue comme complet et absolu une fois pour toutes (cf. § 79).

Par analogie avec les axiomes fondamentaux de la science et de la morale, la conscience religieuse peut-elle aussi considérer son axiome fondamental de la conservation de la valeur comme une anticipation, quoique la vérification, en ce cas, soit beaucoup plus difficile et plus imparfaite que dans le domaine théorique et dans le domaine moral. La raison que l'on aura d'adopter cette position sera un besoin pratique personnel, né de l'expérience de la relation entre la valeur et la réalité. Cet axiome exprimera l'espoir qu'à travers le flux du temps et la suite du changement, un noyau de réalité doué de valeur subsistera, et cet espoir donnera à son tour naissance à un effort pour trouver, dans les formes et les phénomènes nouveaux sous lesquels se présente le réel, de nouveaux vêtements pour d'anciennes valeurs. C'est là un effort, une espérance qui ne peut jamais se laisser entraver par aucune autorité dogmatique, pas plus qu'il ne peut entrer en conflit avec aucune hypothèse scientifique ou aucun résultat scientifique.

La vie de l'expérience empiète sur tous les domaines. La vie commence par une surabondance de force. Il est, par exemple, caractéristique que les changements métaboliques dans l'embryon du poulet soient aussi intenses que ceux du poulet adulte. La croissance a plus d'exigences que la simple conservation. La vie doit commencer avec de grandes réserves de force, pour pouvoir surmonter les obstacles qui s'opposent à son développement et à son maintien. Cela est aussi vrai de la vie psychique que de la vie purement physique. Il faut rapprocher de ce fait l'adaptation inconsciente, l'idéation hardie, qui sont si caractéristiques de la vie de la pensée. Nous vivons dans l'attente avant de vivre dans le passé ; nous regardons en avant, avant de regarder en arrière. Nous sommes nés dans la foi, et nous avons commencé par l'attente joyeuse. C'est l'œuvre de l'expérience, de nous montrer, par des confirmations et des déceptions, la manière de contrôler et de déterminer nos anticipations originelles. S'il se manifeste une contradiction entre notre expérience et les idées que nous avons acquises, cela est dû, soit à l'excessive limitation de notre expérience, soit à la fausseté de nos idées. La découverte d'une telle contradiction peut amener de grandes crises dans tous les domaines. Il reste donc à voir si l'esprit a une élasticité suffisante, soit pour étendre l'expérience de telle sorte qu'elle s'accorde à l'anticipation idéale, soit pour transformer les idées de manière qu'elles coïncident avec les données évidentes d'une expérience indubitable. C'est en cela que consiste le grand art de vivre.

L'axiome de la conservation de la valeur a souvent besoin, pour se maintenir, d'un changement dans les valeurs, ou de leur réalisation dans un contenu empirique nouveau. Par conséquent, la foi dans la conservation de la valeur ne peut se conserver que grâce au postulat, qu'un travail spirituel ininterrompu se poursuit, au cours duquel le grain est séparé de son enveloppe, non seulement tant que le réel produit seulement des fruits depuis longtemps familiers, mais aussi quand il en porte de nouveaux. Il peut arriver que ce que l'on considérait d'abord comme l'enveloppe soit ensuite reconnu pour le fruit, et inversement.

Mais l'expérience peut-elle nous mener plus loin que la limitation et que la détermination plus précise ? Ne peut-elle pas nous mener jusqu'à la disparition complète du besoin qui nous a conduits à poser l'axiome de la conservation de la valeur ? Supposons que le besoin de découvrir les causes des événements soit à jamais contrarié, et que le principe de causalité ne soit nulle part confirmé : le besoin lui-même ne disparaîtrait-il pas en ce cas ? Tous les besoins spirituels n'agissent que sous certaines conditions, et disparaissent avec elles. Tout besoin personnel, comme la vie en général, doit lutter pour son existence. Et le besoin religieux ne fait pas exception à cette règle. D'ailleurs, l'histoire de la religion nous enseigne qu'une croyance ne meurt que parce qu'elle manque des conditions nécessaires à la vie, et jamais parce qu'elle est condamnée théoriquement. Comme dit Auguste Comte, Apollon et Minerve n'ont jamais été réfutés. C'est le terrain tout entier qui a été transformé, sur lequel le besoin de rester fidèle à l'existence de ces divinités pouvait fleurir. Les dieux meurent par manque d'aliment, et cet aliment leur vient du besoin spirituel vivant. Mais jusqu'à présent l'expérience de l'histoire religieuse ne nous a montré que la disparition de formes ou d'objets spéciaux de la foi religieuse, et jamais le tarissement de la source d'où jaillit la foi. La source tarira-t-elle dans un avenir lointain, c'est ce que nous ne pouvons pas dire. Mais à présent nous n'avons pas de raisons pour nous y attendre. La crise religieuse au milieu de laquelle nous nous trouvons n'est peut-être qu'un processus de transformation : elle n'est pas nécessairement une lutte mortelle.

82. — Comme il arrive si souvent dans des cas semblables, cette crise fut préparée par des changements, dont aucun, pris à part, ne semblait indiquer un changement de principe. Au cours du siècle dernier, il devint de plus en plus clair que le sens de la religion ne pouvait pas consister à donner du réel une explication scientifique qu'elle serait en mesure de nous révéler. Il y a une raison négative pour parler ainsi ; c'est que la science arrive à la connaissance par d'autres chemins et sous d'autres formes que la religion. Cette raison trouve une confirmation positive au fur et à mesure que l'on voit mieux la nature de la religion au point de vue psychologique : car cette étude amène

à mettre l'accent sur les éléments de sentiment et de volonté, tandis que l'élément représentatif est amené à une situation relativement subordonnée. La conclusion de cette série de modifications est nécessairement l'opinion que toutes les idées religieuses sont de caractère symbolique ou poétique.

Si le besoin de rester attaché à la conservation de la valeur persiste après que l'on a reconnu le caractère poétique de toutes les idées mythiques et dogmatiques, la théorie de la continuité du développement de l'esprit humain reçoit là un appui sur un point très important. Ce n'est pas la philosophie qui prend ici la place de la religion. C'est une espèce de foi qui remplace d'autres espèces de foi. La foi doit toujours être l'objet, jamais le produit de la philosophie; elle ne peut en être le produit que dans la mesure où la philosophie peut prouver la possibilité psychologique d'une certaine foi sous certaines conditions spirituelles de l'existence. La philosophie de la religion recherche les conditions épistémologiques, psychologiques et morales auxquelles est soumise cette espèce de foi. Mais elle ne peut construire une foi ; elle ne peut que décrire, analyser et évaluer la foi que développe la vie à des points de vue différents. — La philosophie de la religion est une science comparative ; elle cherche à déterminer les points de vue et les formes de foi par rapport à leur milieu spirituel et dans leur lutte avec lui ; c'est ainsi que la biologie comparée étudie les êtres organisés dans leur rapport avec les conditions matérielles de la vie et dans leur lutte avec elles.

Et elle découvre, autant qu'il me semble, non seulement la possibilité, mais encore le développement progressif d'une attitude religieuse indépendante du mythe, du dogme et du culte, — résultat de l'expérience personnelle, qui s'exprime dans une conception poétique de la vie, qui prend un aspect différent d'après les différentes personnalités des individus. La conservation d'images et de symboles transmis par les époques classiques de la religion — lorsqu'on les conserve — peut se justifier à ce point de vue par des raisons historiques et psychologiques. En premier lieu, une transformation telle que celle que l'on suppose ici sera l'objet d'un progrès continu dans les religions positives. En second lieu, la grande poésie mise en réserve dans les mythes et les dogmes n'est pas la propriété exclusive d'un peuple, d'une église ou d'une secte, mais appartient à l'humanité ; elle est à la portée de tout homme dont l'expérience de la vie tend dans une direction identique ou analogue à celle des hommes à qui ces images ont dû leur première origine ou leur forme et leur aspect. Mais il y a des hommes chez qui le processus de formation des symboles ou des images continue d'une manière indépendante, que le résultat de ce processus ait un sens pour eux seuls ou pour d'autres qu'eux.

83. — L'expression de religion « positive », dont j'ai fait un usage si constant dans la précédente discussion, demande quelque peu d'explication. Il faut la comprendre dans le même sens que l'expression de loi « positive, » c'est-à-dire qu'il faut entendre par là une religion qui s'est fixée en des traditions déterminées, des formes et des coutumes communes ; elle suppose ainsi une communauté sociale ayant des idéaux établis. La religion « positive » forme l'antithèse de la religion « naturelle », à laquelle l'individu isolé peut atteindre par le moyen de ses propres convictions : tout ainsi que le droit « positif » forme l'antithèse du droit « naturel », que l'on obtient par la réflexion sur les conditions de la vie sociale et sur les rapports de l'individu à la société. Le mot « positif » signifie alors ce qui est posé sous une forme déterminée (*quod positum est*).

Toutes les religions positives que nous montre l'histoire ont un trait en commun : leur contenu à toutes consiste en mythes, en légendes et en dogmes qui sont considérées comme des expressions valables de la vérité absolue. En parcourant tous ces mythes et ces dogmes, on y trouve la croyance en des êtres personnels (un ou plusieurs) considérés comme créateurs du monde, ou du moins comme créateurs des choses les plus remarquables qui se passent dans le monde. A un point de vue purement historique, par conséquent, nous aurions le droit de faire entrer ce trait dans notre définition de la religion positive. Dans ma *Morale* (chap. XXXII), je suis parti de cette définition historique ; mais (comme d'ailleurs je l'ai fait remarquer aussi dans cet ouvrage), on ne peut pas nier qu'une communauté religieuse pourrait aussi se former, dont la foi s'exprimerait d'une manière poétique et symbolique, libre de toute conclusion dogmatique. On pourrait concevoir l'existence d'un symbolisme commun, ou d'une réunion d'hommes autour des grandes expériences de la vie, qui leur seraient communes ; la forme exacte de ce symbolisme serait abandonnée au soin que chaque individu aurait de le façonner pour soi, de telle sorte qu'il dépendrait de l'originalité et de la capacité créatrice de chaque personne de savoir dans quelle mesure ses symboles auraient une valeur reconnue dans un cercle plus large. Ce serait prendre une peine inutile que d'essayer de déterminer de plus près ce point de vue : mais si réellement cette conception vient jamais à naître, la vie la produira à sa manière, comme elle a produit les anciennes religions positives. Le concept de religion positive gagnerait ainsi en extension, et perdrait en compréhension, par rapport à ce que des considérations purement historiques nous auraient amenés à lui assigner — Les religions positives connues de l'histoire peuvent être considérées au point de vue psychologique comme des synthèses, comme des systématisations, dans lesquelles les idées que l'homme se fait du réel sont réunies et entrelacées avec les plus profondes expériences de la vie humaine. Le fait que l'époque actuelle est une époque de critique et d'analyse, ne prouve pas que le temps d'une semblable systématisation spirituelle soit à jamais disparu. Et l'on ne peut pas non plus prouver que les synthèses de l'avenir (s'il s'en produit) retiendront nécessairement le caractère mythologique ou dogmatique des religions positives auxquelles elles sont aujourd'hui apparentées. Une grande liberté et une grande force spirituelles seront nécessaires pour préparer l'établissement de la vie sur la conviction que nos idées suprêmes ne sont que des expressions figurées. Jusqu'à présent les conditions de développement de cette faculté n'ont pas été propices, mais qui oserait fixer une limite à la liberté et à la puissance que peut encore manifester l'espèce humaine ?

Il me paraît donc injustifié de rétrécir le concept de religion positive au point de faire des personnifications mythiques et dogmatiques une partie nécessaire de sa définition. Et ce serait d'autant plus injustifié, si l'on voyait se vérifier l'étude psychologique qui nous a conduits à reconnaître l'importance secondaire des idées dans le domaine religieux. D'ailleurs, ce trait a généralement été compris dans le concept de religion naturelle. Il serait encore moins justifié, cependant, de regarder de semblables personnifications comme des éléments nécessaires de toute religion, « positive » ou non. On ne peut manquer de se demander : « Quelle est la valeur de l'existence des êtres personnels auxquels les hommes croient, et de la foi des hommes dans leur existence ? » Et il n'y aura plus dès lors de doute, que l'idée de la conservation de la valeur soit l'idée religieuse fondamentale, puisque c'est à elle que les idées de dieux personnels doivent leur contenu et leur sens véritables. Et cette idée ne perdrait pas son sens, si l'on admettait que le concept d'un dieu personnel n'a qu'une valeur symbolique, et si les symboles religieux n'étaient plus empruntés seulement à la vie et à la forme de l'homme. La continuité de la vie spirituelle de l'homme serait ainsi sauvée, même si l'on abandonnait complètement le point de vue des religions positives. C'est une autre question, que de savoir si le point de vue, qui remplacerait alors celui de la religion positive, est vraiment supérieur. Il n'est pas nécessairement supérieur parce que l'on met de côté les mythes, les légendes et les dogmes. Ainsi que je l'ai remarqué ailleurs, dire qu'un homme ne croit *pas* quelque chose, c'est à peu près le moins que l'on puisse dire de lui. La négation, l'abandon d'un point de vue, ne dit rien sur la valeur du nouveau point de vue; cela ne dit même pas si l'on a adopté un nouveau point de vue. Le critérium qui décidera ce qui est « supérieur » et « inférieur » dans le passage de la religion positive à une attitude religieuse libre, doit être le même que celui que l'on applique, en comparant des religions existantes, lorsque l'on dit que l'une est supérieure à l'autre. Nous reviendrons sur ce point dans notre discussion de la philosophie religieuse au point de vue moral.

Comme je l'ai déjà remarqué plusieurs fois, je n'attribue pas grande importance au mot de « religion ». Le danger d'employer ce mot dans un sens large est peut-être d'encourager une adaptation peu loyale. D'autre part, la vie religieuse du temps présent — et cela, autant dans les milieux qui croient jouir du monopole de la vie religieuse, qu'ailleurs — prend souvent des formes telles, qu'il est bien facile de se résigner à abandonner absolument l'usage du mot « religion ».

Mais avant de pouvoir décider du nom à donner à une attitude qui conserverait la croyance à la conservation des valeurs, sans la revêtir de formes dogmatiques, la philosophie de la religion doit se demander plus sérieusement s'il est possible d'arriver à une telle attitude, et quelles sont les difficultés à surmonter pour y arriver.

84. — Pour estimer une valeur — aussi bien que pour comprendre et pour expliquer quoi que ce soit — l'on part de la situation occupée dans le réel par l'humanité, et l'entreprise est déterminée par les conditions de la vie humaine. Mais cette situation et ces conditions d'existence sont limitées, et l'on ne peut avoir une vue générale de leur relation au reste du réel. On ne peut surmonter cette difficulté qu'en concevant l'espèce humaine et sa planète comme le centre du réel ; mais la conception copernicienne du monde a élargi notre horizon et, par suite, a rendu le problème de la conservation de la valeur beaucoup plus complexe qu'il ne l'était auparavant. Le fait que l'histoire de nos valeurs suprêmes fait partie intégrante d'un vaste tout dont nous ne pouvons jamais avoir une vue d'ensemble, rend impossible la découverte d'un fondement objectif pour ces valeurs, et de plus interdit de donner une forme déterminée, et, bien plus encore, une forme intuitive, à la foi dans la conservation de la valeur. Nous ne pouvons pas dépasser la notion générale, que ce qui possède une valeur réelle est si étroitement uni à des forces en activité dans le monde, qu'elle doit persister sous une forme ou sous une autre. C'est là une difficulté commune à toutes les religions. Les religions positives, cependant, prennent, pour la plupart, pour accordé que le réel est strictement limité, et aucune d'elles n'a offert une solution aux doutes qui naissent lorsque s'évanouit cette étroite limitation.

L'extension de notre horizon doit, du moins, nous amener à a conviction inébranlable que nos concepts de valeurs ne peuvent pas conclure. Une valeur suprême n'est pas plus démontrable qu'une cause première. L'on est souvent obligé de s'arrêter à des causes, dont on ne peut pas découvrir les causes ; et c'est ainsi que, dans notre estimation des valeurs, nous sommes forcés de nous arrêter à des valeurs qui sont pour nous les plus hautes, et qui, par conséquent, doivent servir de fondement à toutes celles que nous pouvons découvrir. Mais si notre foi est assez forte pour nous exciter à étendre la portée de notre concept de valeur au delà des limites de l'existence humaine, nous devons nous familiariser avec l'idée que *nos* valeurs suprêmes peuvent elles-mêmes n'être que des éléments d'un ordre de choses encore plus compréhensif, d'un royaume de valeurs dont nous ne pouvons pas plus concevoir le but et les lois fondamentales, que nous ne pouvons concevoir le vaste ordre naturel, dont nous voyons un fragment dans ce fait que la portion de la nature que nous révèle la science, obéit à des lois. C'est ainsi que la foi dans la conservation de la valeur suppose une résignation courageuse ; car il faut à la fois du courage et de la résignation pour conserver cette foi, quand, avec notre expérience, notre faculté d'estimer la valeur a atteint ses limites.

Mais même sans dépasser le domaine purement humain, il n'est pas difficile de voir que nous ne pouvons nous former aucune idée déterminée et intuitive des formes futures de la valeur. L'expérience nous montre une continuelle réadaptation des valeurs, ainsi que nous l'avons déjà indiqué plus haut (§ 73). Ce qui d'abord ne valait que comme moyen peut ensuite valoir comme fin ; tandis que ce qui d'abord valait comme fin peut ensuite se révéler comme la préface et la préparation de valeurs nouvelles, jusqu'alors inconnues, et plus compréhensives. Il peut y avoir ainsi des réadaptations subjectives dans lesquelles change le motif qui gouverne l'estimation des valeurs, aussi bien que des réadaptations objectives, dans laquelle des valeurs entièrement nouvelles se produisent. Et ces réadaptations sont les seules formes sous lesquelles l'expérience offre une conservation des valeurs. Elles forment le contenu réel de l'histoire humaine. Mais elles nous montrent aussi que ce n'est pas une valeur particulière déterminée qui se conserve. Pour qu'une valeur se conserve, il faut qu'elle se transforme, comme le grain de blé se transforme pour devenir une plante. Dans le domaine des valeurs, donc, on trouve une analogie avec ce que l'on appelle en anatomie *épigenèse*, par opposition à *préformation*. De même que pendant la croissance il se produit des changements si profonds qu'on ne peut pas dire que le germe est simplement une plante ou un animal en miniature, de même on ne peut s'attendre à trouver dans les premières valeurs, les valeurs suivantes préformées. Seule, l'expérience peut nous montrer quelles formes nouvelles prendront les valeurs, et cette expérience dépasse beaucoup la portée d'individus ou de générations isolés. Ici, une seconde analogie scientifique s'offre à nous. On ne peut pas plus déduire de l'idée générale de la conservation de l'énergie les transformations spécifiques actuelles de l'énergie qui se produisent. Dans les deux cas, l'expérience seule peut nous enseigner le caractère des formes nouvelles, et l'expérience continue indéfiniment. Si nous n'étions pas d'avance suffisamment en garde contre tout essai de donner une formule dogmatique de l'axiome de la conservation de la valeur, la loi de réadaptation ou d'accommodation nous mettrait assez en garde. Il n'y a pas de valeurs empiriques déterminées à la conservation desquelles nous puissions croire.

Il faut même aller plus loin. Il résulte de la loi psychologique de relation, d'après laquelle la nature (c'est-à-dire la qualité et le degré d'intensité) de tout sentiment est conditionnée par une certaine opposition avec les éléments et les états précédents et simultanés, que toute valeur change lorsque des relations changent, et qu'une valeur immuable ne serait plus une valeur du tout. Si l'arrière-plan d'un sentiment change, le sentiment doit changer avec lui; et si l'arrière-plan est monotone et immuable, le sentiment s'affaiblit et disparaît peu à peu[113]. La valeur ne peut se conserver que grâce aux changements et aux transformations. Cet état de choses repose sur la réalité de la relation temporelle et sur la réalité des différences en général. Ce n'est que grâce à un pur mysticime, dont le résultat logique est l'extase, que nous pouvons parfois arriver à ne pas regarder cette ordre de choses. Mais il n'est pas difficile de voir que la loi de relation donne une grande importance aux changements et aux différences, car celles-ci sont les conditions de la production de la valeur. Les religions positives sont portées à mépriser absolument ce fait, mêmes lorsqu'elles reconnaissent l'importance de la relation temporelle (cf. §§ 77, 78). Elles se refusent à reconnaître dans le changement et la différence ce qui donne naissance à la valeur, et ce qui la conditionne. La pensée du changement semble leur inspirer une sorte de terreur, ce n'est qu'en ignorant ce côté tout à fait essentiel de la réalité qu'elles peuvent affirmer la conservation de la valeur. C'est là un point sur lequel il y a encore d'importantes expériences à faire, et de nouveaux territoires spirituels à découvrir.

La confusion des valeurs particulières déterminées avec des valeurs éternelles est irréligieuse. Néanmoins, peu de religions en sont innocentes. Le postulat religieux, en ce cas, est le suivant : « Si les formes ou les sortes de valeur que je connais ne subsistent pas, alors la conservation de la valeur n'est rien pour moi, ou plutôt je n'admets pas que ce qui subsiste soit une valeur ou ait de la valeur. » Cette forme égoïste de religiosité n'est rien moins que rare. La croyance dans l'immortalité personnelle est souvent basée sur ce fondement, — comme si le réel ne pouvait pas avoir encore un sens même si je n'étais *pas* immortel ! On ne peut se former une idée claire de la relation de l'individu au grand royaume des valeurs : aussi ne peut-on assigner une base, ni à l'affirmation, ni à la négation. Les idées formées sur cette question par un individu tombent dans le domaine de la poésie et du symbolisme dès qu'elles dépassent cette idée générale, que ce qui possède une valeur réelle doit subsister sous une forme ou sous une autre. Ce vêtement poétique (peu importe qu'une position positive ou négative soit prise à l'égard de la question de l'immortalité personnelle) peut aussi avoir un grand sens, et même être indispensable : mais il n'est pas vrai que l'habit fasse le moine, quoique le moine ne puisse rien sans l'habit. L'exhortation évangélique : « Ne pensez pas au lendemain » peut s'appliquer d'une manière beaucoup plus juste à la vie après la mort qu'au lendemain véritable dans la vie terrestre et à l'attitude à prendre à son égard. L'expérience seule peut décider si les formes déterminées de valeur que nous connaissons subsisteront.

85. — Jusqu'à présent, notre discussion est restée limitée au concept de valeur. Mais il faut examiner une question ultérieure : La distinction que nous faisons, et que nous sommes obligés de faire entre la valeur et la réalité, est-elle valable au delà du point de vue purement humain ? Ou n'est-elle qu'une distinction purement humaine? Pour répondre à cela, on pourrait suggérer l'idée que cette distinction est peut-être liée au fait que ni notre concept de valeur, ni notre concept de réalité ne sont complets ni ne peuvent être complets. Notre concept de valeur est empirique, tandis que notre concept de réalité est idéal (cf. §§ 81, 84). Et nous ne pouvons déduire ni la réalité de la valeur, ni la valeur de la réalité. Aucune des méthodes par lesquelles le dogmatisme spéculatif a essayé de faire cette déduction ne résiste à l'épreuve d'un examen attentif. Notre pensée est ramenée à la possibilité d'un principe d'où pourraient sortir l'origine et la conservation du monde, et, avec cela, le système total de la réalité. Mais on ne pourrait jamais donner à cette pensée une forme scientifique.

Néanmoins la pure et simple possibilité de la conservation de la valeur s'étendant au delà du domaine de la vie humaine, semble supposer la continuité de l'existense de la vie mentale (ce qui, à son tour peut résulter ou ne pas résulter de la conservation des individualités psychiques). Car la valeur suppose un rapport avec la vie psychique. Si nous connaissions une forme d'existence dans laquelle la distinction entre la valeur et la réalité était supprimée, nous ne serions pas ici en face d'un aussi grand problème ; mais si nous devons rester dans les limites de l'expérience, nous devons voir ce qui en est dans les conditions données, c'est-à-dire lorsque la valeur et la réalité ne coïncident pas, et lorsque, dans la réalité, il y a une différence entre l'esprit (la vie psychique) et la matière.

Rappelons-nous ici qu'il est impossible de déduire le psychique du matériel. La critique du matérialisme sous ses différentes formes l'a déjà démontré d'une manière suffisante. La vie psychique reste comme un aspect spécial, irréductible, du réel, quoique nous puissions concevoir ses rapports à d'autres aspects du réel. Le principe commun et, pour nous, inaccessible où prennent naissance le spirituel aussi bien que le matériel (car le second ne peut pas plus se déduire du premier que le premier du second) peut contenir la possibilité d'une continuité au delà du domaine limité dans lequel seulement notre expérience de ce monde nous révèle la vie psychique : quoique nous ne soyons peut-être pas capables de concevoir les formes spéciales sous lesquelles cette continuité se réalise. Le point essentiel est que la vie psychique reste comme un élément indépendant du réel, bien que ce ne soit pas comme un corrollaire inutile ou comme un élément isolé des autres éléments du réel. Néanmoins, même une conception matérialiste du monde pourrait permettre de garder la croyance à la conservation de la valeur, pourvu que l'on admît que la matière contient en elle-même les conditions nécessaires à l'existence d'une vie psychique dans laquelle le développement initial de cette vie pourrait se poursuivre.

Mais il ne faut pas ici oublier la limitation de notre expérience. Nous n'avons aucune garantie, que le réel n'ait pas d'autres aspects ou d'autres attributs que ces deux, le psychique et le matériel, que nous révèle notre expérience. Ni une conception idéaliste, ni une conception matérialiste du monde ne pourront jamais par conséquent être établies complètement (cf. §§ 19, 20). Pour ce qui est du problème de la valeur, la conclusion à tirer de ce fait (à savoir que notre savoir des formes ou attributs fondamentaux du réel est incomplet) est qu'avec un horizon plus étendu, il devient plus facile de concevoir comment et sous quelles formes la valeur peut se réadapter au réel, et, par là, se conserver ; ce travail peut alors se faire sous des formes plus nombreuses qu'il ne pourrait si l'on admettait que la relation entre le psychique et le matériel est une relation de contradiction : car en ce cas le choix se limiterait à une simple alternative. Cet élargissement de l'horizon est une garantie contre un doute et un dogme également étroits.

Peut-être puis-je permettre d'illustrer cette idée grâce à

une analogie. Quand le soufre, changeant d'état, de solide devient liquide, et de liquide, gazeux, il change de couleur en même temps. Mais la couleur ne s'explique pas par l'état, et inversement. Si nous ne savions du soufre rien d'autre que ses états et ses couleurs, le problème de la relation interne entre la forme et la couleur resterait insoluble. Mais nous connaissons aussi les différences de température du soufre, et nous savons que le changement d'état et de couleur est dû à une élévation de température. Cependant, en considérant le réel comme un-tout, nous n'avons pas une troisième alternative sur laquelle nous rabattre ; et, en son absence, le problème de la vie psychique et, plus spécialement, le problème de la valeur, restent sans solution. En fait, les valeurs nous semblent partager le sort de la vie psychique en général, quoique sous une forme plus fragmentaire ; cela ne rend pas, à la vérité, impossible la croyance à la conservation des valeurs, mais cela l'empêche à jamais de devenir plus qu'une croyance.

86. — Quand on parle de la conception scientifique du monde, on insiste souvent trop sur les lois générales de la nature, et elles sont certainement ce qui attire le plus les regards, quand on compare la conception ancienne du monde avec la conception moderne. Mais ces lois sont en réalité des abstractions. Elles représentent les formes et les règles selon lesquelles procèdent le mouvement et le développement de l'univers. Mais la chose essentielle à indiquer, c'est que le mouvement et le développement dans le domaine spirituel et dans le domaine matériel ont un sens défini et un certain caractère individuel déterminé. Le réel est comparable à une vaste individualité, il nous apparaît comme une possibilité parmi des possibilités innombrables ; il faut l'accepter comme on accepte l'homme individuel, qui est toujours plus que le cas particulier d'une loi générale. L'individualité est le produit d'un entre-croisement de lois : elle est, pour emprunter l'expression de H.-C. Oersted une « unité de collection », par opposition à l' « unité simple » et au « multiple pur », et il faut la prendre comme nous la donne l'expérience. Si loin que puissent nous entraîner les hypothèses les plus hardies, nous trouvons toujours certaines forces déterminées agissant dans de

certains sens déterminés. Même si nous pouvions déduire toutes les forces et toutes les directions à venir de ce qui nous a été donné à l'origine, encore est-il que ces forces et ces tendances originelles sont pour nous des data absolus qu'il faut accepter comme tels, ainsi qu'il faut concevoir les dispositions originelles avec lesquelles commence une vie humaine dans ce qu'elle a d'individuel et de défini, comme posées en fait. Le réel est unique, et si nous avons le droit de le comparer à un drame, c'est un drame qui a son prologue et sa *mise en scène* à lui, et il faut les prendre comme ils sont.

Le naturaliste, comme l'historien, cherche à débrouiller la donnée du drame. Mais un seul acte, peut-être même simplement une seule scène de ce grand drame s'offre à notre expérience : aussi ne sommes nous pas bien placés pour en reconstituer l'ensemble. Et si nous devions l'essayer, il deviendrait évident que le drame que nous avons reconstitué faisait à son tour partie d'un drame encore plus considérable. Toute mythologie, tout système de dogmes, toute métaphysique — la part faite aux défauts d'organisation interne et de logique — laissent sans réponse des questions relatives, soit à ce qui précédait ce que l'on a décrit comme le commencement de leur drame, soit à ce qui suit sa conclusion. On ne découvre jamais le fondement ultime, ni la conséquence dernière.

Il est de même impossible de parvenir au fond individuel d'une personnalité humaine. Il nous est impossible d'en découvrir tous les éléments et de les expliquer de manière à faire ressortir le caractère spécial de cette unité de collection. Mais cela est encore plus vrai du réel pris en général ; car dans ce cas on ne peut, comme on fait pour une individualité limitée, observer son action et sa réaction sur un monde extérieur. La difficulté essentielle du problème du réel consiste en ceci, que, lorsque nous essayons de concevoir le réel comme une totalité, il faut lui attribuer un caractère spécial et individuel, alors que cependant l'individualité que nous lui attribuons ne peut être supposée conditionnée par son rapport à quelque chose d'autre — ce qui est le cas de toutes les autres formes individuelles du réel.

Ce fait est d'une grande importance pour nos principes généraux, théoriques et pratiques. Pour donner de la validité de ces principes une démonstration complète, il faudrait pouvoir présenter le réel comme un tout individuel, dont ces principes seraient les lois internes. Ainsi, le principe de causalité ne pourrait être prouvé d'une manière serrée que si l'on pouvait assigner à tous les phénomènes leur place déterminée dans un grand tout; il en est de même de la conservation de l'énergie qui n'admet de preuves qu'à l'égard de systèmes clos et isolés. Ce caractère qu'ont les axiomes fondamentaux de n'être pas susceptibles de preuve, se rattache, comme nous l'avons déjà vu, (§ 81) au caractère inachevé — au moins pour nous, mais peut-être en soi (§ 18) — du réel. Le principe de la conservation de la valeur partage le sort des autres axiomes fondamentaux. Il faudrait pouvoir saisir le réel dans son « unité de collection » pour pouvoir connaître avec précision le degré et l'espèce de validité à attribuer à ce principe. Et à chaque essai d'explication, il faut se souvenir que, comme tout axiome général, il n'est qu'une tentative faite pour saisir ou pour apercevoir la réalité d'un seul aspect de l'univers ; il ne peut fournir aucune démonstration complète. Le caractère individuel aussi bien que l'infinité du réel nous barrent ici le passage.

87. — Tandis que le concept de « loi naturelle » est souvent traité comme s'il nous révélait un pouvoir mystérieux planant au-dessus du cours des phénomènes, le concept d' « atome » n'est pas moins souvent considéré comme l'expression d'un élément absolument indécomposable du torrent des phénomènes au-dessus duquel règne ce pouvoir mystérieux. Si cette conception était valable, l'axiome de la conservation de la valeur se heurterait à d'insurmontables difficultés. Si, comme on le croit généralement, un temps doit venir où notre monde se résoudra en un chaos d'atomes, exactement autant d'atomes que la constitution du monde, lors de sa création, en a employé, — ces atomes, selon l'hypothèse en question, devraient conserver exactement après la dissolution la nature qu'ils avaient lorsqu'ils sont entrés dans la constitution de notre monde : ils n'auraient donc rien oublié et rien appris : dès lors, quel sens peut avoir toute cette évolution cosmique sans cesse continuée ? Quelque chose, à vrai dire, reste existant : mais ce quelque

chose a-t-il quelque valeur ? Et quelle valeur, somme toute, était comprise dans le développement d'un monde en général ?

Pour expliquer cela, il faut d'abord rappeler à l'esprit que « notre monde » n'est pas identique au « monde dans son ensemble ».

L'hypothèse que la vie et le mouvement de notre système cosmique prendront fin un jour ou l'autre ne nous autorise pas à croire que la vie et le mouvement des mondes innombrables qui constituent la totalité du réel prendront fin en même temps que notre système. Pour autant que nous le sachions, l'action et la réaction entre les différents systèmes cosmiques, qui sont probablement à des degrés différents de développement, peuvent entraîner un monde dont le mouvement a cessé, dans le processus évolutif de tout le reste du réel.

En second lieu, le concept d'atome ne doit pas être pris d'une manière dogmatique, pas plus que les idées religieuses. Le fait sur lequel on a construit le concept atomique est celui-ci : dans un composé, les différents éléments se combinent de telle sorte, que le poids de ce composé est égal à la somme des poids des éléments constitutifs, tandis que ces poids, lors de la dissolution du composé, restent ce qu'ils étaient avant la combinaison. Mais il ne résulte pas nécessairement de cela que les atomes soient absolument indécomposables. Ils ne peuvent être décomposés par aucune des forces naturelles connues de nous : mais cela ne les empêche pas d'être composés ; et à la vérité il faut bien qu'ils le soient, puisqu'ils possèdent l'étendue, cette étendue fût-elle, au prix de l'étendue sensible, infiniment petite (cf. § 16). Le simple atome est donc en réalité un microcosme, dans lequel on retrouve sans doute tous les problèmes qui nous occupent dans notre macrocosme, qui lui-même n'est qu'un atome auprès de l'insondable univers. Rien ne nous empêche donc de supposer que dans les atomes, les effets et les résultats de l'évolution de mondes auxquels ils ont participé antérieurement peuvent être emmagasinés. Dans ce cas, il n'y aurait pas de dissolutions absolues, pas même la dissolution d'un système cosmique finissant dans un « chaos » d'atomes ; ce « chaos » cependant, n'est pas une hypothèse nécessaire, car la conclusion finale pourrait être un ordre cosmique plus élémentaire que celui qui existait tant que le système était à son plus haut point de développement. Même dans un « chaos », les atomes peuvent avoir appris et oublié. On arrive ainsi à la possibilité d'une continuité entre différentes périodes dans l'histoire des mondes, même à un point de vue purement matérialiste. Les phases précédentes de l'histoire du monde formeraient alors la base et le point de départ des phases suivantes.

88. — Il y a ainsi plus de possibilités qu'on ne croit souvent pour que l'axiome fondamental de la religion soit valable. La pensée n'est pas moins enchaînée par l'empirisme que par le dogmatisme. Et s'il est vraiment difficile de rester fidèle à ce principe, c'est que le réel offre plutôt trop que trop peu de possibilités. Il se poursuit dans le réel une lutte, une bataille continuelle entre les éléments et les individus. D'innombrables grains de blé tombent par terre, mais bien peu prennent racine et participent au renouveau de la vie et de l'évolution. Et lorsque le développement se produit, c'est avec bien des restrictions, des substitutions et des éliminations. Le développement a un grand nombre de points de départ différents, et chacun d'entre eux a une tendance destinée à diriger son évolution; toutes ces tendances ne sont nullement en harmonie entre elles à l'origine. Le plus souvent, un résultat n'est atteint en un point que parce qu'en d'autres points aucun but n'était proposé. L'opposition et l'inhibition peuvent certainement être d'une grande valeur, car elles peuvent être les puissances qui libèrent une énergie qui, sans cela, serait restée comme endormie : mais autant que nous pouvons en juger d'après l'expérience, elles ne sont nullement restreintes à cela.

Il résulte du caractère sporadique de tout développement qu'il pourrait bien sembler que les frais d'exploitation du réel sont plus considérables que les recettes. Le réel manifeste du gaspillage; il n'épargne pas. Et ce gaspillage, à en juger par les apparences, entraîne une perte de valeur.

Le problème du manque d'harmonie dans le réel nous ramène au problème de l'un et du multiple (§§ 16-18). Nous avons vu qu'il était impossible de déduire le multiple de l'un; et pût-on le faire, ce problème ne nous en apparaîtrait qu'avec plus d'éclat et de violence : car si le multiple — les nombreux points de départ sporadiques — avait réellement son origine dans un principe d'unité, comment pourrait-on expliquer le fait que le rapport entre les différentes tendances évolutives des éléments et des individus multiples, est plus souvent un rapport de désharmonie que d'harmonie ? Il pourrait y avoir certainement du frottement, mais pas plus qu'il n'en est nécessaire pour mettre l'énergie en liberté[114]. Il est oiseux de faire appel ici à la légende de la Chute ; ce ne serait que remplacer une énigme par plusieurs. Car comment une chute serait-elle possible, si tous les éléments et les individus du réel avait leur racine et leur origine dans un principe harmonieux ? D'ailleurs, une chute dans le péché explique tout au plus le manque d'harmonie dans le monde humain : elle ne jette aucune lumière sur les autres désharmonies du réel. Si l'on avance que la possibilité de la chute doit exister pour que l'homme puisse devenir une personnalité, puisque la personnalité ne peut se développer que par l'exercice d'un choix entre des possibilités, alors l'on se trouve engagé dans une grave contradiction : car l'on ne peut pas attribuer la personnalité à la divinité, et en même temps refuser d'admettre, pour cette divinité, la possibilité de tomber dans le péché. D'ailleurs, la possibilité même d'une chute est, en elle-même, l'expression d'une désharmonie : si je suis capable d'un acte de malhonnêteté demain, *je suis* un coquin aujourd'hui. Si l'on admet que la possibilité originelle d'une chute était donnée avec la création, on avoue par là que la désharmonie est l'œuvre de la création, et c'est là, comme nous l'avons déjà vu à un autre point de vue (§ 78), quelque chose qui doit logiquement être considéré comme une diminution de valeur. Il n'y a pas de scolastique qui vaille contre cette conclusion.

Il y a un côté du sujet que l'on néglige généralement dans la discussion de ce problème. On est généralement porté à prendre pour accordé que la totalité du réel, le principe de totalité, doit avoir « le bon droit » pour soi, et que les éléments ou les individus particuliers que leur tendance évolutive amène à interrompre cette totalité, doivent « avoir tort ». Mais c'est faire une grande abstraction que d'ériger ainsi le principe de totalité en antithèse des éléments et des individus particuliers. La force qui agit en chacun de ceux-ci n'est après tout, qu'une partie de la force du tout, et les lois qui opèrent ensemble dans les êtres individuels résultent de l'entre-croisement et de l'individualisation des lois générales du réel. Tout élément particulier du réel a tout autant de « droit » que la totalité, et il n'est pas rebelle simplement parce qu'il obéit à sa loi, à sa tendance au développement. La tendance à admettre de prime abord que la raison du désaccord doit être dans les éléments et non dans le principe de totalité est d'un caractère quelque peu oriental. C'est contre cette tendance que Gœthe luttait dans son grand « *Prométhée* » : il voulait affirmer les tendances divines intimes de l'être fini et particulier, contre l'ordinaire concept extérieur de Dieu. Ce n'est qu'à un point de vue religieux dualiste que ce poème pourrait être regardé comme irréligieux. La conception religieuse plus profonde selon laquelle Dieu lui-même souffre, a, en fait (quelque explication mythologique ou dogmatique que l'on donne de la chose), et sans le souhaiter ni le vouloir, donné au dualisme le coup de la mort. Le compte final est naturellement plus difficile à établir quand on a à considérer non seulement la possibilité d'une harmonie totale qui pourrait résulter du concours des harmonies et des désharmonies finies, mais aussi les régions du réel où le désaccord domine, et où l'on ne peut savoir comment il se ramène à une harmonie capable de tout dominer. Car ces régions sont des parties indépendantes du réel, et l'on n'a pas répondu à leur prétentions quand on a dit qu'elles ne représentent que des parties subordonnées du grand concept du monde. Seul, un « surhomme » oriental (dont le « surhomme » des temps modernes n'est qu'un faible plagiaire) pourrait, dans ces conditions, s'asseoir dans son ciel et trouver son existence harmonieuse. C'est en cela que réside la grande justification, et aussi l'utilité, des protestations qu'ont fait entendre Voltaire et Schopenhauer.

Si le réel, même à un point de vue purement théorique et intellectuel, qui ne réclame qu'une connaissance scientifique (§ 18), semble irrationnel ou incomplet, cela n'est pas moins vrai au point de vue de l'estimation de la valeur. Ici aussi, il semble que la religion ne résout pas les énigmes que la science n'est pas capable de résoudre. Mais ici, la religion a un certain avantage sur la science, car elle peut plus facilement distraire l'aspect de ces énigmes insolubles, si bien que leur aiguillon se fait moins sentir : c'est un avantage quand il s'agit de vouloir et d'agir, car alors il faut se battre, et notre courage a besoin de soutien. Pour échapper aux épines qui entourent ce problème, il faut — pour emprunter une image à Bayle — empêcher la pensée de voir son ombre, ainsi qu'il fallait, pour monter Bucéphale, l'empêcher de se laisser effrayer par la vue de son ombre projetée sur le sol. Il faut que la conscience soit absorbée dans un contenu idéal, soit concentrée autour d'une pensée qui l'éclaire, pour que ses efforts ne soient pas contrariés et frappés d'impuissance par le pensée du côté sombre et inharmonieux du réel ; c'est là une condition nécessaire pour que l'on puisse continuer la lutte contre l'obscurité et la discorde. Mais détourner notre regard d'un problème, ce n'est pas résoudre ce problème ; et l'attitude la plus logique, dans ces circonstances, est d'admettre qu'il est insoluble, particulièrement lorsqu'il n'y a aucune raison pour que nous ne menions pas une vie large et belle, même s'il y a beaucoup d'énigmes sans réponse. Ce qui nous intéresse pratiquement, nous qui luttons, ce n'est pas la constitution véritable de tout le réel, ce sont les conditions qu'il offre à un développement ultérieur. La force de l'opposition et le degré du désaccord que nous rencontrons détermineront nécessairement le caractère de notre expérience du rapport existant entre la valeur et la réalité. Mais l'axiome de la conservation de la valeur est en lui-même indépendant du plus ou moins de valeur contenue dans le réel ; il pose simplement que tout ce qu'il y a, en fait, de valeur demeure dans le réel. Ce n'est que si nous déduisons la valeur de la réalité que le problème devient pénible (cf. § 78). Tant qu'il est possible de conserver, et peut-être d'augmenter ce que le réel contient de valeur, il y a place pour l'axiome religieux.

Deux idées auront toujours une importance extraordinaire pour déterminer notre attitude à l'égard du problème posé par les désharmonies du monde.

En premier lieu, par comparaison avec le vaste ensemble du réel, notre expérience est étroitement limitée : aussi reste-t-il à prouver qu'une extension de l'expérience n'amènerait pas un autre résultat. Même dans des problèmes purement théoriques, cette considération est essentielle. Si une stricte inférence tirée de notre expérience conduit à une contradiction interne, il ne faut pas pour cela nier la validité du principe logique, mais essayer de voir si la raison de la contradiction n'est pas dans le fait que notre expérience est par trop limitée. Nous trouvons souvent qu'avec l'extension de notre expérience, la contradiction apparente s'évanouit. De même aussi, des objections à la conservation de la valeur disparaîtront souvent quand notre horizon s'élargira par la découverte ou la production de valeurs en un endroit où, jusqu'alors, il n'avait semblé exister aucune possibilité de valeurs. La pensée la plus importante, et peut-être la seule valable, que contiennent la fameuse tentative de Leibniz pour établir une conception optimiste du monde, fut que, grâce à notre familiarité avec l'idée de l'infinité du réel, nous sommes mieux placés vis-à-vis du problème de la désharmonie que ne l'étaient les penseurs de l'antiquité (Plotin, saint Augustin).

En second lieu, la vie se renouvelle sans cesse. Chaque année a son printemps, chaque génération sa jeunesse. Aussi, de nouveaux arrangements se produisent-ils toujours, et il n'y a pas de signes que le monde vieillisse. Un nouveau chapitre commence sans cesse dans l'histoire du réel, chapitre dont la série des expériences antérieures sur lesquelles nous fondons nos jugements sur la valeur de la réalité, n'est que le prologue : la totalité du drame précédent n'est que le prologue du drame à venir, qui est plus vaste encore. Le réel n'est pas seulement immense, il est inépuisable.

La foi dans la conservation de la valeur est donc, en dépit de toutes les difficultés, psychologiquement possible. Existe-t-elle réellement, et, si oui, sous quelle forme, et quel est son domaine, c'est ce que l'expérience seule peut nous apprendre.

89. — Le vif sentiment de la discorde que contient le réel, en nous et dans le monde extérieur, repose, dans une large mesure, sur un effet de contraste. C'est l'idéal qui est le juge. L'antithèse

de la réalité avec les nobles buts que nous sommes capables de nous proposer, est le secret des jugements défavorables que nous portons sur la réalité telle qu'elle est. Le jeune homme qui, pour la première fois, se heurte à l'hostilité défiante et opiniâtre de la réalité, ignorant qu'il est de la valeur que peut posséder en soi une telle résistance, se demande étonné : « Est-ce là la vie? » Et plus sont hautes les exigences que nous avons, non seulement en notre nom, mais encore au nom de ce que nous connaissons de plus élevé, plus est profonde l'obscurité que nous découvrons autour de nous. Nous pourrions éviter la découverte de la désharmonie assez facilement, en enchaînant et en faisant mourir de faim notre sens de l'harmonie et de l'idéal. Celui-là s'épargne bien des douleurs, dont le bonheur n'est pas lié à de grands objets et à des intérêts de vaste portée.

C'est donc un titre de noblesse pour l'homme que de pouvoir ressentir la peine et la douleur. Elles sont la marque des grands contrastes que peut comprendre la vie humaine, et témoignent de la profonde et forte unité de la nature humaine. La douleur est en elle-même un symptôme de dissolution, et cela seul peut être dissout, dont la nature est unité ; la douleur est le sentiment que l'on a, que cette unité est menacée [115]. Et le fait que la vie spirituelle puisse non seulement se conserver, mais encore devenir plus intense en dépit de la douleur, indique clairement qu'elle a une grande énergie à sa disposition.

Le fait qu'un désaccord soit ressenti est aussi en soi-même une preuve de la valeur que contient le réel. Le pessimisme contient un élément optimiste à l'arrière-plan. A la vérité, l'effet de contraste pourrait être si fort, que le sens de la valeur de cet arrière plan se perdrait complètement, mais cela ne se produirait que si nous devions nous laisser aller à tomber dans un état de pure passivité.

Le dernier point de vue auquel on peut se placer en considérant le problème que nous avons discuté, est situé sur la frontière qui sépare la religion de la morale. La valeur ne dépend pas absolument de sa propre conservation. Ce que nous gardons précieusement, comme beau et bon, peut conserver sa valeur, quelle qu'en soit la destinée, et quelque ombre qui en assombrisse la disparition. Une pensée n'est pas nécessairement moins vraie, un sentiment moins pur et moins noble, parce qu'ils doivent payer leur dette au temps. Ce ne sont pas toujours les dates qui servent à mesurer la valeur. Et si la destinée du bien et du beau était de périr, en seraient-ils donc moins le beau et le bien ? Plus le contenu de la vie est plein, plus nous oublions le temps. La tâche qui consiste à découvrir et à produire de la valeur implique elle-même une croyance à la conservation de la valeur, dans la mesure où cette tâche suppose la possibilité de dégager les valeurs et de leur trouver une place dans le réel, quelque vaste cependant que soit celui-ci. Si la foi dans la conservation de la valeur est l'essence de toute religion, l'attitude qui s'occupe exclusivement de découvrir et de produire des valeurs contient une religion cachée. Un homme peut *être* religieux, peut vivre dans un état de religion, sans *avoir* une religion, tandis qu'inversement la religion qu'*a* un homme est unie à sa personnalité par un lien bien lâche. Si Dieu est défini comme le principe de la conservation de la valeur dans le réel, dès lors tout homme, quelle que soit sa loi, qui travaille à la permanence de la valeur dans le réel, est un enfant de Dieu.

90. — C'est l'œuvre de la science de l'esprit que de comprendre et d'estimer à leur valeur les phénomènes psychiques ; aussi ne doit-elle pas seulement les étudier sous leur forme de complet développement, mais aussi rechercher les forces qui leur ont donné naissance, et passer ensuite à une recherche ultérieure, nécessaire pour savoir si les conditions indispensables se présentent, qui permettront à ces forces de continuer à agir sous de nouvelles formes et dans des conditions nouvelles [116]. De même que dans la nature extérieure on voit les relations internes persister à travers une transformation de formes extérieures, de même voit-on le même fait se produire dans le domaine psychique à mesure que l'on y plonge plus complètement. Si les résultats de notre étude sont exacts, il faut considérer les idées, dans le domaine religieux, comme appartenant aux formes changeantes et non au noyau essentiel : et cependant tant qu'elles sont au niveau moyen de la vie spirituelle,

elles doivent exercer une grande influence sur les conditions d'existence de ce noyau. La vie religieuse, d'après les résultats que nous avons obtenus, présente plus de continuité que les idées religieuses. En tant que tentative faite pour comprendre le réel, pour résoudre l'énigme du monde, la religion a perdu la bataille. Mais elle vit dans les sentiments et les besoins humains et c'est à ce titre qu'elle poussera toujours la volonté à la découverte et à la production de valeurs, tandis que, avec l'aide de l'imagination, elle saura former des images et des symboles grâce auxquels elle exprimera la poésie la plus noble de la vie.

Le problème de la conservation de la valeur revient ici, cependant, sous une forme particulière. N'y a-t-il pas une perte nécessaire de valeur lorsque l'on passe du dogme au symbole ? La vie spirituelle doit du moins pouvoir enfermer un contenu très différent, et s'y concentrer, lorsque les idées les plus hautes qu'elle connaît — ou plutôt les idées de ce qu'elle connaît de plus haut — se présentent sont des formes intuitives, dont la réalité et la validité sont reçues avec une foi indéterminée, et qui, de plus, sont communes à tous les individus, ou du moins à de grands groupes d'individus. Les réserves nombreuses et les objections critiques qui nous ont conduits à abandonner le point de vue du dogmatisme pour celui de la poésie de la vie, semblent devoir affaiblir cette concentration, indispensable pour que la vie continue. Une transformation aussi radicale dans la signification des idées aura des effets à longue portée dans la vie du sentiment et de la volonté [117].

Le développement moderne de la vie spirituelle montre pleinement combien cette question est justifiée. Ce n'est pas sans raison que la figure de Hamlet a tenu, dans la littérature, jusqu'à nos jours, sa place comme représentant d'un certain caractère, quoique ses proportions aient graduellement diminué, et quoique la douloureuse dissolution où se trouve le héros de Shakespeare, placé sur la frontière de l'instinct et de la réflexion, ait peu à peu cédé la place à une décadence qui se complaît à son propre spectacle, et qui, séduite par l'éclat de l'écume, ignore la force de la vague qui produit celle-ci. L'écume n'est pas sans beauté, mais la véritable culture n'est pas seulement l'écume, elle est aussi la vague qui la produit — elle n'est pas seulement effet, mais aussi cause.

La première remarque à faire ici est que la dissolution, si dissolution il y a, a commencé dans la religion positive même, au déclin de son âge d'or. La vie religieuse a perdu son unité au sein de l'Eglise. Elle a peu à peu été forcée d'admettre que la religion ne jette de lumière ni sur l'astronomie, ni sur la physique, ni sur la biologie. L'exégèse (ou, pour l'appeler de son vrai nom, l'histoire littéraire des livres de la Bible), nous apprend chaque jour plus clairement qu'il ne faut pas aller apprendre l'histoire dans la Bible. Et pendant ce temps, on admet, dans la pratique, par exemple dans les réinterprétations des commandements si clairs du Sermon sur la Montagne, qu'il n'y a pas là la moindre communication morale pour nous. Le serpent est déjà entré dans le Paradis. On a crié bien haut qu'il y avait une fissure, et le problème est évident pour quiconque veut penser. La religion qui à son âge d'or était le tout de tout, devient presque une consolation dernière. Les hommes clairvoyants ne peuvent plus y adhérer, sous sa forme classique, que par un violent effort : ce qui montre que les forces de la vie spirituelle ne se concentrent plus dans la religion comme elles faisaient autrefois. Si l'Ancien Testament n'est pas plus heureux que ne l'a été le nouveau, au point de vue orthodoxe, entre les mains de la science moderne, il vaudrait mieux pour l'Eglise se décider à entreprendre une série d'exercice sur l'usage des idées symboliques. Les personnages des patriarches passeront ainsi de l'histoire à la fable ou à la légende, et la tâche la plus pressante sera d'assurer, sous cette nouvelle forme, la conservation de leur valeur religieuse. Mais l'Eglise n'avance qu'à petits pas. Il lui a fallu deux siècles pour accepter l'indépendance de la science de la nature ; le temps nous apprendra combien il lui faudra pour accepter l'indépendance de la recherche historique scientifique. Et ce sera alors le tour de la psychologie et de la morale.

La certitude immédiate disparaît dès que la recherche indépendante prend une importance essentielle. Lorsqu'il est apparu, le protestantisme a représenté une dissolution, quoique par la suite il ait pris une position d'équilibre. Ce n'est que lorsque la religion entoure les hommes de tous côtés comme une puissance objective, indépendante des convictions humaines, ce n'est qu'alors qu'il y a une certitude complète. Là où l'on retrouve une activité personnelle, là où le choix individuel peut s'exprimer, une certitude complète est impossible. On a donc raison, jusqu'à un certain point, de dire que la religion est quelque chose qu'un homme ne peut ni atteindre ni produire lui-même. Le paysan russe acceptait comme une chose naturelle que le Tatar du même village que lui, eût une religion différente de la sienne, mais il était choqué par les dissidents de sa propre religion ; et il expliquait : « Les Tatars ont reçu leur religion de Dieu, comme la couleur de leur peau, mais les Molokanians (les protestants russes) sont des Russes qui ont inventé leur foi [118] ». La plupart des gens trouvent Dieu plus facilement dans des rites fixes et traditionnels que dans la recherche et l'effort intérieurs : car cet effort et cette recherche peuvent conduire l'homme au delà de son milieu historique, dans des chemins où, aux yeux d'un spectateur, il semble errer seul et sans guide.

Une conception de la vie formée par les efforts propres de l'individu ne se fixe pas aussi facilement qu'une croyance traditionnelle qui, bien que son œuvre la plus importante soit depuis longtemps finie, y a cependant rassemblé l'expérience collective de plusieurs siècles, sous forme d'images propres à s'appliquer aux besoins spirituels de plusieurs générations, et à les satisfaire. L'inquiétude, l'hésitation qui caractérisent un état de transition impliquant de nouvelles constructions de concepts, sont dues à ce que les nouvelles formes n'ont été ni organisées ni essayées. Ce n'est que peu à peu, qu'en s'absorbant profondément dans un nouveau milieu spirituel, on se défait de cette impression de vertige qui se produit facilement lorsque l'on quitte les formes étroites mais sûres dans lesquelles la vie s'est jusqu'alors passée.

Chez beaucoup de gens, par une de ces réadaptations si importantes dans la vie de l'âme, la critique et la négation deviennent une fin en soi, au lieu d'être un simple moyen de libération. Le casse-noisette devient pour eux plus important que l'amande, pour laquelle cependant le casse-noisette a été inventé. Une attitude ironique et *blasée* en résulte ; et on peut aller jusqu'à la prendre pour la marque de la conception la plus audacieuse. Mais ce n'est pas cette attitude — qui n'est qu'une des innombrables formes du philistinisme — qui rend possible le passage à un degré plus haut de la vie. La source du développement a tari ici, et il faut aller chercher ailleurs ce qui est vraiment nouveau. Et il ne vaut pas mieux rester accroché aux formes anciennes quand elles ont presque perdu toute vie : car nous nous trouverions ainsi sans foyer dans le nouveau monde qui s'élève autour de nous. Par peur de devenir un Hamlet, nous deviendrions un Don Quichotte.

91. — Il y a des maîtres dans l'art de vivre et de penser qui, passant sans crainte à travers le feu du doute, ont atteint et pleinement réalisé, en une vie harmonieuse, le point de vue de l'homme libre. Spinoza et Gœthe, Fichte et Stuart Mill, peuvent être donnés comme exemple, et il n'y a pas de raison de supposer que le nombre de ces hommes aille en diminuant. Même chez des esprits qui ne sont pas assez énergiques pour arriver à cette harmonie, il ne manque pas d'indications qui font pressentir un nouvel idéal de personnalité, allant dans la même direction que les penseurs plus anciens. Il y a beaucoup à apprendre de Carlyle, comme d'Eugen Dühring et de Nietzsche. Même lorsque la puissance individuelle se trouve inadéquate parce que le milieu, interne ou externe, est défavorable, le besoin peut agir, témoignant ainsi de la tendance de toute la vie.

Il n'y a pas de raisons de douter que de nouvelles formes tendront à se concentrer d'une manière harmonieuse, lorsque les effets, simultanés ou successifs, de l'étroitesse dogmatique et de l'épuisement critique auront disparu. L'imagination, qui a déployé une telle puissance dans le cadre des mythes et des dogmes des premières religions positives, sera ainsi libre de créer des formes lui appartenant en propre, car les hommes seront de nouveau pénétrés des merveilles de la vie, des contrastes qu'elle rassemble et des luttes qu'elle exige.

Les grands exemples du passé n'ont pas péri, quoique leurs traces ne semblent plus nous guider dans notre route. Il se produit tout simplement ceci, que ce qui pouvait remplir la vie d'une génération précédente, devient pour les générations suivantes un élément d'un tout ; et ce fait, que ce qui à l'origine était une totalité puisse ultérieurement devenir un élément d'un tout plus vaste, présente une des formes les plus importantes sous lesquelles s'affirme la conservation de la valeur. C'est ainsi que la vie spirituelle des Juifs et des Hellènes s'absorbe dans la conception chrétienne de la vie, et c'est ainsi qu'une nouvelle conception de la vie absorbera la conception chrétienne. Le lien qui fera l'unité de cette nouvelle conception n'est pas encore prêt : mais ne peut-on pas espérer qu'il se prépare en silence ? Tout effort sérieux est peut-être une contribution à sa découverte.

E. — LE PRINCIPE DE PERSONNALITÉ

> La seule chose universelle doit être l'entière liberté donnée aux individus de se représenter à leur manière l'éternelle énigme.
> (GUYAU.)

a) *Sens et justification du principe de personnalité.*

92. — L'examen du fondement et de l'importance du principe de personnalité, par lequel nous entendons ici l'axiome fondamental de la justification et de la valeur des différences personnelles dans le domaine religieux, se place entre la partie psychologique et la partie morale de notre Philosophie de la Religion. Le principe de personnalité est aussi de grande importance morale et juridique, et il y a une certaine analogie entre les différents aspects que présentent, dans les différents domaines, son fondement et sa signification. Sa nécessité dans le domaine religieux résulte en partie des postulats communs à la religion et à la morale, en partie de postulats particuliers à la religion.

Un être personnel ne doit jamais être traité comme un simple moyen, mais doit toujours et avant tout être considéré comme une fin. Le fondement de ceci, est que dans notre expérience les êtres personnels apparaissent dans le réel comme des centres de valeur, je veux dire comme les points vivants et centraux où la valeur se fait sentir et reconnaître. C'est la personnalité qui, dans le monde de notre expérience, donne de la valeur à toute autre chose. Le problème religieux doit son acuité, dans une large mesure, au fait que le concept religieux de valeur veut être valable non seulement dans la psychologie, mais encore dans la cosmologie. Pourra-t-on jamais faire disparaître ce que le problème a d'aigu, c'est ce qui peut rester dans l'incertitude ; nous nous en sommes déjà occupés plus haut. Ici nous nous limitons au domaine de l'expérience, où les personnalités humaines apparaissent comme des centres d'évaluation, et doivent par conséquent posséder une valeur indépendante et immédiate. L'inhibition d'un centre de valeur doit nécessairement impliquer une diminution de valeur. Aussi aucune inhibition n'est-elle justifiée, non plus qu'aucune contrainte et qu'aucune douleur, si ce n'est comme moyen d'éducation, comme moyen dont le temps passera un jour. Toute autorité empêche, contraint, ou fait souffrir. Aussi l'autorité ne peut-elle jamais être autre chose qu'un moyen, et le principe d'autorité est-il subordonné au principe de personnalité, comme la valeur médiate doit toujours être subordonnée à la valeur immédiate. Le fardeau de la preuve incombe toujours à celui qui veut empêcher, limiter, contraindre ou faire souffrir [119]. L'autorité déclare pour sa justification qu'elle est la condition nécessaire de l'accomplissement total du principe de personnalité. La personnalité, d'autre part, ne cherche sa justification dans aucune autorité. La religion positive, telle qu'elle est jusqu'à présent apparue, a toujours montré une tendance plus ou moins marquée à rendre absolue l'autorité. Dans le catholicisme spécialement, le principe d'autorité apparaît logiquement comme un principe absolu. Ici, l'autorité fixe ses propres limites, décide ce qui appartiendra ou n'appartiendra pas, directement ou indirectement, à la religion, décrète, par exemple, que les preuves de l'existence de Dieu sont scientifiquement établies. Une « complète soumission intellectuelle à l'Eglise » est exigée, et essayer d'instruire l'Eglise au lieu de recevoir passivement l'instruction de ses mains, c'est rechercher la rupture de toutes relations [120]. Il y a ici un conflit sans issue entre le principe d'autorité et le principe de personnalité.

Il y a contrainte partout où la personnalité individuelle n'a pas le droit d'agir pleinement selon sa nature propre. Lorsque la foi religieuse est due surtout à la tradition, à l'imitation ou à l'habitude, il peut toujours y avoir, dans la nature d'un individu donné, des forces et des éléments qui n'entrent pas dans son activité. Ce n'est que lorsque l'individu a formé et développé pour lui-même sa conviction religieuse, qu'il peut y faire entrer toute sa nature. Aussi l'idéal a atteindre est-il la plus grande activité possible du moi ; toute tradition et toute autorité devraient se borner à la tâche de stimuler, de guider et d'éduquer. Toutes les tendances religieuses capables d'une profonde pénétration ont reconnu ce principe sur une plus ou moins grande échelle ; c'est le principe de l'intériorité. Le méconnaître, c'est heurter le principe de la conservation de la valeur, c'est par conséquent faire œuvre irréligieuse. Dans le domaine religieux, il faut exiger le plus de place possible pour le jeu des différences individuelles. C'est l'homogénéité, c'est le schématisme qui ont à se justifier, et non les différences et les particularités.

La morale et la philosophie de la religion se fondent également sur ce principe. Mais il y a un autre principe fondamental qui appartient spécialement à la philosophie de la religion, et que nous sommes amenés à formuler par les recherches de psychologie religieuse que nous avons entreprises plus haut.

Les personnalités individuelles ne sont pas seulement des centres de valeur, elles sont aussi des centres d'expérience. Car c'est dans le domaine de la personnalité que l'on expérimente le rapport de la valeur à la réalité, et c'est cette expérience qui est à la base de toute religion. Aussi est-il de la plus haute importance que cette expérience soit aussi compréhensive et aussi libre que possible. Mais pour cela, il faut que tout individu ait le droit d'agir, armé de toutes ses facultés et développant tous les aspects de sa nature. Il y a un grand nombre de valeurs, et la réalité est immense non seulement par son étendue, mais aussi en raison de la multiplicité de ses relations qualitatives. Il n'y a pas deux individus dont la situation soit identique, soit dans le monde de la valeur, soit dans celui de la réalité. Tout homme doit partir de sa propre personnalité ; il doit rassembler ses particularités, et plus il est lui-même, plus il doit faire des expériences impossibles à tout autre homme. Aussi l'art de la vie doit-il être unilatéral, comme Julius Lange a montré que doit être l'art plastique. « Une œuvre d'art, dit Lange [121], ne peut jamais révéler tous les aspects de la conception de la figure humaine ; pour avoir une telle conception, il faudrait suivre l'histoire à travers toutes les étapes de son développement. L'art est justement cette forme d'intuition, qui est déterminée par une ardente sympathie pour son objet, et qui reste jusqu'à la fin conséquente avec elle-même : aussi est-elle, de par son essence même, unilatérale... L'artiste individuel, dans son œuvre d'art individuelle, ne peut pas faire plus, que d'exprimer de son objet quelque chose de déterminé, d'après le rapport qui unit cet objet au sujet ; plus la matière est saisie avec ardeur, avec naturel et avec délicatesse, mieux cela vaut. » Ce principe de l'art plastique vaut aussi pour l'art de la vie. Tout art a à sa base le principe de la vérité personnelle et la vérité personnelle ne peut se trouver que lorsque la personnalité entière de l'individu imprime sa marque sur l'ouvrage, que cet ouvrage consiste à peindre un objet extérieur ou à donner une forme à sa propre vie sentimentale et volontaire : œuvre d'art, celle-ci, que tout homme est appelé à créer. Ensuite, la pensée qui compare et qui classe peut se mettre à l'œuvre, prendre des notes, achever des réductions et des combinaisons, établir des types et des formes : tout cela est un travail d'importance secondaire. Tout dogmatisme et toute critique sont secondaires dans le domaine religieux. Lorsqu'une idée religieuse s'établit, ce ne peut être que comme forme, expression ou explication de l'expérience immédiate, et alors une question se posera toujours : En vertu de quel droit cette idée particulière se trouve-t-elle établie, et en vertu de quel droit prétend-elle être quelque chose d'autre ou de plus que l'expression de l'expérience de l'individu ? La critique et le dogmatisme entrent en conflit dès le début. Ce n'est qu'en vertu du principe absolu d'autorité que certaines formes d'idées peuvent être déclarées universellement valables comme expression nécessaire de toute expérience religieuse.

Au point de vue de la psychologie de la religion, Schleiermacher a vu juste en disant : « Toute religion immédiate est vraie, car autrement comment serait-elle née ? Mais cela seul est immédiat, qui n'est pas passé par la phase conceptuelle, mais qui a poussé sur le terrain du pur sentiment [122]. »

Le dogmatisme est la table des matières du livre de la vie, et non le livre lui-même. Une sorte de Némésis vient souvent frapper la religion : tandis qu'elle croit combattre pour la vie, elle ne combat en réalité que pour la conservation de la table des matières. Et la critique l'a souvent imitée, en croyant avoir porté un coup mortel à la religion, alors qu'elle a simplement montré que l'index était indéfendable. Il n'y a pas de table des matières qui puisse prendre la place du livre, et ce n'est que dans le livre lui-même, et non dans aucun index, que toutes les *nuances* et toutes les particularités peuvent être mises en lumière dans leur vérité naturelle.

93. — Historiquement, donc, nous trouvons que l'on reconnaît de plus en plus le principe de personnalité dans le domaine religieux.

Le droit criminel se retire de plus en plus de ce domaine. Les crimes religieux jouent un moindre rôle dans les codes grec et romain que dans la loi juive ; et il en est de même des temps modernes par rapport au moyen âge. Selon la conception antique et médiévale, le domaine de l'Église et celui de l'État coïncidaient partiellement ou complètement, et quiconque rompait avec l'Église était considéré comme ennemi de l'État [123]. La reconnaissance légale et morale du principe de personnalité n'a pas été sans influence sur la religion : mais cela n'aurait guère été possible s'il n'y avait pas eu dans la religion elle-même une tendance au développement dans le sens de la vie intérieure et de la vérité personnelle. Ce développement se retrouve dans la religion de l'Inde, si l'on compare le brahmanisme au bouddhisme ; dans l'évolution du sentiment religieux en Grèce après Eschyle et Socrate ; — dans le christianisme si l'on compare le catholicisme au protestantisme. A l'époque moderne, il faut noter l'importance croissante des grandes personnalités, considérées comme des fondateurs ou des exemples. L'exemple prend de plus en plus la place du dogme. Et la meilleure manière de suivre ce modèle, c'est de devenir une personnalité selon les lois de sa propre nature, comme l'a fait le modèle, d'accord avec les lois de sa nature.

b) *Principaux groupes de différences personnelles.*

94. — Après avoir retracé les bases générales du principe de personnalité, nous allons maintenant examiner les différences personnelles les plus importantes qui sont de quelque signification dans le domaine religieux. On a déjà signalé des différences de ce genre dans un passage précédent (§§ 35-47) ; mais on les considérait alors comme des résultats, comme des phénomènes donnés. Ici, au contraire, je me propose de les considérer en tant que tendances. Quoique les formes que je vais décrire doivent nous rappeler celles dont nous avons déjà parlé, je les considérerai cependant sous un autre aspect.

Les différences importantes pour la psychologie de la religion se rapportent soit à la vie du sentiment et de la volonté, soit aux fonctions intellectuelles. Occupons-nous d'abord des premières.

Un premier groupe de différences est déterminé par le rôle joué par l'opposition. Chez certaines natures, la vie du sentiment et de la volonté est éperonnée par un continuel sentiment de résistance interne, qui produit un désaccord dans l'esprit et pousse à un effort incessant vers l'harmonie et l'unité. La division intérieure est la condition dominante : comparée à elle, l'unité semble un idéal suprême. Résultat de cela : un certain nombre d'effets de contraste ; c'est parfois l'un, parfois l'autre des termes opposés qui l'emporte, et l'élément qui l'emporte produira à un moment donné une tendance vers son contraire. Une série d'oscillations va commencer, et étant donné qu'il y a un manque essentiel d'harmonie entre les éléments constitutifs de l'esprit, il y a peu de chances pour que cette série d'oscillations fasse jamais place à un mouvement continu. — Tandis que dans ces natures c'est le désaccord qui agit comme la puissance stimulatrice, d'autres caractères possèdent dans leur vie intérieure une plénitude d'unité qui, en raison de son pouvoir dominateur, les fait agir et les rend communicatifs. Ce sont les caractères *expansifs* et les précédents sont les caractères *en désaccord*. La force de l'un et de l'autre peut être égale, mais elle diffère par sa source et par son application. Le sentiment religieux et les idées religieuses prendront des formes très différentes et des *nuances* très variées dans ces deux types ; aussi auront-ils toujours de la difficulté à se comprendre l'un l'autre. Les natures expansives, même au moment du plus profond abandon, vivent entièrement et immédiatement de leur propre fonds ; elles cherchent la réalité suprême dans une puissante source intérieure, qui leur donne plus qu'elles ne peuvent elles-mêmes clairement comprendre, et qui le leur donne sans aucune coopération consciente de leur part. Elles parlent de cet élément suprême comme de « la force qui les soutient, comme de la profonde voix spirituelle dont le son les fait penser ». Les natures en désaccord, inversement, seront portées à chercher hors de leur moi le principe de leur conservation mentale personnelle ; elles ont conscience d'une si forte opposition intérieure, que seule une force différente de toutes celles qui agissent en elles, peut les aider à surmonter les obstacles auxquels elles se heurtent. Elles sont par conséquent naturellement dualistes, tandis que les natures expansives sont naturellement monistes. Pour le moniste déterminé, la différence entre la valeur et la réalité peut à la fin disparaître complètement, tant ces natures sont incapables de faire des distinctions dans le grand courant collectif de la vie. Les natures expansives peuvent connaître le sentiment du péché, mais il porte chez elle un caractère purement restrictif ; il représente des forces qui n'ont pas encore été mises en liberté, et il faut sans doute un secours pour faire jaillir cette source intime. Leur sauveur est plutôt un libérateur qu'un rédempteur. Les natures en désaccord, torturées par la résistance qui se fait sentir à l'égard de l'idéal dans leur propre cœur, résistance dont l'effet est multiplié par la proximité même de cet idéal, ont recours à des analogies juridiques ; ils se sentent comme des criminels en présence du juge : le juge, il est vrai, se transforme en un médiateur, mais le jeu des effets de contraste recommence bientôt, et le médiateur, à son tour, reprend sa place au tribunal du juge. Les différentes formes que peut prendre le sentiment du péché sont clairement exposées dans l'analyse qu'a tracée de ce sentiment le psychologue américain Leuba, en la tirant d'une masse de matériaux réunis par lui à ce dessein [124]. Leuba, cependant, déduit la différence entre les deux types des différentes idées religieuses que l'individu prend comme point de départ. Assurément, on ne peut nier l'influence de ces idées ; et non seulement les idées acceptées, mais encore les tendances intellectuelles originales jouent un rôle. Mais c'est aux dispositions émotionnelles et volontaires qu'il faut faire appel, pour expliquer que des individus, élevés pour la plupart dans une seule et même tradition religieuse (le protestantisme, de tendance méthodiste plus ou moins forte), offrent des types si caractérisés et si différents. La différence entre les deux types — d'une part, celui où le désaccord, le contraste, la peur et la division dominent, d'autre part, celui où prévaut une aspiration intime, qui n'a besoin que d'aide pour se développer — est si profonde qu'elle conditionne l'influence possible des idées, et non inversement. Un caractère comme celui de John Bunyan, qui nous a donné l'histoire de sa propre conversion, appartient évidemment au premier type. Une profonde mélancolie, des tendances motrices qui échappent à la volonté, une réflexion sans fin, tout cela forme la base psychologique d'une série de luttes spirituelles qui ne se terminent que lorsqu'un état de désespoir a fait place à un état de passivité complète dans lequel les forces se rassemblent pour une nouvelle vie supérieure. Dans cette dernière forme d'activité et d'énergie, l'opposition interne une fois vaincue, Bunyan s'approchait pour l'essentiel, du type expansif ; et cependant il lui fallait encore faire appel à toute son énergie et à son empire sur lui-même pour tenir en bride l'ancien chaos de son cœur [125]. Le développement inconscient des natures expansives ne se fait pas cependant toujours facilement ; souvent il ne se fait que par accès et par à-coups, comme une source qui ne donnerait son eau que par jets intermittents ; mais ces natures ont à lutter contre ce qui pourrait restreindre leur expansion, et non contre une sorte de chaos intérieur.

Un autre groupe de différences a pour caractère l'opposition entre l'activité et la passivité. Les natures actives (que l'activité vienne d'un vif sentiment de désaccord ou du besoin d'expansion) peuvent être tellement absorbées dans la découverte et la production des valeurs, qu'elles n'ont ni le temps ni la force de développer une vie religieuse spéciale, et qu'elles n'y pensent même pas. La foi dans la conservation des valeurs s'exprime immédiatement dans leurs actions, et elles n'éprouvent aucun besoin de la formuler ou de la symboliser spécialement ; de plus, les états émotifs qui sont unis à cette foi, comme causes ou comme effets, acquièrent dans ce cas une valeur particulière. Leur foi dans la valeur ne fait qu'un avec leur vie. Les natures passives sont plutôt portées à une vie d'émotions et de réflexions spéciales. Elles regardent en avant et en arrière. Le ressouvenir et le repentir, l'espoir et la crainte, sont leurs états dominants, et chacun de ces états tend à se développer, tandis que les natures actives n'ont ni le temps ni le désir de se souvenir ou d'espérer, de se repentir ou de se complaire dans leurs convictions. Les natures passives considèrent souvent les natures actives comme irréligieuses ; et c'est ce que les esprits qui manquent d'harmonie pensent des caractères expansifs.

Un troisième groupe de différences dans le domaine de la vie du sentiment et de la volonté repose sur la distinction de l'émotion et du sentiment. Certaines natures sont portées à une sorte de violente fermentation. Le passage d'un état à un autre, d'une période de la vie à une autre, se produit presque toujours par une crise soudaine, par un bond facile à apercevoir. Ces natures diffèrent des natures en désaccord décrites plus haut, en ce que ces oppositions se succèdent ici dans le temps, tandis que chez les natures en désaccord les tendances antagonistes sont simultanées. Il y a, naturellement, bien des intermédiaires et des formes mixtes, car les désaccords simultanés et les désaccords successifs ne sont pas exclusifs les uns des autres. Puisque, cependant, toutes choses égales d'ailleurs, le désaccord simultané est plus puissant dans ses effets que le désaccord successif, nous avons le droit d'appeler « un désaccord » le type particulier où les éléments opposés apparaissent simultanément. Là où le développement se fait par bonds, et là où il y a une tendance aux états émotionnels, nous avons un type que l'on peut appeler *affectif*. Les autres natures ont ceci de particulier, que leur développement se fait à petits pas ; et par suite, il offre un caractère de continuité. La vie sentimentale et volontaire a, en ce cas, un caractère plus divisé, plus intérieur, tandis que dans les natures affectives il y a des concentrations momentanées, et un caractère plutôt de violence que d'intériorité. Le type *continu* (appelons-le ainsi) a une certaine parenté avec le type expansif. La vie des natures expansives peut, cependant, s'exprimer sous des formes émotives momentanées et violentes, et c'est ce qui se produira naturellement lorsque l'énergie sera brusquement mise en liberté. La différence entre le type affectif et le type continu est peut-être la plus frappante de toutes. Elle correspond aux deux espèces de forces que peut posséder la vie sentimentale et volontaire : la force de la violence extérieure et la force de la vie intérieure.

Un quatrième groupe de différences est déterminé par l'espèce de sentiment, et dans ce type c'est, ou bien l'affirmation de soi-même, ou bien l'abandon qui est la disposition dominante. Il y a des natures pour qui leur propre salut et leur propre sécurité individuelle sont tout, et qui par suite, ne verraient aucune objection à trouver en elles-mêmes les seuls bénéficiaires du salut. Ce sentiment religieux *idiopathique* se présente dans toutes les religions, et, autant qu'ailleurs, dans les religions supérieures, où l'on saisit clairement la différence entre l'affirmation et l'abandon de soi-même. Quant aux motifs — dans la mesure où on peut en assigner — ils peuvent être très différents selon les individus. Saint Thomas d'Aquin, par exemple, pense que le fait qu'un homme se sait élu, seul entre tous les hommes, ne diminue pas nécessairement la perfection de sa béatitude ; et il appuie cette opinion sur l'idée qu'un tel homme serait si absorbé dans la contemplation d'une plénitude infinie de gloire, que tous ses autres sentiments s'évanouiraient. Lorsque la même idée est mise en avant par Kierkegaard, son explication est que, en ce qui concerne le bonheur suprême, un homme ne saurait sauver son père : aussi chacun ne doit-il s'intéresser qu'à son propre salut. Par opposition, on trouve d'autres natures dont la force de sympathie est aisément excitée. A cette tendance à limiter le besoin du salut à soi-même, s'oppose fortement le souhait que forme saint Paul à la pensée du sort spirituel qui attend ses compatriotes juifs (Rom. IX) : « J'ai un grand poids et un chagrin continuel au cœur. Car je voudrais moi-même être anathème à cause du Christ pour mes frères qui sont mes parents selon la chair. » Cet élément sympathique domine aussi chez des hommes comme Stuart Mill et Buckle, pour qui tout le prix de l'immortalité consiste en ce fait qu'elle rend possible la réunion avec les êtres chers disparus. La sympathie, à son tour, peut avoir un champ plus ou moins étendu. De même qu'il peut y avoir une morale de la famille, une morale de la nation, une morale de l'humanité, de même il peut y avoir des religions domestiques, nationales ou humaines. Le chef frison qui retirait son pied des fonts baptismaux, disant qu'il aimait mieux être au même endroit que ses ancêtres que dans le paradis de la nouvelle religion, rendait ainsi hommage à une religion domestique et nationale. Il n'est pas nécessaire de remonter jusqu'à l'antiquité pour trouver des exemples montrant que, même après avoir une fois brisé les frontières nationales, la religion tend à redevenir nationale. Le christianisme primitif, comme, avant lui, le bouddhisme dans l'Inde et le stoïcisme en Grèce, a essayé de franchir les limites nationales. Dans les temps modernes, la « religion positive » de Comte est nettement une religion de l'humanité — cette foi, mêlée d'abandon, dans l'humanité considérée comme un « Grand Être », qui se développe au cours du temps, et en comparaison de qui l'individu n'est qu'une abstraction [126]. Mais pour beaucoup, la tendance sympathique de leur vie religieuse ne se limitera pas à l'humanité, comme à une plante solitaire dans le désert du réel. Le problème religieux n'apparaît pour eux qu'avec la question de la relation de la vie et de l'idéal humains avec la totalité du réel ; la religion de l'humanité s'élargit en une religion cosmique. Ces natures sentent que leur propre destinée est unie non seulement à celle de l'humanité, mais encore à celle de la totalité plus vaste qui constitue le réel. Ici encore saint Paul a exprimé l'état d'esprit essentiel du type sympathique, dans des termes de la poésie la plus exaltée : « Toutes les créatures ensemble soupirent, et sont comme en travail jusqu'à maintenant. Et non seulement elles, mais nous aussi, qui avons reçu les prémices de l'Esprit, nous-mêmes, nous soupirons en nous-mêmes » (Rom. VIII, 22-23). Dans chacun de ces deux types, le type idiopathique et le type sympathique, on peut remarquer d'autres différences qualitatives de sentiment, par exemple la différence entre la crainte et l'espoir, la résignation et l'attente, les sentiments moraux, intellectuels et esthétiques, etc.

Les groupes principaux caractérisés ici se divisent en des sous-groupes plus spécialisés, si nous considérons non seulement la disposition prédominante, mais aussi les différences de tempéraments. Car le tempérament aussi indique des dispositions — dispositions, cependant, d'espèce plus formelle, car ici les différences reposent sur des variations de force et de rythme de la vie du sentiment et de la volonté, aussi bien que sur la prédomidance des sentiments de plaisir et de douleur. Les essais faits pour coordonner ces dispositions différentes et pour découvrir sous quelles formes elles apparaissent en relation réciproque dans l'expérience, ne pourront être achevés avec succès que par la psychologie individuelle comparée de l'avenir. La diversité des nuances sera naturellement très grande, et il faudra, pour leur rendre pleine justice, tout l'art de la description, en tant que distinct de l'analyse psychologique sous sa forme élémentaire et abstraite.

95. — Dans le domaine de la connaissance, la distinction entre l'intuition et la réflexion est la plus importante. Pour l'importance de cette distinction en général, et pour le passage de l'une de ces formes à l'autre, je renvoie le lecteur à mon article intitulé « La base psychologique des jugements », dans la *Revue philosophique* de 1901.

Il y a chez quelques hommes un grand besoin de former des images intuitives et permanentes, et une grande faculté pour le faire. A ces natures intuitives s'opposent les natures *réflectives*, chez lesquelles la chose essentielle est le processus de la pensée en lui-même, et non son achèvement dans la construction d'une image ; elles peuvent même manquer complètement de la faculté et du besoin de former des images et de les conserver. De récentes études psychologiques ont montré qu'il y a une grande différence à cet égard entre les hommes[127]. Dans le domaine religieux ces différences sont de grande importance, puisque le besoin de personnifier le contenu des idées diffère largement avec les individus. Les exemples ne manquent pas, de cas dans lesquels ce besoin, provoqué par un intérêt sentimental excité par l'objet de ces idées, a conduit à la personnification concrète de tous les objets environnants, par exemple les nombres, les lettres, etc., et a même été jusqu'à donner à chacun d'eux un sexe[128]. Chez les hommes placés à ce degré de développement, d'importantes différences peuvent exister sous ce rapport et sous d'autres, mais l'étude véritable de cette question est de date tout à fait récente. Il est évident que cette différence dans le besoin d'images, et spécialement de personnifications (qui doit en toute logique conduire à l'attribution d'un sexe déterminé à l'objet de l'idée en question, puisque la personnalité en soi et par soi est une abstraction), doit être de la plus grande importance dans la controverse relative à la personnalité de Dieu, quoique ce soit là une controverse généralement soutenue en termes abstraits. Schleiermacher, qui appartenait nettement au type « reflectif », le reconnaissait clairement : « Lequel de ces deux concepts (le concept théiste ou le concept panthéiste) un homme choisira-t-il pour son usage — dans la mesure où il aura encore besoin de l'un ou de l'autre — c'est là une question qui dépend entièrement de la nature de ses besoins et du tour que prend le plus volontiers son imagination... Par imagination, je n'entends pas quelque chose de subordonné et de confus, mais ce qu'il y a dans l'homme de plus élevé et de plus original ; hors d'elle, il ne peut y avoir que la réflexion sur elle, qui par conséquent dépend d'elle... Reculer par peur de ce qu'il y a d'obscur dans l'indéfini de la pensée est l'une des tendances de l'imagination, et reculer par peur de la contradiction apparente qu'implique le fait de revêtir l'infini de la forme du fini est l'autre tendance. Ne pouvons-nous pas supposer que la même vie intérieure religieuse peut être unie à l'une aussi bien qu'à l'autre de ces deux tendances ? » Peut-être peut-on déterminer d'un peu plus près l'opposition entre le type intuitif et le type réflectif. Il ne faut pas admettre que l'homme réflectif n'ait aucune faculté pour former des images déterminées et concrètes. Mais une telle image ne remplit que momentanément l'horizon entier de sa conscience, et cet homme se sentira poussé à réunir et à comparer ces images différentes et à pousser chacune d'elles à sa limite. Il découvre alors que chaque image a une limite, et que même dans ses propres limites elle est déterminée à bien des égards par son rapport à ce qui est en dehors de ces limites. Chez les natures intuitives, une seule image est plus capable de s'établir, et ces natures peuvent oublier que toute image a des limites. Leur pensée se meut entre certaines images déterminées, et ce mouvement satisfait toutes les velléités de réflexion qu'elles éprouvent. A cet égard, c'est une chose bien caractéristique que la conversation avec Schleiermacher, que rapporte, dans son *Autobiographie*, Martensen, qui était nettement intuitif. La conversation tomba sur la possibilité de former un concept de la nature de Dieu. Schleiermacher niait cette possibilité, pour la raison que nous ne pouvons penser que par oppositions, si bien que Dieu, lorsqu'il est conçu, doit être mis en opposition avec quelque chose qui le limiterait, et ainsi le rendrait fini. Martensen, d'autre part, soutenait qu'il devait y avoir des oppositions internes en Dieu même, sans quoi il ne serait pas « le Dieu vivant [129] ». Il ne réfléchissait pas, que si « des oppositions internes » doivent avoir un sens réel, elles doivent être déterminées par des relations extérieures ou correspondre à de telles relations. Il n'y a pas de vie, personnelle ou impersonnelle, qui ne soit au fond basée sur la relation tendue entre l'extérieur et l'intérieur. Schleiermacher admettait évidemment la nécessité d'une relation d'opposition à quelque chose d'extérieur à Dieu lui-même. Ses besoins spéculatifs n'étaient pas satisfaits de l'analyse d'une simple image : aussi était-il plus spéculatif, en fait, que les théologiens « spéculatifs » qui se flattaient d'avoir renversé son point de vue. Schleiemacher est lui-même un exemple du fait que le type n'est pas déterminé seulement et simplement par les dispositions intellectuelles. Entre les dispositions intellectuelles, les dispositions affectives et les dispositions volitives, il y a une action et une réaction constantes. Dans beaucoup de natures, c'est-à-dire chez les « mystiques », comme on dit, c'est le sentiment intérieur plus qu'aucun autre élément qui amène à la conviction que toutes les idées sont inadéquates pour figurer l'Être suprême ; c'est encore le sentiment qui rend plus vif notre sens du caractère limité de toutes les images et de tous les concepts, et qui attire l'attention sur la loi de relativité, sur la relativité de toute connaissance. Et en ce sens il y a une certaine parenté spirituelle entre le mystique et le criticiste, même si ces deux fonctions ne se trouvent pas réunies chez une seule et même personne. Beaucoup des arguments que Carnéade employa contre le dogmatisme des Stoïciens se retrouvent chez le néo-platonicien Plotin, et dans les temps modernes la combinaison du mysticisme avec l'esprit critique n'est nullement rare ; Scheiermacher en est peut-être le meilleur exemple, mais ces deux tendances sont aussi réunies chez Spinoza, Lessing et Kant. Un vif sentiment et une pensée claire travaillent l'un pour l'autre plus souvent qu'on ne le croit d'ordinaire.

Dans le groupe des intuitifs, on peut distinguer de nouveau entre ceux chez qui dominent les images de la vue (les visuels), ceux chez qui les idées de l'ouïe jouent le rôle principal (les auditifs), ceux chez qui la vie représentative est surtout déterminée par les sensations générales correspondant aux états organiques internes (les vitalistes) et ceux chez qui les idées de mouvement ont la plus grande importance (les moteurs)[130]. Parmi les auteurs du Nouveau Testament l'auteur de l'Évangile selon saint Jean est certainement un visuel. Quoique les anthithèses entre la vie et la mort, entre la lumière et les ténèbres lui soient des images également chères, c'est cependant cette dernière qui est toujours l'essentielle ; d'ailleurs, l'opposition entre le mort et le vivant peut aussi se présenter au sens de la vue, et l'usage qu'en fait cet auteur témoigne d'une origine visuelle. Saint Paul est vitaliste et moteur. « L'œil n'a pas vu, l'oreille n'a pas entendu » ce qui appartient à la nature de Dieu, et ses besoins profonds s'expriment en « des gémissements qui ne peuvent s'exhaler. » Il possédait aussi à un haut degré le don des langues — un trait nettement moteur. La vie et la mort étaient évidemment représentées au moyen d'un état de conflit intérieur, ressenti à travers tout l'organisme. La poursuite, la lutte, l'attente et l'espoir, la chair et l'esprit, sont des figures ou des expressions familières à tous les lecteurs des épîtres pauliniennes. La faculté d'avoir des visions et des hallucinations auditives est subordonnée au sens de la vie et du mouvement. Jacob Bœhme appartenait au groupe des visuels aussi bien qu'à celui des vitalistes. John Bunyan semble avoir été surtout moteur, quelque claires qu'aient été ses visions et ses hallucinations auditives. Martensen était nettement visuel.

Dans le groupe des natures « réflectives », il faut distinguer entre le don d'analyse et celui de synthèse. Les natures analytiques insistent sur les différences, les qualités, les nuances, les transitions brusques (les « bonds ») et les traits individuels essentiels ; les natures synthétiques cherchent l'unité, la logique, les gradations, les passages insensibles et les traits communs. Naturellement, une opposition absolue est impossible, car on ne peut analyser que ce qui est donné uni par des relations et formant un tout, et réunir que ce qui est donné comme différent, multiple et isolé. Mais d'importantes différences dans la teneur générale de la vie de la pensée peuvent être déterminées d'après la prédominance de l'analyse ou de la synthèse dans des cas particuliers. Les trois premiers évangélistes donnent, dans l'ensemble, l'impression de l'esprit analytique, qui insiste séparément sur des traits individuels. L'évangile selon saint Jean, au contraire, témoigne d'un grand et puissant esprit de synthèse ; Pascal, Hamann, et Kierkegaard sont analytiques (dans le cas de Hamann, il se joint une insistance paradoxale, aiguisée par l'analyse, à faire de la totalité la vérité) ; saint Augustin, Zwingli et Schleiermacher sont des synthétiques [131]. Le besoin d'unité et de continuité est associé à la tendance à l'expansion et au type continu, tandis que la finesse à apercevoir la différence indique généralement la tendance à la désharmonie et le type affectif.

Ces différences intellectuelles (et toutes les autres, quelles qu'elles soient) se font sentir dans toute activité spirituelle, dans le domaine de la science et de l'art, aussi bien que dans celui de la religion. Mais elles se manifestent d'autant plus fortement, et avec d'autant plus de raison, que, comme dans le domaine de la religion, un étalon purement objectif manque, pour déterminer la forme et la solidité des idées. C'est pour cette raison qu'il est plus important ici qu'ailleurs, d'attirer l'attention soit sur les différences personnelles et sur l'intelligence qu'il en faut avoir.

96. — Il y a un groupe de différences qui ne naissent pas d'un aspect donné de la vie de conscience, mais qui s'expriment par la relation qui existe entre la foi religieuse et l'expérience religieuse d'un homme, et le reste de sa personnalité, et aussi par la relation qu'il perçoit, comme un résultat de cette personnalité, entre lui-même et son milieu. Le besoin de sympathie et de communion avec ses semblables dépendra de ces relations. Plus les dispositions individuelles que nous avons décrites coopèrent dans un individu, moins il éprouve le besoin de communiquer avec autrui, et même il se sentira si loin d'autrui que seules les communications les plus indirectes seront possibles. A l'individualisme religieux qui naît ainsi, s'oppose de la manière la plus caractéristique la tendance à vivre et à agir dans les formes et les images communes.

Dans le type *idiopathique*, l'isolement, à son tour peut avoir été déterminé par des causes psychologiques différentes.

A certains moments d'extase et de poussées soudaines de sentiments, l'homme est arraché à tout le reste de sa vie, et, par là, il lui devient impossible de rester en contact avec les autres hommes, et de les comprendre. A de tels moments, on ne peut formuler d'idées claires, et toute communication est impossible. A son plus haut degré, cet état prend la forme du *délire bacchique religieux*. Dans les groupements primitifs ce phénomène se présentait souvent (cf. § 60) ; et si cet état éveillait quelques scrupules dans l'esprit des « leaders », c'était seulement pour la raison que, ne pouvant être communiqué à autrui, les autres hommes ne pouvaient en être édifiés : mais il n'y avait aucun doute relativement à ses effets sur le sujet lui-même. A ce sujet saint Paul écrit : « Celui qui parle une langue inconnue s'édifie soi-même, mais celui qui prophétise édifie l'Église » (I Cor. XIV, 4). Il n'est pas étonnant qu'instinctivement l'Église, outre toutes les autres causes qui peuvent avoir agi dans le même sens, ait réprimé pour cette raison ces phénomènes.

Tandis qu'ici c'est le degré de force des états internes qui tendent à l'isolement, dans d'autres cas cet effet est produit par le *contenu et la nature de ce qui est éprouvé*. L'individu peut, grâce à ses dispositions affectives, faire des expériences qu'il ne peut communiquer à autrui parce qu'elles portent la marque de la singularité, de l'étrangeté, de l'exception. Il peut être frappé de l'idée que son expérience de la vie l'a laissé différent des autres hommes. Ses explications, ses consolations et ses pensées directrices seront par conséquent différentes de celles des autres hommes ; il lui semblera même qu'il parle un autre langage. Le tempérament mélancolique est particulièrement porté à cette sorte d'isolement, spécialement lorsqu'il est uni à une vigoureuse faculté de réflexion : car ainsi, toute formule qui pourrait servir de pont pour faciliter la communication, est considérée d'ici, puis de là, jusqu'à ce qu'elle soit considérée comme un instrument inutile. Dans la littérature danoise, Sören Kierkegaard est un exemple remarquable de ce type. Dans ses *Papiers posthumes* on peut étudier le pouvoir d'isolement que possèdent la mélancolie et la réflexion ininterrompue.

Ici c'est la relation entre la vie du sentiment et celle des idées qui produit l'isolement : dans d'autres cas, cependant, ce peut être la forme des idées religieuses, l'*idiosyncrasie de la symbolisation*, qui empêche la communication. Si nous observons exactement, nous verrons qu'il y a à peine deux hommes qui forment « une seule et même idée » de la même manière et sous la même forme, et ceci doit être spécialement vrai de la formation des idées religieuses, dans lesquelles il y a une coopération de tant d'éléments différents. Le choix des symboles est souvent déterminé par des analogies qui s'expliquent par l'expérience religieuse spéciale de l'individu. Dans un état de vie intérieure intense ou de tension spirituelle, la plus insignifiante circonstance, l'événement le plus personnel, peuvent devenir le centre d'un système de symboles dont la valeur n'est évidente que pour l'individu lui-même. Il y a une sorte de fétichisme idéal dans lequel les symboles les plus hauts que les hommes puissent former rappellent les plus bas (cf. § 47). A l'esprit agité, la chose la plus insignifiante peut apparaître comme le symbole de ce qu'il y a de plus haut; mais l'adoption comme symbole d'un objet particulier dans un cas particulier peut dépendre de conditions qui, peut-être, ne se reproduiront jamais. Des milliers de gens ont vu des buissons en feu et ont senti une douce brise, ont eu des visions et des hallucinations, mais ce n'est qu'aux esprits prophétiques que ces phénomènes apparaissent comme des révélations[132]. Il n'arrive même pas toujours que le processus de symbolisation offre une image claire. Cela n'arrive que chez les grandes personnalités prophétiques, dont l'expérience interne prend une valeur d'exemple, et dont la faculté symbolique profite de toute la vigueur de leur vie intérieure. Mais ce n'est pas là le cas de la majorité des hommes. La symbolisation n'offre pas toujours un cristal bien transparent; l'individu lui-même est conscient de ce que sa foi a d'inachevé et de particulier dans sa forme, et par suite s'abstient de la communiquer. C'est ce fait qui entraîne souvent la réserve qui retient beaucoup d'hommes de révéler à autrui leurs expériences les plus profondes.

Cette réserve, cependant, peut être une sorte de chasteté spirituelle, qui interdit, en dehors absolument du caractère particulier de l'événement et de l'imperfection de son expression, à un homme de mettre au jour ses trésors intimes pour les contempler lui-même, à bien plus forte raison pour les laisser contempler à autrui. Car sous ce regard il se pourrait que la marque de vie intérieure disparût. Il faut se taire sur cette vie, ou elle risque de n'être plus intérieure. Il y a des fleurs, et ce sont souvent les plus parfumées et les plus belles, qui ne fleurissent qu'à l'ombre. Les orthodoxes aussi bien que les libres penseurs sont souvent coupables de violence spirituelle, car ils peuvent fort bien imposer leurs opinions à autrui, sans considérer qu'il y a des endroits où l'homme doit ôter ses chaussures (c'est-à-dire oublier ses dogmes, positifs et négatifs), car le sol qu'il foule est un sol sacré. Tout individu est sacré comme centre de valeur et comme centre d'expérience (§ 92).

Mais il y a encore d'autres natures qui, bien que le mot de

« réserve » ne leur convienne pas, sont pourtant peu faites pour avoir des compagnons religieux et qui n'en éprouvent que fort peu le besoin. Ce sont des personnalités taillées à angles aigus, à qui manque cette flexibilité qui leur permettrait de s'unir à d'autres pour chercher les points de contact, que l'on découvrirait très probablement. Quelque clarté qui règne dans leur esprit, ils ne se soucient pas d'exprimer cette clarté sous une forme accessible aux autres hommes. Ces personnes sont souvent satisfaites d'être regardées comme des énigmes, non pas parce qu'elles recherchent la singularité, mais parce qu'étant satisfaites de la clarté de leur propre pensée, elles pensent qu'il vaut mieux pour les autres hommes la découvrir pour eux-mêmes, comme ils ont personnellement fait. L'expression unique et spéciale qu'ils ont été amenés à adopter pour leurs expériences, et qui leur rend service dans leur organisation spirituelle, est par eux défendue avec opiniâtreté et acharnement, qu'elle soit ou non compréhensible pour autrui. En dépit de leur caractère anguleux, singulier et inaccessible, ces natures sont d'une grande importance, parce qu'elles affirment avec une netteté parfaite le principe de personnalité. Elles offrent une résistance pleine de défiance au désir d'intervention — trait qui n'est que trop humain dans le domaine religieux — et ainsi elles font du bien aux natures chastes et réservées qui ne savent pas toujours se défendre.

Dans le type *communicatif* les motifs ressentis peuvent aussi être différents : mais d'après la nature de la chose, il est impossible que les différences soient aussi nombreuses que dans le type idiopathique.

Tout développement personnel commence par une *acceptation enfantine* des idées traditionnelles. Il peut y avoir ici des degrés, des nuances, d'après la manière dont chaque développement particulier ou bien se nourrit de l'élément traditionnel, ou bien s'en sépare peu à peu (cf. La foi implicite, § 42). Certains individus ne remarquent jamais la moindre différence entre leur propre expérience et les symboles traditionnels. D'autres remarquent une différence, mais en ont horreur : ils ont peur de se trouver dans une région de pure subjectivité, où ils seraient apparemment abandonnés à leur propre direction, et, par suite, avec plus ou moins de vérité personnelle et d'honnêteté intellectuelle, ils se jettent de nouveau dans les formes communes. La nature féminine s'est toujours montrée plus portée que la nature masculine à accepter sans conditions les formes traditionnelles, même lorsque la tradition ne pouvait se vanter d'être rendue vénérable par son antiquité ; les femmes restèrent plus longtemps que les hommes dans les communions catholique ou protestante orthodoxe, tandis que pendant la Révolution française elles furent les plus fidèles au culte de la Raison [133].

Il y a des *natures ecclésiastiques* spéciales, chez qui la vie du sentiment et de l'idée est toujours involontairement à l'unisson du vaste concert de symboles collectifs auxquels elles ont été initiées. Elles vivent et agissent immédiatement dans le traditionnel, et sont toujours capables de trouver dans les formes traditionnelles l'origine et la conclusion de leurs expériences. Il y a dans leur cas, presque toujours, une unité immédiate du mot et de l'expérience, du nom et de la chose, mot et nom qui leur semblent des objets plastiques ayant une existence au delà de l'usage subjectif qui en est fait. Ces natures seront portées à faire de la possibilité de la communication et de l'Église, le critérium de l'authenticité de l'expérience et de la foi. Le bouddhisme et le christianisme ont également fait entrer la croyance dans l'Église, comme un article spécial, dans leur credo. La possibilité d'établir un culte et de rassembler une communauté est, même pour des théologiens de la tendance la plus libérale, un signe de la vraie religion. « Ce n'est que par la possibilité d'établir un culte que la vraie religion se manifeste. » (Tröltsch.) Peu importe ce qu'éprouve ou ce qu'exprime l'individu, il faut qu'une communauté puisse se former, et une tradition se former autour de faits et d'idées déterminés (Kaftan) [134].

On ne peut pas espérer dépasser cette lutte continue, cette action et cette réaction continuelles entre l'individu et l'espèce, dans le domaine religieux plus que dans les autres domaines. Mais il ne faut jamais oublier que l'espèce est formée d'individus, et qu'elle a sa vie en eux ; aussi tout ce qui est grand et réel doit-il avoir son origine chez ces individus. Souvenons-nous aussi que les « faits » ne sont pas plus réels, les « idées » ne sont pas plus vraies parce que le nombre de ceux qui y croient est très grand.

c) *Bouddha et Jésus.*

97. — Le principe de personnalité est à la fois éclairé et confirmé par le fait que, à la source des deux plus grandes religions populaires, se trouvent deux grandes personnalités, chacune d'elles avec ses qualités propres. Bouddha et Jésus se partagent le monde. Une tentative faite pour examiner leurs caractères psychologiques n'est que trop naturelle à cet égard, si difficile que soit la tâche ; elle nous montrera les plus grands exemples des différences typiques déjà examinées; différences qui ont tant de valeur pour le problème religieux.

La difficulté résulte surtout de deux circonstances. D'abord, le mythe, la légende et le dogme ont de très bonne heure entouré ces deux figures. La brillante lumière qui se répandait hors de ces personnalités a aveuglé leurs contemporains et leurs successeurs, et a rendu impossible un récit purement objectif et historique de leur existence. Il en est d'eux comme de l'ange qui, dans le *Purgatoire* de Dante, montre le chemin, caché lui-même par la lumière qu'il répand. En second lieu, l'antiquité ne connaissait pas cet intérêt, qui est un besoin si caractéristique des temps modernes, qui nous porte à retrouver pas à pas le développement d'une personnalité, de la jeunesse à la maturité. Les grandes figures de l'antiquité nous sont montrées dans leur perfection, et on ne nous fait pas voir les étapes, les crises par lesquelles elles ont passé en allant vers cette forme déterminée sous laquelle nous les voyons.

J'ai déjà (§ 43) esquissé les traits essentiels du bouddhisme et du christianisme. Une religion doit, naturellement, porter l'empreinte de son fondateur. Mais ce ne sera pas se répéter, que de s'arrêter un moment ici, et d'insister sur la personnalité de ces fondateurs. On peut toujours trouver une différence entre la source et le fleuve. A la source, on trouve les dispositions dans toute leur pureté originelle ; quant au fleuve, bien d'autres circonstances viennent le déterminer.

98. — Bouddha était le fils d'un roi. Au milieu d'une vie brillante et splendide, son attention fut attirée sur la souffrance, la chute et la mort. Cela le fit méditer sur la vie, quoiqu'il n'eût personnellement aucune expérience de son triste envers. Il ne réussit à trouver la paix, ni dans la méditation, ni dans l'ascétisme. Il n'atteignit cette perfection que lorsqu'il apprit à considérer le monde comme une grande illusion, produite et entretenue par le plaisir, l'impulsion et le désir. Du désir de vivre naissent la sensualité, la haine, la cruauté, et en outre toute douleur et toute tristesse : et tout cela ne disparaît que lorsque le désir est suspendu. Bouddha enseigne qu'il y a cinq chaînes dont les hommes doivent se délivrer : l'égoïsme, le doute, le plaisir, l'ascétisme pris comme une fin, et la haine. Tous ces maux ont la même source. Si l'homme peut s'en délivrer, il atteindra l'état de paix suprême que l'on appelle Nirvana, et qui ne peut être qualifié d'aucun prédicat positif, parce qu'il est l'opposé de tout état connu à l'expérience humaine. On raconte que Bouddha, sur le point de quitter son palais pour se faire ermite, a dit du Nirvana : « Quand le feu du plaisir est éteint, c'est le Nirvana ; quand les feux de la haine et de la vanité sont éteints, c'est le Nirvana ; quand l'orgueil (la fausse croyance) et toutes les autres passions qui nous tourmentent sont éteints, c'est le Nirvana. » Plus tard, il dit à ses disciples : « Il y a des ascètes et des brahmanes qui portent contre moi de fausses accusations, et disent : C'est un menteur, il prêche la destruction, l'anéantissement, la cessation de la vie réelle. Ce que je ne suis pas, ce que je n'enseigne pas, ces chers ascètes et ces bons brahmanes affirment que je le suis, que je l'enseigne. Il n'y a qu'une chose que j'enseigne, aujourd'hui comme hier, la souffrance et l'anéantissement de la souffrance. » Le souverain bien n'était pour lui ni la vertu ni la science, mais « l'extinction immatérielle, absolue de toutes les illusions ». Bouddha écartait toutes les autres questions métaphysiques : car lorsqu'un homme est percé d'une flèche, ce qu'il faut, c'est de panser sa blessure : peu importe qui a lancé la flèche, et de quoi sont faits l'arc et la corde [135].

L'enseignement de Bouddha n'était, en un sens, nullement nouveau. Mais, en passant au creuset de son esprit et de son expérience de la vie, des tendances qui étaient déjà agissantes dans le développement religieux et philosophique de l'Inde, acquirent une cohésion et une intensité particulières. La notion du Nirvana était déjà apparue dans les Upanishads, sur les enseignements desquels le bouddhisme est, en réalité, fondé sur tous ses points essentiels[136]. Le caractère essentiel de Bouddha, ce qui l'a conduit à créer une nouvelle forme de vie, c'est une liberté, un sens de la vie intérieure, une pratique de la vie intense et du reploiement sur soi-même. Ni culte, ni mythe, ni ascétisme, ni méditation ne sont plus regardés comme étant d'une importance capitale, mais à leur place vient la calme perfection interne, obtenue en s'élevant au-dessus de tout ce qui est matériel, c'est-à-dire de tout ce qui est fini et changeant. Toutes les distinctions extérieures sont indifférentes, même celles de castes, qui avaient une importance si considérable dans l'Inde. Bouddha ne se présente pas à nous comme un réformateur des conditions extérieures. Il ne désire pas renverser le brahmanisme. Mais il a donné dans sa personnalité un exemple vivant de la perfection personnelle, qui dépassait tout ce qui existait alors. Il était permis à tout le monde d'arriver au souverain bien, sans considération de caste ou de race. La lutte pour la paix de l'âme, l'unité intérieure et la liberté, était pour lui la seule chose qui comptât, et il suscita en faveur de cette lutte un enthousiasme qui s'acheva dans la joie d'avoir conquis le monde.

La grandeur de Bouddha consiste à avoir montré l'unité et la liberté comme un idéal de la personnalité. La personnalité n'est pas absolument liée à ceci ou cela; ce n'est pas une matière, mais un monde de vie intérieure qui, en raison de son opposition à tout ce qui est extérieur, ne peut jamais être exprimé positivement.

Psychologiquement parlant, il appartient à la classe des expansifs, et chez lui, la méditation passe avant l'activité. C'était une nature réflective, et non intuitive, et dans sa réflexion la synthèse, qui surmontait toutes les oppositions, l'emportait sur l'analyse. C'était, malgré l'énergie sans laquelle on ne peut atteindre le Nirvana, une nature passive, ou peut-être son activité était-elle absorbée tout entière par le travail de renoncement grâce auquel seulement peut se conserver une attitude purement passive à l'égard du réel. Il concevait l'unité de la personnalité par opposition aux éléments individuels de la vie personnelle, mais il n'en faisait pas aussi la totalité dans laquelle, membres organisés d'un grand tout complexe, ces éléments peuvent trouver place. Le concept de personnalité chez Bouddha ressemble à l'antre du lion vers lequel conduisent toutes les pistes, mais dont aucune ne sort. Dans la collection de poèmes bouddhiques *Dhammapadan* (La Route de la Vérité), on dit, selon l'esprit de Bouddha : « tolérant parmi les intolérants — humble parmi les violents — sans désir parmi ceux qui désirent : — voilà ce que j'appelle un Brahma[137]. »

Lorsque Bouddha eut enfin atteint la perfection dont le tentateur (Mara, le diable hindou) avait en vain essayé de l'écarter, celui-ci fit une dernière tentative, et lui demanda de garder pour lui la paix si difficilement obtenue, et de n'enseigner à personne la manière d'y arriver. La réponse de Bouddha est caractéristique : « Que l'homme parfait dise ou ne dise pas la vérité à ses disciples, il est et demeure le même. Comment cela ? Parce que l'homme parfait a nié et déraciné l'illusion qui souille, qui sème des existences répétées, qui produit la douleur, qui engendre la vie, la vieillesse et la mort[138]. »

Il prêchait donc la vérité parce qu'il n'avait pas de raison pour ne pas le faire ; son attitude à l'égard de l'alternative de la prédication ou de la non-prédication était strictement neutre. Telle doit toujours être l'attitude d'un homme qui n'a plus de désirs. Aussi l'amour profond d'autrui qui donne sa marque au mouvement bouddhiste manque-t-il de base psychologique. La perfection de l'individu est nettement opposée au désir de voir autrui se perfectionner. Et cependant la sympathie pour les autres hommes doit avoir été l'un des motifs de la rupture de Bouddha avec sa vie princière. Il n'avait pas été personnellement frappé de la souffrance qu'il avait vue autour de lui : ce qui excitait son sentiment, c'était le sort général de l'humanité. Aussi n'est-ce que par une analyse inexacte qu'il considère l'absence de haine comme identique à l'amour : la haine était, comme nous l'avons vu, l'une des cinq chaînes à briser. Mais ce n'est pas assez de faire éclater les chaînes, il nous faut la liberté des mouvements. Rompre les barrières qui séparent les hommes, cela ne suffisait pas pour les unir positivement. Deux blocs de glace ne fondent pas en un seul parce que le mur qui les sépare est supprimé; il faut, de plus, de la chaleur. Cette chaleur était présente, cela n'est pas douteux, dans le bouddhisme à son origine : mais la peur d'une vie inquiète, la réflexion critique et la tendance à la passivité étaient si prédominantes, que le motif sympathique n'est jamais devenu pleinement conscient de lui-même. Un motif qui n'a pas peu contribué à réprimer toute sympathie positive et active chez Bouddha et chez ses premiers disciples, a été l'idée que l'homme s'expose à de plus grandes possibilités de douleur et de chagrin lorsque son amour s'attache à un objet extérieur, que lorsque son intérêt se limite à son moi et au développement de ce moi. Pour un père qui pleurait la perte d'un fils, Bouddha n'eut que cette consolation : « Oui, il en est ainsi, mon père. Ce qu'aime l'homme lui apporte douleur et chagrin, souffrance, mélancolie et désespoir. » Aussi le sentiment doit-il être limité de manière à ne pas prendre la forme de la douleur. L'idée que l'on peut, par la possibilité de chagrin et de perte que comportent les affections, arriver à un développement spirituel supérieur à celui que rendent possible la limitation et même la fuite de toute affection, semble ne s'être jamais offerte à Bouddha. Le père a dû s'éloigner du sage hindou, le cœur ulcéré, et il n'eut pas tort de prétendre qu'une perfection obtenue à ce prix ne saurait exprimer la valeur personnelle suprême.

Néanmoins l'amour d'autrui avait une base positive chez Bouddha et ses disciples, car on le considérait comme une conséquence de la perfection une fois obtenue, et dans cette mesure il s'opposait à la neutralité absolue au nom de laquelle Bouddha répondait à Mara. En y regardant de plus près, on trouve deux raisons, l'une purement psychologique, l'autre plus métaphysique. L'amour est une espèce de débordement ou de rayonnement de la vie intérieure sur autrui. Cette conception s'accorde avec la nature expansive de Bouddha; il était, à parler strictement, illogique que cette expansion fût arrêtée par le Nirvana. Dans l'introduction au livre du *Jakata*, l'amour d'autrui (dont l'équivalent anglais est *goodwill*) est donné comme la neuvième perfection, et décrit en ces termes :

> De même que l'eau nettoie tout le monde également
> l'homme de bien et le méchant aussi,
> de la poussière et de toute sorte de souillure,
> et les remplit d'une fraîcheur bienfaisante,
>
> tout de même, que ton ami, ainsi que ton ennemi,
> soient également réconfortés de ta volonté d'amour,
> et lorsque cette neuvième perfection sera atteinte,
> tu auras la sagesse d'un Bouddha.

Mais ce n'est pas seulement par cette effusion involontaire que s'établit un certain rapport entre la perfection personnelle et le sacrifice à autrui [139] ; c'est aussi par le fait que lorsque toutes les distinctions et les barrières élevées par l'illusion disparaissent, l'individu se reconnaît dans les autres êtres. Dans un de ses sermons, Bouddha dit celui qui a atteint la véritable paix : « Dans son âme pleine d'amour, de sympathie, de joie et de fermeté, il se reconnaîtra en toutes choses, et répandra en tous sens sur le monde la chaleur et la lumière qui débordent de son cœur profond, large et illimité, exempt de toute colère et de tout mépris. » On voit clairement ici qu'il s'agit de reconnaître un élément positif, et non seulement de nier les barrière ; la libération de la haine n'est ici que la condition négative d'une expansion positive, rendue possible par la reconnaissance (c'est-à-dire la connaissance de l'unité de toutes choses)[140].

Comment la perfection individuelle et l'amour — l'être considéré comme un tout en soi et l'être considéré comme membre d'un tout plus vaste — peuvent-ils s'unir, c'est là le grand problème à la solution duquel l'humanité travaille sans cesse. Dans la solution offerte par Bouddha au vi^e siècle avant l'ère chrétienne, la perfection individuelle prédomine nettement. Il résulte comme un corollaire, de ce fait comme de sa tendance à la passivité, de la prédominance en lui de la réflexion sur l'intuition, qu'il ne fonda pas une Église, mais un ordre monastique. Le bouddhisme n'est devenu une religion populaire que grâce aux légendes qui se formèrent autour de la figure de Bouddha, aux formes de culte que l'on emprunta à l'ancienne religion de l'Inde, et aussi à l'importance extrême que l'on attribua à l'altruisme actif. La secte du Mahayana considérait Bouddha comme le dieu des dieux, et sa naissance sous forme humaine comme un événement qui occupa les dieux et les démons. Le bouddhisme se répandit sur l'Asie orientale, se recouvrit d'un vêtement flottant de formes mythologiques et liturgiques. Comme l'a dit un bouddhiste moderne, il « adoucit l'Asie ». Mais en général son effet a été de ralentir, d'endormir, de restreindre, excepté lorsque, comme chez les Japonais [141], il a rencontré une tendance ethnique, active et entreprenante, capable de le transformer, et l'influence d'une ancienne religion (le Shintoïsme), qui avait particulièrement développé les sentiments d'individualité et de nationalité.

99. — Jésus de Nazareth, le fils du charpentier, a vécu au milieu de son peuple ; il en a partagé les souvenirs et les espérances, il a désiré avec lui et avec lui souffert. Il ne regardait pas, comme le prince hindou, du haut du siège élevé du spectateur, la vie qu'il observait : il était au milieu de la vie, au milieu du monde et de ses désirs. Il voulait purifier et idéaliser ces désirs, et non les détruire. Et quoique former des vœux et lutter pour leur réalisation entraîne de la souffrance, cependant il ne veut pas les abandonner, car la souffrance n'est pas toujours un effet dont il faille écarter la cause ; elle peut aussi être une occasion d'éprouver sa force, un moyen de purification, un acheminement vers la sainteté. La foi de Jésus dans la conservation de la valeur se montre dans sa conviction que les valeurs doivent être acquises et conservées par la lutte et la souffrance, par opposition à l'idée que tout le domaine où vivent les désirs, la lutte et la souffrance doit être dénoncé comme une vaste illusion et détruit comme tel. Les contrastes reçoivent ici leur pleine valeur ; le caractère de Jésus ne rentre pas dans le type expansif; son caractère renferme un conflit de termes opposés. Et c'est un homme de ferme volonté. Il ne se retire pas pour trouver le repos, mais il veut décider du sort de son peuple en le conduisant au terme suprême. C'est, du moins à côté de Bouddha, un homme d'émotion. Son âme est violemment agitée ; il est ému jusqu'au plus profond de son

être ; son âme connaît l'agitation et l'angoisse profonde : il n'ignore pas la colère. Son amour n'est pas seulement une effusion aimable et involontaire ; c'est un amour qui, sans repos, cherche et lutte ; c'est un abandon plus patient que résigné. Il n'y a pas à craindre que l'amour ici apporte la douleur, car notre bien et notre mal sont liés à des intérêts qui dépassent de beaucoup le domaine de l'affirmation égoïste de l'individu isolé. Il y a là une profonde confiance dans la puissance de l'amour, un sens aigu du pouvoir qu'il a d'élargir les esprits, sens qui ne laisse pas de place aux scrupules étroits. Et cet amour agit par l'idée d'un royaume où chaque individu a une place où il trouvera sa perfection dans une justice supérieure.

Jésus était né dans une autre race et dans une autre civilisation que Bouddha. D'ailleurs, il y a cinq cents ans entre eux, et de ces deux fondateurs de religions, le Juif a vécu dans des conditions historiques beaucoup plus troublées et plus complexes que l'Hindou. Mais ils ont ceci de commun, que leur grandeur ne repose pas sur une idée ou une institution particulière à laquelle ils aient donné naissance, mais sur la merveilleuse force de concentration avec laquelle ils réunirent les éléments les plus significatifs de la vie de leur nation respective, sur la profondeur de vie intérieure avec laquelle ils réalisèrent la pensée des époques précédentes, enfin sur la force d'attraction que possédaient leurs personnalités, force qui se répandit d'eux sur le monde.

Jésus de Nazareth est l'homme de l'intuition et de la métaphore ; c'est une figure prophétique. Sa réflexion est du type analytique ; il trace de grandes divisions, pose des barrières, découvre des oppositions. Il a voulu nous conduire *au moyen* des grandes oppositions de la vie, et non pas nous faire tourner *autour* d'elles.

Bouddha rejetait toutes les métaphores et toutes les idées, comme inadéquates à l'expression de l'être suprême, et c'est ici que nous voyons son énergie intellectuelle. Jésus n'avait pas de ces scrupules ; nulle part il n'a indiqué les limites de l'élément métaphorique, et ce fait a donné naissance à la plupart des grands doutes et des grands conflits qui se sont produits dans l'Église qu'il a fondée. Tous sont d'accord, que certaines expressions demandent à n'être interprétées que symboliquement. Mais jusqu'où va l'élément symbolique ? L'impossibilité de résoudre ce problème résulte du tempérament intellectuel du fondateur lui-même.

Dans l'idée du Royaume de Dieu, telle qu'elle est énoncée par Jésus, il y a la possibilité déjà indiquée, pour tout individu, d'atteindre le souverain bien, sans que toutes les distinctions soient effacées. Aussi le groupe de personnalités particulières qui formaient le cercle apostolique est-il caractéristique. Les disciples de Bouddha n'ont pas cette empreinte d'individualité. Ce fait tient à des différences de race entre les Hindous et les Juifs. On a été jusqu'à affirmer que l'Inde est le pays des types et que le peuple hindou n'a pas le pouvoir de former de fortes individualitués. Du moins cette différence est-elle fortement marquée dans la personnalité des Maîtres. Jésus menait ses disciples à un grand mouvement historique, à une lutte pour l'idéal, contre l'opposition du monde : et ce n'est que dans une lutte de ce genre que la personnalité peut se développer dans ce qu'elle a de spécial. Et cependant il y a un point où l'attitude de Jésus à l'égard de l'histoire est analogue à celle de Bouddha. Il attache à la vérité une grande valeur à ce développement vers un but à venir, mais en même temps il affirme que ce but ne peut être atteint d'une manière positive, en agissant dans des conditions temporelles ; il ne peut être atteint qu'au moyen d'une crise surnaturelle à laquelle les hommes doivent se tenir toujours prêts. Et puisque la crise doit bientôt se produire, une attitude de tension et d'expectative, une observation incessante et une grande piété, voilà ce qui est essentiel pour ceux qui l'attendent. Ici encore, comme chez Bouddha (cf. § 14), nous n'avons aucune explication sur l'importance qu'il faut donner à ce développement et à cette culture complexe qui s'interrompent si brusquement.

La grande importance attribuée à la vie de l'attente et de l'effort était, cependant, d'un sens profond. L'attitude prophétique de Jésus, aussi bien que le caractère apocalyptique de ses idées, enseignaient à l'homme, par de grandes images, à considérer de grands buts, buts que l'on doit atteindre par le moyen du temps, et non par la suppression du temps. Grâce à des transformations et des adaptations, cette contribution à la vie spirituelle a été conservée à la vie ultérieure de l'humanité, même après la destruction du cadre étroit dans lequel cette contribution était d'abord présentée. La volonté humaine, au milieu de ses luttes, a trouvé dans les grandes métaphores de Jésus des symboles qu'elle a pu adopter et faire siens. Mais une telle transformation, une telle adaptation n'était pas aussi facile pour les idées de Bouddha ; celui-ci offrait des raisons du repos, non d'action ; aussi son influence positive sur la vie spirituelle et sur le cours de la civilisation fut-elle nécessairement plus restreint. Les pensées de Bouddha sont comme les grains de blé qui, sans se corrompre et sans germer, se trouvent encore dans les tombes égyptiennes tels qu'ils y furent placés il y a des siècles. Mais les idées de Jésus ont prouvé leur fécondité ; car, périssant sous leur forme originale, elles ont, en vertu de cette dissolution même, retrouvé la vie, pour croître et agir dans de nouvelles conditions à travers une succession d'adaptations historiques. Bouddha a « adouci » l'Asie, mais Jésus a enseigné à l'Europe un grand « Excelsior » !

d) *Le principe de personnalité est-il un principe d'accroissement ou de dissolution?*

100. — L'accroissement et la dissolution ne sont pas exclusifs l'un de l'autre, car le grain de blé périt pour germer ; mais il y a des dissolutions qui ne conduisent à aucun accroissement nouveau. On affirme souvent que le principe de personnalité est purement un principe de négation et de désintégration ; car il semble mettre la différence à la place de l'unité et l'individuel à la place du collectif. En un mot, il isole les individus. Ne doit-il donc pas, par conséquent, être opposé à toute conception du monde qui cherche l'unité derrière les différences, comme tendent plus ou moins à faire toute pensée et toute croyance ?

Pendant un temps, peut-être, les effets dissolvants du principe de personnalité dominent. Mais il y a dans le domaine religieux bien des choses qui doivent être dissoutes pour avoir quelque avenir. Tel est, par exemple, le caractère hiérarchique, placé sous l'influence de la tradition, que jusqu'à nos jours les religions ont généralement présenté, et qui souvent s'accorde fort peu avec le caractère personnel de leur fondateur. Il y a aussi des pressions exercées directement ou indirectement sur les consciences, dont il faut se débarrasser; et en cela, la communauté de sentiments et d'idées doit nécessairement souffrir. Cela imposera des souffrances à beaucoup de gens, non seulement à ceux qui ne peuvent rester seuls, et à ceux que nous avons appelés des natures « ecclésiastiques » (§ 96), mais encore à ceux dont le besoin de communion avec autrui persiste en dépit des différences. D'ailleurs, le principe de personnalité, comme toutes les grandes pensées, peut être mal compris et mal appliqué. On peut croire qu'on le réalise en se soustrayant à l'influence de tous les exemples et de tout l'enseignement que peuvent donner la tradition et l'expérience des autres hommes, mais de cette manière on n'arrive qu'à être un sot... sans le secours de personne !

Par opposition au catholicisme, le protestantisme insiste sur le principe de personnalité. C'est à la fois sa force et sa faiblesse. C'est sa faiblesse, parce que cela empêche l'autorité de prendre la place qu'elle occupe dans l'Église catholique. L'Église protestante n'impose pas le respect, exigé de tous ses membres individuels, comme la source de tout enseignement, et elle manque de solidarité dans sa lutte contre la puissante organisation catholique, toujours plus centralisée. Inversement, ce sera pour lui une source toujours plus riche de force si l'avenir appartient à la liberté et à la vérité personnelle, — si du moins le protestantisme doit s'intéresser plus sérieusement qu'il n'a fait jusqu'à présent à la cause du principe auquel il doit son existence. Le catholicisme a pu, au xixe siècle, faire ce que le protestantisme n'a jamais pu faire et ne fera jamais, à savoir créer de nouveaux dogmes. Mais si le protestantisme produisait de nouvelles personnalités, cela ne serait-il pas de plus grande valeur encore ? Au point de vue catholique, la différence entre l'orthodoxie et les libres opinions religieuses ont été récemment décrites ainsi qu'il suit : « Cette vérité existe-t-elle en dehors des croyants ? Répond-elle à une réalité objective ? S'impose-t-elle du dehors ? Est-elle comme une émigrée de l'au-delà ? Ou bien serait-elle, dans le for intérieur de chacun, le fruit de la conscience personnelle, la résultante de la religiosité individuelle, l'expression et la traduction de la piété intime, serait-elle, en un mot, subjective ?... La vérité religieuse vient-elle de Dieu, ou s'élabore-t-elle en chacun de nous ? Au premier cas, elle *est* ; au second cas, elle *devient ?* [112] » On peut ajouter à cela que si la vérité religieuse repose sur l'expérience, et ne peut être atteinte que par son enseignement, elle est très nettement en devenir, et cela dans chaque individu en particulier. Mais cela ne l'empêche pas de correspondre à une réalité, c'est-à-dire à la relation de la valeur à la réalité. Quelle autre relation pourrait exprimer la vérité religieuse ? Et où cette relation vient-elle à la lumière, autre part que dans les personnalités individuelles ? Si nous supposons qu'elle s'étend au delà des limites de la vie humaine, nous ne pouvons le faire qu'avec le secours de la poésie et de l'analogie ; tant que dure la vie personnelle, de nouvelles relations entre la valeur et la réalité, et par suite de nouvelles vérités peuvent naître. Si l'on entend par « Dieu » quelque chose qui n'est pas seulement « hors » de nous, mais qui est aussi vivant dans toute réalité, dans toute valeur — c'est-à-dire, précisément dans la relation entre la valeur et la réalité et dans les personnalités qui expérimentent cette relation, — c'est un faux dilemme que de supposer qu'il faut dire, ou bien qu'une vérité vient de Dieu, ou bien qu'elle est élaborée par chacun de nous.

Le protestantisme, comme Sabatier l'a remarqué d'une manière si frappante, est une méthode, et cette méthode ne peut être autre que celle qui est donnée avec le principe de personnalité, avec la reconnaissance de personnalités individuelles comme centres de valeur et d'expérience. Les Réformateurs n'ont pas vu tout cela, bien entendu. Ils ont dissout l'Église existante, mais ils ne sont pas arrivés à un principe logique capable de fournir une base à une nouvelle Église.

Le catholicisme a été vaincu par le protestantisme ecclésiastique comme l'astronomie de Ptolémée l'a été par l'astronomie copernicienne. Copernic n'a guère prévu que, une fois la terre déplacée du centre du monde, il devait en résulter nécessairement la disparition de tout point central : les Réformateurs n'ont pas vu davantage, dans le domaine religieux, que, le Pape une fois chassé de son trône, l'histoire ne pouvait plus trouver où placer une autorité absolue. Si l'on veut l'autorité, il faut logiquement abandonner le protestantisme et retourner à l'Église qui l'a le plus complètement réalisée en principe.

101. — Nous vivons, cela n'est pas douteux à une époque « critique », et non organique. Mais cela ne veut pas dire que les seules forces qui agissent aujourd'hui soient des forces de dissolution. Rien ne peut empêcher de petits groupes de personnes de se former autour d'une tendance spirituelle commune de pensée, ou autour d'un symbole commun. Et une union de ce genre est souvent plus profonde et plus libre qu'une union où l'autorité traditionnelle sert de lien. Bien plus, le principe de personnalité, qui est lui-même l'expression d'une grande vérité, peut être considéré comme l'une des valeurs spirituelles les plus hautes. Quelque croyance qu'un homme ait ou doive avoir, le fait qu'il y met toute son âme, et que dans la découverte et l'assimilation de ce qu'il croit, son individualité trouve un but de développement, donne à cette croyance une valeur que le système le mieux garanti d'idées toutes faites ne pourrait jamais imposer. C'est un point sur lequel les hommes peuvent arriver à s'entendre réciproquement, si largement qu'ils diffèrent quant au contenu de leur foi. A mesure que l'on apprécie mieux les nuances personnelles, l'accent personnel est de moins en moins sacrifié à l'intégrité des dogmes positifs ou négatifs. Nous apercevons ici une extension du monde spirituel qui n'est à coup sûr pas moins importante que ne fut en son temps l'extension du monde matériel. La plus belle fleur de toute civilisation fleurit dans l'intelligence sympathique que les hommes ont pour la personnalité les uns des autres ; et peut-être résultera-t-il du travail de ces personnalités, qu'elles considéreront les questions essentielles à un point de vue tout autre que celui où nous sommes nous-mêmes placés. Jusqu'à présent, on a peu avancé en ce sens. Mais le principe de personnalité est un principe positif et fertile, justement parce qu'il nous indique cette direction : et ainsi il rend possible un sentiment de solidarité plus profond

qu'aucun de ceux qu'entraîne l'adhésion aux mêmes dogmes.

Dans le domaine de la philosophie, plus le principe de personnalité se réalise en se particularisant, plus il témoigne de la richesse et de la plénitude du réel. L'histoire de la philosophie nous montre que ce fait a été surtout reconnu par les penseurs qui insistent sur l'unité (par exemple Montaigne, Spinoza et Fichte). Le principe de l'unité du réel doit être d'autant plus puissant, son action doit montrer un caractère d'autant plus profond et plus intime, que les différences manifestées par les individus sont plus nombreuses et plus fortes. Il n'est que trop facile de croire à l'unité quand on efface ou quand on méconnaît les différences. La contemplation religieuse révèle à l'homme dont la croyance à l'unité est de caractère moins abstrait, avec quelles différences la vie universelle peut apparaître chez les êtres différents. Cela n'ébranle pas sa foi : au contraire, cela la renforce. Son doute s'applique à cette foi superficielle à l'unité, qui la conçoit comme purement abstraite ou comme purement extérieure ; mais ce doute naît d'une foi plus profonde encore (*alte dubitat qui altius credit*). On peut en dire autant dans le domaine moral. Le royaume de personnalités, que tout système moral cherche, plus ou moins ardemment, à bâtir, sera d'autant plus parfait qu'il embrassera, dans une harmonie réciproque, un plus grand nombre de personnalités différentes. Le critérium de la valeur d'une société humaine ne consiste pas seulement dans l'hégémonie de l'unité et de la loi, mais aussi dans la multiplicité des qualités, des différents centres de valeur et d'expérience qu'elle peut combiner. On peut en dire autant dans le domaine purement psychologique. La force du principe de personnalité entraîne la psychologie comparée dans des problèmes d'une étendue et d'une profondeur qui dépassent de beaucoup le cadre de l'ancienne psychologie. Cela est particulièrement vrai de la psychologie religieuse. L'histoire de la religion s'est jusqu'à présent occupée exclusivement des opinions professées en commun dans le domaine religieux. Mais il y aurait peut-être beaucoup plus à apprendre de l'histoire des conceptions individuelles de la vie, et puisque nous sommes tous des « individus », et non « l'homme » en général, c'est peut-être l'étude des premiers, lorsqu'on pourra la faire exactement, qui se révélera la plus utile des deux.

Un principe qui révèle de si vastes horizons, qui donne naissance à des problèmes aussi graves, ne peut pas être purement un principe de dissolution. C'est un des principes les plus fertiles qui aient jamais pu s'établir.

c) *Savants et laïques.*

102. — Selon le principe de personnalité, les convictions religieuses de chaque individu doivent être acquises au moyen de son expérience personnelle des valeurs, de la réalité, et de la relation réciproque de ces deux séries de termes. Il résulte de cela que tout le monde exerce un ministère spirituel. Mais la dépendance à l'égard de soi-même, ainsi que l'activité personnelle, se développent le mieux dans une action réciproque non seulement avec la vie réelle, mais encore avec les autres personnalités qui prennent la vie d'une manière indépendante, et qui ont le privilège de connaître le monde de la valeur, aussi bien que celui de la réalité, d'une manière plus complète et plus compréhensive qu'il n'est permis de faire à l'individu qui vient d'entrer dans la vie. Aussi le principe de personnalité n'exclut-t-il pas les exemples et les maîtres. La distinction entre les savants et les laïques ne disparaît pas. Au contraire, plus le principe de personnalité pénétrera loin, mieux les profanes comprendront qu'ils ont besoin des docteurs, et mieux ils pourront faire usage de ce qu'ils peuvent en apprendre. Ils reconnaîtront la valeur de l'œuvre de ces savants, qui est de nous faire comprendre le vaste système de relations qu'est le réel, et les richesses qu'il contient, et de remplacer les rêveries et les dogmes par la claire connaissance. Et cependant ils sauront qu'en dernière analyse, la pensée ne peut trouver le mot de l'énigme de la vie que dans l'expérience et la croyance individuelles, et non par le moyen d'une nouvelle « philosophie des lumières » ou d'un vieux dogmatisme. Lorsque chaque individu établit son bilan spirituel sur les bases de ses propres expériences et de son propre développement intellectuel, il doit y trouver un enrichissement de sa vie spirituelle. Considérée scientifique-

ment, la personnalité est l'énigme dernière, peut-être insoluble, le point final confusément entrevu au loin. Car la pensée scientifique est elle-même une activité spirituelle, qui ne peut être exercée que par une personne, et la dernière énigme resterait sans solution, quand bien même la science expliquerait tout le reste, tant qu'elle n'a pas expliqué sa propre hypothèse ultime. J'ai essayé d'expliquer cela plus clairement dans ma *Psychologie*, et j'ai terminé cet ouvrage, dans sa seconde édition, par ces mots : « La pensée, qui explique tout, reste pour elle-même un problème dernier, et éternel. » Mais — dans la vie — la personnalité est la première ; c'est elle qui porte tout le reste, même la science, et qui donne son empreinte à tout. Depuis les impulsions instinctives de la vie, où la personnalité se révèle toujours sous de nouveaux aspects, jusqu'aux résultats derniers de la pensée scientifique, il y a une longue série de transitions ; mais lorsque la vie, comme aussi la science, se comprend bien elle-même, elle ne trouve nulle part d'interruption ni de saut brusque.

103. — La chose apparaît sous un jour tout différent quand on la considère au point de vue du principe d'autorité. Dans l'Église chrétienne, lorsque fut finie l'époque où la révélation se continuait d'une manière immédiate, par « le témoignage de l'Esprit et de la Puissance », dans l'inspiration individuelle, et lorsque les expériences personnelles commencèrent à se heurter à l'autorité de l'Église (cf. § 60), la différence entre les docteurs et les profanes se fit bientôt sentir, plus à l'égard des questions religieuses que des questions scientifiques. Que l'Église renvoie le laïque à un Pape infaillible choisi par elle-même, ou à un livre garanti infaillible par l'Église, après avoir été convenablement choisi et émondé, le laïque doit dans les deux cas avoir une attitude passive. Sa foi devient une foi implicite (cf. § 42).

Et cependant, un temps vint où les gens d'église eux-mêmes se sentirent dans la position des laïques. Cela se produisit lorsque la solidité de la tradition, et plus spécialement l'authenticité de la Bible, furent mises en question. Le principe d'autorité amène naturellement à l'étude de l'histoire des autorités. Mais qui décidera de la vérité de telle ou telle conception historique du développement de l'autorité? Au point de vue scientifique, il n'y a pas de doute possible : l'origine et le dévement de toutes les traditions et de tous les livres ne peuvent être étudiés scientifiquement que par le moyen de la philologie et la critique historique. Mais les prédicateurs et les théologiens étant souvent aussi ignorants de philologie et d'histoire que la moyenne des laïques, l'autorité est finalement passée des mains des gens d'église à celles des savants. Mais c'est là ce qui resta soigneusement ignoré. Au concile de Trente, il fut déclaré non seulement que l'autorité de la Bible est basée sur l'Église, et que seule l'Église seule a à décider ce qui doit être reçu comme la véritable tradition, mais encore que la traduction latine de la Bible, la Vulgate, employée depuis des siècles dans l'Église, devait être le fondement de tout sermon et de toute discussion. Les membres de ce concile n'entendaient pas permettre à « des grammairiens et à des pédants » de passer avant des évêques et des théologiens, ni même admettre qu'un érudit en fait de grec ou d'hébreu fût qualifié pour prononcer un jugement sur un hérétique [113]. Dans le monde protestant, un phénomène analogue s'est produit, qui, à une époque tout à fait récente, a pris de grandes proportions. L'orthodoxie protestante a conduit au gouvernement des théologiens, puisque les théologiens versés dans les études bibliques étaient seuls qualifiés pour décider quelle était la vraie doctrine. La réaction des laïques contre cet état de choses fut en grande partie responsable de la propagation du piétisme et du rationalisme ; les laïques voulaient renverser les innombrables petits papes qui avaient pris la place du grand. Mais lorsque le rationalisme s'organisa en un système doctrinal, un nouveau mouvement des laïques se dessina contre lui. Beaucoup de cénacles se nourrissaient des anciens textes et des anciennes traditions, qu'ils ne trouvaient plus dans la nouvelle théologie rationaliste ; d'ailleurs, le rationalisme exigeait une nouvelle interprétation de la Bible et de la tradition, aussi bien qu'une attitude critique à l'égard de l'une et de l'autre, tandis que les laïques aimaient mieux s'en tenir aux paroles sacrées telles qu'elles étaient. Aujourd'hui, la foi dans ces paroles est un principe démocratique. On a récemment affirmé encore une fois, comme jadis à Trente, que « la croyance de l'ignorant ne peut pas dépendre du témoignage du savant » (Grundtvig)[144].

Les savants, cependant, n'ont pas abandonné la recherche, surtout la recherche du rapport intérieur et extérieur des écrits bibliques avec l'époque qui les a vus naître. Les idées religieuses ont été discutées au point de vue de la philosophie générale qui a aussi pénétré, avec plus ou moins de logique, dans le domaine de la théologie elle-même. De là est née une opposition entre l'Église et la théologie, qui est un des signes les plus remarquables de l'époque présente. La théologie, qui a souvent été considérée comme l'antipode de la science, en vient de plus en plus à être reconnue comme un de ses avant-postes. Or, comme l'a dit un théologien moderne, elle est comme un tampon entre l'Église et la pensée scientifique, un tampon dont on se sert à sa guise de part et d'autre.

Car le principe d'autorité fait front des deux côtés : d'une part, contre la libre vie personnelle des laïques, auxquels il dit de se soumettre aux formes de l'Église, et d'autre part, contre la science, lorsqu'elle essaye d'éprouver l'origine et la valeur de ces formes. Mais le trait le plus notable de la chose, c'est l'adhésion croissante au principe d'autorité dans les milieux laïques au cours du xixe siècle. Ce principe a montré sa valeur démocratique : à ceux à qui les circonstances extérieures et intérieures ne permettent pas la recherche indépendante, avec ses peines, ses dangers et ses crises, elle offre, avec un refuge, la certitude et l'appui. On voit de plus en plus chaque jour de quelle solide étreinte le catholicisme tient les masses ; et dans les églises protestantes, des laïques, prédicateurs ou non, dirigent, en nombre toujours plus grand, la vie religieuse. Dans ces églises, ce sont les laïques beaucoup plus que les autorités ecclésiastiques qui contrôlent l'orthodoxie des prédicateurs. Cette influence s'étend même à la théologie, puisque les prédicateurs, qui sont eux-mêmes contrôlés par les laïques, s'attendent à être consultés pour la nomination des professeurs de théologie. L'Église, comme on l'a remarqué, ne peut vivre ni avec, ni sans la théologie [145].

104. — Lorsque l'Église intervient entre la science et la

vie personnelle de l'individu, et essaye de les tenir séparés, elle heurte à la fois deux puissances spirituelles : et cet acte est bientôt puni.

L'éclat intellectuel qui, à une certaine époque, prenait sa source chez les principaux personnages de l'Église et de là illuminait toute la vie de l'Église, s'est éteint. La pensée religieuse véritable, sérieuse, concentrée, devient tous les jours plus rare. Les hommes se contentent de se demander anxieusement s'ils ont satisfait aux dogmes traditionnels. Dans l'Église catholique, les hommes vivent au XIII⁰ siècle; dans l'Église protestante, au XVII⁰. Il faut cependant ajouter à cette prédominance de la tradition un autre trait, plus digne de remarque, qui est particulier à l'Église d'aujourd'hui ; je veux dire le grand travail philanthropique qu'elle a organisé. Le type de saint Vincent de Paul vit encore parmi nous. Mais l'avantage qu'obtient la philanthropie en ne consacrant ni temps ni force à penser, ne peut pas à la fin compenser l'inconvénient auquel s'expose la vie spirituelle du fait que l'indépendance est entravée, par peur de porter une libre discussion dans les questions les plus importantes de la vie.

Les deux forces spirituelles que l'Église s'efforce de maintenir séparées se découvriront un jour l'une l'autre. En y regardant de plus près, on voit que le développement moderne de l'Église, caractérisé comme il l'est par une adhésion consciente au principe d'autorité, dans des milieux plus étendus qu'autrefois, est cependant en harmonie avec le principe de personnalité. Le mouvement qui se fait parmi les laïques peut, pour un moment, sembler avoir un effet hostile à la science et capable de la retarder : mais en lui-même et pour lui-même, c'est un signe que la foi somnolente dans la lettre fait place à une foi vivante, et entre ces deux sortes de foi, ce principe de personnalité ne nous laisse pas de doute sur le choix à faire. Grâce à l'importance attribuée au salut de toute âme individuelle, beaucoup plus d'hommes sont élevés à la vie personnelle qu'autrefois, et, une fois éveillée, cette vie ne se laissera pas détourner de son œuvre, qui est de donner un nouvel aspect aux anciennes formes, et même de la dépasser. C'est parfois, sur la ligne de bataille des forces de l'esprit, du côté où l'on s'y attend le moins, que les troupes avancent le plus vite. De nouvelles valeurs naissent très souvent, non du monde de la critique et de l'analyse, mais de cénacles où l'on a vécu dans une profonde ferveur pour les anciennes valeurs. L'histoire ne suit pas toujours une ligne droite.

CHAPITRE IV

LE PROBLÈME MORAL DE LA PHILOSOPHIE DE LA RELIGION

A. — La religion comme base de la morale

> So wie die Völker sich bessern, bessern sich auch ihre Götter.
> Lichtenberg.
>
> Mit ihren Gemeinden wachsen die Götter.
> Erwin Rohde.

105. — Pendant ses époques classiques, la religion a donné à l'homme toute sa conception et toute sa connaissance du réel : de même elle lui a donné sa morale, c'est-à-dire qu'elle lui a indiqué les fins suprêmes de la volonté et de la pensée, lui a proposé des modèles, lui a fixé des règles et des lois. Et de même que son explication de la nature était basée sur l'intervention de puissances surnaturelles, de même sa morale est basée sur la révélation de la dépendance de l'homme à l'égard des forces surnaturelles qui dirigent sa destinée dans ce monde et peut-être dans un autre monde. La morale, donc, est ici fondée sur une histoire surnaturelle. Cela dépend de la relation d'un homme vis-à-vis du monde surnaturel, de savoir s'il peut vivre moralement dans le monde naturel. Et ce n'était pas illogique, puisqu'à l'époque classique de la religion, les hommes en savaient plus sur le monde surnaturel que sur le monde naturel, et que la vie dans ce dernier n'était qu'un moyen pour la vie dans le premier.

Cependant, le rapport est plus compliqué qu'on ne pourrait le penser de prime abord. Je n'ai parlé de la religion qu'à son époque classique. Mais la nature de ce rapport entre la religion et la morale, tel qu'il apparaît à cette époque, a une longue histoire derrière lui. Et si nous étudions ce rapport dans son dévoloppement historique, nous trouverons entre la religion et la morale une action et une réaction continuelles, de telle sorte que non seulement la religion influe sur la morale, mais qu'inversement, le développement moral de l'homme réagit sur le caractère et le contenu de sa religion. D'ailleurs, lorsque nous en viendrons à parler de *fondement* et de *justification*, nous trouverons que, somme toute, c'est la religion qui est fondée sur des idées morales, et non l'inverse — même aux époques classiques de la religion. La valeur et l'importance que l'on attribue à la religion supposent logiquement certaines idées morales, que la conscience religieuse ne se sent pas portée à formuler d'une manière précise. Il faut examiner maintenant, au point de vue logique et au point de vue historique où en sont les choses lorsque la religion réclame le titre de fondement de la morale.

106. — Sous les formes les plus basses sous lesquelles nous la connaissions, la religion ne peut pas être dite avoir une valeur morale. Les dieux apparaissent comme des puissances dont l'homme dépend, mais non comme des modèles de conduite ou comme des dirigeants d'un ordre moral du monde. Sous le concept de Dieu, cependant, il y a, nous l'avons déjà vu (cf. §§ 45-55), un long processus d'évolution, qui est essentiellement déterminé par l'influence de la vie du sentiment sur les formes et les modes de la pensée. Les processus qui entrent dans le développement des mythes, des légendes et des dogmes, ne sont pas d'une nature exclusivement intellectuelle : le sentiment agit sans cesse, choisissant, rejetant, renforçant et restreignant. Et la vie du sentiment est, à son tour, naturellement déterminée par la vie humaine et ses conditions. Le sentiment moral se développe dans la lutte pour la vie, lutte de l'individu, mais surtout de la famille, du clan, de la nation. Au cours de cette lutte l'homme découvre la valeur de la justice et l'amour. Cette expérience ne peut manquer d'exercer une influence sur les idées religieuses. Même si ces idées étaient originairement formées sans la coopération de motifs moraux, elles devaient désormais se développer d'accord avec les idées morales. De forces purement naturelles que l'on pouvait braver, auxquelles on pouvait échapper, les dieux devinrent des puissances morales que l'homme ne pouvait ni ne voulait

braver. Les images des dieux ne purent prendre un caractère moral que lorsque les hommes eurent découvert les problèmes moraux dans la vie pratique et eurent développé un sentiment moral (qui au début a pu n'être pas assez fort pour s'opposer avec indépendance aux autres sentiments). Les buts principaux de la vie humaine deviennent à présent — en plus grand et sous une forme idéalisée — les buts des dieux. Les dieux se posent comme les champions et les défenseurs des plus hautes valeurs que les hommes aient connues dans leur lutte pour l'existence. Quels autres buts, quels autres qualités l'homme pourrait-il attribuer à ses dieux, ou concevoir comme divins, sinon ceux que son expérience lui a appris à reconnaître comme les plus hauts ? L'homme grandit en même temps que ses fins, et avec lui grandissent ses dieux. C'est une impossibilité psychologique, que l'homme ait pu concevoir des facultés et des volontés divines qu'il n'ait lui-même expérimentées à quelque degré. Cela est vrai non seulement de son idée de dieu, mais aussi de son idée d'immortalité. Au plus bas degré, l'idée d'immortalité est aussi vide de toute signification proprement morale que l'est celle des dieux. A ce degré il est naturel de croire que l'homme ne meurt pas : les images de la mémoire et des rêves ne témoignent-elles pas que les morts peuvent encore avoir une influence sur nous? Au point de vue de l'animisme (§ 46), la croyance à l'immortalité fait partie de la philosophie naturelle de l'homme, mais n'a pas nécessairement une signification morale. La continuation de la vie après la mort est, en elle-même et pour elle-même, aussi indifférente que le fait de savoir si nous vivons dans ce monde quelques années de plus ou de moins. Ce n'est que lorsque la conception d'un jugement, de récompenses ou de punitions s'unit à la croyance à l'immortalité, qu'une valeur morale peut y être attachée.

Le passage des religions naturelles aux religions morales a été justement appelé le plus important passage de toute l'histoire de la religion[146]. Il est beaucoup plus important que celui du polythéisme ou monothéisme, auquel on a souvent attaché trop d'importance.

107. — Et cependant, les religions naturelles elles-mêmes ont leur morale, car elles ont des exigences déterminées à l'é-

gard de l'homme. Celui-ci doit montrer respect et obéissance aux puissances divines, qui réclament des cérémonies et des sacrifices en leur honneur. Les hommes ont ainsi à s'exercer à l'obéissance et au contrôle de soi-même : ils apprennent à se subordonner, et en même temps leur vie acquiert un horizon plus étendu. Le culte familial, celui du clan, de la nation, étant commun à tous, contribue à développer un sentiment de solidarité qui peut acquérir une valeur morale. Et comme les formes de culte sont transmises de génération en génération, et comme leur accomplissement est considéré comme un devoir sacré, l'idée d'une connexion historique à poursuivre est ainsi fortement inculquée à tous. La conscience de la continuité est développée par la dépendance interne à l'égard « des dieux de nos pères ». Même ici, donc, au stade des religions naturelles, nous voyons la religion exercer un pouvoir de discipline, œuvre préparatoire qui peut ensuite acquérir une grande importance pour le développement moral.

Entre les religions naturelles et la religion morale, nous trouvons une foule de formes intermédiaires. Même lorsque les dieux sont conçus comme organisateurs du bien moral, il n'est pas nécessairement supposé qu'ils obéissent eux-mêmes aux lois qu'ils imposent. Ils représentent souvent le bien sans être bons eux-mêmes. Cette opposition apparaît souvent d'une manière très naïve dans les religions populaires. L'homme n'a pas l'idée d'exiger de ses dieux ce qu'il exige de lui-même et des autres hommes. D'ailleurs, des stades différents de développement moral sont souvent en lutte les uns contre les autres dans une seule et même religion populaire, car ces religions sont conservatrices de caractère, et s'attachent aux formes anciennes même après avoir accepté de nouvelles idées. Si dans les temps anciens, les dieux exigeaient des sacrifices sanglants, peut-être humains, ils ne faisaient après tout, qu'agir d'accord avec la morale barbare de la race. A un stade plus élevé d'évolution, les hommes eux-mêmes se refusent à commettre ces actions cruelles, et c'est ainsi que l'on donne une interprétation allégorique à l'ancienne prescription; ou bien on tient pour suffisante une représentation symbolique de l'acte sanglant. On peut même nier que Dieu ait jamais exigé un sacrifice sanglant (ainsi fait le prophète Jérémie, VII, 22-23). On voit ici nettement le passage du domaine rituel au domaine moral, passage analogue à celui que nous avons déjà signalé ailleurs (cf. §§ 53, 71) de la liturgie à la spéculation religieuse. Le cérémonial religieux de la purification (par exemple dans les religions perse et juive, et dans les rites orphiques chez les Grecs) fut par la suite expliqué comme un symbole de la purification de l'âme. L'enseignement des Védantas (dans les Upanishads) est une interprétation symbolique très logique des anciennes coutumes brahmaniques ; et Platon explique les mystères orphiques comme les philosophes védantiques expliquent ces anciennes coutumes. Martensen explique le commandement mosaïque, d'ensemencer un champ avec deux sortes de semences, et de porter des vêtements faits de deux étoffes, comme un stratagème pour imprimer dans l'esprit la grande distinction du sacré et du profane, comme une espèce d'exercice de distinctions morales.

Parfois la lutte entre les idées morales supérieures et inférieures qui sont nés dans l'esprit des peuples, peut avoir laissé des traces, sous forme de contrastes moraux, dans le monde des dieux[147]. On en trouve un exemple caractéristique dans la mythologie babylonienne. Le dieu Bel avait submergé la race humaine sous un déluge. Le dieu Ea, cependant, avait averti un homme pieux, qui se sauva, lui et sa famille, dans un bateau. Cela mit Bel en fureur, d'autant plus que les hommes ainsi réchappés ne l'avaient pas invité à leur sacrifice de fête. Il en vint aux gros mots avec Ea ; celui-ci soutint qu'il était injuste de faire périr les bons avec les mauvais, et Bel fut finalement obligé d'admettre que Ea avait raison. La même histoire est racontée sous la forme monothéiste, lorsque Jahvé regrette d'avoir déchaîné le déluge, et déclare qu'il ne recommencera pas. Dans la mythologie scandinave, la « fête d'Aegir » offre un exemple de contrastes moraux dans le monde des dieux, et en même temps de critique, au point de vue moral, d'un dieu par un autre dieu. En partant de conceptions de ce genre, une transition naturelle amène à l'idée que le mal dans le monde, jusqu'alors supposé, ainsi que le bien, venir des dieux, doit à présent être attribué à des dieux de rang inférieur ou a des êtres qui sont l'antithèse des dieux. Les anciennes formes de croyances n'étaient pas familières avec une distinction bien nette entre le bien et le mal. Oldenberg[148] remarque, sur ce point, à propos des Hindous : « Les documents religieux de l'Inde ancienne révèlent, avec la netteté et l'évidence qui les caractérisent, combien une personnification de la distinction du bien et du mal (telle qu'elle est apparue plus tard dans l'opposition entre Bouddha et Mara) est étrangère aux anciennes formes de croyance, et doit leur être étrangère, quoiqu'elle s'accentue peu à peu au cours d'un lent développement. La foi du Rigveda... est encore proche de la période prémorale du développement religieux. Pour la plupart bons et gracieux, les dieux védiques sont cependant bien loin encore d'être élevés au-dessus du mal et de la malice. L'approfondissement de la vie intérieure, la moralisation progressive de la religion, doivent toujours amener cette ancienne indécision à s'éclaircir de plus en plus, pour répartir l'élément positif et l'élément négatif entre les grandes puissances du réel. » Dans le parsisme, on le sait bien, ce contraste est marqué d'une manière très forte. Chez les Grecs, Platon, autant qu'on peut l'apprendre de son dernier ouvrage, voyait dans l'hypothèse d'un principe mauvais, existant côte à côte avec le bon, la seule manière possible de sauver la bonté de la divinité en face de l'expérience des désharmonies de ce monde.

Cette grande différence entre les religions naturelles et les religions morales peut se retrouver jusque dans les spéculations philosophiques et théologiques les plus éthérées. Car il y a, en fait, une opposition entre la puissance et la bonté, et toute tentative faite pour établir un concept de Dieu a à compter avec les difficultés auxquelles donne naissance cette opposition. Cela est déjà évident dans le problème examiné par Platon dans l'*Eutyphron* : le bien est-il le bien parce que Dieu (ou les dieux) le veut, ou Dieu (ou les dieux) veut-il le bien parce qu'il est le bien ? Au moyen âge, cette opposition prit une forme aiguë dans la lutte entre les deux scolastiques, saint Thomas enseignant que Dieu a voulu le bien parce qu'il était le bien, Duns Scot disant que le bien n'est bien que parce que Dieu l'a voulu. Avec le premier, la puissance est déterminée par la bonté, et inversement avec le second.

La route ainsi suivie par la vie religieuse, sous l'influence du sentiment moral et des idées morales, conduisait naturellement à reconnaître l'indépendance de la morale à l'égard de la religion. Si Dieu veut le bien parce qu'il est le bien, il doit y avoir un critérium du bien et du mal indépendant de la volonté divine, et les hommes doivent pouvoir le découvrir : sans quoi ils ne pourraient pas savoir que ce que Dieu veut est le bien. Et si le bien est bien parce que Dieu le veut, alors les hommes doivent se demander pourquoi ils appellent « bien » ce que Dieu veut, au lieu de dire simplement, Dieu veut ce qu'il veut. La foi religieuse, lorsque la nature en est devenue parfaitement claire, et qu'elle a atteint sa perfection, suppose une morale humaine indépendante, qui s'est, en fait, développée historiquement sous l'influence pratique du sentiment moral des hommes.

108. — Il n'est pas nécessaire que les motifs religieux et les motifs moraux soient complètement opposés les uns aux autres, car les premiers peuvent contenir les seconds en eux-mêmes. Tel sera le cas, par exemple, lorsque les religions naturelles auront commencé à se développer dans le sens de religions morales. Les motifs religieux peuvent avoir les couleurs les plus variées, selon le rapport qui existera entre les motifs moraux qu'elles contiennent et les autres éléments, tels que la peur, l'espérance, l'admiration, etc. Il peut être aussi difficile pour le sujet lui-même que pour autrui, de décider quel est l'élément prédominant. Souvent le motif religieux est la forme sous laquelle l'homme est averti de ce que sa conscience exprime, parce qu'il ne connaît pas d'autres formes d'idée, pas d'autre langage pour revêtir sa connaissance de lui-même. Schopenhauer a attiré l'attention sur ce fait dans un passage frappant[149] : « Dans les bonnes actions, dont l'auteur fait appel aux dogmes, il faut toujours distinguer si ces dogmes ont été les motifs réels de l'acte, ou s'ils ne sont pas en réalité la justification apparente par laquelle il essaie de satisfaire sa propre raison à l'égard d'une bonne action qui résulte d'une tout autre origine, qu'il accomplit parce qu'elle est bonne,

mais qu'il ne peut pas bien expliquer parce qu'il n'est pas philosophe, et que cependant il réfléchit sur ce sujet. Mais la distinction est très difficile à découvrir, parce qu'elle se trouve dans les profondeurs de l'âme. »

Celui qui est juste parce que le Dieu auquel il croit est juste doit attribuer une valeur à la justice elle-même. Ici, la religion a son antécédent logique dans une morale indépendante, qu'elle la pose consciemment ou non. Les antécédents logiques de nos pensées et de nos actions ne peuvent être élucidés que grâce à beaucoup d'attention et par l'analyse, qui ne peut se développer que lorsque l'on est parvenu au niveau de la conscience réfléchie et critique. Lorsque l'on vient à se demander pourquoi tels prédicats particuliers sont attribués à la divinité, la réflexion personnelle ramène, à travers un plus ou moins grand nombre d'articulations intermédiaires, à l'évaluation et à la pensée indépendantes, sans lesquelles tout prédicat doit finalement apparaître à la réflexion comme dépourvu de sens. La conscience religieuse, lorsqu'elle rencontre le principe moral, éprouve ce que Descartes éprouva en cherchant un fondement à la régularité des lois de la nature. Descartes déduisait de l'immutabilité divine cette obéissance de la nature à des lois ; mais il établissait la croyance à l'immutabilité divine par la loi de causalité. Or, tout le sens de la loi de causalité est que la nature obéit à des lois. Aussi le détour passant par le concept de Dieu est-il, au point de vue logique, superflu. La détermination par des motifs religieux de la valeur des qualités morales est aussi un détour, car cette valeur était déjà reconnue au moment où ces qualités étaient attribuées à Dieu.

Les valeurs doivent être découvertes et produites dans le monde de l'expérience avant de pouvoir être conçues ou supposées existantes dans un monde supérieur. L'autre monde doit toujours être dérivé de ce monde-ci ; il ne peut jamais être un concept primaire. Il change comme change ce monde. Tantôt il continue, tantôt il intensifie cette vie ; parfois il est conçu comme son opposé en toutes choses. Le contenu de la religion revient toujours à la vie dans le monde de l'expérience, et il serait incompréhensible sans la connaissance de cette vie. La discussion nous ramène toujours, avec une logique implacable, à la priorité conceptuelle de la morale sur la religion.

Cette relation logique est d'accord avec ce que nous a enseigné le développement historique (§§ 106-107). Elle s'accorde aussi avec notre analyse psychologique de l'essence de la religion, analyse qui nous a conduits à considérer les valeurs religieuses comme secondaires (§ 31) par rapport à celles qui sont immédiatement déterminées par l'instinct de conservation personnelle et d'abandon personnel.

Mais la religion revient encore à la morale d'un autre côté, et c'est le point le plus important. Si nous nous demandons quelle est la valeur de la croyance dans la conservation de la valeur, la réponse ne peut pas être donnée par la religion seule. Car il est toujours possible que cette croyance soit inutile ou même hostile à l'effort qu'il faut faire pour découvrir et produire des valeurs dans le monde de l'expérience. S'il en était ainsi, la religion aurait, pour effet une perte d'énergie et de temps. Pour que la religion soit justifiée, il faut donc nécessairement que ni force ni temps ne soient soustraits au travail moral. D'autre part, la religion gagnera en valeur positive si l'on peut montrer qu'elle est une condition qui nous rend capables de produire et de découvrir des valeurs dans le monde de l'expérience.

Le résultat auquel nous sommes arrivés à présent est que la religion, dans son développement historique, aussi bien que dans ses motifs, dans son contenu et dans sa valeur, suppose des données morales, même lorsqu'elle a tout l'air de servir de base à la morale.

B. — La religion comme forme de la culture spirituelle

> Ἐὰν μὴ ἔλπηαι ἀνέλπιστον οὐκ ἐξευρήσει
> HÉRACLITE.
>
> There are cases where faith creates its own verification.
> WILLIAM JAMES.

109. — C'est un caractère de la façon dont se pose aujourd'hui le problème religieux, que de voir la discussion rouler de plus en plus sur la valeur de la religion plutôt que sur la

vérité de telle ou telle doctrine particulière. On admet comme un postulat implicite en ce cas, que l'essence de la religion ne consiste pas dans une solution offerte par ses enseignements aux problèmes de la vie et de l'univers, mais dans son influence pratique sur la vie humaine, sur la valeur qu'elle a comme forme particulière de la culture spirituelle.

Dans les violentes polémiques religieuses du XVIIIe siècle, la bataille faisait rage entre le dogmatisme d'une part et la hiérarchie d'autre part. C'était l'Église, dans sa fonction d'autorité civile, que les hommes voulaient renverser et détruire. Il y avait une tendance générale à considérer les dogmes, soit comme des productions capricieuses, soit comme des instruments employés par le clergé pour dominer l'esprit des hommes et ainsi les hommes eux-mêmes. Les polémiques de Voltaire, de Diderot et de d'Holbach sont toutes fondées sur cette idée. Au XIXe siècle, dont on peut dire que, philosophiquement, il a commencé avec Rousseau, Lessing et Kant, l'on est parti de l'expression intellectuelle et de l'organisation extérieure de la religion, pour remonter à ses forces créatrices et motrices internes. On fit une distinction entre ces forces originales et les produits par lesquels elles s'expriment à une époque et à un endroit donnés. Mais cette distinction ne pouvait manquer de suggérer la question suivante ; les formes intellectuelles et les organisations extérieures sous lesquelles la religion était jusqu'alors apparue dans l'histoire, ne pourraient-elles pas disparaître et être remplacées par d'autres formes et d'autres organisations, sans qu'il s'ensuivit aucune perte pour les éléments essentiels de la religion ? L'idée d'un troisième royaume fut adoptée et développée de différentes manières, car une conception de la vie, dépassant les termes opposés, qui jusque-là s'étaient si fortement heurtés l'un à l'autre, commença à être considérée comme possible. J'ai examiné cette tendance, d'une manière plus étendue, dans un article intitulé : « Le Conflit entre l'ancien et le nouveau » (*International Journal of Ethics*, VI).

Le critérium de la valeur de la religion et de sa signification comme expression de la culture spirituelle doit finalement être un critérium moral. Si nous partons d'une conception assez large de la morale, nous pouvons dire que l'évaluation de toutes les formes du développement spirituel rentre dans le domaine de la morale. Il y a une libre république de la civilisation, dans laquelle on reconnaît avec pleine justice l'œuvre de progrès matériel aussi bien qu'esthétique, intellectuel et religieux, et l'œuvre philanthropique aussi : république qui occupe une place de la plus grande importance, à côté de la famille et de l'État, et qui agit en entretenant avec la famille et l'État des relations de réciprocité. C'est une des fonctions de la morale, que de rendre claire la valeur de la civilisation spirituelle et matérielle. A cet égard, la religion elle-même, quoiqu'elle ne soit pas le fondement dernier de la morale, acquiert une signification morale.

Toute culture impose des devoirs à la volonté et à l'activité humaines, et nous avons maintenant à nous demander dans quelle mesure et comment la nature humaine se développe par l'effort qu'elle fait pour accomplir ces devoirs. Mais la culture produit aussi des biens, satisfait à des besoins, et apporte des satisfactions, et il faut, par conséquent, rechercher la relation qui existe entre ces biens et ces satisfactions, et le développement de la vie humaine. La valeur de la religion doit être examinée à ces deux points de vue.

Notre étude sera en partie psychologique, en partie sociologique. Car la religion n'est pas entièrement l'affaire de l'individu. Plus qu'aucune autre forme de la culture spirituelle, elle profite à la solidarité. Elle a produit le besoin de communion et a, par là, développé le sentiment social.

a) *Etude psychologique.*

110. — Nous avons vu que la religion repose en dernier ressort sur la morale pour son critérium de valeur. La religion se recommande à la conscience de l'homme, et, ce faisant, elle suppose que, consciemment ou non, il possède un critérium grâce auquel il peut estimer les valeurs que la religion s'efforce de conserver. Mais cela n'exclut pas la possibilité pour la religion d'être de la plus grande importance comme motif d'action, lorsqu'il s'agit de donner à des valeurs reconnues, à des

moments particuliers et dans des situations particulières, le dessus sur la volonté.

La distinction entre les motifs qui déterminent la valeur et ceux qui déterminent l'action est, à mon avis, de la plus grande importance morale. Le motif d'évaluation détermine le contenu de la morale, les principes et les règles qui forment la base de nos évaluations et de nos efforts. Le motif d'action, la force qui nous met en mouvement, et nous pousse, dans des cas et dans des domaines particuliers, à vouloir et à agir, ne coïncide pas nécessairement avec le motif d'évaluation sous-jacent. Il y a bien des motifs d'action différents qui pourront tous nous conduire dans la direction exigée par le motif d'évaluation. Aussi ce dernier n'a-t-il pas besoin d'entrer consciemment en scène dans chaque circonstance ; il suffit de le découvrir ou de le rechercher dans les cas douteux, ou lorsque les intérêts psychologiques nous poussent à rechercher la tendance générale de la vie volontaire ; ce peut même être un signe de perfection, que le motif d'évaluation ne soit pas le motif immédiat d'action, ou, en termes plus simples, c'est quelquefois un mauvais signe qu'un homme ait toujours à consulter sa conscience avant d'agir. Les motifs les plus spécialisés sont généralement les plus sains et les meilleurs. Ces motifs sont le sentiment de la famille, l'amitié, le patriotisme, le plaisir à l'ouvrage, l'enthousiasme artistique et scientifique. Ces motifs sont éprouvés et reconnus par le motif d'évaluation originel (« la conscience »)[150], mais celui-ci ne peut prendre leur place, à moins que véritablement la vie ne soit en danger de perdre son contenu vivant et multiple. On peut prendre comme critérium de la perfection du caractère la nature plus ou moins secrète et potentielle du motif d'évaluation, qui ne doit pas intervenir à chaque instant entre les motifs d'action nécessaires à l'accomplissement des devoirs spéciaux. La distinction entre le motif d'évaluation et le motif d'action rend possible la signification morale du motif religieux, même si la décision souveraine relative à ce qui est juste et bon, c'est-à-dire la détermination du contenu de la morale, ne doit pas être cherchée dans la religion. Là où les motifs religieux sont présents, leur présence doit parfois être reconnue. Ils ne pourraient peut-être pas être remplacés par d'autres motifs, et les tentatives pour les détruire pourraient bien avoir pour résultat de remplacer la force et l'harmonie par l'incertitude et la faiblesse. Tout homme doit être pris tel qu'il est, et la question est de savoir jusqu'où il peut se développer à partir du point où il est à présent. Le fardeau de la preuve incombe ici, bien entendu, à celui qui intervient dans la vie intérieure d'un autre pour y changer les motifs. Qu'il fasse attention par-dessus tout à ne pas entraver les forces qui ont agi jusqu'alors, car peut-être ne trouvera-t-il pas facile d'en mettre d'autres à la place. Ce n'est que trop souvent que la critique a privé les hommes de la faculté et du courage d'oser, de supporter et de souffrir. Les motifs religieux qui permettent à cette faculté et à ce courage de se développer, ont en cela leur justification et pourvoient en cela à leur propre vérification.

Souvent, cependant, sinon généralement, les motifs religieux n'ont qu'une signification temporaire et pédagogique. Ils ont alors l'utilité, en général associée à la reconnaissance d'autorités et de modèles, d'attirer l'attention sur un sujet qui ne peut acquérir qu'ainsi une valeur directe et immédiate. Au cours du développement humain, d'innombrables réadaptations de motifs se produisent, et des motifs qui peuvent eux-mêmes ne posséder aucune valeur directe et immédiate, peuvent acquérir de la valeur comme termes intermédiaires dans l'évolution. Tout ce qui, directement ou indirectement, sert à rendre la vie large, sûre et riche de contenu, a sa valeur, et la morale ne doit pas copier le dogmatisme et réclamer avec anxiété que chaque homme lui confesse son credo.

111. — Cette recherche des motifs religieux de l'action doit être entreprise à un point de vue purement moral. Et s'il est prouvé que les motifs religieux sont de nuance très différente (§ 108), il en résulte qu'ils doivent être de valeur très différente. Lorsque, par exemple, la pensée de la récompense ou de la punition distribuée par la divinité dans cette vie ou dans une autre est de première importance, l'on se trouve en face d'un motif bas, même si la tendance qu'il produit en certains cas est méritoire à d'autres égards. Lorsque la foi se trouve placée plus haut que l'amour, ou que la foi et l'amour sont

réciproquement en désaccord, il y a, en règle générale, une lutte entre la religion et la morale. Lorsqu'elle n'est pas aveugle, « la volonté d'amour » agit immédiatement vers le but adopté par la morale humaine, tandis que la foi peut très bien agir dans une direction opposée. La foi sépare, l'amour unit. Parmi les différences que cette « volonté d'amour » rencontre et a à vaincre, il y a les différences de croyances. Puisque, ainsi que nous l'avons vu, la religion et la morale sont essentiellement en rapport, le caractère particulier d'une attitude religieuse aussi bien que d'une attitude morale peut être dû au rapport qui existe entre l'affirmation et l'abandon de soi-même. La foi est l'expression de l'affirmation de soi : l'amour, de l'abandon. Aussi, un point de vue doctrinal qui anéantit l'amour sur des points importants tend-il plus ou moins nettement à l'égoïsme. Un homme ne fait-il que penser à lui dans sa religion, la seule chose importante pour lui est-elle d'arriver au salut, à la paix, à la santé pour sa propre personne, sans songer à la destinée du reste de l'univers ? Ou cherche-t-il une grande harmonie, un royaume de valeurs, tel que le sort de son propre moi repose entièrement sur les lois et les conditions de ce royaume ? Les motifs religieux prennent des formes différentes selon la réponse donnée à ces questions. Il n'est pas peu significatif de voir que l'Église a presque toujours considéré comme dangereux d'appuyer trop fortement sur un abandon inconditionnel, impliquant la disparition complète de toute considération du moi. Fénelon, par exemple, fut obligé par l'Église à rétracter sa doctrine de « l'amour désintéressé de Dieu ». Lorsque l'élément personnel est conservé indépendant et prédominant, le résultat est un égoïsme surnaturel, un attachement au monde, mais à « l'autre monde. » Au point de vue moral, on ne peut refuser sa sympathie à la femme sarrasine dont Joinville, dans sa biographie de saint Louis, nous raconte que, un réchaud d'une main et de l'autre un vase plein d'eau, on la voyait descendre la rue de Damas ; et comme un moine lui demandait ce qu'elle voulait faire avec ces objets, elle répondit : « Brûler le Paradis et étendre les feux de l'Enfer, afin que les hommes fassent le bien pour l'amour de Dieu. » L'Église a développé l'élément égoïste dans le sentiment religieux pour des raisons d'éducation. Peut-être est-il indispensable en bien des cas (cf. § 94), mais il n'y a pas de raison de lui attribuer aucune valeur spéciale, alors que certains des efforts humains les plus nobles sont condamnés comme de « brillants vices ». Des considérations pédagogiques de ce genre ont amené l'Église luthérienne à soutenir que la menace de la sévérité de la loi et de la colère de Dieu produit la conscience du péché et l'inquiétude relativement au salut de l'âme, et prépare ainsi l'esprit à faire appel à la miséricorde divine. Une autre conception a, en réalité, été formée avant le temps de la Réforme, à savoir : que le véritable repentir pourrait bien naître, si l'idéal, dans toute sa splendeur, était révélé à la conscience humaine, pour exciter en elle, non la peur du jugement, mais l'espoir d'atteindre l'idéal. Une telle conception, il est vrai, suppose que l'Évangile a été promulgué avant la loi. C'est ce dont Luther et Mélanchton, cependant, ne veulent pas : ils rejettent cette idée sous prétexte de s'adapter à la mentalité du « peuple », des « ignorants » et de ne pouvoir s'arrêter à « couper des cheveux en quatre [151] » ! Au point de vue moral, il n'est pas douteux que l'attrait de l'idéal et que l'éclat joyeux de l'espérance ne soient des motifs plus sains et plus acceptables que la peur supposée excitée par la promulgation de la loi.

Mais en dehors de la nuance particulière de tout motif religieux, il faut se souvenir qu'aucun d'eux ne possède une valeur morale si l'influence qu'ils exercent sur l'esprit n'est pas spontanée ; ils ne doivent pas être imposés du dehors, ni postulés ou adoptés par un acte de volonté consciente. Voltaire disait que si Dieu n'existait pas, les hommes auraient dû l'inventer. Mais ce Dieu artificiel ne servirait à rien, sauf à cette fonction de policier à laquelle pense Voltaire. Le sentiment religieux ne représente un véritable capital spirituel qu'à condition de jaillir involontairement des besoins intimes du cœur. Comme tout sentiment immédiat et naturel, il ne peut être produit et déterminé indirectement. Lorsque le sens de l'individualité se sera suffisamment développé, nous pourrons espérer que la délicatesse prendra la place de la grossièreté spirituelle avec laquelle on traite aujourd'hui si souvent cette question.

Il y a un rapport étroit entre l'exigence de l'intégrité personnelle et l'exigence de l'honnêteté individuelle [152]. Il ne suffit pas, pour justifier un modèle religieux, de dire qu'il est l'expression d'une personnalité humaine : il faut aussi être assuré que l'individu a fait tout ce que lui permettent ses facultés et les circonstances de la vie, pour éprouver la solidité des idées religieuses qui sont incorporées dans les motifs religieux. Les motifs qui ne peuvent se développer qu'aux dépens de l'amour de la vérité ne peuvent avoir aucune valeur morale. Et cependant on peut lire, de nos jours, des éloges des motifs religieux et de leur valeur sociale, dans lesquels il n'y a pas un mot sur le devoir d'honnêteté intellectuelle : et cela entraîne bien des natures dans un conflit tragique. Beaucoup de gens spécialement désignés, par leur profond amour pour leurs semblables, et par leur sens aigu des besoins et des exigences de la vie personnelle, pour être les éducateurs religieux et moraux de leurs concitoyens, sont détournés d'écouter cette vocation par les formes dogmatiques et glacées que la vie nationale a prise dans l'Église. Il y en a d'autres, au contraire, qui, sans finesse intellectuelle et sans profondeur d'émotion, ne se laissent pas troubler par cette forme dogmatique, et ne sont que trop disposés à se donner, *urbi et orbi*, pour des dignitaires de l'Église. A l'époque du rationalisme et du romantisme, on considérait à la fois comme légitime et comme nécessaire, pour tout homme qui entrait au service de l'Église comme éducateur, d'adhérer personnellement à l'interprétation idéaliste et symbolique des dogmes religieux, tout en se gardant de faire, dans ses sermons, la moindre distinction entre la vérité symbolique et la vérité littérale. Des hommes tels que Fichte et Schleiermacher ont expressément enseigné cette méthode, et celui-ci l'a mise en pratique. De nos jours, elle se heurterait de plus en plus à notre besoin d'intégrité personnelle et d'honnêteté intellectuelle. Mais l'Église verra ses relations avec la culture intellectuelle se compliquer toujours davantage, si elle s'entête à conserver un dogmatisme qui rend possibles des conflits tels que ceux que nous avons décrits [153].

112. — Outre son influence sur les actions particulières, la conception religieuse qui s'attache à la conservation de la

valeur dans le réel sera toujours de grande signification, pour le vaste et brillant horizon qu'elle ouvre aux efforts et à l'activité des hommes. Je ne pense pas ici aux formes spéciales sous lesquelles pourrait se présenter un idéalisme moral de ce genre. La philosophie de la religion n'a pas à construire une religion, mais à éprouver la valeur de ce qui est fondamental dans toute religion.

La croyance à la conservation de la valeur nous laisse — puisque nous ne pouvons pas retracer en détail les métamorphoses que subit la religion — en face de la conception du réel comme d'un grand système de valeurs potentielles, qui doivent se transformer, en partie par l'action de l'homme, en valeurs actuelles. La conscience morale a sa racine dans la conviction profonde qu'il y a une valeur qu'il faut conserver comme la plus haute ; aussi, à cet endroit, la conscience religieuse et la conscience morale s'unissent-elles. La religion peut ici faire appel au fait que, de quelque manière qu'à d'autres égards le réel soit constitué dans sa nature profonde et dans l'immense système de relations qu'il forme, il doit du moins contenir en lui les conditions nécessaires à l'existence des valeurs que les hommes ont appris à reconnaître ou qu'ils ont été capables de produire. Personne ne peut jamais prouver que la naissance de la valeur dans le monde soit due à un accident. Peut-être que l'existence intime du réel ne se révèle qu'aux endroits où apparaît la valeur, quoique cette condition implique la difficulté de concilier l'existence de ces points avec celle des points où nous voyons apparaître le contraire même de tout ce que nous pouvons appeler une valeur. Si nous expliquons ces révélations de la valeur comme des symptômes du caractère divin de l'œuvre que constitue l'évolution générale du monde, nous pouvons concevoir notre ouvrage comme une partie de cette action divine, partie déterminable en quantité et en qualité par notre nature propre et par notre position dans l'univers. Cette idée jette un jour nouveau sur notre champ d'opération. Nous reconnaissons à présent que les limites de notre puissance et de nos efforts sont les limites mêmes de l'œuvre que nous avons à accomplir — dans la mesure où ce sont vraiment des limites et non pas de simples obstacles, dont la destruction est un exercice pour nos efforts. Nous pouvons ainsi nous voir à la fois comme des êtres indépendants et personnels, et comme des membres de l'ordre universel des choses et de son système de relations.

Cette croyance a, dans le domaine moral, la même valeur qu'ont dans le domaine théorique les idées, les anticipations et les hypothèses. Un attachement trop inquiet à l'expérience pourrait obscurcir notre vue et émousser l'instinct de découverte de possibilités nouvelles : et cela est vrai du domaine pratique comme du domaine théorique. Le cœur et la vaillance rendent possibles bien des choses qui, sans cela, ne se réaliseraient jamais, du moins dans le cas de certains individus. Ici, encore, l'opinion de Will. James, qu'il y a des cas où la foi produit sa propre vérification, se trouve justifiée.

Il y a une parenté étroite entre la croyance et le désir. La croyance qui ne peut être prouvée est le désir de trouver vrai ce que nous croyons. Ce désir peut même conduire à la découverte de la vérité. Le désir est très important dans notre organisation spirituelle, parce qu'il est une forme d'attachement à quelque chose qui a de la valeur, quoique cette valeur ne puisse se réaliser ni immédiatement, ni bientôt, ni même en un temps assignable. Un tel désir peut avoir un sens négatif, aussi bien qu'un sens positif. Il peut interdire de faire place à des fins et à des actions qui seraient hostiles à la valeur qui s'incarne dans ce désir. Et il peut aiguiser notre attention, pour empêcher qu'aucune possibilité d'avancer vers la réalisation de la valeur nous échappe. Il est vraisemblable qu'un plus grand nombre de valeurs pourront être dégagées, découvertes et produites, si nous restons fidèles au contenu de nos désirs, que s'il s'est installé une résignation sans désirs, et plus encore, une sorte de satiété.

113. — La valeur d'un état d'esprit tel que celui que nous avons décrit, a été souvent marqué avec insistance, du côté des philosophes, qui ont parfaitement vu comment il détermine un choix de motifs, capable de nous donner force et courage dans les luttes de la vie, spécialement dans celle qui a pour objet le développement supérieur de la vie.

Selon Spinoza, tous les sentiments qui offrent trace de limitation ou de faiblesse sont de valeur subordonnée, ou même absolument sans valeur. Ce n'est pas la peur ou la douleur, mais la contemplation assidue de la valeur et du bien, et l'effort fait pour les atteindre par l'intelligence parfaitement claire, qui permettent à l'homme d'atteindre la perfection suprême. L'homme libre, par lequel Spinoza entend l'homme qui est guidé par les idées claires, pense à la mort moins qu'à tout; son but est l'activité, la vie, l'affirmation raisonnable de soi; sa sagesse est la méditation de la vie, non de la mort.

Kant (dans son Introduction à la *Critique du Jugement*) examine la question de l'importance du désir et de l'attente dans la vie de l'esprit, et il conclut en résumé de la manière suivante : « Si nous n'exercions jamais nos facultés que lorsque nous sommes sûrs que la réalisation de l'objet désiré est en notre pouvoir, ces facultés resteraient pour la plupart inactives. » Dans le même ouvrage, il fait appel à la beauté de la nature, au génie et à la vie organique, pour leur faire témoigner que le réel, agissant selon ses propres lois, tend à produire ce qui a de la valeur pour l'homme. Et il saisit cette occasion, pour exprimer sa croyance que la force qui agit dans le grand système de relations qu'est la nature, n'est pas étrangère à celle qui conduit l'homme à découvrir et à affirmer des valeurs. Il donne à entendre que la distinction que nous faisons entre l'explication scientifique et l'évaluation pratique, entre une conception mécanique et une conception théologique, dépend en réalité de la forme de notre connaissance, et ne correspond pas à un dualisme dans l'essence intime du réel. Si porté que soit Kant, dans sa morale, à insister formellement sur les contrastes, les désaccords et les catastrophes qui se présentent dans le réel, cependant son dernier regard sur ce réel est plein d'espoir, et il donne comme fondement à son espérance le fait de la vie et le fait de la beauté.

Stuart Mill (dans ses *Essais* posthumes *sur la Religion*) affirme que l'imagination a ses droits, non moins que la réflexion critique, et que la première est dans son droit, lorsqu'elle s'arrête de préférence à des possibilités joyeuses, non seulement parce que celles-ci nous donnent une satisfaction immédiate, mais encore parce qu'elles nous encouragent dans notre effort. Insister sans nécessité sur le mal de la vie est une dépense inutile de force nerveuse. Il n'est pas aussi important de donner une forme déterminée à l'espérance, que d'étendre aussi loin que possible la gamme du sentiment, si bien que les tendances supérieures ne se heurtent jamais à l'idée que la vie n'a pas de sens. La méthode de pensée de ce philosophe a été récemment adoptée par un des représentants les plus en vue du réalisme littéraire. Dans une allocution faite à une association d'Étudiants français, en 1893, Émile Zola disait : « Je confesse qu'en littérature, nous avons rétréci sans nécessité notre horizon. Pour ma part, j'ai souvent regretté mon exigence sectaire, de voir l'art se borner aux vérités prouvées. Des écrivains récents ont élargi l'horizon, car ils ont reconquis l'inconnu et le mystérieux; et en faisant cela, ils ont bien fait. Qu'est-ce que l'idéal, sinon l'inexpliqué, sinon ces forces du monde invisible dans le courant desquelles nous baignons, quoique nous ne les reconnaissions pas »? Zola ne redoute que les rêves *creux*. Mais il recommande la foi dans le travail ; et la croyance dans le travail, unie à l'affirmation d'un horizon élargi, indique nécessairement une croyance à la relation intime de la faculté de travailler et des résultats qu'elle produit, avec l'essence intime du réel — en fait, la foi dans la conservation de la valeur.

114. — Ces considérations s'appliquent plus spécialement à notre sentiment à l'égard de notre propre personnalité, de cette partie du réel à laquelle nous sommes indissolublement unis. Le fondement sous-jacent de notre personnalité n'a pas été produit par nous, et cependant tout ce que nous sommes plus tard capables de produire, même par l'activité portée à son plus haut point, est déterminé par ces tendances sous-jacentes. La route est déterminée au point de départ, mais elle diffère largement, selon les cas différents, en quantité et en qualité. Notre individualité est une donnée, déterminée par l'ensemble des relations de l'espèce, et, finalement, par le vaste ensemble de relations qu'est la totalité de la nature. Nous venons à l'existence comme naît un bouton sur un tronc puissant : et nous avons ici une raison particulière du sentiment de dépendance, qui est un élément si essentiel du sentiment religieux. Ce sentiment de dépendance s'attache donc à notre

moi intime, à la source même de nos efforts aussi bien qu'à la direction initiale de ces efforts.

Toute la gamme des émotions évoquées par notre estimation de la valeur peut trouver place ici. C'est ici qu'il y a place pour l'espérance ou la crainte, pour la résignation joyeuse et confiante ou pour l'amertume passive, ou pour un mépris de soi-même qui, fixant son regard sur les points sombres que l'on peut toujours trouver, finit par paralyser toute faculté de vouloir. Ici encore, pour parler à la manière de Spinoza, nous devons diriger nos pensées vers la vie et non vers la mort; laissant perdre ce qui n'a pas de valeur, nous devons nous consacrer à la découverte des valeurs qui peuvent être conservées ou rachetées. La foi dans la conservation de la valeur nous donnera le courage nécessaire pour ne pas abandonner trop facilement les choses, les supposant perdues, mais pour continuer notre recherche de la valeur, des sources cachées, jusqu'à ce que nous découvrions comment même « la plus petite fleur garde sa place dans la guirlande de la vie ».

115. — Mais notre connaissance, non seulement des possibilités individuelles, mais aussi des possibilités cosmologiques — de l'existence prise comme un tout, aussi bien que de notre nature intime — est imparfaite, et dans nos efforts pour la comprendre, nous nous heurtons souvent à d'insurmontables barrières. D'ailleurs, on peut dire, en un sens, que le réel devient plus mystérieux avec le progrès de la connaissance, puisque tout progrès important ouvre de nouvelles régions à notre regard.

Dans la seconde partie de son *Aanden i Naturen* (Esprit de la Nature), H.-C. OErsted a écrit le beau passage que voici : « Nos désirs ne devraient pas déterminer ce que nous accepterons comme vrai. Ne devrions-nous pas avoir toujours honte de nous-mêmes, quand nous nous prenons à désirer une vérité autre que celle qui est en fait ?.... Non, rendons tout hommage à la vérité : car à la vérité, la bonté est inséparablement unie. La parfaite vérité apporte toujours la consolation avec soi. »

Dans son zèle pour exciter à une recherche intrépide, d'une part, et d'autre part pour encourager et réconforter, OErsted dit plus qu'il ne peut prouver. Que la vérité parfaite soit toujours consolante, c'est ce que l'on ne peut savoir que lorsqu'elle est trouvée : mais quand est-elle trouvée ? L'élément de vérité contenu dans les paroles d'Œrsted est que nous n'avons jamais le droit de nous arrêter à un dogme pessimiste *parce que* nous avons découvert un manque d'harmonie entre notre expérience et notre foi dans la conservation de la valeur. Il est très possible que nos expériences soient incomplètes, et que l'expérience élargie doive détruire ce désaccord avec la conservation de la valeur. Nos expériences présentes conduisent quelquefois à des contradictions logiques : mais nous ne renonçons pas pour cela à la validité de nos principes logiques ; au contraire, nous croyons que notre expérience est imparfaite, et quand nous réussissons à la compléter, nous voyons disparaître la contradiction. Nous pouvons de même essayer d'élargir notre expérience lorsqu'elle entre en conflit avec la conservation de la valeur. Et cet élargissement ne peut souvent se faire que par notre propre activité, par un changement dans les conditions naturelles ou sociales, par une intervention dans le développement du caractère humain : plus spécialement, du nôtre. Si nous n'admettons pas la possibilité de tels changements, la possibilité de racheter des valeurs, d'en découvrir d'autres, nous n'essayerons pas, naturellement, d'agir ainsi. C'est ainsi que la croyance à la conservation de la valeur peut, dans des cas isolés, être une condition nécessaire pour la mise en lumière de la conservation de la valeur. Il n'est donc pas besoin ici d'une « consolation » particulière.

En général, c'est énoncer un principe dangereux que de dire que nous devons être consolés à tout prix. Il y a beaucoup à apprendre, sur ce point, des anciens mystiques. L'auteur de l'*Imitation* répète à satiété qu'il faut aimer Jésus pour Jésus et non pour sa propre consolation (*propria consolatio*) : ceux qui cherchent toujours la consolation sont des mercenaires. Et lorsque Suso demandait à un saint moine, qui se révélait à lui après sa mort dans une vision, quel exercice était à la fois le plus pénible et le plus profitable, il lui fut répondu qu'aucune discipline n'est aussi pénible, et en même temps ausi pénétrante, que de se sentir abandonné de Dieu : car alors l'homme renonce à sa propre volonté et se résigne, pour l'amour de la volonté divine, à perdre son Dieu. Lorsque la consolation personnelle est le but ultime, la piété se transforme en égoïsme.

On ne peut donc douter que la foi dans la conservation de la valeur possède elle-même une valeur, lorsqu'elle apparaît comme une croyance pratique, qui, par la tentative que l'on fait pour la vérifier, pousse à l'action. Elle contient aussi un élément de consolation, car elle élève l'esprit au-dessus du limité et du fini. Mais le fait que la religion devienne de plus en plus importante comme moyen de consolation, et que cette idée soit si fortement accusée, est la marque d'une situation fausse dans la vie de l'esprit. La religion était autrefois la colonne de feu qui allait en avant de l'espèce humaine dans sa longue marche à travers l'histoire ; elle lui montrait le chemin. Maintenant elle a presque le rôle de l'ambulance, qui suit à l'arrière-garde et ramasse les blessés et les éclopés. Mais c'est là aussi une grande tâche : cependant, elle ne suffit pas ; et si la religion se décharge de toutes ses valeurs mortes, elle s'élèvera une fois encore, intimement unie à la morale, au rang de puissance capable de conduire l'humanité en avant.

116. — Lorsque l'on parle de la signification morale de la religion, il faut entendre par là non seulement son pouvoir moteur et sa faculté d'élever et d'élargir les conceptions humaines, mais encore, et ce n'est pas le moins important, la concentration et la coopération de toutes les forces spirituelles, qu'en partie elle suppose et produit en partie. Dans mon esquisse des grands fondateurs de religions (§§ 98-99), j'ai essayé de montrer que leur originalité se manifestait non pas par la production de nouvelles idées, mais par la concentration profonde et intime de toutes les forces spirituelles en eux. Et cette concentration, comme j'ai essayé de le montrer plus haut (§§ 26-44) est en rapport avec la nature psychologique de la religion. Dans la croyance et le sentiment religieux, des éléments esthétiques, moraux et intellectuels, coopèrent avec l'instinct, fondamental chez l'homme, de conservation personnelle. C'est par l'expérience religieuse que les hommes établissent inconsciemment leur bilan général. Tous les aspects et toutes les tendances de la vie sont concentrés dans l'expérience d'un seul instant, et leur résul-

tat total prend la forme d'une disposition dominante, qui à son tour se grossit de tous les aspects et de toutes les tendances de la vie psychique, dans les efforts qu'elle fait pour trouver une forme qui l'exprime. C'est de cette manière que, dans ses époques classiques, la religion devient une forme d'unité où l'imagination et la pensée, l'affirmation et l'abandon de soi, les efforts conscients et inconscients coopèrent : car la religion seule offre un champ libre au jeu de toutes les facultés et de tous les instincts. Il est bien entendu que cette concentration prend des caractères différents au cours des deux périodes classiques différentes que peut comporter une grande religion (§ 1). Dans la période de début, tout ce qui n'intéresse pas la religion disparaît; toutes les facultés et tous les instincts agissent ensemble, dans un effort passionné pour rester fidèles à l'objet de la foi et pour s'y absorber. Dans les périodes d'organisation, l'intérêt religieux n'est pas seul présent; mais c'est lui qui décide du genre de satisfaction que recevront les autres intérêts; le travail qui se fait dans les domaines spéciaux est tel, que l'objet de la foi détermine directement la tendance qui nous porte vers les questions particulières et l'attitude qu'il faut avoir à leur égard.

Le problème religieux naît de la division du travail, qui implique une séparation des diverses facultés et des différents instincts psychiques. A ce moment, il n'est que trop vraisemblable que la concentration sera remplacée par la division, par le désaccord et par le développement exclusif d'un aspect de la vie psychique. Il n'est plus facile de trouver un foyer où tous les efforts puissent se concentrer et s'unir. La religion elle-même, sous sa forme traditionnelle, ne peut plus satisfaire le besoin de concentration spirituelle, car elle a développé un système de dogmes et de cérémonies qui restent hors de la vie, au lieu d'exprimer la totalité de la vie. Aussi est-il oiseux d'espérer guérir cette division par un retour au dogmatisme orthodoxe. Il faut retourner aux besoins spirituels du christianisme primitif ou du moyen âge, pour retrouver l'ancienne harmonie unie aux anciens dogmes. Penser que l'on peut séparer les uns de l'autre, c'est faire preuve d'une remarquable ignorance des conditions de la vie spirituelle. Mais il y a aussi beaucoup de libres penseurs dont l'attitude à l'égard du problème religieux montre combien peu ils ont le sens des plus profonds besoins de l'homme. Ils pensent qu'une forme de vie, telle qu'était la religion à son âge d'or, impliquant, comme elle faisait, la concentration et l'action réciproque de toutes les facultés et de tous les instincts, peut être effacée de la vie sans aucune perte pour celle-ci. En réalité, toute la vie spirituelle souffrirait si cette forme devait disparaître.

On ne peut vivre de résidus. Le protestantisme est un résidu, et surtout le piétisme et le rationalisme. Mais on ne peut pas vivre davantage de succédanés. Il faut des équivalents. Et la question grave est ici de savoir si des équivalents sont possibles.

Si nous restons fidèles à l'axiome de la conservation de la valeur, nous devons aussi nous attacher à la possibilité de nouvelles formes de concentration psychique dans le domaine de la vie spirituelle, où il ne faut pas sacrifier les gains que la division du travail a procurés. Il est possible de nourrir cette espérance. L'histoire nous montre un rythme de périodes critiques et organiques, mais ceux qui vivent à une époque de critique sont portés à croire qu'une époque d'organisation ne reviendra pas. On peut concevoir, cependant, que la division et la dispersion des forces puisse amener à une concentration plus haute que celles que l'on a connues antérieurement. L' « unité supérieure » dont Hegel parle si souvent, et dont il entreprenait la découverte avec tant d'allégresse, peut être l'objet de notre foi et de notre attente, quoique nous ne puissions pas en démontrer la nécessité ni en construire l'édifice.

117. — En désaccord irréconciliable avec la morale, sont les religions qui rendent les hommes faibles et passifs et les laissent plongés dans des sentiments et des imaginations qui n'ont pas de contact avec la vie réelle : peu importe que ces tableaux de l'imagination soient joyeux, comme l'attente du millénaire ou les extases de l'au delà, ou tristes comme la conscience maniaque du péché, créatrice de remords et de terreur de l'enfer. Car dans ce cas on ôte à l'action et à la vie en ce monde toute force et toute sève. Les hommes sont si occupés à regarder en avant ou en arrière, qu'ils oublient ce qui

est juste en face d'eux : or, c'est cela qui donne à la vie, avec ses devoirs, son bonheur. Notre conception de la vie ne doit ni être basée sur un passé qui ne peut être changé ni sur un avenir qui ne viendra qu'à la fin de la journée, ni sur la mort qui précède notre vie, ni sur celle qui la suit. Le véritable cri de guerre de la religion est ici : « Laissez les morts enterrer leurs morts : ne pensez pas à demain ! » Notre conception de la vie doit être une exploration de la vie, une recherche des valeurs pratiques qui peuvent être trouvées ou produites dans la vie présente, et dont la conservation vaut qu'on y croie et qu'on lutte pour elle. Nous vivons dans des réalités, non dans des possibilités creuses, et encore moins dans des impossibilités.

Comme nous l'avons déjà vu (§§ 88, 115) la foi dans la conservation de la valeur a une tendance à se vérifier elle-même, car elle nous engage à essayer, en élargissant l'expérience, de résoudre les désaccords. Quoiqu'il soit souvent impossible de réfuter un homme qui trouve la vie sans valeur, par exemple l'homme qui veut se suicider parce qu'il croit que tous les chemins lui sont barrés, cependant, nous ne sommes pas véritablement sans pouvoir. Il faut se mettre à l'ouvrage, de manière à modifier les conditions physiques, physiologiques, psychologiques et ethniques, si bien que la mélancolie, l'apathie morale, le manque de courage à vivre, causes trop fréquentes d'un jugement défavorable sur la valeur de la vie, devront disparaître, ou du moins ne pourront plus envahir et écraser toute la vie intérieure d'un homme. Peut-être que l'homme qui se tue ne trouve toutes les routes barrées que parce que son esprit est enchaîné. Ouvrir l'esprit des hommes aux valeurs véritables qui existent déjà ou qui peuvent être produites, cela ne se fait souvent qu'au prix d'une rude lutte. Car leur motif d'évaluation, qui détermine tous leurs jugements de valeur, doit être changé. Souvent, on ne peut réfuter les jugements de valeur qu'en changeant le principe sur lequel ils se fondent. La vie consciente peut être changée par le moyen de changements dans l'inconscient, dans la vie involontaire, alors que peut-être l'influence directe sur la vie de la conscience claire serait inutile. Il faut mettre en œuvre une *vis a tergo*. Dans ce cas, la conservation de la valeur est sauvée parce que l'on écarte les causes qui ôtaient à la vie toute valeur apparente.

Pour différente que soit la conception de la vie ici indiquée d'avec celle des anciennes religions, elle reste cependant en continuité avec elles. Au-dessous d'une violente opposition, on retrouve une parenté spirituelle. La religion n'a pas perdu sa valeur, parce qu'on a découvert que, comme la science, elle ne peut pas résoudre les grandes énigmes. Son élément fondamental consiste dans l'expérience intime de la relation entre la valeur et la réalité, unie au besoin d'exprimer sous forme émotionnelle et imaginative le contenu de cette expérience. Il y aura toujours place pour une poésie de la vie où les grandes expériences de la vie humaine pourront s'exprimer, et l'humanité aura toujours besoin de cette poésie. C'est elle qui constitue à nos yeux l'élément le plus important des anciennes religions. De grands poètes (Eschyle, Dante, Shakespeare, Gœthe) peuvent donner une forme à cette poésie de la vie, et chaque grande époque nouvelle de l'histoire de l'art de la poésie nous en apportera de nouvelles formes. La littérature contemporaine ne peut pas satisfaire ce besoin ; ce n'est pas sur ce point qu'elle porte son effort. Mais quoique nous soyons obligés pour le moment — à moins de vivre avec les grands penseurs d'autrefois — de nous contenter de murmurer en nous mêmes la mélodie qu'éveille en nous l'expérience de la vie, il ne faut pas pour cela renoncer à l'espoir de voir les forces anciennes produire à l'occasion de nouvelles formes.

b) *Considérations sociologiques.*

118. — On doit reconnaître l'importance de l'Église, au point de vue social, avant tout dans le fait que, sous ses meilleures formes, elle a représenté un noble idéalisme, — que dans une certaine mesure elle représente encore — au milieu d'un monde fini, prosaïque et accablé de fardeaux ; grâce à elle seule, beaucoup de gens ont pu lever les yeux et contempler les étoiles. Elle a ouvert le monde de la pensée et de la poésie à des foules innombrables, et, sans elle, ces foules auraient péri dans la bataille de la vie, ou traversé la vie platement et tristement, sans entrer en contact avec des puissances idéales. La force de concentration concentrée elle-même dans la religion a permis à l'Église d'agir plus loin et plus profondément que n'a pu faire aucune autre société humaine. La pensée et la poésie ont ici marché côte à côte avec le plus profond sérieux et la plus grande décision morale. Je parle ici de l'Église chrétienne, car c'est de l'Église la plus voisine de nous que nous avons le plus d'occasions de retrouver l'influence.

Comment l'Église a pu devenir une société de gens cultivés, c'est ce que montre son attitude à l'égard de la science grecque ; la seule science indépendante et parvenue à sa maturité qu'ait rencontrée le christianisme pendant les quinze premiers siècles de son existence. L'Église a utilisé la pensée grecque pour formuler ses dogmes. Mais la forme a nécessairement entraîné avec elle une partie du contenu. Un des plus grands représentants de l'Église a été jusqu'à dire que c'est à travers l'Église que la doctrine de Platon s'est généralement fait connaître. Saint Augustin dit que Platon aurait eu peine à croire que ses doctrines seraient enseignées à l'univers entier, et cela par le moyen du christianisme. Ce que saint Augustin admirait chez Platon, c'était sa conception idéale de la recherche et de la vérité, sa découverte de l'union de l'âme humaine à la vérité suprême, et l'importance qu'il attribue à la grande opposition entre l'élément inférieur et l'élément supérieur de cette âme humaine. Saint Augustin pensait même que si Platon et ses disciples devaient revenir à présent sur cette terre, ils se joindraient à l'Église chrétienne, car pour cela ils n'auraient qu'à changer quelques mots et quelques opinions (*paucis mutatis verbis atque sententiis*) [154] ! Cela fait penser à la remarque de Marguerite à propos de la profession de foi de Faust : « Ungefähr sagt das der Pfarrer auch, nur mit ein bischen andern Worten. » (Le pasteur dit presque la même chose, mais avec des mots un tout petit peu différents.) Dans sa vieillesse, il est vrai, saint Augustin pensait qu'il avait rangé les philosophes beaucoup trop près des évangélistes. L'attitude de l'Église à l'égard de la philosophie de Platon, et, plus tard, de celle d'Aristote, est cependant un exemple classique de l'œuvre que l'Église peut accomplir comme instrument de diffusion et de dispersion des idées dans le sol de la vie humaine. De même qu'elle s'est adaptée à la philosophie grecque, de même elle a aussi adopté d'autres idées, mais très lentement, car elle ne marche qu'à petits pas. Après une manifestation convenable de sentiments d'opposition, il vient toujours un moment où l'Église se déclare complètement d'accord avec la science « véritable ». De cette manière, les pensées s'absorbent soit dans les doctrines, soit dans les pratiques et la prédication de l'Église, et se répandent dans des cercles étendus qui, sans cela, les auraient toujours ignorées. L'avenir seul peut montrer à quel point l'Église est accommodante, et c'est lui qui peut décider si elle le deviendra davantage au fur et à mesure des progrès de la pensée.

Tout ce processus d'adaptation serait impossible si l'Église n'avait pas, dans une certaine mesure, conscience que l'essence de la religion n'est pas contenue dans les dogmes qui ont été formulés une fois pour toutes. On peut mettre ces dogmes de côté. Il n'est pas nécessaire de les abroger formellement ; une telle méthode serait dangereuse au point de vue de la politique et de la pédagogie de l'Église, mais l'attention se concentre sur l'élément central, sur la vie qui forme l'arrière-plan de ces doctrines. La vie se présente comme portant une grande tradition, représentée par un ensemble de symboles dans lesquels d'innombrables générations ont déposé leurs plus profondes expériences de la vie, sous l'influence et à l'imitation du grand exemple auquel l'Église doit sa naissance ; elles y ont mis tout ce qu'elles ont éprouvé, pensé et souffert sous les coups du sort, dans les petites choses comme dans les grandes. Dans les hymnes de l'Église, plus spécialement, nous entendons, pour ainsi dire, un cri par lequel des milliers d'hommes ont exprimé leurs craintes et leurs espérances, leurs soucis et leur gratitude, leur chute et leur rédemption, d'un bout à l'autre de la longue vie du genre humain. L'individu sent qu'il est en présence de grands souvenirs, communs à tous, d'expériences faites dans le domaine de la vie intérieure. Il y trouve les idées fondamentales qui l'aident à se comprendre et à comprendre sa propre expérience. Dans le culte de l'Église est figuré le grand drame de l'espèce humaine, et un large horizon s'y révèle à l'individu, horizon à la lumière duquel il contemple et évalue sa propre existence. En participant au rituel de l'Église, il revit d'une manière idéale les grandes oppositions primordiales de la vie, et ses sentiments se purifient et s'idéalisent en s'associant à la pensée des événements typiques dont l'Église célèbre le souvenir.

L'Église fait entrer l'art à son service dans son culte, de même qu'elle lait la pensée dans son dogme. De cette manière, les besoins esthétiques sont satisfaits, non pas isolés, mais unis étroitement au profond besoin d'édification et de paix qui est un aspect du besoin religieux. Aucune faculté spirituelle n'agit ici à part; et l'importance considérable de l'Église pour l'art, se manifeste par le fait que les périodes de grand art ont souvent coïncidé avec les grandes périodes organiques de la religion.

Une organisation sociale qui, sous ses formes les plus nobles, s'est montrée capable d'agir avec tant de concentration et une telle abondance de ressources, et d'influer sur des cercles si étendus, est un phénomène unique en son genre. Il n'est pas à présent une autre forme sociale de culture idéale qui soit capable d'assumer les fonctions dont l'Église s'est jusqu'à présent chargée.

119. — L'Église, en tant que société, doit sa force particulière au fait qu'elle est sortie d'un mouvement spirituel, qui a répandu de la lumière tout autour de lui, — et pas seulement d'une association d'individus, qui se seraient développés chacun dans un sens différent. Le sentiment de solidarité était présent dès ses débuts, et non seulement dans ses résultats. La plupart des gens se sentent en présence, tous à la fois, d'une seule et même puissance, qui exige qu'ils lui fassent droit. Et après une période de conflits entre une tendance étroite et une tendance large, cette puissance s'est montrée capable de fonder une société internationale. L'Église — une fois écartée l'antique hospitalité, qui ne menait à aucune solidarité durable, — a été, peut-on dire, la première forme sociale où les limites nationales aient perdu leur signification. Le cours des événements historiques et les réflexions philosophiques auxquelles ces événements avaient donné lieu, avaient bien, dans les derniers

siècles qui ont précédé l'apparition du christianisme, donné lieu à la reconnaissance théorique et pratique de la solidarité humaine, et l'amour du prochain (*caritas generis humani*) était connu avant que l'Église le prêchât. Mais il était réservé au christianisme de construire une société sur cette base. Dans l'Extrême-Orient, le développement du bouddhisme offre, en bien des points, un pendant au développement du christianisme.

Dans les limites des nations individuelles, l'Église a, à une époque toute récente, été largement fertile en efforts philanthropiques. Elle ne sait que trop bien se réfugier dans cette fonction lorsqu'on lui reproche ses péchés intellectuels — et ce n'est pas sans quelque droit, car la charité fait passer bien des péchés. C'est un honneur pour l'Église que d'avoir ouvert la voie à la philanthropie moderne, et que d'être encore aujourd'hui à la pointe de l'avant-garde. Saint Vincent de Paul, le contemporain de Pascal, était familiarisé avec les idées, les principes et les points de vue dont la philanthropie moderne part encore, quoiqu'ils ne soient plus développés, exprimés et appliqués selon l'esprit de l'Église. Dans le monde protestant, Johann Heinrich Wichern, le fondateur de la « Rauhe Haus », peut lui être donné comme un digne pendant [155].

La philanthrophie de l'Église a fait de grands pas au xixe siècle, plus spécialement dans le catholicisme. Les couvents ont été supprimés en France à l'époque de la Révolution, mais la vie monastique s'est de nouveau développée de sa propre initiative, et à la fin du xixe siècle il y avait 25.000 moines et 142.000 religieuses, voués exclusivement aux tâches dangereuses et ingrates, non seulement pour le bien des individus malades, mais aussi pour le bien de la vie publique [156]. Une tendance spirituelle qui peut produire de ces résultats n'est pas morte. Un observateur clairvoyant dit des Américains d'aujourd'hui : « C'est un peuple religieux. L'importance qu'ils attachent encore, quoique moins qu'autrefois, aux propositions dogmatiques, ne les empêche pas de sentir le côté moral de leur théologie. Le christianisme agit sur la conduite, non pas en vérité moitié autant qu'il devrait, mais probablement plus qu'il ne fait en aucun autre pays moderne, et beaucoup plus qu'il n'a fait aux prétendues époques de foi [157]. »

J'ai essayé d'indiquer brièvement tout ce que l'on peut mettre à l'actif de l'Église, dans ses rapports avec la vie spirituelle de l'homme. Mais le compte a aussi un passif, et c'est ce qu'il faut maintenant venir à examiner.

120. — Le fait que l'amour du prochain soit devenu un élément essentiel de la morale d'une grande religion populaire, est un fait de la dernière importance. Au point de vue moral, cependant, il faut dénoncer les limitations qui ont été imposées à cet amour. Chez les Grecs, l'amour du prochain était limité à la nation, et, dans le christianisme, il fut maintenu dans les limites du dogme, car on faisait de la foi la condition de l'amour. Là seulement où était la foi, l'amour apparaissait, et les gens à aimer étaient les croyants ou ceux qui pouvaient être convertis à la foi. Dans l'un et l'autre cas, non seulement au point de vue du fondement psychologique, mais encore au point de vue de l'extension, on refuse à l'amour toute liberté d'action. D'un bout à l'autre de l'histoire de l'Église, on retrouve cette opposition de la foi et de l'amour, et on a souvent de la peine à se rendre compte que l'on a devant soi une Église qui est supposée représenter par-dessus tout la religion de l'amour.

Lorsque Jésus dit : « Tout ce que vous avez fait pour le dernier de mes frères, vous l'avez fait pour moi », il peut sembler que nous avons ici le principe de l'amour inconditionné pour nos semblables, puisque la personne qui fait l'œuvre d'amour ne sait pas qu'elle la fait pour Jésus. Mais si l'on considère tout le contexte de ce passage, on voit que l'interprétation orthodoxe a probablement raison lorsqu'elle prétend que ces mots s'adressent aux croyants, et que « le dernier de mes frères » ne s'entend que des croyants. On ne nous dit pas ce qu'il faut penser de l'homme qui nourrit les affamés et secourt les malheureux par pur amour pour ses semblables, sans se demander s'ils sont croyants — peut-être même en l'absence de toute foi de sa part. Sur ce chapitre, il y a beaucoup à objecter à la philanthropie de l'Église [158]. L'esprit du bon Samaritain n'est pas le sien ; c'est, à parler en général, celui du propagandiste ; du moins, elle exige souvent les signes extérieurs de la foi, grâce à quoi elle rebute parfois les honnêtes gens et encourage les hypocrites. Pour admirables que soient le dévouement et l'organisation de l'Église, ils sont néanmoins trop portés à pécher contre l'esprit sacré d'amour fraternel.

Et si c'est là le sort de l'amour fraternel que proclame l'Église elle-même, d'autres vertus, que l'Église n'a jamais placées au premier rang, auront de la peine à être mieux traitées. A l'égard d'hommes qui, pour des raisons intellectuelles ou morales, se sont écartés de l'orthodoxie, l'Église adopte une attitude qui n'est guère éloignée de la barbarie. Elle ne peut admettre aucune autre conception que celle de la mauvaise volonté. L'évêque Martensen déclarait un jour que la seule explication de l'abandon des doctrines de l'Église par des hommes comme Kant et Jacobi, Schiller et Gœthe, était qu'au fond de leur cœur ils avaient de l'antipathie pour la sainteté de la Divinité. Il faut attendre que la psychologie barbare qui se cache sous un tel jugement soit corrigée, pour pouvoir espérer un peu d'intelligence et de sympathie. Il faut, à tous ces points de vue, que l'Église atteigne un plus haut degré de culture spirituelle que celui où elle se trouve à présent[169].

D'ailleurs, l'importance que, malgré toutes les critiques historiques, philosophiques et morales, l'Église persiste à attacher au dogme, la met en contradiction avec elle-même, dans sa mission de puissance spirituelle d'éducation et de philanthropie. Car c'est une illusion de croire qu'elle pourra conserver une domination durable sur les masses, lorsqu'un jour tout le monde connaîtra exactement la vérité sur les principes du développement et de la valeur pratique des dogmes. Il semble souvent au spectateur que l'Église a mis tout son avoir dans une partie qui est déjà évidemment perdue. Le désaccord intellectuel produit par des croyances dogmatiques se fait sentir dans des cercles toujours plus étendus. Ce que prévoyait, non sans espoir, Hobbes, se produit déjà : la foule des laïques s'éclaire peu à peu (*paulatim eruditur vulgus*). Il est vrai, comme nous l'avons déjà vu, que la tendance conservatrice et réactionnaire de l'Église est appuyée par les laïques : cependant, il ne manque pas de signes d'une tendance opposée, et il y a bien des choses qui indiquent que les variétés de l'expérience religieuse et le besoin d'expression positive de ces variétés se développeront dans des cercles plus étendus qu'ils n'ont fait jusqu'à présent.

Il n'y a ici qu'une seule solution naturelle, solution qui est impliquée dans le principe de personnalité, et qui a déjà été mise en avant dans l'Église, à savoir la liberté absolue de l'enseignement, de sorte que l'intégrité personnelle et la loyauté intellectuelle puissent jouir de leurs droits. Les laïques auront alors à choisir pour eux-mêmes, et se sépareront conformément à ce choix. La liberté de l'enseignement, dont le droit n'est reconnu aujourd'hui que par les plus hautes institutions scientifiques, doit s'étendre à tous les domaines et à toutes les institutions où l'on parle aux hommes des choses de l'esprit. Ce que nous voulons, c'est l'occasion de voir de nos propres yeux, et de faire nos propres expériences personnelles. Mais comment le disciple peut-il arriver à cela, si le maître lui-même n'a pas cette occasion ?

121. — La liste des qualités douées de valeur (vertus) qu'établit la morale philosophique ne cadre pas avec celle que trace la morale théologique. L'opposition sous-jacente à ces deux tables de valeurs éclate spécialement en deux points qui sont intimement unis : la place assignée à l'affirmation de soi-même et la place assignée à la justice. Pour discuter de plus près ces deux points, il faut distinguer entre la morale des Grecs et la morale moderne [160].

La morale grecque se propose de concilier les différents éléments de la vie de l'âme. L'affirmation de soi-même occupe ici la première place. L'homme ne peut pas s'élever jusqu'à la perfection de son moi en l'absence d'une harmonie interne ; un ordre interne doit être établi, de telle sorte qu'aucun élément n'empiète sur un autre, mais que chacun fonctionne comme il le doit dans la grande harmonie de la vie de l'âme. Et l'individu qui sait se mettre dans une relation harmonieuse vis-à-vis de la société humaine dans laquelle il vit, relation comparable à celle où les éléments individuels de son âme sont vis-à-vis du tout — c'est-à-dire, l'individu qui sait se subordonner à la totalité plus vaste dont il est un membre, — mène une vie juste.

Dans la morale chrétienne l'obéissance, l'obéissance de la foi, est la vertu cardinale — conséquence naturelle du principe d'autorité. Comparé à l'obéissance, l'amour est subordonné. L'orgueil est le plus grand péché, car il refuse l'obéissance. L'affirmation égoïste de soi-même est condamnée plutôt parce qu'elle s'oppose à l'obéissance qu'à l'amour. L'exigence de l'obéissance est l'exigence d'une soumission inconditionnée à une puissance infinie — trait oriental qui nous fait souvenir que les grandes religions sont nées en Orient. Les libres Hellènes restent debout, même pendant la prière : c'est l'attitude contraire à cet orientalisme, qui a aussi laissé sa trace dans le sentiment du péché, le distinguant du sentiment moral du repentir. L'amour, il est vrai, progresse sans cesse dans la morale chrétienne, mais toujours avec une tendance à se présenter en une opposition ascétique à l'affirmation de soi-même, aussi bien l'affirmation d'autrui que celle du sujet lui-même. La doctrine grecque de l'harmonie apparaît comme un égoïsme criminel.

La morale moderne a adopté de nouveau et élargi la morale grecque. L'affirmation de soi-même apparaît comme de la grandeur, et vient au premier rang. Mais elle est de forme plus active que chez les Grecs. Son antithèse n'est pas tant le conflit entre les différents éléments, que l'indolence qui s'oppose à l'expansion et au développement. L'affirmation de soi-même n'est plus présentée comme le contraire de l'amour. Car cette magnanimité a assez de force pour servir d'appui non seulement à la vie de l'individu, mais encore à celle d'autrui. Et la vertu suprême est la justice, dans laquelle sont comprises à la fois l'abandon et l'affirmation de soi-même. L'idéal est un royaume de personnalités, dans lequel chaque individu développe sa personnalité de telle sorte que par cet acte même il aide les autres hommes à développer la leur. Cette conception offre un libre champ à tous les éléments moraux nourris par le christianisme, qui sont de valeur durable. Mais tant que l'obéissance sera considérée comme la vertu cardinale, et tant que la « volonté d'amour » sera limitée psychologiquement et sociologiquement (quant au motif et quant au contenu) par des conditions dogmatiques, il y aura une guerre continuelle entre la morale philosophique et la morale théologique.

C. — Christianisme primitif et christianisme moderne

Mais le plus grand de tout cela est la charité.
St Paul.

122. — La morale chrétienne n'est pas toujours la même. Ce fait constitue une difficulté lorsque l'on vient à discuter le rapport entre la religion et la morale. Dans cet examen, nous pensons naturellement au christianisme, car c'est la religion populaire à laquelle nous avons le plus facilement accès. Le bouddhisme, l'autre grande religion populaire, ne pourrait être examinée à ce point de vue que par un savant qui aurait lui-même participé à la civilisation de l'Asie Orientale. Si donc nous nous limitons au christianisme, nous devons du moins nous demander comment la relation entre la religion et la morale a varié pendant les différentes périodes essentielles de l'histoire du christianisme : car cette relation a varié en même temps que celle de la religion avec la civilisation, relation variable elle-même. Si donc nous voulons essayer d'estimer la valeur du christianisme et d'établir les éléments de valeur durable qu'il contient, nous devons faire une étude préliminaire des différentes conceptions de la vie qui ont été mises en avant aux différentes époques de l'histoire du christianisme.

Il y a trois grandes périodes ou formes essentielles du christianisme : le christianisme primitif, le catholicisme et le protestantisme. Il n'est pas difficile de les comparer au point de vue du dogme. Mais il est difficile de comparer les conceptions de la vie qui correspondent aux différences de dogmes, car une conception de la vie ne se formule pas toujours en termes définis ; il faut le chercher plutôt dans l'attitude générale à l'égard des biens et des devoirs, et dans son rapport pratique à l'évolution de la civilisation et de l'histoire.

123. — La morale du christianisme primitif était déterminée par l'attente passionnée de la seconde et prochaine venue de Jésus. Dans la croyance qu'il allait bientôt venir pour fonder un Royaume messianique surnaturel, dans lequel se terminerait l'histoire du monde, les Apôtres et leurs successeurs immédiats surmontaient la difficulté présentée par ce fait que

Jésus, le Messie, avait eu à souffrir et à mourir. L'attente du Messie par tout un peuple fournissait une forme et un cadre à cette croyance ; elle permettait aussi aux apôtres d'en découvrir des témoignages dans les anciennes écritures.

Le résultat fut que les hommes cessèrent de considérer les conditions terrestres et humaines. La civilisation, l'action dans les circonstances temporelles, la vie dans la famille et dans l'État, dans l'art et dans la science, ne pouvaient avoir de valeur immédiate, de signification positive. Une attente, inerte mais intense, était l'état essentiel de l'âme. « Le royaume de Dieu » ne devait pas être réalisé par un long effort dans le temps, sur le terrain solide de la nature et de la vie humaine, par la découverte et la production de valeurs. La seule chose importante était d'être prêt à la recevoir, lorsque — et cela, dans la génération présente elle-même — il apparaîtrait de manière surnaturelle dans les cieux. Cette préparation importait seule ; de là : pas de changement dans les circonstances actuelles de la vie ! Il vaut mieux pour les hommes s'abstenir du mariage et éviter de donner leurs filles en mariage ; que l'esclave n'essaye pas de s'affranchir. Ces choses ne méritent que le moins possible d'attention, car elles appartiennent à l'ordre de choses qui va disparaître. Lorsque les hommes de cette époque priaient : « Que ton Royaume vienne ! » ils croyaient, non pas à une vague participation aux biens spirituels, mais à la venue surnaturelle et littérale, du Royaume messianique ; la prière était un souhait ardent de voir cette venue se produire bientôt. Mais la vie fondée sur cette attente n'était pas une vie de souffrance ni d'ascétisme au sens de la torture de soi. Ce n'était pas une marche funéraire, mais un péan de victoire : car cette vivante attente excitait toutes les forces de l'esprit. De grandes images s'offraient à l'imagination, et parfois le sentiment devenait si accablant que les mots manquaient, et que les hommes « parlaient en langues », lorsque l'orateur ne pouvait s'expliquer à lui-même ce qui l'avait violemment ému. La révélation ne s'était pas terminée à la mort de Jésus ; elle continuait dans le cœur des individus, par le moyen des mouvements de l'esprit surnaturel. Si la croyance dans la venue prochaine du Royaume millénaire était le premier trait essentiel du christianisme primitif, l'enthousiasme en était le second. Les hommes étaient si entraînés par l'enthousiasme, qu'une organisation ecclésiastique perfectionnée n'était ni possible ni nécessaire, pas plus qu'une participation positive à la vie sociale et à la civilisation.

Les devoirs de culture et les notions qui s'y rapportent n'existaient pas pour la conscience chrétienne primitive, qui était emportée dans une direction unique par des forces extraordinaires. Les vertus et les devoirs préconisés par la morale du christianisme primitif étaient donc avant tout ceux que peuvent déterminer l'attente et l'enthousiasme. Et la grande valeur de cette morale comme symbole et comme exemple est due à ce fait. Toute vie humaine pour avoir quelque valeur doit être vécue dans l'attente, et peut prendre ses modèles dans l'âge héroïque du christianisme. Et sans enthousiasme on ne fait jamais rien de grand. S'absorber dans la pensée de la vie considérée comme un pèlerinage et dans la conception de la vie des premiers jours du christianisme, peut contribuer à étendre l'horizon de l'âme. Quant aux devoirs et aux biens positifs actuels, qui sont déterminés par le progrès des lumières chez l'homme, et auxquels s'attachent aujourd'hui nos conceptions morales, c'est en vain qu'on les cherche dans la morale du christianisme primitif. Car la morale se contentait de laisser les choses en l'état, tant qu'elles ne distrayaient pas la pensée de l'attente de la vie future qui allait commencer.

Naturellement, on peut, à l'aide d'une adroite exégèse, trouver dans le Nouveau Testament toutes sortes de choses, même des indications sur la manière de se conduire dans des conditions dont la morale du Nouveau Testament avait précisément pour but de détourner l'attention. On peut, par exemple, y trouver des indications sur la manière de traiter les questions sociales, le féminisme, les devoirs politiques, etc. L'Église s'est livrée de très bonne heure à ces interprétations, qui ont souvent conduite à des résultats exactement contraires aux déclarations claires et nettes du Nouveau Testament, par exemple à propos du serment. Le « royaume de Dieu » entra peu à peu dans l'ensemble de la culture humaine, tandis qu'à l'origine il formait l'édifice tout entier, et semblait ne rien emprunter à « ce

monde ». Et une expression telle que « la preuve de l'esprit et
de la puissance » vit son sens s'évaporer peu à peu, jusqu'à ce
qu'on eût oublié qu'elle se rapportait à l'origine à la manifestation du surnaturel dans le monde intérieur et dans le monde
extérieur par des miracles et des discours enthousiastes et
prophétiques, tels qu'Origène rapporte qu'il s'en produisait
parmi ses contemporains [161]. Une telle extension ou, si l'on
aime mieux, une telle idéalisation se justifie fort bien historiquement : mais il faut toujours se souvenir que sous cette nouvelle interprétation se cache une réadaption dans le domaine
des intérêts et des idéaux. La morale comparée doit mettre en
lumière aussi vivement que possible les différences entre les
conceptions et les points de vue relatifs à la vie, même lorsqu'ils ont l'air de parler le même langage. Il est impossible de
découvrir une exhortation précise à aucune œuvre positive de
culture dans le Nouveau Testament, parce que la pensée d'un
immense processus de développement dans le temps, au cours
duquel la vie humaine devait développer lentement ses facultés
et ses forces, était étrangère à la conception que représentait
le Nouveau Testament. C'est seulement en vertu d'une réinter-
prétation moderne (pour emprunter une expression à la *Neutes-
tamentliche Theologie* de B. Weiss) que l'on peut faire appel
aux métaphores du levain et de la semence, comme on fait
souvent, pour prouver qu'il faisait partie des projets du christianisme primitif, de faire lever, pour ainsi dire, l'histoire de
la culture humaine et de se développer avec elle. Qu'on lise,
pour soi-même le dixième chapitre de l'Evangile de saint
Mathieu, le septième et le quatorzième chapitre de l'Épître aux
Corinthiens, et enfin l'ensemble de Sermon sur la Montagne ;
en négligeant l'édifiante interprétation ordinaire, on aura une
impression exacte du point de vue du christianisme primitif
dans toute son originalité historique [162].

La conception primitive est restée fidèle à ses principes sur
tous les points essentiels pendant les deux premiers siècles de
l'ère chrétienne. La période post-apostolique montra, sans
appauvrissement, la croyance caractéristique à la vérité prochaine du millénaire et à la valeur de l'enthousiasme [163],
pendant que Tertullien et Origène témoignent qu'à la fin du

second siècle ces traits demeuraient encore. Dans la suite du temps, ils furent remplacés par le développement spéculatif du dogme et le perfectionnement de l'organisation de l'Église (cf. § 60). Avec le déclin des attentes extatiques et de l'enthousiasme individuel, un rapport plus positif put, petit à petit, s'établir avec la civilisation. Mais saint Augustin lui-même avait l'impression de vivre bien plutôt dans la vieillesse du monde que dans une nouvelle période de civilisation. Il est porté à considérer la description, donnée dans l'Apocalypse de Jean, des douze juges siégeant dans le royaume millénaire, comme correspondant aux prélats de son temps (*præpositi intelligendi sunt, per quos ecclesia nunc gubernatur*) [164]. Exemple caractéristique de la manière dont l'Église transforma les conceptions du christianisme primitif! Cependant, en tant qu'adversaire d'un état terrestre et d'une morale purement humaine, saint Augustin prêchait le royaume à venir — et qui devait venir d'une manière surnaturelle — comme le seul but véritable de la vie. Aussi, ne voit-il pas d'objection à la diffusion de l'ascétisme, ni à la disparition graduelle de l'espèce humaine par l'adoption toujours plus grande du célibat. Si l'on trouve chez lui une hésitation entre la transformation des idées chrétiennes primitives et l'adhésion à ces idées, c'est à cause d'une lutte interne entre deux types différents de foi religieuse, auxquels j'ai déjà fait allusion (§ 43, cf. § 61). L'opposition entre le changeant et l'immuable est nettement au premier plan chez saint Augustin, et tend à prendre la place de l'opposition entre le présent et l'avenir surnaturel. On peut retrouver ici l'influence du platonisme, en même temps que la décadence de l'attente enthousiaste. La pensée dominante de saint Augustin n'est pas tant que tous les biens présents sont insignifiants en comparaison de biens futurs, mais que tous les biens finis sont insignifiants au prix du bien éternel et infini, qui est identique à Dieu. Cette opposition est la pensée toujours sous-entendue dans les *Confessions*.

124. — Le problème que le christianisme primitif a transmis sans solution à l'Église qui l'a suivi, fut résolu par le catholicisme d'une manière qui témoigne du puissant instinct historique des chefs de l'Église. Comme Harnack le remarque dans

son *Histoire du Dogme* [165], on a peine à concevoir, dans le protestantisme contemporain, l'influence exercée sur l'esprit humain par l'ascétisme au ivᵉ et au vᵉ siècle et à saisir jusqu'à quel point il gouvernait l'imagination, les pensées, et la vie tout entière. Il menaça de briser l'Église en morceaux. D'autre part, des multitudes de nouveaux convertis venus de nations étrangères se pressaient dans l'Église, et celle-ci se trouva obligée d'entreprendre l'œuvre d'une puissance éducatrice, civilisatrice et organisatrice. Aussi fut-elle obligée d'adopter une conception plus large que celles qui auraient pu être acceptées aux premiers jours d'enthousiasme ; elle eut à supporter bien des choses qu'elle ne pouvait empêcher, et à incorporer des éléments qui, en eux-mêmes et pour eux-mêmes, étaient en dehors de son idéal. Il fallut trouver dans le sein de l'Église une place aussi bien pour « les parfaits », qui avaient encore pour critérium l'idéal du christianisme primitif, que pour les « imparfaits », qui avaient besoin de consolation, et d'une règle de vie, mais qui n'étaient pas prêts à abandonner l'existence humaine ordinaire. Il fallait conserver l'union avec l'idéal du christianisme primitif aussi bien qu'avec les réalités du temps présent. Le problème consistait à savoir comment on pourrait à la fois rompre avec le monde et le gouverner.

La solution offerte par le catholicisme consista à reconnaître différents degrés de perfection. Le moine, le prêtre et le laïque représentaient chacun un degré ou une forme du christianisme, et l'Église les reconnaissait tous. Le même instinct psychologique et pédagogique qui avait amené l'Église à reconnaître la « foi implicite » (§ 42) la conduisit ici à la distinction entre le mérite et le devoir.

Le moine correspond au type chrétien primitif. Il répond à la question : « Où est l'idéal des premiers grands jours du christianisme ? » En réponse à cela, le catholicisme pouvait montrer ses moines et ses religieuses qui, pleins du désir de la seule chose nécessaire, avaient brisé les liens les plus forts qui attachent l'âme humaine à ce monde. Le moine et la religieuse font plus que le devoir n'exige de l'homme : ils se conforment non seulement au commandement général, mais encore au conseil de perfection de l'Apôtre (I Cor. VII). Le prêtre représente une forme intermédiaire entre le moine et le laïque. En renonçant à la vie de famille, il a suivi l'un des conseils de l'Apôtre, tandis que pour le reste il participe au monde humain, offrant secours et consolation à ceux qui y vivent. Le laïque vit la vie humaine, sous tous ses aspects différents, mais lutte, avec l'aide de l'Église, pour éviter de s'y perdre.

C'est là la solution la plus ingénieuse qui, jusqu'à présent, ait été proposée du problème consistant à conserver l'idéal chrétien primitif et, en même temps, à agir dans le sens de la civilisation et des lumières, dans un monde dont l'existence prolongée n'était ni prévue ni supposée lors de l'établissement de cet idéal. Cette solution prend, avec raison, pour accordé que si le Nouveau Testament doit continuer à être considéré comme offrant les règles suprêmes de la vie humaine, il faut admettre que les conditions de vie qu'il suppose seront durables. C'est ainsi que l'on voit le cardinal Newman dire : « Si la détresse présente dont parle saint Paul ne représente pas l'état ordinaire de l'Église chrétienne, on peut à peine dire que le Nouveau Testament soit écrit pour nous, et il faut le modeler à nouveau avant qu'on puisse l'appliquer. » C'était une considération essentielle au yeux de Newman, même dans sa période protestante. Mais il cherchait en vain dans le protestantisme une réponse à la question : « Qu'avons-nous fait pour le Christ ? » Ses pensées suivaient une direction analogue à celles de sainte Thérèse, disant : « Veux-tu savoir ce qui a prêté aux paroles des Apôtres leur feu divin? C'est qu'ils avaient en abomination cette vie présente et foulaient aux pieds l'honneur du monde. Ils osaient tout pour Dieu. » Et dans une vision elle entendit le Sauveur dire :« Qu'adviendrait-il du monde, s'il n'y avait pas de religieux[166] ! »

Et cependant cette solution est fondée sur un compromis. S. Kierkegaard a justement remarqué que l'instinct du christianisme fut en défaut lorsqu'il établit différentes classes de chrétiens, car il ouvrit ainsi un chemin pour échapper à l'idéal, et il n'y eut que trop de gens pour le suivre.

La distinction entre le devoir et le mérite ne peut pas avoir une valeur morale, cependant, sauf pour des raisons superficielles. Car si j'ai la faculté et la possibilité de « gagner du mérite », c'est-à-dire de faire quelque chose qui dépasse ce que l'on attend ordinairement de l'homme, il est évidemment de mon devoir de le faire. Au point de vue moral, mon devoir est toujours proportionné à mes facultés ; il est proportionné à l'individu. En moral, la taxation doit toujours être progressive.

« Ein jeder wird besteuert nach Vermögen » (Chacun est imposé selon ses moyens), dit Tell, lorsqu'Hedwige se plaint des exigences considérables dont il est l'objet[167]. D'ailleurs, l'expérience le montre, ceux qui sentent qu'ils ont à répondre aux exigences les plus extrêmes n'ont pas conscience que celles-ci excèdent leur devoir. Il y a des natures qui sentent plus vivement l'idéal, et qui reconnaissent son action dans un domaine plus étendu que ne font leurs semblables. « Il est dangereux, dit sainte Thérèse, de se contenter d'un effort modéré, lorsqu'il s'agit de l'éternité. » Les maîtres catholiques de théologie morale, après avoir établi la distinction entre le devoir et le mérite, avisent parfois les auditeurs de ne pas en faire usage. Leur avis est plus moral que leur distinction.

125. — Le protestantisme ne se rendit pas d'abord parfaitement compte du grand problème que posaient ses rapports avec le christianisme primitif. Ce fut un mouvement né du besoin d'affirmer les droits de la liberté de conscience. Etant donné que l'on trouvait dans le Nouveau Testament beaucoup de choses que le catholicisme, à cause de son système hiérarchique et de son union trop étroite avec le monde, ne pouvait ni reconnaître, ni laisser agir librement, on crut d'une manière bien naturelle à un retour au christianisme primitif. Le protestantisme, cependant, ne tarda pas à signifier, non seulement une émancipation de la vie religieuse, et une tentative de retour aux sources du christianisme, mais encore, plus ou moins consciemment, l'émancipation de la vie en général à l'égard de l'autorité de l'Église. La vie dans le monde n'était plus considérée comme inférieure à la vie dans le cloître. La perfection doit être atteinte, non par un ascétisme artificiellement introduit, mais par un abandon intime du cœur à Dieu et

par la confiance en Dieu. Il ne s'agit plus simplement de supporter de vie mondaine, mais de la cultiver et de la développer; et l'individu pouvait et devait trouver sa vocation en aidant à ce développement.

Les réformateurs laissèrent donc indéterminés leurs rapports à l'égard des idéaux et des attentes du christianisme primitif. Ils ne donnèrent aucune direction précise, par exemple, sur la manière dont les préceptes du Sermon sur la Montagne devaient être suivis dans les circonstances et parmi les obligations de la vie humaine moderne. Plus tard, la Haute-Église, et le parti de la théologie spéculative dans l'Église protestante conçurent la chose ainsi qu'il suit : Le christianisme primitif est le ferment idéal qui, grâce à un long processus de développement dans le temps, se répand dans la vie du monde ; il produit la vie de la famille chrétienne et de l'État chrétien, produit aussi la science et l'art chrétiens, et ainsi conduit au développement du « royaume de Dieu ». Les conceptions primitives d'une seconde venue et du jugement dernier sont maintenant relégués dans un arrière-plan éloigné et crépusculaire, où ils apparaissent comme des montagnes bleues à l'horizon lointain. Les hommes ont appris, de nos jours, et éprouvé bien des choses qui étaient inconnues aux auteurs du Nouveau Testament : et il est dès lors devenu évident que ces auteurs se trompaient en attendant si tôt « la seconde venue ». Cette erreur, cependant n'est pas considérée comme une erreur matérielle, lorsque même on ne la réfute pas. Comme le catholicisme, le protestantisme se croit en relation de continuité morale avec le christianisme primitif. Il n'admettra pas qu'il n'ait conservé du christianisme primitif que les éléments qui peuvent se réaliser dans les conditions de la civilisation moderne, ou plutôt dans l'attitude nouvelle qu'il a essayé d'adopter à l'égard de la civilisation. Les gens croient qu'ils se conforment à la morale du Nouveau Testament parce qu'ils revêtent leurs principes moraux des formules bibliques. Ils oublient que leur situation vis-à-vis de la civilisation est totalement différente de celle du christianisme primitif.

126. — A une époque tout à fait récente, cependant, la théologie protestante a commencé à manifester plus clairement ce

rapport. De profondes études historiques, et une intelligence plus vive des phénomènes de la morale et de la civilisation ont conduit un certain nombre de théologiens et de savants au delà du point de vue ordinairement adopté sur ce point par les chefs du protestantisme ecclésiastique. Parmi les premiers d'entre eux on peut mentionner Albrecht Ritschl (dans sa *Geschichte des Pietismus*) et Adolphe Harnack (dans son *Lehrbuch der Dogmengeschichte*).

D'après Ritschl, le caractère particulier du protestantisme est de représenter les chrétiens comme ceux qui, confiants en Dieu, doivent gouverner le monde ; ils ne doivent pas s'en retirer, comme l'exigent les ascètes de l'ancienne église, les mystiques du moyen âge et les piétistes modernes. Selon lui, le piétisme a barré la route au développement complet du programme protestant surtout parce qu'il tendait (principalement le piétisme réformé) à restaurer le christianisme primitif. D'après l'opinion de Ritschl, les principes du luthérianisme sont supposés en harmonie avec le Nouveau Testament, tandis que l'inverse n'est pas exact : la croyance à la validité de toutes les conceptions du Nouveau Testament n'est pas considérée comme nécessaire au salut. Et parmi les conceptions bibliques auxquelles il n'est pas nécessaire de croire, Ritschl mentionne spécialement « les espérances du christianisme primitif dans ce qu'elles ont de particulier ».

D'après les idées de Harnack, le christianisme primitif contenait quelque chose de plus et d'autre que l' « évangile » proprement dit, et l' « évangile » ne put apparaître dans toute sa pureté que lorsque ce « plus » et cet « autre » en eurent été séparés. Luther prépara la voie à cette séparation : mais de même qu'il manqua à rejeter les dogmes spéculatifs développés par les Pères de l'Eglise, de même il manqua à rejeter l'attente primitive du prochain retour de Jésus, origine de la tendance à se retirer du monde. Le distingué historien du dogme sait parfaitement que la morale du christianisme primitif était déterminée par l'attente du jugement dernier, aussi soutient-il que l' « évangile », surtout tel qu'il est donné dans le huitième chapitre de l'épître aux Romains, et le treizième chapitre de la première aux Corinthiens, doit être complété par une morale humaine. « Si, dans la science aussi bien que dans la vie du sentiment, nous pouvions réussir à unir la piété, le sens de la vie intérieure et la profondeur de saint Augustin avec la largeur de vue, l'activité tranquille et énergique et l'émotion allègre et sereine des anciens, nous atteindrions la perfection. Gœthe a su, dans sa plus belle période, faire de cet idéal le sien, et le sens du christianisme évangélique réformé (s'il est vraiment quelque chose de différent du catholicisme) est compris dans cet idéal [168]. »

Il est évident qu'une conception de la vie qui adopte des éléments essentiels empruntés aux Grecs et à Gœthe doit différer profondément de celle du christianisme primitif. Gœthe est, à proprement parler, le premier héraut de l'évangile complet. On ne peut pas arriver à une parfaite clarté en partant du point de vue de Ritschl et de Harnack. Mais le grand mérite de ces deux penseurs est, outre le riche savoir qu'ils apportent dans leurs recherches, la façon dont ils posent le problème crucial avec clarté et précision, et arrachent le voile d'ambiguité qui, dans la vie présente, recouvre le rapport du catholicisme et du protestantisme ecclésiastique avec la civilisation et l'humanité.

127. — Par opposition à tous ces différents points de vue, je voudrais en adopter un que l'on pourrait appeler *éthico-historique*. Selon cette conception, le christianisme est une puissance spirituelle qui a pénétré, et pénètre encore profondément dans la vie humaine. De même que pour beaucoup des plus grands mouvements de la civilisation humaine, bien des traits de son commencement et de son premier développement resteront probablement des énigmes psychologiques et historiques tant que nos seules méthodes pour les comprendre seront celles que fournissent l'histoire et la psychologie. Mais ces traits ne sont pas les seules énigmes psychologiques et historiques. Le point qui est le plus important pour nous ressort cependant assez clairement et assez distinctement, à savoir que le christianisme porte la marque des circonstances historiques véritables au milieu desquelles il est né. Le christianisme est un mouvement oriental ; il porte fortement l'empreinte de son origine juive, modifiée, peut-être, par des influences perses ; au

cours de son développement dogmatique ultérieur, il fut déterminé par la pensée grecque, ou, tout au moins, par les formes conceptuelles helléniques. Son développement ultérieur se produisit sous l'influence intellectuelle, esthétique, morale et sociale de conditions de civilisation qu'il n'avait pas produites lui-même et qu'il n'avait pas supposées à sa naissance. A ce compte, il est impossible de le prendre, tel qu'il est, comme le fondement, valable en tout temps, de notre conception et de notre conduite de la vie. Il ne peut pas plus nous donner ce fondement que ne le peut la morale des Grecs. Mais cela ne lui ôte pas sa grande importance. Il reste une source de vie où les époques postérieures aux origines puisent des éléments qui peuvent leur être utiles dans les conditions actuelles. Tel est le rapport que le catholicisme et les différents mouvements protestants ont en réalité eu avec lui : mais ils ont tous également jeté le voile du silence sur ce processus de choix et d'élimination. Ce que chacun a pris, il le regardait comme l'essentiel. Et telle est aussi l'attitude de la morale laïque à l'égard du christianisme : elle reconnaît l'influence qu'il a exercée en rendant la vie spirituelle plus intense et plus profonde, et l'importance qui résulte pour lui du fait d'avoir, par le grand modèle qu'il en a donné, répandu la doctrine de l'amour fraternel au loin sur toute la terre.

Nous empruntons au Nouveau Testament, comme à toute œuvre spirituelle, tout ce dont nous pouvons le mieux faire usage dans notre économie spirituelle. Il y a en lui des pensées, des états d'âme, des exemples, qui accompagneront toujours l'espèce humaine dans son pèlerinage. Mais quant à savoir ce que nous employons, et la manière dont nous l'employons, c'est ce qui sera déterminé par notre expérience personnelle et indépendante de la vie, et par notre milieu : expérience et milieu qui nous imposent des obligations, qui nous révèlent des biens qui n'auraient pas pu traverser l'horizon à l'époque du christianisme primitif, en partie parce qu'ils n'étaient pas connus, en partie parce qu'ils étaient inconciliables avec le but de la vie que l'on adoptait alors. La Bible ne nous donne pas plus une morale qu'elle ne nous enseigne l'astronomie ou l'histoire naturelle, quoiqu'elle contienne beaucoup d'éléments importants que toute morale peut et doit contenir en elle-même.

Nous trouvons en face de nous la conception chrétienne et la conception grecque de la vie. Et s'il faut choisir entre elles deux, il n'est pas douteux que notre conception de la vie soit plus proche voisine de la conception grecque que de celle du christianisme primitif. Car notre but est de découvrir et de produire dans le monde du réel les valeurs à la conservation desquelles nous croyons ; le rôle de la morale est de déployer et de rendre harmonieuse la vie humaine, à la fois dans l'individu et dans la société. Ce rôle était reconnu par les Grecs. Or le christianisme a rendu possible l'accomplissement de cette tache d'une manière beaucoup plus profonde.

Mais ce n'est pas l'évangile qui a été étendu par la pensée grecque (§ 126), c'est la pensée grecque — ces réflexions sur la vie dont on peut dire qu'elles ont été les prémices de la vie spirituelle en Europe — qui a été approfondie et étendue par ce que le christianisme a apporté dans le monde. Et non seulement le christianisme ; car il faut faire une place, outre l'hellénisme et le christianisme, à un troisième élément, ou à un troisième groupe d'éléments : je veux dire la science empirique des derniers siècles et tout l'ensemble de la civilisation moderne, idéale et matérielle. C'est à la morale, et non à la philosophie de la religion, qu'il appartient de discuter de plus près la nature des rapports réciproques qui existent entre tous ces éléments qui entrent dans la vie spirituelle de l'homme, telle qu'elle est et telle qu'il faut la vivre aujourd'hui.

D. — Nous vivons de réalités

> Homo liber de nulla re minus quam de morte cogitat, e ejus sapientia non mortis, sed vitæ meditatio est.
>
> Spinoza.

128. — A la fin de notre étude, le rapport de la religion et de la morale apparaît bien simple : la religion est la foi dans la conservation de la valeur, et la morale recherche les principes selon lesquels la découverte et la production des valeurs se font. Cette conception met nettement en lumière à la fois les différences et les ressemblances qui existent entre la religion et la morale.

La question de savoir quelles sont les valeurs auxquelles nous croyons, et comment nous saurons que ce qui a été découvert et produit a de la valeur, nous ramène de la religion à la morale. L'histoire de la religion nous montre très clairement que la plus importante de toutes les oppositions est celle qui existe entre les religions naturelles et la religion morale. La nature spécifique d'une religion, par conséquent, dépendra du point de vue moral. Je dois renvoyer mes lecteurs à ma *Morale* pour un examen complet de cette question, et je m'arrêterai seulement ici à discuter quelques points de vue qui sont spécialement importants pour la philosophie de la religion.

Selon ma propre conception morale, la vie doit prendre la forme d'une œuvre d'art personnelle, car les facultés et les tendances individuelles doivent être organisées dans les individus, tandis qu'en même temps les personnalités individuelles — précisément grâce à l'harmonie personnelle dans chaque individu — doivent être mises en harmonie les unes avec les autres. Le problème est ici de savoir comment le développement de l'individu peut aider au développement des autres hommes, ou, en d'autres termes, comment le fait que l'individu est une fin en soi peut être un moyen pour atteindre les fins d'autrui. Cette conception embrasse toute œuvre de développement de la civilisation, à condition qu'elle soit plus qu'une activité purement mécanique ou sans fin. Toute culture spirituelle et matérielle, tout effort individuel et social, trouvent place dans l'idéal indiqué ici. Le développement spirituel hellénique, le développement chrétien et celui des temps modernes ont contribué chacun à l'établissement de cette idée. Un large horizon s'ouvre ici devant nous : nous voyons en arrière les luttes spirituelles du passé, mais nous voyons aussi en avant le travail spirituel et matériel qui approfondira et développera progressivement les conquêtes antérieures. Dans un effort pour donner une forme à cette idée et pour l'appliquer, la morale elle-même devient une religion, car elle travaille ici pour ce qu'il y a de plus saint au monde, et tout ce que les hommes appellent et ont appelé saint doit finalement être évalué au moyen du critérium que fournit cette idée.

Le concept de « saint » reproduit dans ses différentes applications les degrés du développement religieux. Au sens le plus élémentaire, est saint ce qui ne peut être produit que par une puissance supérieure. Ce peut être la terre, ou les fruits de la terre, ou l'homme lui-même. Mais ce qui est considéré comme l'œuvre d'une puissance supérieure et comme placé sous sa protection, devient peu à peu identique, lorsque le passage s'est fait des religions naturelles à la religion morale, à ce qui est exigé par les idées morales les plus hautes que l'homme puisse se former. Aussi la religion et la morale se rencontrent-elles finalement dans la conception de « saint », et nous avons ainsi la définition de Gœthe :

> Was ist das Heiligste ? — Das, was heut' und ewig die Geister Tiefer und tiefer gefühlt, immer nur einiger macht.

Ce qui peut être assimilé d'une manière profonde et intime par l'individu, et qui peut en même temps établir l'union la plus étroite entre les individus, c'est ce qui est saint par-dessus tout. Nous sommes, au delà des circonstances extérieures de la vie, au delà de tout ce qui tend à diviser, appelés aux plus hautes valeurs. Le maximum de plénitude et de différenciation est ici uni au degré suprême d'unité.

Au sujet de l'application, dans le détail, de cette idée, bien des questions graves peuvent naître. Mais au point de vue de la philosophie de la religion, il est d'une importance toute particulière qu'un idéal tel que celui qu'expriment les vers de Gœthe ait été au moins capable de s'établir et de se faire reconnaître. En dépit de toutes ses désharmonies, le réel a pu faire place à un développement dans ce sens. C'est là une des réalités auxquelles nous devons nous efforcer de rester attachés et que nous devons nous efforcer d'étendre, une des choses qui permettent à notre sagesse d'être une méditation de la vie, non de la mort.

129. — Mais quelle sera la fin ? D'où vient la valeur et où va-t-elle ? Quelle est la nature du lien qui unit, d'une part ce pour quoi nous luttons et ce qui nous permet de lutter, et d'autre part l'essence intime du réel ?

Il y a ici un carrefour — non seulement parce que des peuples différents ont donné des réponses différentes à ces questions, mais aussi en raison du degré d'importance que l'on a attachée à la question d'arriver, d'une manière générale, à une réponse. Pour ma part, je ne vois pas de raison d'exiger à tout prix une réponse, qui nous entraînerait bien au delà de ce que la science peut nous enseigner au moyen de ses dernières hypothèses. Surtout, je ne vois pas de raison d'enchaîner la raison pour l'amour de solutions supposées, qui ne feraient que nous rendre nos énigmes agrandies, compliquées peut-être d'objections logiques et morales.

Ces réponses à ces questions, qui dépassent les dernières hypothèses scientifiques, ne peuvent avoir qu'un caractère poétique : mais il n'y a rien là qui les empêche d'avoir une grande importance religieuse, en tant qu'elles sont les expressions les plus vivantes que puisse prendre la relation de la valeur et de la réalité, telle que nous l'expérimentons. A parler exactement, il est faux de dire qu'elles n'ont « qu' » une valeur poétique (cf. § 70). Car peut-être que la poésie est une expression plus parfaite de ce qu'il y a de plus haut, que n'importe quel concept scientifique. Par poésie, je n'entends pas ici des images ou des émotions vagues, mais la forme spontanée et vivante sous laquelle s'expriment les expériences véritablement faites à des moments de violente excitation. Un processus de ce genre se cache sous tous les mythes et toutes les légendes, sous tous les dogmes et tous les symboles pris au moment de leur naissance (*in statu nascendi*). Il y a une poésie de la vie qui jaillit du sein du travail même, une étincelle qui ne brille que lorsque la volonté se heurte au roc dur de la réalité. J'ai déjà rencontré cette idée dans ma critique de la théorie de S. Kierkegaard, opposant la conception esthétique et poétique de la vie à la conception morale et religieuse [169]. C'est une poésie qui ne s'oppose ni à la volonté ni à la pensée, quoiqu'elle soit plus capable de naître lorsque la pensée et la volonté arrivent à leurs limites ; et seuls des efforts répétés peuvent décider si ces limites représentent un obstacle qui peut et doit être surmonté, ou si elles marquent les rives immuables entre lesquelles le fleuve de la vie doit toujours couler. Tout grand art suppose une poésie de la vie de ce genre, et consiste dans la traduction de cette poésie en formes claires. Si l'art rencontre de nos jours des conditions d'existence spécialement défavorables, il n'y a pas de doute qu'il faille attribuer cet état de choses plutôt aux anciens dogmes qu'au doute moderne.

La philosophie de la religion s'achève en nous ramenant à cette source, dont la conservation à l'état de liberté constitue la condition la plus importante pour l'avenir de la vie spirituelle. Nos études épistémologiques, psychologiques et morales arrivent ici au même résultat (cf. §§ 20-22 ; 70 ; 117). D'autre part, ce n'est pas le devoir de la philosophie de la religion, de construire un système particulier de symboles, et de déclarer qu'ils sont les seuls bons. La philosophie de la religion s'intéresse aux forces agissantes plus qu'aux forces fixées, qui sont rejetées et qui se figent pendant que ces forces sont en pleine action. Mais l'étude comparative des formes conserve encore sa valeur : elle nous aide à attribuer les différentes forces à leur espèce particulière. La philosophie de la religion s'intéresse moins à des symboles ou à des dogmes particuliers qu'au besoin personnel, au sentiment intérieur, à l'expérience authentique qui s'expriment par eux et qui déterminent et le choix des symboles, et l'interprétation plus ou moins littérale qu'il faut en former. Lorsqu'une grande religion, comme le christianisme, naît, la philosophie de la religion la reconnaît comme un témoignage du fait que l'amour, le sens de la vie intérieure et la pureté sont des forces vivantes dans la nature humaine.

Partout où ces forces internes semblent avoir disparu, on peut être sûr que c'est parce que la confiance dans la faculté de former des images et des symboles s'est affaiblie, sous le joug du dogmatisme et du scepticisme, souveraineté qui a généralement été fondée sur la force. L'observateur attentif remarque que ces forces sont cachées, qu'elles se meuvent dans le sanctuaire de la personnalité, lieu fermé également aux propagandistes importuns et aux railleurs profanes.

Nous vivons dans une époque de transition. Il y a un manque d'harmonie entre notre foi, d'une part, et notre savoir et notre vie, d'autre part. On ne peut échapper à l'obligation d'établir de l'harmonie entre la libre science unie au libre développement de la vie, et ce qui, à nos yeux, a la valeur suprême. Et cela ne peut pas se faire par une construction spéculative. Il faut créer un nouveau type de vie, qui ne craigne pas la critique et qui n'exprime pas sa liberté en « raillant ses chaînes », mais qui, avec une joyeuse confiance, exprime ses expériences les plus profondes dans un « psaume de la vie ». Jusqu'à ce que ce type de la vie se soit développé, beaucoup de gens sentiront leur âme froissée. Ceci peut arriver de bien des manières, soit qu'ils s'attachent, avec une sorte d'extravagance morbide, à quelque chose qui ne peut s'harmoniser avec leur vie personnelle ou avec les exigences de la loyauté intellectuelle, soit que leur propre crainte secrète les pousse à une haine fanatique de ceux dont la foi est autre que la leur, soit qu'ils se soient sentis desséchés et appauvris par la critique excessive et la satiété, soit qu'enfin ils se consument dans une réflexion sans fin. Je ne dis pas que ceux qui éprouvent le plus grand dommage spirituel éprouvent la plus grande douleur.

La vie travaille à s'élever grâce au conflit de forces opposées, et les circonstances de la lutte diffèrent avec les âmes individuelles. Aussi l'art de vivre, comme tous les autres arts, doit-il être unilatéral (cf. § 92). Et pour cette raison, chaque individu doit découvrir sa propre place et combattre pour la portion de vérité qui se révèle à ses yeux. Ce n'est que par une solide emprise que « l'unité supérieure » peut être atteinte ; mais elle ne sera jamais aussi facile à atteindre que le croyait la philosophie romantique.

130. — Toute conception de la vie doit à la longue être déterminée par les valeurs que l'on découvre ou que l'on produit dans la vie réelle. Toute conception d'une vie future, d'un monde supérieur, est constituée d'éléments qui sont empruntés à ce monde. La vie exige une discipline et des règles, mais les notions qui déterminent du dedans cette discipline et ces règles doivent, en dernière analyse, avoir été empruntées à cette vie. Il y a ici un mouvement circulaire continu, qui, cependant, n'exclut pas le progrès, car même un idéal imparfait peut rendre la vie plus parfaite qu'elle n'était auparavant, et la vie plus parfaite produira dès lors des idéaux encore plus hauts. Même un pas en arrière peut être une transition — peut-être même un moyen nécessaire de passage — vers une marche en avant, tout comme un ressort en spirale ne se res-

serre que pour pouvoir s'élancer plus haut (*inclinata resurget*).

De même que Goethe a défini la fonction de l'art de la poésie comme consistant à « revêtir la réalité d'une forme poétique » et non à « réaliser le prétendu *poétique* », de même la fonction de la religion est de rendre la vie idéale et harmonieuse, et non de réaliser des idéaux artificiels imposés du dehors. Tout idéal, pour avoir un sens, doit se révéler comme un vaste ensemble exprimant des tendances vitales, qui doivent avoir eu une activité spontanée avant de prendre la forme de la pensée ou de l'imagination.

Et nous retrouvons ici encore notre grand modèle dans la méthode de vie des Grecs. Leur conception de la vie trahit une certaine tristesse, mais ils ont nettement et courageusement combattu pour les droits de la vie ici-bas. Dans la discussion éternelle sur le sens de la vie, leur exemple doit toujours être considéré comme un document capable, par son poids, de rejeter définitivement le fardeau de la preuve sur ceux qui feraient dépendre la valeur de cette vie de ce que l'on peut soupçonner d'une autre. La santé spirituelle des Grecs se manifeste dans le fait qu'ils voyaient la grande œuvre de la vie dans la découverte et la création, ici-bas et dans la réalité de cette vie, de valeurs telles que « le beau et le bien ». Ils n'empruntaient pas à la conception d'une vie à venir le critérium qui permet de juger la vie présente.

Que la culture grecque ait péri, et que, pour un temps, la doctrine orientale d'une vie future ait dominé, cela prouve au moins que la culture grecque avait besoin de s'intérioriser. L'orientalisme a fait beaucoup pour promouvoir la vie spirituelle. Était-il nécessaire, en ce sens que le même résultat n'aurait pas pu être atteint par le développement continu des conceptions helléniques, c'est ce qu'il est impossible de dire ; ce que nous savons des conditions du développement historique de la civilisation est beaucoup trop imparfait pour nous permettre de décider. Mais l'orientalisme a produit de grands maux qui sont bien à lui, et on comprend bien pourquoi Kant (dans les notes qu'il a laissées) exprimait le souhait que la sagesse orientale nous eût été épargnée.

Ce principe est solide ; et celui là seul qui a honnêtement

et honorablement travaillé aux valeurs que l'on peut découvrir et produire en *ce* monde, est prêt pour un monde futur — s'il y a un monde futur, question que l'expérience peut seule décider. Mon cher ami Johannes Fibigers, rapporte dans son *Autobiographie* que dans une conversation sur la question de savoir si une vie future nous attend, je remarquai : « Il reste à voir s'il y a une vie future. » Je ne me rappelle pas avoir dit cela, mais cela exprime les résultats auxquels je suis personnellement arrivé. L'horizon ne s'est pas fermé devant moi. Mais plus j'ai regardé, autour de moi, le monde de la pensée et de la réalité, plus clairement il m'est apparu que les hommes qui sont encore prêts à prêcher que, s'il n'y a pas de vie future, *cette vie-ci* perdrait toute sa valeur, assument une grande responsabilité. Ceux pour qui cette croyance dans une vie future est une nécessité vitale se seront déjà aperçus de ce besoin ; mais ils n'ont pas le droit de faire appel à leur expérience sans avoir fait une sérieuse tentative pour découvrir et produire des valeurs dans la vie présente. Et quand seront-ils en situation de dire qu'ils ont assez fait en ce sens ? Jusqu'à présent, on n'a apporté aucune preuve évidente de l'idée que l'absence d'une croyance de ce genre implique nécessairement l'exclusion de toute espèce de qualité, de valeur personnelle. Les opinions que se sont formées les individus, d'accord avec leur propre personnalité, sur ce qu'il y a au delà du monde de l'expérience, ne doivent pas être prises comme un critérium universel de la valeur de la vie personnelle [170].

Au point de vue moral, le commandement est : « Rends la vie, la vie que tu connais, aussi riche que possible en valeurs. » L'effort pour accomplir ce commandement suppose-t-il nécessairement une croyance à la conservation de la valeur sous une certaine forme définie, c'est là une question qui recevra des réponses différentes de personnes différentes, selon leurs différentes expériences. Celui qui ne peut découvrir ou produire aucune valeur, à moins qu'elle ne soit nimbée d'un reflet d'éternité, celui-là n'est pas un pouce plus haut que celui qui agit avec énergie et avec un sens profond de la vie intérieure au service de la valeur, quoique cette valeur soit, à son sens, sujette à périr. Inversement, celui qui peut se passer de la croyance à la conservation de la valeur n'a, de son côté, pas le droit de mépriser celui qui ne voit dans toute valeur qu'il a découverte ou produite, qu'un simple anneau d'une grande chaîne de valeurs qui s'étend jusque dans l'invisible. Il est possible d'affirmer cette croyance sans entrer en conflit avec la morale ou avec la théorie de la connaissance. Le dernier mot doit rester ici au principe de personnalité (§§ 92-93 ; 100-101). La morale n'a qu'à prendre garde, que dans leur inquiétude de sauver les valeurs de la vie, les hommes n'oublient la vie elle-même.

131. — Dans un ouvrage intitulé *Om Intolerance* (Sur l'Intolérance) (1878), et écrit non sans chaleur, S. Heegaard est amené à insister sur le sens de cette pensée « nous vivons de possibilités ». Il était, en cela, guidé par l'idée que, puisque la science ne peut ni attaquer ni affirmer la validité des idées religieuses, leur possibilité doit toujours être admise en dépit de toute critique. Il pensait plus particulièrement à l'idée d'immortalité personnelle. Son opinion était que nous devons fonder notre vie sur la possibilité de la validité de cette idée[171]. Par opposition à cette opinion, je voudrais développer l'affirmation que j'ai prise comme tête de chapitre : nous vivons par des réalités. Nous fondons toute possibilité sur une réalité ; nous concluons du réel au possible. Aussi, en dernière analyse, vivons-nous entièrement par la réalité, quelque grande que soit la valeur que les possibilités puissent avoir à nos yeux. Ce n'est que lorsque la réalité manifeste le bon et le beau que le possible peut les contenir. Nous vivons des valeurs que la réalité produit, et ces valeurs ne s'évanouissent pas nécessairement parce que nous ne voyons pas clairement quel doit être leur sort dans le temps et dans l'éternité. Dans la mesure où nous pouvons nous former une opinion de leur destinée, nous fondons cette opinion sur notre expérience de la réalité : ces théories sont des projections, des généralisations, des idéalisations inconscientes ou clairement conscientes.

On peut découvrir ce que les hommes ont pensé de ce monde-ci d'après ce qu'ils ont pensé du monde futur. Jusqu'à présent, on n'a pas donné de description du ciel et de l'enfer, dont les traits spéciaux n'aient été empruntés à l'expérience terrestre. Cela est aussi vrai des descriptions des Enfers d'Homère et de Virgile que de l'Apocalypse de saint Jean ou de la Divine Comédie de Dante. Dans la description faite par Lavater de la venue de l'Antéchrist, Gœthe a reconnu l'entrée des Électeurs à Francfort pour le couronnement de Joseph II. La conscience religieuse se meut dans un monde de poésie, et s'en rend de plus en plus compte. Plus clairement elle reconnaîtra l'insuffisance et le caractère figuratif de ses idées, mieux elle pourra comprendre une conception qui n'attache aucun prix à la formation d'idées déterminées et exclusives relativement à l'objet de la religion.

Et jusqu'où faut-il poursuivre les possibilités? On ne peut songer à une conclusion. On peut toujours demander : « Et après ? » Un état suprême de vie qui exclurait toute possibilité de développement s'achèverait — d'après toutes les lois psychologiques connues — dans la torpeur et dans la mort. La pensée humaine s'en est aperçue de bonne heure. Les anciens Hindous ont bientôt compris que la continuation interrompue d'un seul et même état ne peut donner de joie, et les philosophes sankhyas soutenaient que celui qui a été admis dans le monde céleste doit bientôt découvrir qu'il y a des étages encore plus hauts que celui qu'il a atteint, de telle sorte que même les joies célestes contiennent une élément d'inquiétude [172]. Quelques milliers d'années plus tard, dans une lettre à Wolff, Leibniz affirmait que si la béatitude ne consistait pas dans le progrès, les bienheureux finiraient par se trouver dans un état de stupeur (*nisi beatitudo in progressu consisteret, stuperent beati*).

Si nous vivions réellement de possibilités, notre vie serait sacrifiée à une vie inconnue. Mais la philosophie de la religion peut faire appel ici à une idée qui, depuis l'époque de Rousseau, a été l'idée fondamentale de la pédagogie moderne. Toute période de la vie a, ou devrait avoir, sa signification propre, et ne doit pas être purement considérée comme une préparation à la période suivante. De même que l'enfance est une période indépendante de la vie, ayant sa valeur et ses fins en soi et pour soi, et est plus qu'une simple préparation à la vie adulte, de même aussi la vie humaine, dans sa totalité, a sa valeur indépendante, et cela d'autant plus que l'expérience ne nous enseigne rien sur ce qui peut la suivre. Comment une simple vie personnelle est-elle unie aux lois et aux valeurs de la totalité du réel, c'est là un problème insoluble. Mais s'il y a un lien intime entre l'une et les autres, de telle sorte que nos efforts les plus nobles et les plus élevés contiennent quelque chose d'impérissable (sous quelque forme que cet élément se conserve), cette valeur ne se produit que lorsque nous prenons la vie présente, la vie qui nous est connue, comme une œuvre indépendante, et que nous lui attribuons une valeur indépendante.

Si nous admettons que la valeur doit être conservée, et si nous nommons Dieu le principe de la conservation de la valeur, il sera clair alors que ce principe ne peut être nulle part présent et agissant, autant que dans nos efforts pour découvrir et produire des valeurs. Pour que les valeurs puissent continuer à exister, il faut d'abord qu'elles existent. Si nous nous attachons à cette idée, notre conception de la vie ne sera plus une poursuite de Tantale après un but sans cesse fuyant : et nous ne pourrons pas non plus finir par un agnosticisme vide (cf. §§ 18-22) : au contraire, le poète a raison :

> Indem du suchst, hast du ihn schon gefunden ;
> in deinem Fragen liegt die Antwort schon gebunden.

L'éternel est dans le présent, dans tout instant doué de valeur, « dans chaque rayon de soleil », dans l'effort qui prend pour devise « Excelsior ! » Vivre la vie éternelle au milieu du temps, voilà la véritable immortalité, qu'il y ait ou qu'il n'y ait pas une autre immortalité. La distinction entre la fin et le moyen s'évanouit à un pareil moment, dans un pareil effort, et même s'évanouit toujours là où il y a une vie personnelle véritable. Et avec cela s'évanouit aussi la distinction entre la religion et la morale, car la religion rentre dans la morale (cf. § 89).

Nous terminons ici par des idées qui apparaissent plus ou moins clairement dans toute forme religieuse supérieure : dans les Upanishads aussi bien que dans le christianisme, chez

Bouddha aussi bien que chez Spinoza et Schleiermacher. S'il doit y avoir une pensée dernière de l'humanité, ce doit être celle de la continuité de toutes les forces et de toutes les valeurs, idée qui est notre critérium théorique et pratique, quoiqu'on ne puisse l'établir et le formuler comme un concept scientifique parfaitement défini (cf. §§ 22, 115-116).

L'intérêt purement philosophique de la conception que j'ai essayé d'établir, dans l'étude qui va prendre fin, consiste en ce fait qu'elle essaie d'affirmer la continuité du développement spirituel. Ce fait découvre une analogie entre le problème religieux et tous les autres problèmes philosophiques, et en dernière analyse, ce qui importe au philosophe, ce n'est pas de savoir si, oui ou non, un problème admet une solution, mais de savoir s'il a bien été posé, c'est-à-dire posé de la manière qu'exigent la nature de l'esprit humain et sa place dans le réel. A la longue, on verra que l'intérêt philosophique ne fait qu'un avec l'intérêt humain, et cela d'autant plus, qu'on voit plus clairement leur nature propre. Aussi le philosophe est-il satisfait, s'il a fait de son mieux pour définir et pour éclaircir le problème, et pour fixer les conditions de sa solution. Il ne perd pas confiance dans l'importance de son ouvrage, même si peu de gens consentent à en admettre la raison d'être et la valeur.

Personne ne peut faire mieux, pour établir son bilan spirituel, que, de mettre en usage tout ce qu'il a appris à l'école de la vie et de l'étude. Et s'il le fait loyalement, ce ne sera peut-être pas sans profit pour les autres et pour lui.

NOTES

1. P. 7. Lorsqu'il y a quelques années, Brunetière proclama, dans un ouvrage déclamatoire et à la grande joie de beaucoup de gens, la « faillite de la science », il pensait, non sans naïveté, que tout ce qu'il avait à faire était d'insister sur la distinction entre la foi et la connaissance. Mais il s'attira une réprimande de l'archevêque de Paris, qui lui apprit que, bien que la foi soit sans doute un libre don spirituel, cependant, avant qu'un homme puisse croire à aucune doctrine (par exemple la Trinité, la divinité du Christ, l'immortalité), il doit s'être assuré qu'elle est enseignée par Dieu, et c'est ce qu'il ne peut découvrir que par la raison. L'archevêque ajoutait que Brunetière aurait pu apprendre cela d'un novice en matière de théologie. Selon saint Thomas d'Aquin (*Summa theologica* pars X, quæstio 2, art. 2) « la foi suppose la connaissance naturelle, quoique ce qui en soi et par soi peut être prouvé et connu, puisse aussi être un objet de foi pour ceux qui ne peuvent comprendre la preuve ». Au XIXe siècle, un décret de l'Eglise fut rendu contre un certain nombre de penseurs catholiques (Lamennais, Hermes, Bautain, les traditionalistes, Günther, Frohschammer), qui avaient outrepassé la limite tracée par l'Eglise entre la connaissance et la foi. Une décision du Pape du 11 juin 1855 déclara que « des conclusions rationnelles peuvent prouver avec certitude l'existence de Dieu, la nature spirituelle de l'âme et la liberté de la volonté ». Il était ajouté que, puisque la foi suppose une révélation, on ne peut faire appel à elle dans les discussions avec les naturalistes et les athées. Dans un décret daté du 8 décembre 1864 (connu sous le nom de « Syllabus ») la méthode scolastique est déclarée être d'accord avec les exigences et les progrès de la science. La scolastique catholique moderne attaque la foi absolue fondée sur l'autorité, thèse qui fut défendue par de Maistre et plus encore par de Bonald, traditionalistes tous deux.

2. P. 8. Voici sur ce point mon article intitulé « The conflict between the Old and the New » (*Journal of Ethics*, 1896).

3. P. 12. Kant parle plus souvent de fins que de valeurs. Mais il est évident (quoique Kant ne l'ait jamais reconnu suffisamment dans sa psychologie ou dans sa morale), que le concept de fin *suppose* celui de valeur ; car je ne puis adopter pour fin que ce dont j'ai éprouvé la valeur. Lorsque Kant parle du « royaume des fins », par opposition à l'ordre causal de la nature, il entend par là ce que des philosophes ultérieurs ont appelé « le royaume des valeurs ». Fries, par exemple, qui était un disciple de Kant, prend le concept de fin comme point de départ (*System der Philosophie*, Leipzig, 1804, §§ 238, 255, 330. — *Neue Kritik der Vernunft*, Heidelberg, 1807, III, p. 14). Mais Herbart et Lotze sont les hommes qui ont fait le plus pour faire accepter le concept de valeur d'une manière plus large. Après Lotze, il fut repris par le théologien Albrecht Ritschl et ses successeurs.

D'autre part, on voit dans le platonisme et la scolastique fleurir largement la confusion entre l'explication et l'évaluation (Hume et Kant ont été les premiers à rompre avec elle).

4. P. 13. Pour les différents problèmes de la philosophie, voir l'introduction de mon *Histoire de la Philosophie moderne*.

5. P. 17. Dans une tempête, dans la mer du Nord, trente pêcheurs environ du village de Harboöre perdirent la vie. Dans l'officiel *Berlingske Tidende* du 29 novembre 1893, l'Institut météorologique danois donne une explication de cette terrible catastrophe. L'Institut insiste surtout sur trois points : 1° Après un moment de calme, une tempête naît souvent du côté opposé à celui d'où soufflait le vent avant le calme; sur quoi la mer, précisément à cause du calme, devient très dure. 2° L'eau était basse sur la côte Ouest du Jutland, tandis que des tempêtes venues de l'Ouest avaient poussé la mer vers le Nord, sur la côte de Norvège, d'où elle se mit à couler comme le long d'un plan incliné vers la côte de Jutland, avec une grande force. 3° Cela coïncida avec de hautes eaux sur cette dernière côte. — La même publication contient le sermon funèbre du prédicateur, sermon dans lequel il disait, entre autres, aux assistants en deuil : « Le Seigneur s'est servi de ceci comme d'un moyen de conversion... Si cela ne produit pas d'effet, quel autre moyen peut-il employer ? » Le prédicateur ne savait sans doute pas qu'il raisonnait comme Bossuet, dans l'oraison funèbre d'Henriette d'Orléans, à cela près que Bossuet prenait comme exemple la révolution d'Angleterre, et le prédicateur une marée d'équinoxe. Personne ne peut nier que cet exemple ne soit typique. On peut en trouver une analogie biblique dans l'explication donnée par le second Esaïe de la conquête de Babylone par Cyrus. Jahvé avait l'intention de s'en servir comme d'un moyen pour sauver le peuple d'Israël, et pour éveiller sa foi dans le Dieu annoncé par le prophète (Esaïe, XLV).

6. P. 27. Dans les statuts de l'Eglise de Danemark, de la fin du XV° siècle, on lit : « Nous défendons sous peine d'excommunication à tout homme, de dire que des miracles se sont produits dans ce diocèse, soit en général, soit en particulier, sans une enquête et une ratification donnée par une autorité apostolique et consacrée ». *Dania*, III. p. 348. A l'époque moderne, tant de miracles se sont produits dans le monde catholique, et spécialement en France, que les autorités ont eu à déployer beaucoup de finesse et de subtile diplomatie, pour distinguer entre les vrais et les faux miracles; et, parmi les premiers, entre les miracles produits par Dieu et les miracles produits par le démon. Cf. LASSERRE, *Notre Dame de Lourdes*, livre IV. PESQUIDOUX, *La renaissance catholique en France*. Paris, 1899. p. 52. Selon saint Thomas d'Aquin, les miracles — mot par lequel il entend quelque chose qui dépasse les puissances naturelles — servent à révéler quelque chose de surnaturel. Cf. TESSEN-WESIERSKI. — *Die Grundlagen der Wunderbegriffes nach Thomas von Aquino*. Paderborn, 1899, p. 41. Mais si l'on exige maintenant une révélation (sanctionnée par l'Eglise) avant que nous puissions être sûrs que quelque chose de surnaturel a été révélé, et si la susdite révélation est elle-même un miracle, comment ce mouvement circulaire peut-il finir, et comment peut-on entrer dans le cercle ?

7. P. 29. Cf. ma leçon sur le vitalisme (1898). Cf. aussi BOUTROUX. *De l'idée de loi naturelle dans la science et la philosophie contemporaines.* Paris, 1895.

8. P. 31. Le concept fondamental sur lequel j'ai bâti ici est emprunté au traité de Spinoza, *De Emendatione Intellectus*, qui donne la base épistémologique de son œuvre constructive, l'*Ethique*. Il est réapparu dans les œuvres de la jeunesse de Kant (cf. mon article sur « Die Kontinuität im philosophischen Entwickelungsgange Kants » dans l'*Archiv für Geschichte*

der Philosophie, VII), et plus récemment, chez Lotze. J'ai eu l'occasion de me référer à cette opinion lorsque j'ai examiné le concept de cause dans ma *Psychologie* (V, D).

9. P. 32. Quoique Leibniz inclinât vers un pluralisme, cependant il a indiqué clairement que le concept de loi est premier par rapport aux concepts de force et d'individualité. La *force* est ce qui conditionne un futur changement d'état. On suppose qu'il y a entre le présent et l'avenir un lien conforme à une loi. L'*individualité* représente la loi selon laquelle se produisent les changements d'état d'un être. La question est de savoir si la loi qui gouverne les changements d'un individu peut être comprise à part de celles qui gouvernent les changements des autres êtres. Leibniz nie que ce soit possible, quoiqu'à proprement parler, selon sa propre doctrine essentielle de la multiplicité, il dût en affirmer la possibilité. Cf. mon *Histoire de la Philosophie moderne*, t. I. pp. 352-3, 357-62.

10. P. 34. Aristote. *Métaphysique* I. b. 994 a. — XII 6-7 (1071-73) Saint-Thomas d'Aquin. *Summa Theologica*, pars Iª qu. 2, art. 3. Eugen Rolffs (*Die Gottesbeweise bei Thomas von Aquin und Aristoteles* Köln. 1898) va beaucoup plus loin que les anciens théologiens catholiques dans l'aveu de ce que saint Thomas doit à Aristote. En fait, cette théorie importante se trouve chez Aristote. Saint Thomas n'a fait que l'adapter à un but théologique, en le développant sur différents points spéciaux.

11. P. 36. Martensen : *Jakob Böhme*, pp. 100-105. Cf. Saint Thomas d'Aquin. *Summa Theologica* pars Iª qu. 3, art. 2. *Deus est actus purus non habens aliquid de potentialitate*. Si Martensen croyait que le concept de Dieu qu'il défendait était spécifiquement chrétien, il était le jouet d'une étrange illusion. Ce concept fut indiqué par Aristote (et même il remonte jusqu'aux Eléates et à Platon), et arriva, par la scolastique, jusqu'à Descartes et Spinoza; plus tard il fut adopté par Hegel. C'est un concept dans lequel les philosophes spéculatifs de tous temps ont trouvé, non sans céder à une illusion, quelque chose de concluant pour la pensée.

12. P. 40. Cf., sur la conception cosmologique aristotélico-médiévale, mon *Histoire de la Philosophie*, t. 1, pp. 83-7.

13. P. 40. Cf. Bernhard Weiss. *Lehrbuch der biblischen Theologie des Neuen Testaments*, 6ᵉ éd., p. 500.

14. P. 43. A. Harnack. *Lehrbuch der Dogmengeschichte*, 3ᵉ éd., 1894, II p. 75. Cf. aussi p. 472., sur les moines coptes qui s'attachaient à l'anthropomorphisme, révélé par l'Apocalypse, et défendaient leurs dieux corporels à coups de bâton. Même saint Augustin (*Confessions*, VI. 3) nous a dit lui-même qu'avant de connaître saint Ambroise, il croyait que l'Eglise catholique enseignait un Dieu à forme humaine.

15. P. 43. *Confessions*, III 11-12, VI, 4, VII, 16 L'expression *totus ubique* nous fait penser au ὅλον πανταχοῦ de Plotin (*Ennéad*. IV, 9. 3; 5, 9) Cf. cette expression de Spinoza : « Ce qui est dans la partie aussi bien que dans le tout » (*Ethica*, II 37-38; 44). Il est possible que Spinoza ait emprunté ce concept à Bruno, qui subit ici l'influence de Plotin : Cf. *Opere italiane*, spécialement p. 239, etc. 242, 315 (éd. Lagarde). Bruno emploie pour « ce qui est tout dans le tout » la même image que Plotin, celle d'une voix que l'on peut entendre dans toutes les parties d'une pièce. (Dans les œuvres latines de Bruno, on trouve aussi l'expression : *Anima tota in toto et qualibet totius parte*) (Cf. mon *Histoire de la Philosophie moderne*, I pp. 139-41).

16. P. 44. *Heinrich Susos Leben und Schriften*. Edités par Diepenbrock, Regensburg 1829, p. 212 sqq.

17. P. 44. Liebner. *Hugo von Saint Victor und die Theologischen Richtungen seiner Zeit*, Leipzig, 1832, pp. 292, 483. Petri Abaelardi. *Dialogus inter*

philosophum, judæum et christianum, éd. Rheinwald, Berolini, 1831, p. 101 sqq.

18. P. 45. *Sechzig Upanishads des Veda*, traduit du sanscrit par PAUL DEUSSEN, Leipzig, 1897, p. 626. PLATON. *République*, livres II et III. H. RELANDUS. *De religione Muhamedanica*, Trajecti ad Rhenum 1717, p. 202 sqq.

19. P. 46. Cf. dans mon *Histoire de la Philosophie moderne* les chapitres sur Nicolas de Cusa, Copernic et Bruno t. I, p. 88, 108 et 115.

20. P. 47. NEWMANN. *Apologia pro vita sua*. London, 1879, p. 105. A. SÉGALA. *Le Purgatoire*. Trad. en français par F. de Bénéjac, Paris, 1886, pp. 8-15, 46. Saint Thomas d'Aquin nous enseigne, à propos de l'enfer, qu'il est probablement situé sous la terre et que son feu est de même espèce que le feu terrestre, c'est un *ignis corporeus*. *Summa Theol. Suppl.*, pars III, qu. 97, art. 5-7.

21. P. 48. MARTENSEN. *Jakob Böhme*, p. 239 sqq. J'ai d'abord compris cette expression comme signifiant que Martensen considérait l'ascension visible comme une vision accordée à un des disciples. Un auditeur de mes leçons sur la philosophie de la religion attira cependant mon attention sur la véritable opinion de Martensen. Je l'avais cru plus intelligent qu'il n'est. Car une vision surnaturelle serait après tout, même au point de vue de Martensen, une conception plus idéale que celle qui implique une des pires jongleries du vieux rationalisme — et cependant c'est bien celle-ci qu'il soutient.

22. P. 50. Cf. EDV. LEHMANN. *Zarathustra*. I. Copenhague, 1899. OLDENBERG suggère l'idée qu'avant la séparation des Indiens et des Iraniens une influence sémitique ou pré-sémitique ait pu se faire sentir. *Aus Indien und Iran*. Berlin, 1899, p. 71. S'il en est ainsi, les contre-coups de cette influence ont dû être différents sous l'influence des destinées différentes de ces différents peuples.

23. P. 50. ERIK STAVE (*Ueber den Einfluss des Parsismus auf das Judentum*. Harlem, 1898, p. 175 sqq.) croit que les Parsis ont exercé une grande influence sur le judaïsme ultérieur et, par lui, sur les religions qui en sont issues. Cheyne (*Jewish religious Life after the Exile*) attribue une influence non seulement aux Persans, mais encore aux Babyloniens, et se déclare opposé à la théorie qui cherche à expliquer le développement du judaïsme postérieur par des causes purement internes. Cette question n'est pas aussi importante pour l'histoire de la philosophie qu'elle l'est pour l'histoire de la religion, et cependant il serait d'un grand intérêt psychologique de pouvoir montrer que l'idée du sens historique de la vie, et de la terminaison de l'évolution du monde dans un jugement final, est née d'une manière indépendante chez des peuples différents.

24. P. 50. R. WEISS. *Lehrbuch der neutestamentlichen Theologie*, p. 615 sqq.

25. P. 58. Cf. mon *Histoire de la Philosophie moderne*, I p. 331-2, et II. p. 148-9. Il faut remarquer particulièrement les déclarations suivantes de Fichte (*Appellation an das Publikum gegen die Anklage des Atheismus*, p. 77. Leipzig, 1799). « Il est étrange que cette philosophie (celle de Fichte) soit accusée de nier Dieu, car ce qu'elle nie en réalité, c'est l'existence du monde au sens où le dogmatisme l'affirme ».

26. P. 59. Cf. ma *Psychologie* (V, D) et mon article intitulé : « La base psychologique des jugements logiques » (*Revue Philosophique*, 1901, chap. VI).

27. P. 59. Cf. A. LANG. *Myth, Ritual and Religion*. London, 1887, I, p. 163. « Les difficultés de classification qui embarrassent l'étude de la mythologie ont déjà été décrites. Nulle part elles ne sont plus embarrassantes que

lorsque l'on essaie de classer ce que l'on peut appeler les mythes cosmogoniques. Le mot même de *cosmogonique* implique la préexistence de l'idée d'un cosmos, d'un univers ordonné, et cette idée était précisément la dernière qui pût entrer dans l'esprit des faiseurs de mythes. Il n'y a dans leurs conceptions rien qui ressemble à l'organisation ni à un univers. »

28. P. 62. Cf. GRANDGEORGE. *Saint Augustin et le Néo-Platonisme*. Paris, 1896, pp. 101, 105.

29. P. 63. Cf. mon article « Ueber die Kontinuität im philosophischen Entwicklungsgange Kants » (*Archiv für Geschichte der Philosophie*, VII) § 16.

30. P. 63. Voir sur Spencer mon *Histoire de la Philosophie moderne*, II, p. 480-90 ; et sur Sibbern mon article : Die Philosophie in Dänemarck im XIX. Jahrhundert (*Archiv für Geschichte der Philosophie*, II).

31. P. 64. Cf. ma *Psychologie* (V D 5). Parmi les autres expositions de la loi de relativité, je voudrais attirer l'attention sur le traité fondamental de WILLIAM HAMILTON : *The Philosophie of the Unconditioned* (1829) ; (cf. aussi mon *Histoire de la Philosophie moderne*, II p. 402-7), et sur l'article de RENOUVIER : La loi de relativité (*L'Année Philosophique*, 1898). FRANCIS BRADLEY part aussi de la loi de continuité dans son important et suggestif ouvrage. *Appearance and Reality*. London, 1893.

32. P. 66. Cf. aussi H. SIEBECK. « Die metaphysischen Systeme in ihrem gemeinsamen Verhältnisse zur Erfahrung (*Vierteljahresschrift für wissenschaftliche Philosophie*, II).

33. P. 69. Pour tout le problème de la relation entre le spirituel et le matériel, cf. chap. II et III de ma *Psychologie*.

34. P. 72. Cf. sur ce point mon article « La base psychologique des jugements logiques » (*Revue Philosophique*, 1901); §§ 9-10.

35. P. 73. AUGUSTINUS, *De moribus Ecclesiæ Catholicæ*, chap. XXVII, cf. SCHLEIERMACHER. *Der christliche Glaube*, §85. « Attribuer la pitié à Dieu conviendrait mieux au style homilétique ou poétique qu'au langage dogmatique. »

36. P. 74. *Upanishads*. DEUSSEN pp. 68, 205, 799, sqq. 857 sqq.

37. P. 75. DENIFLE a insisté dans son article, intitulé « Meister Eckhart's lateinische Schriften und die Grundanschauung seiner Lehre (*Archiv für Litteratur-und Kirchengeschichte des Mittelalters*, II) — à l'aide des derniers écrits de Eckhart qu'il a découverts, — que les mystiques allemands étaient élèves des scolastiques, et pratiquaient eux-mêmes la scolastique. Cependant, il reste encore la différence, que, tandis que les scolastiques essayaient de conserver la valeur de l'analogie à l'égard du concept de Dieu, les mystiques la rejetaient. A travers tous les écrits des mystiques on peut retrouver les contre-coups du néo-platonisme. Contre les représentants chrétiens de cette tendance, saint Thomas, faisant appel tantôt à Aristote, tantôt à saint Paul, ne se lassait jamais de combattre. Cf. THOMAS AQUINAS, *Summa Theologica*. Pars. I*a* qu. 13, art. 5. Sur la doctrine des mystiques, cf. LIEBNER, *Hugo de Saint-Victor*, pp. 193-195. *Susos Leben und Schriften*, publiés par Diepenbrock, pp. 394, 410, 424 (à la page 394 on lit : « Aussi toutes les personnes bien instruites savent-elles que l'être sans sagesse est aussi sans nom ; et c'est pourquoi Denis dit que Dieu est un Non-Être ou un Rien »). *Deutsche Theologia*, chap. III. En étudiant la doctrine mystique, on comprend mieux le concept bouddhiste du Nirvana. Car ce n'était pas, naturellement, l'intention des mystiques, de vouloir que le rejet de toute détermination positive signifiât que Dieu était littéralement un Rien (c'est-à-dire n'était pas). Dans le concept mystique

de Dieu, aussi bien que dans le concept bouddhiste du Nirvana, c'est précisément l'inépuisable positivité qui fait éclater toute forme conceptuelle et rend impossible toute détermination.

38. P. 77. THOMAS AQUINAS. *Summa Theol.* Pars. 1ª, qu. 13, art. 7 (cf. qu. 45, art. 3) cf. *Hugo de Saint-Victor* par LIEBNER, p. 195.

39. P. 78. Cf. à propos de l'argument rapporté ici ma *Psychologie* (V B, 5).

40. P. 81. *Aus Schleiermacher's Leben. In Briefen.* Berlin, 1858. II, p. 344-sqq. Cf. à propos de la discussion entre le théisme et le panthéisme mon *Histoire de la Philosophie Moderne.* I, pp. 331-4, 212 sqq. 517 et 557. EDUARD ZELLER (Sendschreiben an J.-H. Fichte, *Vierteljahresschift für wissenschaftliche Philosophie,* II), affirme que le concept de panthéisme représente seulement une relation immanente entre Dieu et le monde, et n'affirme rien sur la question de savoir si Dieu a ou n'a pas de personnalité. Que Dieu ne puisse pas espérer, c'est ce qui était enseigné par la scolastique du moyen âge comme on peut le voir dans l'*Hexaëmeron* d'ANDREAS SUNESEN (éd. Gertz, v. 3470 sqq.), où il est dit que l'homme-Dieu pouvait espérer selon sa nature humaine, mais non selon sa nature divine, celle-ci ne pouvant augmenter :

« Spem tamen admisit tantum substantia servi,
non natura dei, cui nil accrescere posset. »

41. P. 84. TH. WAITZ. *Die Indianer Nordamerikas*, Leipzig, 1865, p. 126. J. M. MITCHELL. *Hinduism Past and Present*, London 1885, p. 187. Le culte grec des héros reposait sur une tendance semblable. Les héros locaux étaient plus près des habitants d'une ville ou d'un district que les grands dieux nationaux. Cf. ERWIN ROHDE. *Psyche*, I, p. 191 sqq. 197 sqq.

42. P. 85. « C'est ce qui est mort, qui est immuable. Le Dieu du chrétien est le plus vivant et par suite le plus changeant des êtres (Extrait d'une lettre à Wizenmann, ami orthodoxe de Jacobi; par un compagnon de foi, sur la possibilité de recevoir une réponse à la prière) GOLTZ : *Thomas Wizenmann. Ein Beitrag zur Geschichte des inneren Glaubenskampfes christlicher Gemüter in der zweiten Hälfte des XVIII. Jahrhunderts.* Gotha 1859. II, p. 235. S. KIERKEGAARD, dans sa jeunesse, tirait de la doctrine orthodoxe de l'expiation la conclusion qu'un changement doit se produire en Dieu (*Efterladte Papirer* (Papiers posthumes) 1833-1843, p. 26). Il dit aussi : « La pensée que Dieu est amour, au sens qu'il est toujours le même, est si abstraite qu'elle est en réalité une pensée sceptique (*ibid.*, p. 413). » Il s'est plus tard exprimé dans un sens différent (*ibid.* 1844-1846, p. 443 sqq.)

43. P. 86. JULIUS LANGE. *Billedkunstens Fremstilling af Menneskeskikkelsen*, I, p. 17 sqq., 31 sqq. II p. 56.

44. P. 89. Pour un examen plus complet de cette méthode, je renvoie mes lecteurs au premier chapitre de má *Psychologie.* J'ai donné une courte description psychologique du sentiment religieux dans ma *Psychologie* (VI, C, 8 b). Dans ma *Morale* (chap. XXXI-XXXIII), j'ai examiné les phénomènes religieux au point de vue moral, et j'ai étudié la question sous le même aspect dans mes traités moins importants. Dans mon *Histoire de la Philosophie Moderne*, j'ai insisté tout particulièrement sur l'importance de Hume, de Schleiermacher et de Feuerbach au point de vue de la psychologie de la religion. Dans ces dernières années, cette branche de la psychologie a passé au premier plan. TH. RIBOT, dans sa *Psychologie des Sentiments*, consacre un long chapitre au sentiment religieux. JAMES LEUBA « A study in the psychology of Religious Phenomena » (*American Journal of Psychology*, April 1896). E. RÉCÉJAC. *Essai sur les fondements de la connaissance mystique.* Paris, 1897. RAOUL DE LA GRAS-

SERIE. *De la Psychologie des religions*, Paris, 1899. E.-D. STARBUCK. *The Psychology of Religion*. London, 1899. MURISIER. *Les maladies du sentiment religieux*. Paris, 1901.

45. P. 93. Pour le rapport entre l'expérience et la relation causale, cf. ma *Psychologie* (V D 1, 2) et mon article : « La base psychologique des jugements logiques » (*Revue philos.* 1901, chap. VI).

46. P. 94. *Vie de sainte Thérèse écrite par elle-même*, chap. XXIX. Cf. ALB. RITSCHL. *Geschichte des Pietismus*, II, pp. 47, 228, 279.

47. P. 95. Voir chez LEUBA (ouvrage cité) de nombreux exemples de conversion, anciennes et modernes (cf. surtout p. 350).

48. P. 103. J. ROYCE. *Studies of Good and Evil*, New-York, 1898, p. 377.

49. P. 110. Voir sur ce point ma *Psychologie*, au mot « Foi » dans l'index. Tout récemment, WILL. JAMES a beaucoup insisté sur la relation de la croyance et de la volonté. Cf. ses *Principles of Psychology*, II, p. 321, 561 sqq., et son ouvrage intitulé *The Will to believe and other Essays in Popular Philosophy* (1894).

50. P. 113. *Upanishads* par DEUSSEN, pp. 196, 317; Evangile selon saint Mathieu, XI, 28-29. AUGUSTINUS, *Confessiones* I 1 (cf. IV 18 et VI 26) : Vie de sainte Thérèse par elle-même. pp. 331, 591. S. KIERKEGAARD : *Uvidenskabelig Efterskrift*, p. 370 (cf. mon livre, *S. Kierkegaard som Filosof*, traduit en allemand dans les *Klassiker der Philosophie* de Frommann, Stuttgart 1894, p. 118 sqq. 158 sq.)

51. P. 114. Cf. mon *Histoire de la Philosophie moderne*, I. pp. 157-68, 418-21, *J.-J. Rousseau og hans Filosofi*, traduit en allemand dans les *Klassiker der Philosophie* de Frommann, 1901, pp. 115-119. JOSEPH BUTLER *Works*. Oxford, 1874, II, p. 181, sqq. *Life of F. D. Maurice*, London 1884. I, 344 et passim.

52. P. 116. Cf. mon article « Die Philosophie als Kunst » (*Ethische Kultur*, 1894).

53. P. 116. LUTHER, *Catechismus major* (explication du premier commandement et du troisième article de foi). Pour Zwingli, cf. ED. ZELLER, *Das theologische System Zwinglis*, Tübingen, 1853. p. 22. Zwingli définit expressément *fides* par *fiducia*, ou, dans son patois suisse, *gloub* par *vertruwen*. A cause de la théorie de la prédestination, cet élément de foi inconditionnelle apparaît plus clairement dans la doctrine réformée que dans la doctrine luthérienne. Cf. Zeller, *ibid.*, p. 27. LUDW. FEUERBACH a montré avec insistance comment le concept de foi selon Luther se distingue par ce caractère des concepts précédents. *Das Wesen des Glaubens im Sinne Luthers*, 2e éd., Leipzig, 1855, pp. 16-21. Cet élément fut plus tard mis fortement en lumière par ALBRECHT RITSCHL, spécialement dans son ouvrage posthume, *Fides implicita : eine Untersuchung über Köhlerglauben, Glauben und Wissen, Glauben und Kirche*, 1890, pp. 58-62. Dans son propre enseignement sur la foi, Ritschl part de la conception de la foi religieuse prise comme la confiance, et cela lui permet de chasser l'élément purement métaphysique du dogme ecclésiastique.

54. P. 117. Dans une *Psychologie* (cf. le mot Résignation à l'index) j'ai décrit la résignation comme un sentiment mixte qui peut apparaître avec des nuances bien différentes. On peut comprendre sur le mot de résignation l'aspect négatif et glacé de ce sentiment, dépourvu de l'élément d'abandon positif. Ici, comme bien souvent en psychologie, nous sommes obligés de modifier le sens des mots usuels, de l'étendre ou de le limiter. EHRENFELS (*Werttheorie*, I, p. 40) dépeint la résignation comme la forme qui naît lorsque le sentiment est affaibli par le désespoir.

55. P. 118. Cf. S. *Kierkegaard som Filosof*, traduit en allemand dans les *Klassiker der Philosophie* de Frommann. Stuttgart 1896, pp. 116-172.

56. P. 120. Cf. Alb. Ritschl. *Fides implicita*, pp. 1-8, 27, 44, sqq. — A. Harnack : *Lehrbuch der Dogmengeschichte*, III, p. 73 sqq., 534 sqq.

57. P. 122. Pour le Nirvana, cf. Warren *Buddhism in translation*, p. 59 sqq. 288 sqq., 372, cf. supra. Les Upanishads, en reconnaissant nettement que tout effort et toute douleur sont corrélatifs de la dualité et de la différence, ont préparé la voie au Bouddhisme. Cf. *Upanishads* Deussen, p. 393, 436 sqq. Les Upanishads enseignaient déjà qu'après sa fin, le processus de délivrance doit apparaitre comme une illusion, parce que le véritable bien ne devient pas, mais est. Cf. Deussen « Die Philosophie der Upanishads » (*Allg. Gesch. der Philos.*, I, 2, pp. 318-322).

58. P. 127. Tylor a développé la théorie de l'animisme dans son excellent ouvrage, *Primitive Culture* et plus tard dans son *Text-Book of Anthropology*. Lubbock et H. Spencer ont aussi jeté quelque lumière sur cette théorie.

59. P. 128. Tiele. *Elements of the science of religion* I, pp. 68-77.

60. P. 131. H. Usener : *Götternamen : Versuch einer Lehre von der religiösen Begriffsbildung*. Bonn, 1896, p. 280. Il me semble que Usener méconnaît l'importance de la tradition. Ce n'est que la première fois que la gerbe ou l'herbe de Saint-Jean est adorée qu'il y a un véritable dieu momentané. Plus tard, il y a au moins autant d'un « concept générique » qu'il en est impliqué dans la coutume des années précédentes. La théorie des dieux momentanés n'est nouvelle que par le nom, et par les intéressants exemples qui en ont été récemment donnés. Des auteurs antérieurs avaient déjà distingué entre les fétiches temporaires et les fétiches permanents. Cf. Chantepie de la Saussaie, *Lehrbuch der Religionsgeschichte*. I, p. 44. Pour le culte des objets artificiels et des pierres chez les Indiens, cf. A. Lang, *Myths, Ritual and Religion*, I, pp. 225, 275.

61. P. 132. A. Lang, I, pp. 30, 126. H. Usener. *Götternamen*, p. 75 sqq. Cf. Augustinus. *De Civitate Dei*, IV, chap. viii-xi.

62. P. 133. Karl Budde. *Die Religion des Volkes Israel bis zur Verbannung*. Giessen, 1900, p. 65.

63. P. 134. Cf. sur ce point ma *Psychologie*, V B 9 b.

64. P. 134. Cf. sur ce point ma *Psychologie* V B 9 ; VI C ; VII 6 ; E 3.

65. P. 137. Aug. Comte. *Cours de Philosophie positive*. V, p. 71 sqq. VI, p. 413. H. Usener. *Götternamen*, passim (surtout pp. 73, 316 sqq., 321, 334, 343).

66. P. 137. J'ai été amené à adopter cette conclusion, par mon collègue le professeur Wilhelm Thomsen qui considère la première explication comme plus probable. Il y aurait une relation en ce cas entre la racine du mot « gott » dieu, et « giessen » verser, comme avec le grec χέειν dont la racine χυ = sanscrit *hu*, d'où vient *huta* qui signifie aussi bien « sacrifié » que « celui à qui on fait des sacrifices ».

67. P. 141. Deussen. *Die Philosophie des Upanishads* (*Gesch. d. Philos.* I, 2), p. 283 sqq. Mitchell aussi (*Hinduism Past and Present*, pp. 51, 138) considère comme probable, que la croyance à la transmigration des âmes est née d'un essai pour expliquer les différences individuelles.

68. P. 141. *Brihadaranyaka Upanishad*, 4, 3, 9-16 (traduction de Deussen, p. 468). On peut retrouver des survivances de l'âme même dans la doctrine de Zoroastre. H. Oldenberg. *Aus Idien und Iran*, pp. 172-175. E. Lehmann *Zarathustra*, I, p. 79.

69. P. 142. RICHARD GARBE. *Die Sankhyaphilosophie : eine Darstellung des indischen Rationalismus*, Liepzig, 1894, pp. 172-190.

70. P. 143. Cf. sur ce point ERWIN ROHDE, *Psyche*, I, p. 214, 278 sqq., II, p. 38 sqq., 62. GOMPERZ. *Grieschiche Denker*, I, pp. 101-110. OLDENBERG trace un intéressant parallèle entre le développement hindou et le développement grec à ce sujet, *aus Indien und Iran*, pp. 75-85.

71. P. 143. LE PAGE RENOUF. *Lectures on the Origin and Growth of Religion as illustrated by the religion of ancient Egypt*. London, 1880, p. 182 sqq.

72. P. 145. TIELE. *Elements of the science of religion*, I, p. 236.

73. P. 157. Cf. ma *Psychologie* V B 7 a, et la bibliographie *ad. loc.* et FRANCIS GALTON, *Inquiries into Human Faculty*, London 1883, pp. 155-173. Pour la vision de Swedenborg, cf. EMANUEL SWEDENBORG. *Summaria expositio doctrinæ Novæ Ecclesiæ* Amstelodami 1769, § 119. (Remarquez dans cette vision le délicieux incident des anges, lorsqu'ils croyaient avoir découvert que Swedenborg adoptait la doctrine orthodoxe de la Trinité : ils menacent de le chasser du ciel, et Swedenborg doit les prier expressément d'y regarder de plus près, et de remarquer qu'il transforme les trois personnes divines en trois attributs d'une seule et même personne. Il enseigne ainsi les anges et les empêche d'agir avec trop de hâte.) Pour la vision de saint Vincent de Paul, cf. BROGLIE, *Saint Vincent de Paul*, Paris, 1898, p. 123.

74. P. 158. Cf. sur ce point ERWIN ROHDE, *Psyche*, passim. DIELS (dans son édition de Parménide) parle de « ces directeurs si bien doués de l'oracle de Delphes, qui du VIII° au VI° siècle exercèrent la plus grande influence possible sur la religion et la morale, sur les rapports politiques et sociaux de la Grèce et des pays voisins ». Leurs noms nous sont presque inconnus. On doit donc en partie au progrès des lumières (la sophistique), en partie à la démocratie qu'aucune hiérarchie digne de ce nom ne se développât en Grèce, en dépit du grand rôle joué par les mystères et les prophéties. DIELS. *Parmenides Lehrgedicht*, pp. 12-13.

75. P. 158. Cf. CORNILL. *Der israelitische Prophetismus*. Strassburg, 1896, pp. 82-92. D'après la théorie traditionnelle, le judaïsme serait devenu beaucoup plus tôt une religion livresque.

76. P. 161. FR. NIELSEN. *Pavedömmet i det nittende Aarhundrede* (La papauté pendant le XIX° siècle), II, pp. 216-223. Pour l'histoire antérieure de la Conceptio Immaculata, cf. HARNACK, *Lehrbuch der Dogmengeschichte*, III, pp. 584-587. L'attitude du futur cardinal Newman à l'égard de ce dogme est particulièrement intéressante (HUTTON, *Cardinal Newman*, pp. 201 sqq.)

77. P. 161. Dans un article du *Nineteenth Century* (fév. 1900), sur la « continuité du Catholicisme », le père jésuite Clarke écrit : « Avant que Notre-Seigneur montât au ciel, les Écritures Saintes nous disent que, pendant les quarante jours qui s'écoulèrent entre sa résurrection et son ascension, il apparut à ses apôtres « parlant du royaume de Dieu » (Actes, I, 3). Or, le royaume de Dieu est, dans le Nouveau Testament, synonyme de l'Église du Christ... Dans ce passage il se rapporte d'abord à l'Église sur terre. Il nous apprend que Notre-Seigneur a instruit ses disciples de la nature de l'Église qu'il était venu fonder sur terre, de sa constitution, de son gouvernement, de sa discipline, de ses sacrements, et, par-dessus tout, des doctrines sacrées qu'elle avait mission d'enseigner à l'humanité... Tout décret des Conciles, toute affirmation infaillible des Papes, n'est que le développement de quelque portion de ce corps de doctrine. » On ne nous dit rien de la source de cette connaissance des paroles de

Jésus à ses disciples pendant les quarante jours. C'est matière de foi, que d'admettre que ce qui était nécessaire à la foi fût communiqué pendant ce temps. On sait fort bien que les catholiques ne sont pas seuls à avoir employé ces « quarante jours » pour faire passer tout ce que l'on ne trouve pas autrement dans le Nouveau Testament.

78. P. 162. A. Harnack. *Lehrbuch der Dogmengeschichte*, I, p. 16 sqq.

79. P. 163. Cf. outre *Confess.* X (surtout 6, 35-38, 65), I, 1, où l'on distingue entre appeler Dieu et connaître Dieu, III, 11 (Deus est interior intimo meo et superior summo meo) VI. I (Quærebam te foris a me, et non inveniebam deum cordis mei), et *De Vera Religione*, c. 39. (Noli foras ire : in teipsum redi, in interiore homine habitat veritas).

80. P. 164. *Upanishads* Deussen, pp. 164-166, 395.

81. P. 165. Liebner. *Hugo de Saint-Victor*, pp. 41, 271, 332. Hauréau. *Les œuvre de Hugues de Saint-Victor.* Paris 1886, p. 140 sqq. L'expression « embrassé » et « touché » (venit ut tangat te, non ut videatur a te) rappellent Plotin (cf. *Ennéad.* Y 3. 16, 17, II, 7-36). Cela nous rappelle, en dépit de nous-mêmes, l'histoire de l'Amour et Psyché. Les poètes érotiques grecs et hébreux ont pu emprunter des symboles à l'expérience religieuse. Angèle de Foligno. *Le livre des visions et instructions.* 3º éd., Paris 1895, p. 67 sqq. L'accord de la terminologie de Hugues de Saint-Victor avec celle de sainte Thérèse est digne de remarque. Cf. *Vie de sainte Thérèse écrite par elle-même.* Paris, 1896, p. 181 sqq., 209, sqq.

82. P. 167. *Susos Leben und Schriften*, éd. Diepenbrock, Regensburg, 1829, p. VIII sqq. *Vie de sainte Thérèse*, pp. 280-382. On raconte de sainte Brigitte qu'avant de donner au monde ses révélations, elles les fit examiner par un théologien orthodoxe, afin qu'il put effacer tout ce qui serait venu du diable et non de Dieu. Cf. H. Schück, *Sveriges Litteratur till Frihetstidens början.* Stokholm, 1896, p. 95 sqq.

83. P. 167. Hauréau. *Les œuvres de Hugues de Saint-Victor*, p. 137. *Vie de sainte Thérèse*, p. 97 sqq. 181. cf. Julius Lange *Menneskefiguren i Kunstens Historie* (La figure humaine dans l'histoire de l'art). Copenhague, 1899, p. 266.

84. P. 168. Ed. Zeller. *Das theologische System Zwinglis*, p. 31 sqq.

85. P. 169. Julius Lange. *Menneskefiguren i Kunstens Historie*, p. 299.

86. P. 171. Augustinus. *Confessiones.* VI 6, XIII 10, 13. Martensen. *Meister Eckhart*, p. 103 ; mon *Histoire de la Philosophie moderne*. p. 191, 211, 390. Chr. Schrempf. « Kierkegaard's Stellung zur Bibel und Dogma » (*Zeitschrift für Theologie und Kirche*. I, 1891). Pour des exemples tirés de la Vie ecclésiastique contemporaine, cf. Starbuck. *Psychology of Religion*, ch. XIX-XXIII. Cf. ibid. p. 368.

87. P. 174. « La base psychologique des jugements logiques » (*Revue Philosophique*, 1901), § 27 (cf. § 22 et § 24).

88. P. 175. Cf. la description faite par Oldenberg de l'école étymologique de connaissance religieuse, *Aus Indien und Iran*, pp. 44-55.

89. 178. Les passages de l'ouvrage de Sabatier contre lesquels cette critique est dirigée sont : pp. 268, 308, 388. Cf. aussi p. 347, où il est dit que c'est l'œuvre de la théologie d'expliquer les expériences religieuses faites dans l'Église chrétienne. Mais Sabatier n'a pas lui-même observé cette restriction. Il n'a pas vu que l'expérience religieuse lui était indispensable, et qu'il ne pouvait pas en faire le tour, en se servant des concepts tirés d'elle. Il devient ici un matérialiste religieux, dans la mesure où il se rend coupable des mêmes fautes dogmatiques que le matérialisme.

90. P. 179. J'ai déjà fait cette critique dans mon *Histoire de la Philosophie Moderne*, II, p. 290.

91. P. 182. Pour le problème de la personnalité, dans ses rapports avec les autres problèmes, cf. ma *Psychologie* (II 8 d. III, 11 ; V. B 5-6, VII, c 3). « Le conflit entre l'Ancien et le Nouveau » (*Journal of Ethics*, 1896) pp. 335-337.

92. P. 185. Les concepts de mythe et de légende ne sont pas employés de cette manière par tous les historiens et les philosophes qui s'occupent de religion. A. Lang ne fait pas de différence entre eux (cf. *Myth, Ritual and Religion*, I, p. 164 sqq.) Le Page Renouf entend par légende une amplification ultérieure du mythe, qui était originairement simple et limité (*Origin and Growth of Religion*, p. 166). Dans l'application de ces deux concepts j'ai suivi Renan (cf. Séailles, *Ernest Renan*, pp. 115-125) et Siebeck, *Religionsphilosophie*, p. 273).

93. P. 186. Cf. pour une discussion plus approfondie de ce rapport mon article : « La base psychologique des jugements logiques. »

94. P. 188. Dilthey dans l'*Archiv für Geschichte der Philosophie*, VI, p. 96 sqq.

95. P. 195. Usener *Göttermamen*, p. 78 sqq. 177-187. Tiele, *Elements of the Science of Religion*, I, pp. 173-177 ; II, p. 85 sqq.

96. P. 196. Deussen. *Geschichte der Philosophie*, I, 1 pp. 239-282.

97. P. 197. Erik Stave. *Ueber den Einfluss der Parsimus auf das Judentum*, Haarlem, 1898, p. 183.

98. P. 198. Sur Kant et son attitude sur les questions de philosophie religieuse, cf. mon *Histoire de la Philosophie Moderne*, II, p. 86 sqq. Parmi les successeurs de Kant, Fries fut le seul à voir clairement que la conséquence logique de l'attitude prise par Kant était que les idées religieuses ne pouvaient plus passer pour avoir qu'une valeur symbolique et poétique. Cf. son ouvrage de jeunesse, *Wissen, Glaube und Ahndung* (1804), pp. 252-257 (*Ueber die Dogmen der natürlichen Religion*. p. 158 sqq. 260). Il développe plus longuement ses idées dans sa *Religionsphilosophie* (1832). Il faut noter spécialement le passage suivant : « Ce que nous pouvons concevoir de plus beau semble (à la foi religieuse) l'image la plus vraie de la vérité éternelle... Cette conviction religieuse n'est pas seulement figurative, mais encore tout à fait poétique dans sa réalisation. Sa vérité est la vérité cachée dans ce que le poète a de plus sérieux et de plus profondément intime. » Cette expression « le plus vrai » peut facilement conduire au dogmatisme. La tendance dogmatique est plus apparente chez Apelt, un élève de Fries, que chez Fries lui-même. Cf. la *Religionsphilosophie* d'Apelt (1863), p. 163, où certains symboles déterminés sont posés comme nécessaires et vrais. M. Knud Obel, qui m'a aidé à préparer ce livre pour la publication, a fait, sur ma manière de traiter le concept de symbole, quelques remarques qui me semblent si intéressantes, qu'il faut que je demande la permission de les citer ici : « Au moment où se forme un symbole pour un sentiment religieux, un sentiment entièrement nouveau naît. Puisque c'est un symbole intuitif d'une relation cosmique, un sentiment est évoqué, qui diffère à la fois du sentiment excité par le rapport à symboliser, et de celui qui est produit par le rapport auquel le symbole est emprunté, — et la raison de ceci est que les deux rapports sont présentés ensemble à la conscience. L'universel glacé est réchauffé par le symbole et par tout ce qui est uni au sentiment qui jaillit des sources profondes de la vie : en même temps ce sentiment banal prend une nouvelle tonalité par l'extension de l'idée à des rapports étendus ; il se met au diapason du sublime. » Cela est par-

faitement pensé. Cependant, la libre formation du symbole dans le domaine religieux a jusqu'à présent été trop peu remarquée, pour qu'il y ait des expériences déterminées et décisives de la façon dont le symbole réagit sur le sentiment et sur la conscience en général. On ne peut éclairer cette question qu'en voyant comment le dogme tout fait a réagi sur la conscience religieuse. On peut, par exemple, comparer les idées que les premiers chrétiens se sont faites couramment de Jésus avec la christologie limitée et solidement établie de la religiosité orthodoxe, et les différentes manières dont s'est constituée la conscience religieuse dans les deux cas. La réaction du symbole sera analogue à celle du dogme.

99. P. 205. Cf. ma *Morale* (2º éd. allemande), pp. 262-265. EHRENFELS. *Allgemeine Werttheorie*, I, pp. 132-145.

100. P. 207. Cf. ma *Morale*, p. 266 sqq.

101. P. 210. Cf. le chapitre sur Schopenhauer dans mon *Histoire de la Philosophie moderne* II, p. 217 sqq. L'aspect éthico-scientifique de la conception schopenhauerienne de la vie est mise en lumière (et presque exclusivement accentuée) par RICHARD BOTTGER, *Das Grundproblem der Schopenhauerschen Philosophie*, Greifswald, 1898. Dans le dernier et excellent exposé de la philosophie de Schopenhauer (JOH. VOLKELT, *Arthur Schopenhauer*, Stuttgart 1900) la limite de son pessimisme est bien tracée. Les grandes et frappantes contradictions de Schopenhauer sont étroitement rattachées à ce fait qu'il n'a jamais clairement et logiquement saisi la limite de son propre pessimisme. Son indignation contre l'optimisme traditionnel et son propre esprit plein de contradictions (surtout pendant sa jeunesse) l'ont conduit à exprimer son pessimisme avec plus de violence que le reste de sa pensée ne l'exigeait logiquement

102. P. 213. *Reden Gotamo Buddhos*, traduits par Neumann, II, p. 84. *Dhammapadan* (Le sentier de la Vérité), traduit par Neumann, Leipzig, 1893 (v. 91 sqq., 373 sqq.) (Cf. la traduction latine de Fausböll : *The Dhammapada*, 2º éd., London, 1900).

103. P. 214. AUGUSTINUS. *Confessiones*, XI, 13, XII, 18. MARTENSEN, *Meister Eckhart*, p. 21. *Histoire de la Philosophie Moderne* : chapitres sur Boehme et Spinoza.

104. P. 215. *Reden Gotamo Buddhos*, trad. par Neumann. I, p. 515 sqq. II, p. 90, 475 sqq. WARREN *Buddhisen in translations*, p. 437. *Dhammapadan*, v. 210 sq. (trad. de Neumann).

105. P. 219. L'apôtre Paul pensait sans aucun doute au temps où Dieu serait « tout dans tous » (I, Corinthiens, chap. XV) ; mais, d'après tout le contexte de cette expression, il est douteux que nous ayons raison d'en déduire la doctrine de l'apocatastasis (salut final de tous les hommes). Dieu sera fait tout en tous par le Christ et parce qu'Il donnera à celui-ci la puissance ; mais cette puissance, d'après la doctrine orthodoxe que le Christ avait introduite, ne consistait pas dans la destruction ou la conversion de toutes les puissances ennemies ; mais elle les réduisait à un état d'impuissance et de soumission à sa volonté. Cf. B. WEISS : *Lehrbuch der biblischen Theologie des Neuen Testaments*, p. 405 et suivantes.

106. P. 220. AUGUSTINUS : *De vera religione*, cap. 40-41 ; cf. *Retractationes*, I, 7 ; *Decivitate dei*, XXI, 17.

107. P. 221. La conclusion que Dieu ne peut pas être bienheureux fut le fait de SCHOPENHAUER : *Aus Schopenhauers handschriftlichem Nachlass*, Leipzig, 1864, p. 441 ; S. KIERKEGAARD : *Efterladte Papirer* (Papiers posthumes), 1854-1855, p. 169; et GUYAU : *L'irréligion de l'avenir*, p. 388. La conclusion que la sympathie pour les damnés rendait impossible la félicité des rachetés fut énoncée par SCHLEIERMACHER (*Der christliche Glaube*,

§ 163, appendice). Mais ces conclusions laissent supposer d'autres conceptions primitives de la valeur que celles que l'on connaît au christianisme primitif, ou à saint Augustin et à saint Thomas. Saint Thomas d'Aquin affirme expressément que la béatitude des rachetés est d'autant plus grande que les damnés souffrent davantage : « Cum contraria juxta se posita magis elucescant, beati in regno cœlesti videbunt pœnas damnatorum, ut beatitudo illis magis complaceat. » (*Summa theol.* III. suppl. 94, I). Au contraire, les souffrances des damnés sont augmentées par ce fait qu'ils voient d'abord (avant le Jugement Dernier) la joie des bienheureux et que, plus tard (après le Jugement Dernier), ils peuvent se rappeler cette joie (*ibid.* 98, 9). Le fait qu'un seul homme puisse être racheté, même quand tous les autres hommes ne le seraient pas, est établi par saint Thomas d'Aquin de la façon suivante : « Homo habet totam plenitudinem suæ perfectionis in Deo... Perfectio caritatis est essentialis beatitudini quantum ad dilectionem Dei, non quantum ad dilectionem proximi. Unde si esset una sola anima fruens deo, beata esset, non habens proximum quem diligeret » (Summa theol., Pars ii. Quæstio 4, Art. 8). Une brillante exposition de cette doctrine de la damnation éternelle fut donnée par Saint George Mivart, savant catholique, dans un article intitulé : « Happiness in Hell » (le bonheur dans l'enfer). *Nineteenth Century*, 1892-1893). Son objet était d'interpréter cette doctrine de telle façon qu'elle n'entrât point en conflit avec l'éthique. Lorsque l'on décrit l'état des damnés comme une torture, cela peut vouloir dire que la distance de cet état à la béatitude parfaite est si grande, qu'en raison de ce contraste, cet état peut être qualifié de torture, quoique par rapport à notre état dans cette vie-ci, il puisse n'être pas une torture du tout. Son explication, remarquons-le, contient une application de la loi de contraste bien différente de celle qu'en ont faite saint Augustin et saint Thomas. Le point de vue moral a changé. L'Église catholique a répondu à cette tentative psychologique de son apologiste d'accasion en mettant son ouvrage à l'index, cf. l'exposé rétrospectif de la dispute faite par Saint George Mivart dans son article « Roman Congregation and Modern Thought » dans *The North American Review*, avril 1900.

108. P. 221. *Summa Theol.*, III, suppl. 94, 3.

109. P. 222. Augustinus. *De moribus Manichæorum*, chap. 4; *De Natura boni*, chap. x. La doctrine de la création prête aux mêmes difficultés que celle de l'émanation. Cf. supra note de la page 62 et le texte.

110. P. 222. Saint Thomas. *Summa theol.* Pars. Iª qu. 19, art. 31. « Cum nihil ei perfectionis ex aliis accrescat, sequitur, quod alia a se eum velle non sit necessarium absolute. » Cf. supra, note de la page 81.

111. P. 227. Il est intéressant de se rappeler que, dans ses études préparatoires pour la *Critique de la Raison Pure*, Kant considérait d'abord les catégories comme des anticipations (ou « présomptions »). Cette conception l'aurait conduit à un résultat plus correct que la conception plus dogmatique à laquelle il est arrivé lorsqu'il a construit en fait son œuvre capitale ; cf. mon article « Die Kontinuität im philosophischen Entwickelungsgange Kants. » (*Archiv für Gesch. der Philos.* VII), § 15.

112. P. 229. Cf. ma *Morale*, chap. iii et vii (spécialement vii, 4) et Francis Bradley. *Appearance and Reality*, chap. xxv.

113. P. 238. Cf. ma *Psychologie*, VI E.

114. P. 247. Cf. mon *Histoire de la Philosophie Moderne*, les chapitres sur Boehme, Bayle, Leibniz, Butler et Schelling.

115. P. 251. Cf. ma *Psychologie*, VI D (cf. II, 5) et ma *Morale* (éd. allemande), p. 107, 131. II, p. 29.

116. P. 252. Cf. sur ce point mon *Histoire de la Philosophie Moderne*, 2ᵉ éd. franç., 104. sqq.

117. P. 253. J'ai insisté sur cet aspect du problème religieux dans ma *Morale* (éd. allemande, pp. 472-476). 2ᵉ éd. fr. p. 431 sqq.

118. P. 255. WALLACE. *Russland*, chap. x.

119. P. 258. Pour une discussion plus abondante sur ce point, cf. ma *Morale* (éd. allemande, p. 162-170).

120. P. 258. Le père jésuite Clarke a écrit du savant Saint George Mivart, qui avait d'abord, en partie pour des raisons théologiques, en partie pour des raisons biologiques, été l'un des plus ardents et des plus fanatiques adversaires de Darwin, mais qui ensuite critiqua les théories relatives à l'enfer (cf. la note de la page 221) et, l'infaillibilité du Pape, et apparut ainsi comme un appui de la critique la plus élevée, — le père Clarke, donc, écrivit au sujet de cet homme, dans le *Nineteenth Century* (fév. 1900, p. 256), que sa faute consistait en ce qu'il n'avait jamais fait un acte de complète soumission à l'Eglise, et n'avait jamais renoncé à son jugement personnel, mais qu'au contraire il avait l'audace de vouloir instruire l'Eglise, au lieu de se laisser instruire par elle.

121. P. 260. JUL. LANGE. *Menneskefiguren i Kunstens Historie* (La figure humaine dans l'histoire de l'art), p. 334.

122. P. 261. *Reden über die Religion*, p. 91.

123. P. 261. Cf. DURCKHEIM : La division du travail social, pp. 172-177. AMOS. *The Science of Law*, p. 134.

124. P. 264. LEUBA. « *A Study in the Psychology of Religious Phenomena.* » (*The American Journal of Psychology*, VII, p. 323 sqq.) STARBUCK (*The Psychology of Religion*, London, 1900, p. 85. Two types of Conversion) a tracé une distinction analogue.

125. P. 264. Cf. L'article de ROYCE « The Case of John Bunyan » (imprimé dans les *Studies of Good and Evil*, New-York, 1898).

126. P. 267. Cf. mon *Histoire de la Philosophie Moderne* II, 371-6. Comte voulait limiter ses besoins religieux aussi bien que ses besoins intellectuels au « domaine planétaire » (*Pol. Pos.* IV, p. 211). JOHN INGRAM, bien connu comme économiste, a donné un bon et intéressant exposé des idées de Comte sur l'histoire et la philosophie de la religion dans ses *Outlines of the History of Religion*. London. 1900.

127. P. 269. Cf. sur ce point ma *Psychologie*, et S.-E. SHARP. « Individual Psychology » (*American Journal of Psychology*, avril 1899), pp. 44 sqq.

128. P. 269. Cf. LEUBA. The personifying passion in youth (*The Monist*, juillet 1900).

129. P. 270. SCHLEIERMACHER. *Reden über die Religion*, p. 168 sqq. Cf. pour la théorie de la connaissance de Schleiermacher mon *Histoire de la Philosophie Moderne*, II p. 205 sqq., MARTENSEN. *Levned* (Vie), I, p. 69 sqq.

130. P. 271. Cf. sur ce point ma *Psychologie*, et aussi L.-W. STERN. *Ueber die Psychologie der individuellen Differenzen*. Leipzig, 1900, p. 47 sqq.

131. P. 272. Pour le contraste entre ces deux types, cf. mon livre *S. Kierkegaard som Filosof*, pp. 74, 82.

132. P. 275. L'aspect purement individuel de la création de symboles a bien été décrit par RÉCÉJAC : *Essai sur les fondements de la connaissance mystique*, Paris 1897 (« Un buisson ardent, un souffle de l'air ont donné aux prophètes l'apparition de Dieu : l'esprit peut donc prêter son infinité aux moindres lueurs de la conscience « mystique », p. 263).

133. P. 277. Cf. ma Morale (éd. allemande, p. 315 sqq. 2ᵉ éd. fr. p. 288 sqq.).

134. P. 277. Tröltsch dans la *Zeitschrift für Theologie und Kirche*, V, p. 426, Kaftan, *ibid.*, VI, p. 94.

135. P. 279. Warren. *Buddhism in Translations*, p. 59. *Die Reden Gotamo Buddhos*, traduits par Neumann, I, p. 232, sqq.; 244-248, II, pp. 148-160. Cf. suprà, notes des pages.

136. P. 280. Deussen, traduction des Upanishads, pp. 476-479. (Délivrance du Karma, c'est-à-dire du désir). Le nom de Nirvana se trouve dans les derniers Upanishads (*ibid.*, p. 695). Cf. pour la relation générale des Upanishads au Bouddhisme, les remarques de Deussen dans sa « Philosophie des Upanishads » (*Geschichte der Philosophie*, I, 2) S. V.

137. P. 281. *Dhammapada*, éd. Fausböll, 2e éd. London, 1900, p. 91.

138. P. 281. *Die Reden Gotamo Buddhos*, I. p. 516. Selon un autre récit (cf. *Die Reden Buddhos*, II, p. 450 sqq.), ce fut la pensée de la platitude et de l'absence de réceptivité des hommes, de leur peu d'inclination à accepter aucun enseignement qui aille contre le courant ordinaire, qui retint Bouddha. Mais un dieu lui révéla que, malgré cela, il y a dans le monde beaucoup d'hommes nobles, clairvoyants et intelligents, et sa sympathie, aussi, l'amena à abandonner sa première résolution. La conversation entre Bouddha et le père malheureux, mentionnée plus loin dans le texte, se trouve dans les *Redden Buddhos*, II, p. 475 sq.

139. P. 283. Cf. sous ce rapport une Morale (éd. allemande, p. 175 sqq). 2e éd. fr. p. 157 sqq.

140. P. 283. Warren, *Buddhism in translations*, p. 28. *Die Reden Buddhos*, traduits par Neumann, I, p. 447. Il reste cependant une énigme psychologique. Car tandis que l'amour est mentionné comme la neuvième perfection, l'indifférence est la dixième, et celle-ci est comparée à la Terre, qui ne manifeste « ni haine ni amitié » contre le « doux ou l'amer », qui sont répandus sur elle. Et côte à côte avec l'expansion, en tant que conditionnée par la reconnaissance, on trouve l'immobilité !

141. P. 284. Cf. Tokiwo Yokoi. « The ethical life and conceptions of the Japanese (*Journal of Ethics*, VI), p. 184 ; 190 sqq.

142. P. 289. Georges Goyau. *L'Allemagne religieuse ; le Protestantisme*. Paris, 1898, p. 121. Cf. supra, notes des pages 258 et 261.

143. P. 294. Sarpi. *Histoire du Concile de Trente*. Trad. franç. par Amelot de la Haussaye, Amsterdam, 1686, pp. 137-149.

144. P. 295. Pour le mouvement religieux pendant les premières décades du xixe siècle, dans ses rapports avec l'époque immédiatement précédente, cf. mon traité sur « *La foi et la science dans leur développement historique* » (en danois).

145. P. 295. « Les Églises ne pouvaient ni supporter la théologie, ni s'en passer. La théologie tient à la science et n'est cependant pas une science, mais une utilisation de la culture scientifique pour des fins ecclésiastiques. Cette dualité dans la nature de la théologie n'est pas nécessairement toujours aussi pénible qu'elle l'a été pour nous dans les deux derniers siècles. Mais elle restera toujours » Tröltsch (*Die Selbstständigkeit der Religion, Zeitschrift für Theol. und Kirche*. VI, p. 109). L'expression de « tampon » se trouve dans le même passage.

146. P. 300. Tiele. *Elements of the Science of Religion*, I, pp. 63-67.

147. P. 302. Tiele. *Loc. cit.*, I, pp. 105-109.

148. P. 303. *Aus Indien und Iran*, p. 101 sqq.

149. P. 304. *Welt als Wille und Vorstellung*, p. 436.

150. P. 309. Sur la différence entre le motif d'évaluation et le motif d'ac-

tion, cf. ma *Morale* (éd. allemande, p. 33 sqq., 38 sqq., 66). 2ᵉ éd. fr. pp. 25 sqq. 55.

151. P. 312. Cf. Joh. Clausen. *Lov og Evangelium i Forhold til Christendomsforkyndelsen, forhandelt mellem Reformatorerne i Wittenberg og Agrikola fra Eisleben* (Loi et Evangile, dans leurs rapports avec la prédication du christianisme selon les réformateurs de Wittenberg et Agricola d'Eisleben). Copenhague, 1872, pp. 51-64. Qu'Agricola ait manifesté au cours de la discussion une absence d'empire sur soi-même, et une tendance à couper les cheveux en quatre, cela ne supprime pas la justesse psychologique et morale de sa première affirmation, lorsque l'on considère suffisamment les différences personnelles des gens sur qui il fallait avoir de l'influence.

152. P. 313. Pour la distinction entre l'honnêteté, la vérité personnelle et la loyauté intellectuelle, cf. ma *Morale* (éd. allemande, pp. 246 sqq.) 2ᵉ éd. fr. p. 220 sqq.

153. P. 313. L'histoire de Märklin et de Schrempf peut nous apprendre quels conflits le désir de prêcher dans les circonstances actuelles peut amener dans des natures pleines d'honnêteté et de loyauté intellectuelle. Cf. D.-E. Strauss. *Christian Märklin. Ein Lebens-und Characterbild aus der Gegenwart*. Mannheim, 1851. Chr. Schrempf *Akten zu meiner Entlassung aus dem Württembergischen Kirchendienst*, Göttingen, 1891. Id. *Eine Frage and die Evangelische Landeskirche Württenbergs*. Göttingen, 1892. Cf. aussi ma *Morale*, p. 491, éd. allemande. 2ᵉ éd. fr. p. 453 Carlyle. *Life of Sterling* : document de grand intérêt à cet égard.

154. P. 325. *De vera religione*, cap. 3 et 4.

155. P. 328. E. de Broglie. *Saint Vincent de Paul*, 4ᵉ éd. Paris, 1898. H. Krummacher. *Johannes Heinrich Wichern. Ein Lebensbild aus der Gegenwart*. Gotha, 1882.

156. P. 328. Taine. *Le régime moderne*, II, pp. 165-113; cf. R. Davey dans le *Fortnightly Review*. Août, 1900, p. 295.

157. P. 328. James Bryce. *The american commonwealth*, III, p. 55.

158. P. 329. Cf. sur ce point ma *Morale*, éd. allemande, pp. 504-506. 2ᵉ éd. r. p. 465.

159. P. 330. Cf. mon essai sur *La Foi et la Science*.

160. P. 331. Cf. ma *Morale*, éd. allemande, pp. 192-197 : 267-271. 2ᵉ éd. fr. p. 157. 235.

161. P. 336. Cf. le traité de Lessing : *Ueter den Beuris des Geistes und der Kraft*.

162. P. 336. La différence entre la conception de la vie du christianisme primitif et celle du christianisme moderne est mise en lumière en partant d'attitudes aussi différentes que celles qui sont représentées par Schopenhauer, L. Feuerbach et Strauss d'une part, et S. Kierkegaard d'autre part : tous n'ont pas eu, cependant, un sens assez net des conditions historiques. Cf. le dernier chapitre de mon ouvrage, *Sören Kierkegaard som Filosof*. Harnack, dans sa monumentale *Histoire du Dogme*, a examiné au point de vue purement historique les caractères propres du christianisme primitif et ses rapports avec le christianisme de l'Eglise. Dans sa critique de cet ouvrage, O. Pfleiderer a reproché à Harnack d'avoir figuré un tel hiatus entre le christianisme apostolique et le christianisme catholique. Pfleiderer pensait que la primitive attente que les chrétiens avaient d'une seconde venue prochaine, et d'un Royaume de Dieu sur terre, était devenue intenable en face du désappointement que l'histoire entraînait en fait, et qu'il était tout à fait inévitable de voir remplacer cette

attente par une eschatologie spiritualiste (*Die Entwickelung der protestantischen Theologie in Deutschland seit Kant*. Freiburg, 1891, p. 370 sqq.). Mais le fait même de la nécessité de cette substitution témoigne de l'existence de l'hiatus. L'hiatus se produisit lorsque l'attitude à l'égard de la civilisation changea, et c'est le mérite de Harnack d'avoir indiqué cela si clairement et si profondément, et ainsi rendu plus profonde et plus aiguë par l'histoire, la différence entre la conception de la vie des premiers chrétiens et celle qu'a développée l'Eglise, ultérieurement : différence que les penseurs indiqués plus haut avaient déjà mise en lumière par une comparaison immédiate.

163. P. 336. Cf. H. WEINEL. *Die Wirkungen des Geistes und der Geister im Nachapostolischen Zeitalter bis auf Irenäus*. Freiburg, 1899.

164. P. 337. *De Civitate Dei*, XX, 9.

165. P. 338. *Lehrbuch der Dogmengeschichte*, II, p. 9.

166. P. 339. HUTTON. *Cardinal Newman*, pp. 110-119. *Vie de sainte Thérèse écrite par elle-même*, pp. 165-177.

167. P. 340. Cf. ma *Morale*, éd. allemande, p. 93-95. 2ᵉ éd. fr. p. 85.

168. P. 343. A. RITSCHL. *Geschichte des Pietismus*, II, pp. 122-125, 308, 448, A. HARNACK. *Lehrbuch der Dogmengeschichte*, I, 72, III, p. 104 sqq. Cf. un propos de *Karl Hase* de l'année 1831, cité dans BÜRCKNER, *Karl von Hase*, Leipzig, 1900, p. 46. TRÖLTSCH s'exprime d'une manière analogue dans son article (Die Selbstständigkeit der Religion (*Zeitschrift für Theol. und Kirche*, V-VI) et SABATIER dans sa *Philosophie de la Religion*, pp. 220, 230, 237 sqq., 251 sq.

169. P. 348. *Sören Kirkegaard som Filosof*, trad. allemande, p. 155 sq.

170. P. 352. Selon les Stoïciens, la valeur de la vie consistait dans la connaissance du réel et l'exercice des qualités du caractère qui étaient douées de valeur. Une vie humaine de ce genre n'était pas, dans leur opinion, bien loin de celle des dieux, la seule différence étant que les dieux sont immortels : et cela, cependant, ne touchait pas à la valeur réelle de la vie (« vita beata, par ei similis deorum, nulla alia re nisi immortalitate, quæ nihil ad bene videndum pertinet, cedens cœlestibus » CICÉRON, *De Natura Deorum*, II, 61, 153). Cf. dans les temps modernes, outre Kant, SPINOZA (Ethique V, 41), SCHLEIERMACHER (der christliche Glaube, § 158) et, tout récemment, des opinions caractéristiques dans FRANCIS BRADLEY (*Appearance and Reality*, pp. 504-510) et H.-R. MARSHALL (*Journal of Ethics*, IX, p. 364 sqq.)

171. P. 353. Cf. ma critique de l'ouvrage de Heegard dans le journal « Nar og Fjern » (« Près et Loin »), 1878.

172. P. 354. R. GARBE. *Die Sankhyaphilosophie*, esquisse du rationalisme hindou. Leipzig, 1894, p. 135, cf. supra, note de la page

TABLE DES MATIÈRES

	Pages
Préface	I

CHAPITRE PREMIER

Le Problème et la Méthode 1

CHAPITRE II

Le Problème épistémologique de la Philosophie de la Religion 14

A. *La Connaissance* 14
   a. L'explication causale 17
   b. Le monde de l'espace 39
   c. Le cours du temps 49
B. *Les concepts limités* 54
C. *Pensée et imagination* 65

CHAPITRE III

Le problème psychologique de la Philosophie de la Religion 88

A. *L'expérience religieuse et la foi religieuse* 89
   a. L'expérience religieuse 89
   b. La foi religieuse 107
B. *Le développement des idées religieuses* 125
   a. La religion comme désir 125
   b. Polythéisme et monothéisme 134
   c. L'expérience religieuse et la tradition 155
   d. Conclusion scientifique de la psychologie de la religion . . . 175
C. *Dogmes et Symboles* 184
D. *L'axiome de la conservation de la valeur* 199
   a. Détermination plus précise de l'axiome de la conservation de la valeur, et de son rapport à l'expérience 201
   b. Discussion psychologique et historique de l'axiome de la conservation de la valeur 211

    c. Discussion philosophique générale de l'axiome de la conservation de la valeur. 225
E. *Le principe de personnalité* 257
    a. Sens et justification du principe de personnalité. 257
    b. Principaux groupes de différences personnelles 262
    c. Bouddha et Jésus. 278
    d. Le principe de personnalité est-il un principe d'accroissement ou de dissolution ? 287
    e. Savants et laïques 292

CHAPITRE IV

Le Problème moral de la Philosophie de la religion . 298

A. *La religion comme base de la morale* 298
B. *La religion comme forme de la culture spirituelle*. 306
    a. Etude psychologique 308
    b. Considérations sociologiques 324
C. *Christianisme primitif et christianisme moderne* 333
D. *Nous vivons de réalités.* 345

NOTES 357

ÉVREUX, IMPRIMERIE CH. HÉRISSEY ET FILS

BIBLIOTHEQUE NATIONALE

SERVICE DES NOUVEAUX SUPPORTS

58, rue de Richelieu, 75084 PARIS CEDEX 02   Téléphone 266 62 62

Achevé de micrographier le   1/09/1975

Défauts constatés sur le document original

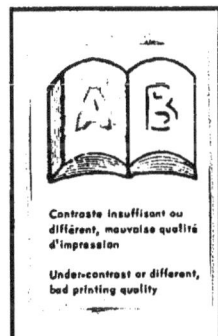

Contraste insuffisant ou différent, mauvaise qualité d'impression

Under-contrast or different, bad printing quality